蘭臺出版社

中國文化研究叢書第一輯 3

總編纂　党明放

西漢城市體系的空間演化

肖愛玲　著

中國學術研究叢書系列

總編纂　党明放

中國文化研究叢書第一輯

党明放　　鄭茂良、陳　濱　肖愛玲　韋明鏵　許友根

艾永明　　傅紹良　　王　勇　李憲堂　雷　戈

《中國學術研究叢書》出版總序

党明放

　　國學，初指國立學校，明置中都國子學，掌國學諸生訓導政令。後改稱中都國子監，國子監設禮、樂、律、射、御、書、數等教學科目。

　　國學，廣義指中國歷代的文化傳承和學術記載，狹義指以儒學為主的中國傳統學說，根據文獻內容屬性，國學分經、史、子、集四類，各有義理之學、考據之學及辭章之學。

　　國學是以先秦經典及諸子百家為根基，涵蓋了兩漢經學、魏晉玄學、隋唐佛學、宋明理學、明清實學和同時期的先秦詩賦、漢賦、六朝駢文、唐詩宋詞元曲與明清小說等一脈特有而完整的文化學術體系，並存各派學說。

　　學術，指系統而專門的學問，是對客觀事物及其規律的學科化。學問，學識和問難，《周易》：「君子學以聚之，問以辯之。」而自成系統的觀點、主張和理論，即為學說，章炳麟《文略》：「學說以啟人思，文辭以增人感。」無論是學術、學問、學說，皆建立在以文化為主體之上。

　　「文化」一詞源於拉丁文 Colere，本義開發、開化。最早將其作為專門術語加以運用的是英國文化人類學創始人愛德華・泰勒（Edward. B. Tylor 1832—1917），他在《原始文化》書中寫道：「文化或文明是一個複雜的總體，它包括知識、信仰、藝術、道德、法律、風俗以及作為一個社會成員的個人通過學習獲得的任何其他的能力和習慣。」

人類社會可劃分為政治部分、文化部分和經濟部分。一個國家，有其政治制度、文化面貌和經濟結構；一個民族，有其政治關係、文化傳統和經濟生活。在人類社會發展進程中，文化是「源」，文明是「流」。文化存異，文明求同。

文化是產生於人類自身的一種社會現象。《周易》云：「觀乎天文，以察時變。觀乎人文，以化成天下。」東漢史學家荀悅《申鑒》云：「宣文教以章其化，立武備以秉其威。」南齊文學家王融〈曲水詩序〉云：「設神理以景俗，敷文化以柔遠。」

文化是人類的內在精神和這種內在精神的外在表現。文化具有多方的資源、特質、滯距，以及不同的選擇、衝突和創新。

文化分為物質文化、精神文化和制度文化。文化不僅在人類學、民族學、社會學、考古學，以及心理學中作為重要內涵，而且在政治學、歷史學、藝術學、經濟學、倫理學、教育學，以及文學、哲學、法學等領域的核心價值。

文化資源包括各種文化成果和形態。比如語言、文字、圖畫、概念、遺存、精神，以及組織、習俗等。其特性主要體現在文化資源的精神性、多樣性、層次性、區域性、集群性、共享性、變異性、稀缺性、潛在性以及遞增性。

歷史文化資源作為人類文化傳統和精神成就的載體，構成了一個獨立的文化主體，並具有獨特的個性和價值，可分為自然文化資源和社會文化資源，自然文化資源依靠文化提升品味，依靠時間形成魅力；社會文化資源包括人文景觀、歷史文化和民俗風情等。

民族文化資源具有獨特性、融合性和創新性，包括有形的文化資源和無形的精神文化資源，諸如：民俗節慶、遊藝文化、生活文化、禮儀文化、制度文化、工藝文化以及信仰文化等。

我國是一個多種宗教並存的國家，諸如佛教、道教、基督教、天主教以及伊斯蘭教等，在漫長的歷史發展進程中，各類宗教和宗教派別形成了寶貴的宗教文化資源。宗教文化具有很大的包容性，幾乎囊括了從哲學、思想、文學、藝術到建築、繪畫、雕塑等方面的所有內容，並且具有很大的旅遊需求和開發價值。

文化資源具有社會功能和產業功能。社會功能具有明顯的時代性、可變性、

擴張性、商品性、潛在性，以及滯後性，主要體現在促進文化傳播、加強文化積累、展現國民風貌、振奮民族精神、鼓舞民眾士氣和推動文明建設等方面。

　　文化是一個國家和民族的凝聚力、生命力和影響力的集中體現。人類文化的交往，一種是垂直式的，稱之為文化傳遞；一種是水平式的，稱之為文化傳播。垂直式的文化交往屬於文化積累，或稱文化擴散，能引發「量」的變化；水平式的文化交往屬於文化融合，或稱文化采借，能引發「質」的變化。一切文化最終將積澱為社會人群的內涵與價值觀，群體價值觀建築在利它，厚生，良善上，這族群的意識模式便影響了行為模式，有了利它，厚生為基礎的思維模式，文化出路便往利它，厚生，豐盛溫潤社會便因之形成。這個群體因有了優質文化而有了安定繁盛的社會，生活在其中的人們可以快樂幸福。

　　東漢王符《潛夫論》云：「天地之所貴者，人也；聖人之所尚者，義也；德義之所成者，智也；明智之所求者，學問也。」歷代學人為了文化進程，著手文獻整理，進行編纂，輯佚，審校，註釋，專研等，「存亡繼絕」整校出版文化傳承工作。

　　蘭臺出版社擬踵繼前人步伐，為推動時代文化巨輪貢獻禺人之力，對中國傳統文化略盡固本培元，守正創新，傳佈當代學界學人，對構建中國傳統文化研究的成果，將之整理各類叢書出版，除冀望將之藏諸名山，傳諸百代之外，也將為學人努力成果傳佈，影響更多人，建立更好的優質文化內涵。並將此整校編纂出版的重責大任，視其為出版者的神聖使命，期盼學界學人共襄盛舉！

　　蘭臺出版社社長盧瑞琴君致力於中國文化文獻著作的整理出版，首部擬策劃出版《中國學術研究叢書》，接續按研究主題分類，舉凡國家制度、歷史研究、經濟研究、文學研究、典籍史論，文獻輯佚、文體文論、地理資源、書法繪畫、哲學思想，倫理禮俗，律令監督，以及版本學、考古學、雕塑學、敦煌學、軍事學等領域，將分門別類，逐一出版。邀稿對象多為國內知名大學教授、社科機構研究員，以及相關研究領域裡的專家和學者的專業研究成果為主，或國家社會科學、文化部、教育部，以及省級社科基金項目的代表性科研成果，諸位教授主持國家社科基金重大招標項目，以及擔任部省級哲學、社會科學重大攻關項目首席專家，並且獲得不同層次、不同級別、不同等級的成果獎項為出版目標。

　　中國文化研究首部《中國學術研究叢書》的出版，將以此重要的研究成果，全新的文化視野，深邃厚重的歷史文化積澱和異彩紛呈的傳統文化脈絡為出版稿約。

　　清人張潮《幽夢影》云：「著得一部新書，便是千秋大業；注得一部古書，允為萬世宏功。」人類著述之根本在於人文關懷。叢書所邀作者皆清遠其行，浩博其學；學以辯疑，文以決滯；所邀書稿皆宏富博大，窮源竟委；張弛有度，機辯有序。

　　文搜百代遺漏，嘉惠四方至學。《中國學術研究叢書》開啟宏觀視覺，追溯本紀之源，呈現豐贍有趣的文化圖景。雖非字字典要，然殊多博辯，堪為文軌，必將為世所寶。

　　瑞琴君問序於余，鄙人不才，輒就所知，手此一記，罔顧辭飾淺陋，可資通人借鑒焉。

　　　　　　　　　　　　　　　　　　　　　王寅端月識於問字庵

作者係文化學者、蘭臺出版社駐北京總編輯、中國學術研究叢書總編纂

序　一

　　牛年春節過後不久，肖愛玲博士後即向我述及她的博士學位論文《西漢城市地理研究》已獲學校資助，她也與商務印書館議定將於今年出版，因此請我為之作序。儘管今年上半年我有兩件較大的任務需要赶期完成，但我仍然立即答應了下來；這當然主要還是因為我曾是她的博士生導師，對她這篇博士學位論文從選定論題，到擬好綱目，到撰成文稿，並最後通過外審與答辯，個中的曲折與艱辛我都十分瞭解，並感同身受。雖然事情已過去了幾年，但整個過程還歷歷如在眼前。

　　肖愛玲博士後祖籍是蘇魯豫皖四省交匯處的江蘇省豐縣，1988 年考入陝西師範大學歷史系讀本科，1992 年畢業後分配至延安大學任教。1998 年再次考入陝西師範大學，隨唐亦工教授攻讀歷史地理學碩士學位，2001 年夏季畢業。當時陝西師範大學在原歷史地理研究所基礎上組建的西北歷史環境與經濟社會發展研究中心剛於 2000 年被教育部批准為全國高校百所人文社會科學重點研究基地之一；她因學習成績優異，不僅被中心錄用為研究人員，還考取博士研究生，隨我攻讀歷史地理學博士學位。在攻博期間，除出色完成了公共課、學位課、方向課等多門課程學習，取得優良成績外；還認真參加了多項科研課題研究，內有 1 項國家社會科學基金項目、1 項陝西省社會科學基金項目、1 項中心之重點研究項目，同時還主持完成了 1 項西安市社會科學研究項目。此外，還參與籌辦了幾次中心舉辦的全國性與國際性學術會議，並積極參加中國古都學會、

中國地理學會歷史地理專業委員會舉辦的學術會議。通過參加上述一系列的科研與學術交流活動，開拓了學術視野，也鍛煉提升了從事學術研究的自信心與實際能力。還需說的是，肖愛玲博士後在這一期間作為一位母親還承擔了養育並輔導女兒學習及料理家務等重擔。可見其繁難艱苦情狀，是超過一般男性博士研究生的。然而這一切都被她以超乎尋常的毅力與才智一一克服；並於 2006 年春季以《西漢城市地理研究》為論題撰寫出長達 30 萬言的博士學位論文，通過了預答辯。後又於 2006 年夏季順利地通過博士學位論文答辯，取得博士學位。

談及學位論文，最初她曾想做《隋唐長安城的宗教空間》、《中國古代都城佛寺社會空間分佈規律研究》、《中國古代都城佛教地理研究》等有關我國古代都城中佛寺、佛教或宗教地理方面的研究；後經學習思考，決定放大研究領域，做一個有代表性區域，如關中平原歷史時期城市體系的形成與發展研究；最後選定了以西漢一代其城市地理課題為對象，展開研究，進行撰述。這說明她是經過多方面的比較與思考，才選中《西漢城市地理研究》這一論題的。很顯然這一論題更具挑戰性。因為這是一個宏觀性的論題。但她經過綜合性深入研究與提煉後，選定了西漢一代城市發展之時空特徵、城市的性質與職能、城市等級、城市空間發展模式等 4 個方面入手，竟使西漢一代城市發展、區域分佈、等級職能、空間特點等有關城市地理的幾個主要問題具體入微地被剖陳出來。為此，她在研究與撰寫中通過將西漢之疆域劃分為郡縣統轄、王國諸侯、邊疆拓展三個大區，並從中各又選定了典型區域，如關中地區、齊地以及西北、西南等新拓展區進行個案論析，從中揭示出導致西漢一代城市數量增減、分佈疏密及職能演變之深層次原因，明確論定均為政治權力作用使然。於是她運用這一理論觀點，分析論述了論文中有關西漢城市地理研究中的幾個主要問題，並因而得出了一系列相關的結論。如：

——區域城市社會經濟發展的地域差異不僅造成了城市分佈的地域間不平衡，而且產生了權力在空間分配上的差異。

——西漢後期的王國是帝國空間控制制度下的產物，城市與經濟發展關係不大。所以諸侯王都與同時作為區域發展中心的漢郡郡級城市在社會經濟發展中的作用是不可同日而語的。王國諸侯城市的增長只能是，也僅僅是數量的增長與城市的簡單複製，無益於城市內涵的增長。

──城市職能的單一性，促進了城市之間經濟聯繫的加強，進而促進經濟區的形成。

──西漢都城的無限拓展與地方城市規模的縮小的趨勢，既反映了新的封建等級制度的建立，也蘊含了當時之封建社會中央與地方權力鬥爭的廣泛性。

上述見解因為都是建立在對史實的準確把握與認識的基礎上，因而頗為精當，使論文在理論上增加了深度。

肖愛玲的這篇論文值得稱道的除理論上有所建樹外，還有她引用史料不限於史籍文獻，十分注重採用新出土的張家山、尹灣漢簡上的史料；以及在研究方法上採用了多學科綜合分析法、對比法、剖面法等多種研究方法。所以整篇論文除論述內容豐厚充實，有史有論外；還配有 6 個附錄、68 個表、9 幅地圖、5 幅插圖，使論述方式也十分多樣生動。

西漢是我國歷史上緊隨秦王朝實施郡縣制度後，在其疆域轄區內創建城市體系的關鍵時期，當時奠定的城市空間組織形式對之後我國兩千多年來城市及其體系的發展，以及社會、經濟、文化的發展，都產生過重大影響。而肖愛玲的論文，從幾個主要方面對這一課題進行了深入的研究，其所論及的史實以及從中探析到的導致西漢一代城市體系建立與演變的政治、思想、文化上之「權力空間」這一理論機制，不僅大為推進了西漢城市地理研究，而且對我們今天深刻認識我國之城市及其體系，運用科學發展觀，推進我國之城市化進展也有積極意義。

正是因為這篇論文選題具有明顯的學術價值與現實意義以及研究撰寫上的成功，所以在 2006 年 5 月 27 日之答辯會上，受到以暨南大學歷史地理研究所郭聲波教授為主席，由校內外 5 位教授、研究員組成的答辯委員會的一致肯定與好評。而在答辯會前進行的由校外同行專家所進行的盲審中，武漢大學歷史地理研究所徐少華教授等在所寫的長篇評審意見中，也多給予了熱情鼓勵。

然而，令我更為高興的是，肖愛玲並沒有以這篇論文所達致的上述成功而陶醉滿足。她對答辯會前 5 位對她論文進行盲審的校外專家所提批評意見以及答辯會上 5 位校內外答辯委員所提出的質詢與批評意見均很重視。所以，儘管在答辯通過後的當年年底她又被西安建築科技大學批准進入博士後流動站，隨該校建築學院院長劉克成教授從事漢唐長安城大遺址保護方面的研究，還於

2008 年申報獲准了有關這方面的國家社會科學基金課題，工作擔子也比前有所增加；仍然擠出時間對西漢城市地理問題繼續進行研究，針對專家們所提出的批評意見進行了認真的思考與修改。經過近兩年多的努力，使這篇論文不斷獲得新的昇華與完善。直到今年 3 月書稿送交出版社前修改工作才暫告一段落。這種嚴謹務實的治學態度我當然希望她能長遠的保持下去。而且我也相信，由於她在撰寫《西漢城市地理研究》博士學位論文中所積累的豐碩的學術功底與培養出的嚴謹而又勇於創新的治學精神，她一定能在今後的學術研究的途程上，不斷取得新的更為優秀的研究成果！

朱士光

2009 年 3 月 22 日

序　二

　　本書是歷史城市地理領域的一部力作，充分體現了「地理」、「歷史」、「政治」和「城市」的特色。

　　地理特色：（1）全書自始至終圍繞著「時空特徵」、「空間演化」、「空間發展模式」、「空間認識」等展開論述，清晰地展現了西漢時期我國城鎮體系的空間特點；（2）從全國和具有典型意義的區域（例如齊地和關中）兩個空間層次加以分析，非但可以淺揭全國之表，亦深及區域之裡；（3）書中從「地緣政治結構的變化」，「自然與經濟地理環境」等方面對齊地城市發展機制的分析，處處可以感受到地理的烙印；（4）地圖的運用，增強了空間分析與說明的生動性與直觀性；

　　歷史特色：（1）為了提供確實的資料，在《漢志》的基礎上，對不同歷史時期的多種權威歷史文獻進行了引證與分析；（2）為了提供西漢時期城市全面的畫卷，研究主體雖以西漢城市發展的 200 年為主要時間跨度，但許多研究內容從春秋戰國或秦開始論述，一些部分甚至追溯到了西周。（3）為了達到「察古知今」的目的，許多關於西漢時期城鎮體系的論述直接聯繫到當今的狀況。例如，書中對比了西漢時期與二十世紀九十年代中期我國城市群空間分佈的中心（非常接近）；通過對西漢時期齊地城市發展的分析，指出其「奠定了現代山東省城市網的基本空間格局」等等。

　　政治特色：（1）權力是本書分析西漢城鎮體系演變的切入點，政治權力

是其中的核心。書中闡釋了政治權力的不同實現方式（暴力方式、壓力與規範方式、處罰方式）及其對城市發展的影響；（2）中央集權是西漢國家體制的核心特徵。儘管中央權力與地方權力的關係在不斷變化，但中央集權及其伴生的垂直體系一直是貫穿西漢統治的主流。國家行政體制是實現政治權力的重要手段和保障。書中深刻地分析了分封制、郡縣制等對西漢城市體系的影響；（3）國家控制的思想策略是實施政治權力的基礎。書中對婁敬、賈誼、晁錯、主父偃等當時重要謀士的國家控制思想與實施，及其對城鎮體系發展的影響進行了深入的解讀。

城市特色：（1）全書論述的內容緊扣現代區域城市（鎮）體系研究和規劃的「三結構，一體系」，有利於把對古代城市的認識與當今知識緊密結合；（2）西漢時期缺乏城市人口的統計資料，書中運用城址規模，官員秩祿、吏員數量等資料，勾畫出了當時的城鎮體系規模結構。資料選取之巧妙和研究結果之可信，於今天看仍甚為恰當。（3）書中界定了「經濟中心型」（經濟都會）、「經濟管理型」、「軍事職能（型）」和「文化職能（型）」等當時四種主要的城市職能分類，挖掘出了當時城市的功能特點（例如祭祀文化的城市），為認識當今的城市提供了有力的佐證。

籍以上四「色」，作者展示了一幅清晰、完整、生動、飽滿的西漢城鎮體系變化的畫卷，值得仔細品味與鑒賞。

歷史地理於我屬陌生領域。既少淵博之知識，更無生花之妙筆，誠不敢為此書序。唯抱戰兢之心情，學習之態度，覓以上心得，以饗讀者。

薛德升

2011 年 11 月 3 日於廣州康樂園

目　錄

圖表目錄

圖

第一章 緒 論

　　歷史城市地理學是歷史地理學的一門分支學科，其研究對象是歷史時期城市的地理空間實體。「城市歷史地理學是研究城市興起、發展和演變規律的學科，它的研究對象是歷史上的城市，⋯⋯城市歷史地理學所研究的城市，⋯⋯有它明確的對象，這就是地理實體的城市。」[1] 因此，歷史城市地理學是研究歷史時期城市的形成、發展、空間結構和分佈規律的學科，其核心是從區域的空間組織和城市內部的空間組織兩種地域系統考察城市空間組織形式及其演變規律，這在今天也已成為人們的共識。20 世紀 70 年代末以來，歷史城市地理學在社會經濟發展和學科自身發展需要的雙重因素推動下，發展迅速，現已成為歷史地理學中最為成熟的一個分支，擁有較為完善的學科體系及豐富的研究成果。[2]

　　在人類歷史上，城市是伴隨著新的價值、新的制度而產生的最為重要的人文地理現象之一，它既是人類文明的產物，也是孕育和創造文明的社會空間。正如馬克思所指出的：「城市是隨著野蠻向文明的過渡、部落向國家的過渡，地方局限性向民族的過渡而開始的，它貫穿全部文明的歷史，並一直延續到現

1　馬正林：《中國城市歷史地理》，濟南：山東教育出版社，1998 年，第 1 頁。
2　葛劍雄、華林甫：〈二十世紀的中國歷史地理研究──回顧與展望〉，《歷史研究》，2002 年第 3 期。

在。」[3] 城市的發展從未離開過社會演進的步伐，從城市起源時起，城市的興起、發展和演變就受到自然、經濟、社會和人類等多方面的影響，呈現出複雜的動態現象。不同歷史時期，不同地區、不同社會經濟發展水平和發展速度，不同人口分佈和遷移特點，都對城市的發展速度、性質、規模和空間組織等產生了各自不同的影響。由此，歷史城市地理的研究內容、研究方法、甚或研究視角也就各具特色。

同時，按照現代地理學的理論，城市作為一種空間現象，它是一個特殊的地域綜合體。它的內部有各種構成要素的演變和組合問題。城市「既具有外觀形態，即城市的形狀和大小，又具有一定的內部結構，即具有特定功能的城市物質構成要素的空間位置、要素構成及相互關係。」[4] 城市又是一種區域現象，「是兼有經濟、行政和自然性質的一種綜合性區域」[5]、「是一個人文景觀特別複雜的區域」[6] 雖然各個城市的規模大小不同，但它作為人類活動的中心，同周圍廣大地區保持著密切的聯繫，幾乎每個城市都是一個地區的經濟、政治或文化的中心，都有自己的影響區域（腹地或集散地）。

正因為城市具有區域性和綜合性的特點，城市作為地球表面的一種地理現象主要有兩方面的特徵：一是位置與分佈的特徵，即城市體系；另一是城市內部要素的演變和組合，即內部空間結構。由此對於歷史時期城市的研究，「既可以把城市放在一定的區域裡，研究城址選擇與城市分佈，即城市體系；也可以把城市自身當作一個區域空間，研究城市內部的地域結構。」[7] 並且，「隨著現代社會的經濟發展和區域開發的需要，城市史和城市歷史地理學的研究已經不能總是局限在一個城市的單純描述，而應以一個或幾個中心城市為核心，連帶其它一組城市，作區域城市的綜合研究，闡明歷史城市格局形成的原因和演化的過程，剖析區域中心城市城址選擇與城市成長的自然地理條件和社會歷史

3　中共中央文獻編譯局：《馬克思恩格斯全集》第 3 卷，北京：人民出版社，1972 年，第 56 頁。

4　耿占軍、趙淑玲：《中國歷史地理學》，西安：西安地圖出版社，2000 年，第 288 頁。

5　周一星：《城市地理學》，北京：商務印書館，1995 年，第 11 頁。

6　馬正林：《中國城市歷史地理》，濟南：山東教育出版社，1998 年，第 8 頁。

7　李孝聰：〈唐代城市的形態與地域結構——以坊市制的演變為線索〉，《唐代地域結構與運作空間》，上海：上海辭書出版社，2003 年，第 248 頁。

背景，才更有科學意義。」[8]

西漢時期是我國建立全國性城市體系確立的關鍵時期。秦始皇在統一全國的過程中，將郡縣制推行全國，初步構建起了全國性的郡縣地方行政管理系統，全國性的城市體系也隨之初步形成。但秦立國不長而速亡，其城市體系也隨之而崩潰。漢並天下之初，漢高祖劉邦即令「天下縣邑城」，從而掀起了又一次大規模的城市建設高潮，最終在制度上確立了全國性的郡縣城市體系。這一全國性城市體系的形成與確立，最終結束了商周以來以血緣政治為主體，王朝依靠宗法分封制間接控制各地的社會格局，確立了以地緣政治為主體、中央集權政府依靠一元化的郡縣城市網路直接統治全國的社會結構。這在中國城市發展史和中國歷史發展階段上，都是屬於本質上的變化。[9]西漢時期奠定的城市空間組織形式對西漢之後我國城市及其體系的發展，對我國社會、經濟、文化發展等都產生了重大影響，對其歷史地理問題進行深入、細緻的分析，不但可以豐富古代城市的研究，而且對深刻地認識今天中國的城市及其城市體系也是有積極意義的。

第一節　相關研究成果

西漢時期是中國城市歷史地理發展過程中的一個十分重要的階段，海內外學者對此曾作過大量研究，取得了豐碩的研究成果，在此僅將與本文密切相關的一些研究成果作簡單綜述，藉以說明本文研究的學術背景，形成本文的研究框架，以突顯本研究的學術和實踐價值。

以往有關於西漢時期城市地理的研究中，總體而言較多地集中於單體城市內部空間結構上，在區域城市群或城市體系的研究上雖取得了一定成績，相比而言則較為薄弱。而單體城市的研究中，又以對都城長安的研究成果最為豐富。

8　李孝聰：〈關於中國古代城市研究的幾點看法〉，《北大史學》第 2 輯，北京：北京大學出版社，1994 年，第 22 頁。

9　徐萍芳：〈中國古代城市考古與古史研究〉，《中國歷史考古學論叢》，臺灣允晨出版公司，1995 年。

尤以王仲殊[10]、楊寬[11]、劉慶柱[12]、劉運勇[13]；孟凡人[14]；李毓芳[15]；史念海[16]、王社教[17]、徐衛民[18]、李小波[19]等先生在復原長安城之基礎上對長安城內部空間結構進行了深入探討。馬正林[20]、朱士光[21]則是從自然環境與長安的關係方面加以論述。辛德勇[22]、侯甬堅[23]是從區域研究視角，著重分析了長安城興起、發展與區域的關係，侯先生提出的「區域空間權衡」理論，對全面認識和理解古代都城選址原則提供了新思路。史念海主編的《漢唐長安與關中平原》、《漢唐長安與黃土高原》將黃土高原、關中河谷平原的環境變遷與漢、唐盛世，特別是都城的興衰聯繫在一起，進行了很有創見的研究，被認為是「近年來對黃土地帶進行區域性研究的最新和前沿的成果，也可以看作是對一個世紀以來黃土地帶城市與環境生態研究的回顧性綜述。」[24]

10　王仲殊：《漢代考古學概論》，北京：中華書局，1984 年。

11　楊寬：〈西漢長安佈局結構的探討〉，《文博》，1984 年第 1 期；〈西漢長安佈局結構的再探討〉，《考古》，1989 年第 4 期；〈三論西漢長安的佈局結構問題〉，《中國古代都城制度史研究》，上海：上海古籍出版社，1993 年。

12　劉慶柱：〈漢長安佈局結構辨析——與楊寬先生商榷〉，《考古》，1987 年第 10 期、〈再論漢長安城佈局結構及其相關問題一一答楊寬先生〉，《考古》，1992 年第 7 期。

13　劉運勇：〈再論西漢長安佈局及形成原因〉，《考古》，1992 年第 7 期。

14　孟凡人：〈漢長安城形制佈局中的幾個問題〉，《漢唐與邊疆考古研究》第 1 輯，北京：科學出版社，1994 年。

15　李毓芳：〈漢長安城的佈局與結構〉，《考古與文物》，1997 年第 5 期。

16　史念海：〈漢長安城的營建規模〉，《中國歷史地理論叢》，1998 年第 2 輯。

17　王社教：〈論漢長安城形制佈局中的幾個問題〉，《中國歷史地理論叢》，1999 年第 2 輯。

18　徐衛民：〈論秦、西漢都城的面向〉，《秦文化論叢》第六輯，西安：西北大學出版社，1998 年。

19　李小波：〈從天文到人文——漢唐長安城規劃思想的演變〉，《北京大學學報》，2000 年第 2 期。

20　馬正林：〈論西安城址選擇的地理基礎〉，《陝西師範大學學報（哲社版）》，1990 年第 1 期。

21　朱士光：〈西漢關中地區生態環境特徵與都城長安相互影響之關係〉，《陝西師範大學學報（哲社版）》，2000 年第 3 期。

22　辛德勇：〈長安城興起與發展的交通基礎〉，《中國歷史地理論叢》，1989 年第 2 輯。

23　侯甬堅：《區域空間權衡——以定都關中為例》，西安：陝西人民教育出版社，1995 年，第 161–171 頁。

24　李孝聰：〈評史念海：中日合作研究中國黃土地帶的都市與環境生態的歷史〉，榮新江主編：《唐研究》第 7 卷，2001 年，第 546 頁。

　　都城之外的其他單體城市研究中，以臨淄城[25]、福建崇安漢城[26]、臨湘古城[27]、灌嬰城（南昌）[28]受關注較多。對其它地方城市的研究，主要停留在城市名稱及地望考證方面，如一些邊疆郡縣城市，如武威[29]、雍奴[30]、平剛[31]、白馬[32]、平襄[33]、金城[34]、略陽[35]、宜城[36]、玉門關[37]等。

　　對西漢區域城市地理的研究，李劍農[38]從城市商業的角度對包括西漢在內的整個漢代都市的地域分佈和結構進行了有深度的探討。周長山[39]對漢代城市的空間佈局進行了探討、張繼海[40]通過漢代的聚落形態、城市與城市社會三個方面，對漢代城市的一些重要問題進行了探討。葛劍雄[41]將西漢長安及其周圍陵縣所組成的聯繫緊密、功能協調、人口稠密、經濟發達的實體視作中國最早的城

25　曲英傑：《齊都臨淄城》（第5、6章），濟南：齊魯書社，1997年。
26　楊琮：〈論崇安漢城的年代與性質〉，《考古》，1990年第10期；林忠幹：〈崇安漢城遺址年代與性質初探〉，《考古》，1990年第12期；楊琮：〈崇安漢城北崗遺址性質和定名研究〉，《考古》，1993年第12期；吳春明：〈再論福建崇安漢城遺址的年代〉，《考古與文物》，1995年第2期；吳春明、林果：《閩越國都城的考古研究》，廈門：廈門大學出版社，1999年。
27　何旭紅：〈長沙漢「臨湘古城」及其「宮署」位置考析〉，《南方文物》，1998年第1期。
28　胡振：〈南昌城的歷史變遷及其民俗內涵〉，《南方文物》，2002年第3期。
29　王宗元、李並成：〈武威綠洲城鎮的形成與變遷〉，《西北師院學報》（社科版），1983年第4期。
30　嘉谷：〈關於西漢雍奴古城的地理位置〉，載《天津日報》，1983年。
31　李文信：〈西漢右北平郡治平剛考〉，《社會科學戰線》，1983年第1期。
32　劉偉毅：〈平陽城與白馬城〉，《山西師大學報》，1990年第3期。
33　何鈺：〈西漢天水郡治平襄城故址在今通渭城區考〉，《西北師院學報》，1984年增刊。
34　王仁康：〈東漢金城郡治地理位置考〉，《歷史研究》，1978年第10期；劉滿：〈漢代金城郡治允吾位置的初步探討〉，《蘭州大學學報》，1979年第2期；王仁康：〈再談漢代金城郡治的地理位置——與劉滿同志商榷〉，《蘭州大學學報》，1980年第2期；張文軒：〈漢代金城郡治及其考證〉，《蘭州學刊》，1981年第4期。
35　吳浩生：〈漢代甘肅略陽城考〉，《蘭州社會科學》，1984年第6期。
36　石泉：〈宜城縣建制沿革考辨〉，《武漢大學學報》，1988年第4期。
37　李並成：〈漢玉門關新考〉，《九州》第2輯，北京：商務印書館，1999年。
38　李劍農：《先秦兩漢經濟史稿》第15章，北京：三聯書店，1957年。
39　周長山：《漢代城市研究》，北京：人民出版社，2001年。
40　張繼海：《漢代城市社會研究》，北京：社會科學文獻出版社，2006年。
41　葛劍雄：〈西漢長安——陵縣：中國最早的城市群〉，載《紀念顧頡剛學術論文集》，成都：巴蜀書社，1990年。

市群。李傳永[42]，對這一問題作了類似的研究。此外張南和張宏明連續撰文[43]，討論了今安徽地區漢代城市的分佈和功能。以往較少關注的嶺南[44]、巴蜀[45]和河西[46]地區城市狀況，也受到一定的關注。

此外，還應提到的是《西漢政區地理》[47]和《西漢人口地理》[48]，雖然這兩部著作並不是研究西漢城市地理的專著，但前者對西漢一代政區的沿革變化進行了系統研究，為西漢城市地理的研究奠定了基礎。「歷史政區地理的研究不但揭示了歷代政區的面貌及其演變規律，而且其成果直接構成歷史地理學某些分支的基礎和前提。」[49]。後者對西漢人口數量、分佈及遷徙規律的研究對於探索西漢城市的等級規模及城市人口提供了較為可靠的數據。

眾所周知，研究秦漢史的最大困難就是史料的匱乏。為彌補史料上的不足，本文引用了《張家山漢墓竹簡》[50]、《尹灣漢墓簡牘》[51]兩份簡牘資料，它們分別提供了西漢前期整個漢郡區城市、後期東海一郡城市的相關資料，為展開區域綜合實力、等級研究以及系統勾勒西漢時期不同類型城市間的等級變化提供了一手資料。對區域城市進行綜合實力排比，借鑒了現代城市經濟綜合對比這一思路，而對資料較為缺乏的西漢時期，則是在城市等級劃分問題上的折衷處理，也是一種新的嘗試。

總體而言，中國歷史城市地理的研究，仍然是以單體城市的內部空間結構為主，跳出單體城市的研究模式，從一定區域範圍來考察一組城市的變遷及其

42　李傳永：〈我國最早的衛星城〉，《四川師範學院學報（哲社版）》，2003 年第 1 期。

43　張南、張宏明：〈安徽漢代城市的功能初探〉，《安徽史學》，1991 年第 4 期；〈安徽漢代城市的分佈與建設〉，《學術界》，1991 年第 6 期。

44　陳代光：〈秦漢時代嶺南地區城鎮歷史地理研究〉，《暨南學報》，1991 年第 3 期。

45　段瑜：〈先秦秦漢成都的市及市府職能的演變〉，《華西考古研究》（一），程度：成都出版社，1991 年；段瑜：〈秦漢時代四川的開發與城市體系〉，《社會科學研究》，2000 年第 6 期。

46　杜瑜：〈漢唐河西城市初探〉，《歷史地理》第 7 輯，1990 年；楊平林：〈歷史時期河西地區城市地理初探〉，《歷史地理》第 8 輯，1990 年。

47　周振鶴：《西漢政區地理》，北京：人民出版社，1987 年。

48　葛劍雄：《西漢人口地理》，北京：人民出版社，1986 年。

49　周振鶴：《西漢政區地理》，北京：人民出版社，1987 年，第 1 頁。

50　張家山二四七號漢墓竹簡整理小組：《張家山漢墓竹簡（二四七號墓）》，北京：文物出版社，2001 年。

51　連雲港市博物館、東海縣博物館、中國社會科學院簡帛研究中心、中國文物研究所：《尹灣漢墓簡牘》，北京：中華書局，1997 年。

相互關係的研究，雖然在一些學者的研究論述中有所表現，並取得了一些重大的進展，但還遠遠不夠。而就西漢城市地理研究來講，這種現象更為突出，以往研究成果多圍繞西漢長安城展開，都城之外地方城市研究非常之薄弱。重視都城區域研究固然有其合理性，但也要看到，都城區域畢竟只是全國城市體系的一個特殊的部分，遠不能涵蓋西漢城市地理的全部內容。西漢時期，隨著新的一輪大規模的城市建設的高潮，全國性的郡縣城市體系在制度上得以確立，對西漢一代城市的發展演變規律及其驅動力研究無疑具有非常重要的學術理論價值。

歷史文獻和考古發現的資料雖然零散，但相當豐富，在類型上包括了郡、縣、侯國等的治所，已具備了一定的研究基礎。在今後的研究中，有意識地、主動地關注都城以外的城市，關注西漢城市體系的研究，這樣似乎更能加深我們對西漢城市興衰嬗變內在機制的理解，也有助於對城市所在區域地理環境變化的研究。其次，在以往的研究中，很少就西漢一代進行區域城市地理的專題性研究，而多是以連續幾個王朝為時段，如周秦漢唐、漢魏等，這樣的研究雖然可以從更長的時間跨度瞭解認識區域城市的發展脈絡，但對區域城市幾十年甚或十幾年或者更短時間段內產生的變化則無法反映，所以應該在更短的時間尺度下研究區域城市的發展演變，突出發展過程中的細微變化及連續性，有助於對城市發展驅動力分析，這種研究也更具有學術研究價值和理論意義。

第二節　研究思路與框架

在人類歷史上，城市是伴隨著新的價值、新的制度而產生的最為重要的地理現象之一，它既是人類文明的產物，也是孕育和創造文明的社會空間。城市的發展從未離開過社會演進的步伐，而人們對城市的關注也隨著社會的發展而不斷深入。對於城市研究這一領域，無論是歷史地理學、地理學、歷史學，還是社會學、建築學和城市科學等都傾注了相當大的力量，並構建了各種不同的研究框架和理論。本文無意去構建新的理論體系，而是著意填補西漢區域城市地理研究的空白。

中國古代城市興起的特點，從來就不是「經濟起飛」的產物，而始終是作為政治和軍事中心而產生和發展起來的。在國家產生以前，它是部落或部落聯

盟的政治軍事中心；在國家產生以後，是國家首腦和地方官吏的政治軍事中心。中國古代城市的這種性質，註定了它的產生主要不是因經濟發展、從工商業薈萃的市自然發展而形成的，而是由部落或部落聯盟的首領、國家首腦和地方官吏出於政治和軍事的需要，選擇地理位置適中，適中的地點和水源、交通、物產以及便於設防的地形等條件來修建的。當然，這也並不排除隨著社會的進步，經濟的發展，城市經濟功能的逐步增強，但是這種功能優勢往往是附加的，也可能是被強加的。這樣的城市儘管出現了一度的繁榮，但其作為政治軍事中心的作用一旦消失，其經濟地位也就隨之消失了。

　　中國古代城市的政治屬性註定了其在產生、發展、空間分佈及其內部空間結構變化過程中勢必受政治活動影響的歷史事實。廣義的「政治」，可以遍及歷史文明中的每一面向，為此有人認為「一切的歷史都是政治史」，如此來講對於政治概念的研究就過於寬泛了。狹義的「政治」，特指涉社會秩序中以「公共權力」為核心的一種秩序形式（即權力概念中的關係說），換言之，「權力」是「政治」的核心概念。它是在「國家」這種特殊的社會組織形式發展出來後，以「國家」為其建構基地的。於是，圍繞著「權力」的核心概念，安置在「國家」的社會空間基地上，一組有關於「權力」的課題，如「權力」的來源、正當性、社會基礎、組織形式、分配、運作等等都是「政治史」的研究範疇。本文借用政治史中「政治權力的秩序性」與「城市的空間結構」在組織形式、空間分配及運作過程的一致性特徵，將權力的概念引入歷史城市地理學的研究中，揭示西漢城市的時空特徵及發展規律。

　　運用「權力」概念，進行相應的歷史研究，學術界已做了一些有益探索。如臺灣學者王健文主編的《政治與權力》[52]一書，就是以「（政治）權力」概念為中心，從各種不同角度探討與「（政治）權力」相關聯論題之論著，文中有從權力的社會基礎或政權與社會的互動著眼的；有從制度層面探究的；有從空間形式的重組與地緣政治論述的；有從思想意識、儒學信仰或天文星占角度窺探其與權力之關係的；有從政權的支柱或統治手段（如軍權）思考的；有從神權信仰與祭祀出發的；有論及政治鬥爭與史學論爭的關係的；有從體制觀念與政治秩序的關係立論的；也有從家與國、父權與皇權的糾結來切入的等等，

52　王健文主編：《政治與權力》，北京：中國大百科全書出版社，2005 年。

他們從不同角度論述了（政治）權力的方方面面。此外張光直的〈中國考古學上的聚落形態———一個青銅時代的例子〉、許倬雲[53]的〈西漢政權與社會勢力的交互作用〉、杜正勝的〈「編戶齊民論」的剖析〉、王建文的〈學術與政治之間：試論秦皇漢武思想政策的歷史意義〉、余英時[54]的〈漢代循吏與文化傳播〉等也分別從聚落空間、政權結構、社會組織結構以及思想文化結構論述了西漢政治秩序的不同內容。儘管這些研究很少涉及城市，但對本研究的啟發作用則是不言而喻的，因為城市是政治權力與空間結構互動的典型場所，城市以最大的密度集中展示了政治權力與空間結構之間相互糾結的複雜聯繫。

　　因此，本文以西漢區域城市地理為研究對象，引入「權力」概念，重點考察了權力影響下的西漢區域城市發展的空間過程及規律，並以中央王朝政治權力對政治疆域的城市空間地理控制，即政治權力過程對城市地理區域變遷的影響為主線，對西漢城市體系的組織結構，等級規模結構、職能類型組合、空間分佈特徵和城市間的相互聯繫以及不同規模等級城市的內部空間結構為主要內容，全面系統地揭示了西漢時期城市體系空間結構的形成、演變的基本過程及其內在機制和規律性。這一研究不但豐富了中國古代城市的研究，而且對深刻認識今天中國的城市及其城市體系也是有積極意義的，可為新世紀中國區域城市規劃提供借鑒。全文一共分為六章：

　　第一章緒論，首先扼要回顧歷史城市地理學發展史及相關研究成果之後，引入本文主要研究內容，之後對本文涉及的一些關鍵詞、區域劃分、研究時段進行闡釋，從而為正文的全面展開作了鋪墊。

　　第二章是關於西漢城市發展時空特徵的研究。文章首先依據西漢城市等級、類型系統地復原了郡縣制下各級城市時空發展過程；其次復原了不同區域層面上各類城市的時空特徵；最後歸納總結了西漢城市發展演化的總體特徵。本章主旨不僅僅是復原西漢一代不同區域、不同級別、不同類型城市的時空發

53　許倬雲著：《許倬雲自選集》，上海：上海教育出版社，2002 年。其中收錄了一系列文章對本文的研究頗有啟發，如〈周代都市的發展與商業的發達〉、〈春秋戰國間的社會變動〉、〈漢代的精耕農業與市場經濟〉、〈中國古代社會與國家之關係的變動〉、〈中古早期的中國知識份子〉以及〈另一類考古學〉等。

54　余英時著，鄔文玲等譯：《漢代貿易與擴張》，上海：上海古籍出版社，2005 年。本書對於理解武帝拓邊活動提供了一個新的視角，有助於對西漢統治上層的空間觀念的理解。

展過程，還有意於深層次地揭示區域城市空間演化過程中空間權力和空間秩序
對區域城市發展的影響。

　　第三章關於西漢城市性質和職能研究。城市性質是指城市在全國或地區的
政治、經濟、文化生活中的地位和作用，代表了城市的個性、特點和發展方向。
而城市職能是城市在區域政治、經濟、文化發展中的某一方面作用。本章主要
從中國古代城市在社會發展中所起的作用及西漢城市職能類型劃分兩個方面展
開論述，勾勒了西漢城市的性質與職能之間的相互關係以及各種職能城市的區
域組合關係。西漢時期的城市，是維護政治權力的工具，具有很濃厚的政治屬
性。城市的政治性限定了城市其他職能的發展，但不完善的城市職能加強了區
域城市之間的聯合。

　　第四章關於西漢城市等級的研究。本章從城市兩種空間地理概念出發，以
城市作為空間現象及區域現象兩個方面對城市規模等級及區域綜合實力等級進
行劃分。文章首先依據考古發掘資料，對不同行政等級下西漢城址規模等級及
城市內部構成差異進行分析；隨後根據《張家山漢墓竹簡》、《尹灣漢墓簡牘》
分別探討了西漢前後期城市的等級結構。得出西漢城市規模等級依其行政等級
高低而定，都城是當時全國最大的城市，郡國治所城市規模大於一般縣級城市，
由於都尉治所的特殊性，其規模、形制有期自身特點。西漢前後期城市等級關
係，僅就縣級城市等級而言，西漢時期發生過一個明顯的變化，即西漢前期縣
城與侯國城地位相仿，均略高於陵邑城，道城地位最低，而到西漢後期縣邑城
市高於侯國城市已成定局。

　　第五章關於西漢城市空間發展模式的研究。本章分別選取諸侯王國區、漢
郡區、拓展區中的一個區域展開個案研究。諸侯王國區以齊地城市發展為例的
研究表明，本區城市空間發展模式表現為在本地地緣政治結構演變基礎之上的
邊緣──核心發展趨向；漢郡區城市發展最大特點就是在穩定的社會環境下，
構建城市空間等級秩序，城市數量在權力控制下緩慢增長；拓展區的城市空間
推進則是借助於暴力形式，在河流、交通沿線依託於舊據點城市，採取逐步推
進的發展模式。

　　第六章關於西漢城市發展演變機制的研究。西漢時期是中央集權制國家建
立的重要時期，在地方行政制度上處於郡國並行制向郡縣制逐漸過渡的歷史階

段，城市作為特殊的人文地理現象在政治權力的運作、權力的客觀構成、權力的分配以及權力運行結果等方面的影響下，伴隨著郡縣制的確立，最終形成了全國性城市等級、行政體系。西漢城市發展變化反映了時人空間認識水準和帝國對空間控制之目的，城市發展的根本原因就是中央權力對地方空間控制和佔有的結果，也是區域空間理論與國家控制實踐的統一。本章作為結語部分，在前面各章研究之基礎上，進一步分析導致西漢時期城市發展的空間思想及其相應的國家控制戰略，即西漢城市發展演變的驅動力研究。

本研究在綜合借鑒國內外相關研究成果的基礎上，對西漢區域城市地理問題進行了較全面、系統地分析，取得了以下幾個方面的研究成果或進步：

（1）在研究視野上，本研究跳出了以往單純在歷史城市地理學理論框架下的傳統研究範式，將本研究置於歷史城市地理學、歷史政治地理學和政治學的理論框架下，選取與城市興起與發展緊密相關的權力概念，從權力與空間角度，深入而全面開展了對西漢區域城市地理及其發展機制和規律問題的研究，拓展和豐富了歷史城市地理學研究的視野與內容。

（2）在內容上，選取與城市興起與發展緊密相關的權力概念，以政治權力對區域城市地理變化影響為主線，全面深入地分析和總結了西漢區域城市的空間發展、城市體系的組織結構、區域城市發展機制和規律，不僅在整體研究上添補了西漢城市地理研究的空白，而且在一些具體問題的研究上取得了較大突破。同時，從城市空間與權力關係角度，探討西漢區域城市地理及其發展機制和規律，是筆者的一次大膽嘗試。

（3）在研究方法上，本研究以歷史城市地理學的研究方法為主，在資料運用上除使用歷史文獻、考古資料之外，借用部分簡牘資料作為歷史文獻的補充；綜合運用政治學、社會學、考古學、城市史和西方空間理論等多學科的研究理論和成果，特別注意將政治學的最新研究成果運用到本研究上也是較為突出的一個方面。

同時，在研究過程中大量使用計量統計法、圖表對比法、區域對比法等，力圖使一些模糊的問題精細化，使西漢城市的區域發展、內在聯繫、空間特徵等盡可能地予以直觀顯示。為全面地復原西漢 200 年間城市發展演變的過程，

論文在分區、分級、分類基礎上借用水平橫剖面方法[55]，重視對城市這一地理現象進行發展過程的研究，揭示區域城市在各個橫截面及其間空間聯繫和特徵，是作者最為著力之處。

鑒於西漢歷史城市地理是一個傳統而又較新的研究課題，需要深入研究的內容很多，非本文所能涵蓋和解決。論證失宜、挂一漏萬之處，敬請專家有以正之。

第三節　關鍵詞闡釋及說明

為了便於對西漢城市地理空間結構及相關問題的研究，首先對文中涉及的幾個概念略作解釋。

（一）城市與城市體系

確定研究對象是一切問題研究的起點，對西漢城市地理的研究自然也不例外，首先是關於「城市」這個概念的界定。

關於城市，按照現代學者的說法，它是以空間與環境利用為基礎，以聚集經濟效益為特點，以人類社會進步為目的的一個集約人口、集約經濟、集約文化的空間地域系統，是社會政治、經濟、文化的中心。很顯然，中國歷史「城市」與現代「城市」有很大差別。

歷史上「城市」的形成與發展經歷了一個漫長的過程，是在「城」和「市」各自發展到一階段之後形成的。關於「城」《世本·作篇》說：「鯀作城郭。」《呂氏春秋·君守篇》也稱：「夏鯀作城。」《說文解字》云：「城，以盛民也。」段玉裁注曰：「言盛者，如黍稷之器中也」。《墨子·七患》謂：「城者，所以自守也」。劉熙《釋名·釋州國》云：「城，盛也，盛受國都也。」這些

55　這一方法的創始人是英國著名區域歷史地理學家克利弗德·達比，在其 1936 年出版的《1800 年以前的英格蘭歷史地理》一書中最早運用此方法。該書是從現代歷史地理學的角度研究一個特定區域地理變化過程的經典之作，它的出版標誌著現代歷史地理學在英國的創立。20 世紀中葉以後，這一方法逐漸被介紹到中國，並為中國的一些歷史地理學者接受和採用。H. C. DARBY, On The Relations of Geography and History [A]. Transactions and Paper, Institute of British Geographers, 19（1953），第 3–6 頁。轉引自鄧輝：〈試論區域歷史地理研究的理論和方法──兼論北方農牧交錯帶地區的歷史地理綜合研究〉，《北京大學學報》（哲社版），2001 年第 1 期。

記載表明，城起初的作用，主要是一種防禦設施，人們居住在城內，猶如黍稷放在器中一樣。按照《吳越春秋》「鯀築城以衛君，造郭以守民，此城郭之始也」的說法，「城」是為「君」而築，「郭」是為「民」而造。關於「市」，《說文解字》云：「市，買賣所之也。」《管子》載：「市者，天地之財具也，而萬人之所和而利也。」《孟子・公孫丑下》說：「古之為市也，以其所有易其所無者，有司治之耳。」由此可見，「市」是買賣交易的場所，也就是現代所謂的商業區。在中國古代典籍中，「市」的出現幾乎與「城」同步，或謂神農之世已經有市，或謂黃帝設市，或云祝融作市，總之出現時間很早。[56] 費孝通認為「城」的形成必須是功能上的區位分化，有一個賦予某種特殊社區功能的中心區。因為功能的分化而產生的集中形式。[57]

從考古發掘情況來看，中國早在史前時期已經形成了「早期城市」，但城市的稱呼卻出現很晚，大約在戰國時期，文獻中才開始出現「城市」的稱呼。《戰國策・趙策一》提到「城市邑」。據《資治通鑑・周赧王五十三年》載：韓國「有城市邑十七。」胡三省注：「城市邑，言邑之有城市者，指言大邑也。」《韓非子・愛臣》云：「大臣之祿雖大，不得藉威城市。」自此，「城市」一詞成為反映特殊地理實體的準確概念，一直沿用至今。

「從歷史上看，古代、中世紀、近代和現代的城市，其內容和形態千差萬別；從地理上看，城市有行政意義上、實體意義上和功能意義上的區別，……，城市包括了跨度極大的空間尺度。」[58] 對於城市的判識標準，現代各國都有明確的指標，而這種指標基本上都是計量的。譬如人口指標是目前世界各國所通行的城市的指標之一。大城市、中城市、小城市，都有人口的計量數值。但對於歷史城市，要獲得各種計量數據，實在非常困難。正如陳橋驛所說：「中國歷史悠久，城市眾多，要把每一個時代、每一個城市的人口計算出來，這實在是不可能的。其實，這不僅是中國，世界各國都有同樣的困難。……在這樣的情況下，中國的歷史城市研究者，常常採用一種不得已的歷史城市標準，即凡是歷史上曾經作為縣一級政府駐地的聚落，就作為歷史城市。」「在統計資料十分缺乏的古代，要在數量龐大的縣邑之中區別哪些是歷史城市，哪些不是歷史

56　見《易・繫辭》、《太平御覽》卷 191 引《古史考》、《世本》等。
57　費孝通：《鄉土中國》，上海：上海人民出版社，2006 年，第 134 頁。
58　周一星：《城市地理學》，北京：商務印書館，1995 年，第 17 頁。

城市，現在看來，這是很難做到的」[59] 儘管近些年來也有學者對這一標準頗有
微詞，但終究未能提出更好的解決方案，相反地這一標準被越來越多的學者所
接受。陳先生同時坦言：「對於歷史城市的這個所謂行政標準，施堅雅實際上
承認了它，而我雖然抱怨了它，卻也無可奈何地接受了它」；葛劍雄也認為：「城
市一般都是縣級或縣級以上行政機構的駐地，設有官署、監獄、倉庫等一整套
機構，居住著官吏及其家屬、官私奴婢、士兵、囚徒等人。為了保證這些人的
生活和滿足官僚地主的享樂需要，又必須有商人和手工匠等人，因此城市一般
也是經濟中心。漢高祖開始在全國普遍築城牆，城內雖也可能保留少量耕地，
但在城內直接從事農業生產的人顯然是很少的」[60]；周長山的《漢代城市研究》
及其發表的一系列論文中即持此觀點「我們將漢代郡縣治所所在的行政統治據
點定義為城市」[61]。而張繼海在《漢代城市社會研究》中除沿用了上述界定外，
還以西漢時期存在的「有城牆的城」為據擴大了研究範圍。[62]

　　本文在確定研究對象時就是基於歷史城市的行政標準這一認識，即本文的
城市是指西漢所有縣級及其以上行政機構的治所，而對於西漢時期依然存在的
為數眾多的先秦古城只要不是西漢時期的郡縣行政機構治所均不在本文研究之
內。

　　城市體系，作為一個科學的概念，在國外開始出現於 20 世紀 60 年代初期，
是源於城市地理學與一般系統論的有機結合。一般說來，它是一個地區或國家
內一系列相互依存，具有一定結構和功能的城市組合體。城市體系是一定地域
內各種類型，不同等級的城市相互作用所形成的空間組織的綜合反映。[63] 它是
具有一定的時空結構，相互聯繫的城市網路的有機整體。[64] 本文著眼於西漢統
治區內的城市體系的形成與演變，研究西漢區域城市體系的組織結構，包括等
級規模結構、職能類型組合、空間聯繫等。

59　陳橋驛：〈中國城市歷史地理·序〉，馬正林：《中國城市歷史地理》，濟南：山東
　　教育出版社，1998 年，第 10–11 頁。

60　葛劍雄：《西漢人口地理》，北京：人民出版社，1986 年，第 114 頁。

61　周長山：《漢代城市研究》，北京：人民出版社，2001 年，第 121 頁。

62　張繼海：《漢代城市社會研究》，北京：社會科學文獻出版社，2006 年。

63　中國大百科全書出版社編輯部編：《中國大百科全書·地理學》，北京：中國大百科
　　全書出版社，1990 年，第 42 頁。

64　顧朝林：《中國城鎮體系──歷史、現狀、展望》，北京：商務印書館，1992 年，第 1 頁。

（二）權力與空間

在中西方文化中，「權力」都是一個古老的概念。在中國古代典籍中，「權」的概念有兩個基本含義，一是衡量審度之義，如孔子說：「謹權量，審法度，修廢官，四方之政行焉。」[65] 孟子說：「權，然後知輕重。」[66] 二是制約別人的能力。如早期法家人物慎到認為，「賢而屈於不肖者，權輕也。」[67] 後來的法家著作《管子》也指出：「欲用天下之權者，必先布德諸侯。」在西方，英語中的權力即 power 一詞來自法語的 pouvoir，法語的該詞源於拉丁語的 potestas 或 potentia，意指能力，它們都是從拉丁語的動詞 potere 即「能夠」引申而來的。因此，西方的「權力」一詞的基本含義是「能力」。

現代政治學中權力的定義有多種不同的說法，歸納起來不外乎以下幾種：

（1）影響力說。權力是權力主體通過各種手段和方式對客體產生的一種影響力，從結果上看，權力就是主體對客體產生了切實的影響。[68]

（2）能力說。權力一般被認為是人際關係中的特定的影響力，是根據自己的目的去影響他人的能力。[69]

（3）關係說。權力是行動者之間的一種關係，一方與另一方之間有支配與被支配、制約與被制約的關係。[70]

本文權力是指社會公共權力，是全社會範圍內的政治權力，政治主體對一定政治客體的制約能力和力量。它體現在政治主體為顯示某種利益或原則的實際政治過程之中。它是以全社會成員的共同利益為基礎的，在國家產生後，它表現為國家權力。政治權力概念反映的是各種政治實體之間的相互影響，相互作用和相互制約的一定方向和某種特定的實際結果。由於政治過程中的各種實體不是孤立和靜止的，因此其相互關係中必然貫穿著權力現象。

城市是一個空間概念，具有雙重空間特徵。從空間角度來看，城市是由各

65　《論語‧堯曰》。

66　《孟子‧梁惠王》。

67　《慎子‧威德》，《四庫全書‧子部雜家類一》。

68　轉引自羅伯特‧達爾：《現代政治分析》，上海：上海譯文出版社，1987 年，第 60 頁。

69　中國大百科全書出版社編輯部編：《中國大百科全書‧政治學》，北京：中國大百科全書出版社，1992 年，第 498 頁。

70　李延明：〈論人民主權〉，《當代思潮》，1994 年第 3 期。

種自然、社會、經濟要素及城市各組成部門有機結合的地域單元，是一個面狀空間類型。從城市與區域的關係上看，城市是區域經濟、政治和文化的中心地，是一種點狀空間類型。由此，作為面狀空間的城市，是由一定物質要素構成的，如宮廟、街道、民居、市場以及各種要素間之各種關係，構成城市內部空間組織結構。作為點狀空間類型城市間因存在著職能、等級、發展模式上的時空差異，形成區域城市的空間組織結構，或建立城市體系。

從政治權力的角度分析和探討城市空間發展過程及規律是辯證思維在歷史城市地理學研究中的體現。本文通過對權力客觀要素構成、權力分配及權力運行方式和結果等幾個方面考察和揭示西漢政治權力活動與地理空間實體城市之間的關係，揭示我國古代城市發展的一般規律和機制。

春秋戰國以來由區域自然地理特徵差異及社會經濟發展進程不同所形成的各諸侯國之間實力的空間對比導致了各諸侯國之間混戰不休，先後出現的「春秋五霸」和「戰國七雄」正是該時期社會政治格局的真實反映。他們借助於以爭城略地為目標的戰爭形式，以實現對它國空間政治、經濟、文化權力佔有為直接目的，最終取得了當時社會政治結構中的霸主地位。因此，城市作為一個區域的社會、政治、經濟中心是該時期諸侯們角逐的目標。而城市作為統治階級聚集區域，由內部權益分配不均引起的權力關係變化則將進一步影響到區域城市空間組織形式。由此，在中國古代社會，尤其在國家中央集權形成的過程中，政治權力是影響城市興起、發展、分佈及空間結構變化的關鍵性因素，城市及其覆蓋空間是政治權力的載體，唯有把握住這一點才能夠全面正確認識我國古代城市的性質，揭示出中國古代城市的發展規律。

（三）區域劃分

區域地理學是研究地球表面某一區域地理環境的形成、結構、特徵和演化過程，以及區域分異規律和區際聯繫的學科。[71] 區域研究是現代地理學發展方向之一，而區域歷史地理學作為地理學的重要組成部分在理論上的探索早已有之。上世紀 90 年代以來，侯甬堅認為：「區域歷史地理研究最重要的是從空間上對區域進行分區、分類、分級的研究，從時間上進行區域空間發展過程的研

71　中國大百科全書出版社編輯部編：《中國大百科全書·地理學》，北京：中國大百科全書出版社，1990 年，第 6 頁。

究，集中探討區域內部的組織結構以揭示其區域特性，充分關注不同區域類型下的不同等級與同等級區域之間的疏密關係，以把握區域空間發展趨勢，最終在高度綜合、多維空間基礎上形成區域發展系統，而這一結果，正是區域歷史地理的研究方向。」[72] 魯西奇連續兩篇文章就「歷史地理研究中的區域問題」[73] 進行探討，他認為地區多樣性包括景觀的多樣性和歷史發展道路、模式的多樣性，政區、移民、地理環境、經濟類型、城市發展以及地方特權、方言、風俗是影響多樣性區域之生成、演變的重要因素，地區多樣性與中國歷史發展的總體架構和走向有著密切的關係，而建立連續的區域歷史地理剖面是歷史區域地理研究的重要思路。

區域歷史城市地理學作為區域歷史地理的一個重要組成部分，其研究的首要任務也是分區研究。以歷史時期的城市這一地理空間現象為研究對象，分別研究不同區域、不同等級、不同類型城市發展的空間過程及發展模式，揭示城市發展的時空規律，論述城市本質特性，探討不同區域城市的內在關聯性及其組合結構特徵，全面把握不同時期城市的時代特性，剖析城市空間組織結構及其與時代政治生活主體的關係，應該是屬於區域歷史城市地理學的研究範疇。

「區域是地球表面上被某種特徵所固定的空間系統」[74]，區域劃分不是任意劃定的地區，它研究的應該是一個有意義的地區，而區域的劃定應當根據研究對象的特性進行劃分。當然，任何一種人文地理現象都不是孤立的，因而本文區劃方案的確定就是在西漢時期存在的區劃觀念基礎上，綜合當時社會各種區劃思想確定。

西漢時期的區域觀念大多隱含於一些史籍中，常見的有行政區、經濟區、文化區，及方言區等。司馬遷的《史記》、班固《漢書》以及揚雄的《方言》都為我們留下了寶貴的區劃思想。西漢時期，廣泛流行的區域觀念有這樣幾種：〈禹貢〉及〈職方氏〉的「九州」觀、春秋戰國以來形成的、人們所熟知的傳統文化區、司馬遷的「經濟區」、西漢中央政府的「監察區」、郡縣制下的「行

72　侯甬堅：《區域歷史地理的空間發展過程》，西安：陝西人民教育出版社，1995 年，第 12 頁。

73　魯西奇：〈論歷史地理研究中的區域問題〉，《武漢大學學報》，1996 年第 6 期；〈再論歷史地理研究中的區域問題〉，《武漢大學學報》，2000 年第 3 期。

74　引自吳殿廷主編：《區域分析與規劃》，北京：北京師範大學出版社，1999 年第 1 頁。

政區」、朱贛的「風俗區」、楊雄的「方言區」等。

春秋時代的一百餘國，經過不斷兼併，到戰國初年，見於文獻的約有十幾個國家，最終出現了秦、齊、楚、燕、韓、趙、魏七個實力比較雄厚的諸侯國。七國疆域四至分別是：秦國，東到黃河、函谷關，與三晉為鄰；南有巴蜀，與楚國相接；西及西北與西戎和匈奴諸部接界。相當於《漢書‧地理志》（後均簡稱《漢志》）的京兆尹、左馮翊、右扶風、巴、蜀、廣漢、武都、隴西、天水、安定諸郡。魏國，東有淮、潁，與齊相鄰；南有鴻溝，與楚國為鄰；西及黃河西岸，與秦為鄰；西南與韓為鄰；北與趙國為鄰。相當於《漢志》的河東、河內、東郡、陳留諸郡部分地區。趙國，東包清河（今河北清河西），與齊為鄰；南有漳河，與魏為界；西有黃河，與秦相望；北有燕國，以易水為界；西北與匈奴為鄰。相當於西漢初年的趙國、太原郡、上黨部分地區。韓國，夾在魏與秦、楚之間，四周都是比較強大的國家，於《漢志》則為潁川、汝南及弘農郡部分區域。楚國，東到大海，南有蒼梧（即湖北南部的九嶷山），與百越為鄰；西至巴、黔，而與秦為鄰；北達中原，與韓、魏、齊相接，西漢將之分為三楚，區域遼闊，相當於西漢初年的楚、荊吳、淮南、長沙國等地。齊國，東濱大海，南有泰山，與魯為鄰；西有清河，與趙為鄰；北有渤海，與燕為鄰，西漢末年分為 12 個郡國。燕國，東有遼東，與朝鮮為鄰；南和齊國交界；西有雲中、九原，與趙國相接；北有東胡、林胡、樓煩諸部，約佔有今之河北北部、山西東北部和遼寧、吉林的一部分。西漢與戰國相去不遠，人們對七國疆界十分熟悉，加之秦漢統一王朝是建立在戰爭基礎之上的，儘管西漢時期有意對戰國區域進行了重新劃分，但是，人們仍習慣於傳統的說法，以至於現在人們經常所說的齊、魯、燕、趙等區域概念仍脫不了戰國區域的痕跡。

朱贛的「風俗區」、楊雄的「方言區」也是基於春秋戰國形勢基礎上形成的。秦漢王朝政治、軍事上的統一，既不能消除人們心中的差異，更不能消弭各諸侯國之間文化的差異，傳統的「風俗區」、「方言區」在新文化攻勢下依然有頑強的生命力，即便處於信息時代的今天，產生在區域差異基礎上的風俗、方言依然還存在著。所以，在遙遠的西漢時期，這種差異只能是更為突出，筆者在〈司馬遷風俗區域與風俗文化〉[75] 一文中認為西漢時期在延續傳統文化的

75　肖愛玲：〈司馬遷風俗區域與風俗文化〉，《司馬遷與《史記》研究》第 4 輯，西安：陝西人民出版社，2000 年，第 527–543 頁。

同時，又增添了一些新的內容，形成了西漢風俗文化的新趨向。盧雲在《漢晉文化地理》一書中，對文化要素進行綜合評價，得出西漢時期文化繁榮區是：關中、關東六國、巴蜀等地區。另外，從司馬遷《史記・貨殖列傳》中對楚、齊、趙、魏等地風俗的描述也能看出，其生活的時代似乎還未邁出戰國的歷史之門。政治上結束戰國是在秦代，而從文化上看，戰國還遠未結束，《史記》、《漢書》中記載了西漢時期許多類於張儀、蘇秦之流的辯士，即可視為戰國文化的延續。傳統文化的延續，更加強化了舊的空間格局的影響。秦晉方言多為普通用語，這與該地的政治中心地位是相適應的。

西漢時期兩種九州觀念依然存在，即所謂夏九州與周九州。「夏九州」指《尚書・禹貢》「九州」：冀、兗、青、揚、荊、豫、雍、徐、梁；「周九州」指《周禮・職方》「九州」：冀、兗、青、揚、荊、豫、雍、幽、并。上述兩種稍異的九州劃分是西漢十四州部劃分基礎[76]，由於西漢刺史無固定治所，本文只將之作為一級區域概念來使用。此外，較有影響的區劃思想還有司馬遷的四大經濟區（或物產區）的劃分，即山西、山東、江南和龍門碣石以北四大區域。

上述各種依據不同要素形成的區域觀念對本文區劃方案的產生諸多影響。西漢時期我國地域範圍遼闊，區域差異顯著，為突出反映研究對象的空間特徵及發展規律，本文依據西漢行政區演變的時空特徵，在系統剖析西漢不同級別的城市類型的區域差異基礎上，將全國劃分為三個大區：諸侯王國區、漢郡統轄區及拓展區，不同區域內還可劃分出一些亞區。

諸侯王國區、漢郡統轄區及拓展區三大管理區的概念是自西漢初年逐步形成的。西漢初年，地方行政制度實行的是郡國並行制度，即在戰國六國舊地推行的是封國制，而在漢中央直接控制的地區實行的是郡縣制。兩種制度於高祖十二年（前 195 年）時形成了兩個均質區域，即在諸侯國區內沒有漢郡的存在，同樣在漢郡內也沒有諸侯國的存在，兩大分區的界線北起雲中與定襄郡界向南沿今山陝黃河河谷至太原郡與河東郡界東下，經上黨郡北界，穿魏郡涉、內黃縣北，歷東郡東北聊城、荏平、東阿、甄城，過陳留之酸棗、陳留、尉氏東，再經汝南中部至南陽郡南下，穿江夏郡郡治東向南一線，該線以東至大海為諸

76　如西漢十三州刺史部兼有兩九州共有的七州（雍改為涼）及相異的四州（徐、梁（改為益）和幽、并），或許正因為兩九州是規劃十三州的基礎，班固在《漢志》開篇就收載了兩九州的內容。

侯王國區，以西為漢郡區。此時漢郡區的西北、西南、南方、東南部以及諸侯
國的東北地區均不在西漢版圖內，秦部分郡縣也落入其他民族政權手中。高祖
十二年（前195年）西漢的西部邊界北起漢五原西北境向南經上郡、北地、安定、
天水、隴西西部、武都、廣漢，經嚴道西部達蜀郡，至南安，沿青弋江水至犍
為郡治僰道，順江而下達巴郡南部，過南郡南部，以東與郡國界相接，該線以
東以北地區為漢郡區，而以西以南地區則為西漢武帝時武力征伐的區域，形成
武帝之後的拓展區（表 1–1）。

表 1 - 1 西漢區域劃分

區域類型	州部	郡　國[77]	面積（萬 km²）	城市數量	密度（每萬 km² 城市數）
諸侯王國區	幽	廣陽國、涿郡、渤海、上谷、漁陽、右北平、遼西、遼東	167.80	966	5.77
	冀	中山國、常山、真定國、巨鹿、河間國、信都、清河、趙國、廣平、魏郡			
	青	平原、千乘、濟南、齊郡、菑川國、北海、高密國、東萊、膠東國			
	兗	東郡、東平國、定陶國、山陽、陳留、泰山、城陽國、淮陽國			
	徐	楚國、琅邪、東海、泗水國、臨淮、廣陵國			
	豫	潁川、汝南、沛郡、魯國、梁國			
	揚	九江、盧江、六安國、丹陽、會稽、豫章			
	荊	江夏、長沙國、桂陽、武陵、零陵			
	并	太原、定襄、雁門、代、西河（河東部分）			
漢郡統轄區	司隸	京兆尹、左馮翊、右扶風、弘農、河東、河內、河南	89.18	394	4.42
	朔方	北地、上、五原、西河（河西部分）			
	并	上黨、雲中			
	涼	隴西、天水、安定			
	益	漢中、廣漢、蜀、巴			
	荊	南陽、南			

77　本文所用郡國名稱，非特別說明均指《漢志》記載的郡國名。

拓展區	涼	金城、武威、張掖、酒泉、敦煌	155.93	218	1.40
	交趾	南海、郁林、蒼梧、交趾、合浦、九真、日南			
	益	犍為、越嶲、益州、牂柯、武都			
	幽	玄菟、樂浪			
	朔方	朔方			
合計	14	103 郡國	412.91	1578	

說　　明：1. 本表諸侯王國區與漢郡區、漢郡區與拓展區之分界均以高祖十二年（前195年）為斷；三大區西漢末年郡國數量之比為 61：22：20；郡級城市數量比為 61：20：20。

2. 雖然分區是以高祖十二年為界，參考此時行政區劃情況，但又不能完全按照它確定區劃，還必須考慮西漢末年行政區及傳統文化的影響。所以，魏郡雖然在高后二年時有 4 城（涉、內黃、繁陽、武安）屬中央直轄，因其自戰國時即為趙國之地，且漢初又不曾設為郡，故依然將之劃入東部諸侯王國區內；東郡，雖然高祖時只有很少部分地區屬於諸侯國轄域（高后二年東郡大部分城市屬於中央管理），但由於其與河水以東的梁國等地同屬兗州，故也劃入此區；潁川郡，高帝時雖不屬於淮陽國，但此處考慮其地理及所屬豫州之域的完整性，亦入東部地區；江夏郡西部漢初時屬南郡，考慮西漢末年政區的完整性，亦劃入諸侯國區。

3. 西河郡由黃河東西兩部分組成，而且在西河郡設置之前，它們使用黃河為界分屬於諸侯國和漢郡區，在統計各區面積時，不能籠統地將西河郡面積劃入某一類型區網格測量法，西河郡東部面積計為 2.17 萬 km^2，西部計為 3.26 萬 km^2。

4. 為全面顯示武帝新拓展區城市發展情況，朔方郡、玄菟郡、樂浪郡均劃入該區。

三大區域內的城市類型有很大不同。諸侯王國區有十個諸侯王都城，漢郡區有十五個漢郡治所城市，拓展區因為劃入西漢版圖的時間較晚，將它們統一劃為一種類型（圖 1–1）。區域是一個動態的有機整體，區域邊界的變化是空間地理現象發展的必然趨勢。但是在相對靜止的區域範圍內研究空間對象的時空特徵，能夠更深刻地從區域對比角度突出研究對象的區域發展特徵。

三大類型區內還可依據區域經濟文化之差異，細分出一些亞區，比如，本文在考察城市分佈區域差異時，將東部諸侯王國地區根據西漢初年（前195年）所形成的諸侯國境域劃分為十個亞區：齊、趙、燕、楚、梁、吳、淮陽、淮南、長沙、代等地。

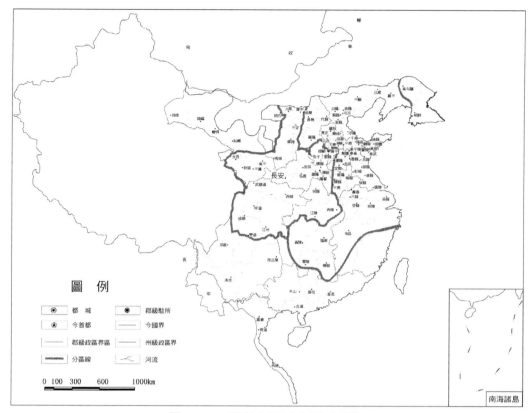

圖 1-1　西漢主要城市區域分佈

（四）研究時段

本文研究的時段起自漢高祖五年（前 202 年），劉邦於定陶汜水邊繼帝位，開始逐步推行郡縣制、分封諸侯王、功臣、賜地食邑等各項政策，止於《漢志》斷限的成帝末年。

關於《漢志》的斷代問題，早已引起學者們的注意。錢大昕以為「班志郡國之名，以元始二年戶口籍為斷，其侯國之名，則以成帝元延之末為斷。」[78]周振鶴認為：「既然綏和元年以後的侯國名目《漢志》不予登錄，是證《漢志》各郡國所屬縣目（即各郡國之領域）乃以元延綏和之交為斷。」並由此推斷，「《漢志》事實上乃是兩份資料的混合物。一份是平帝元始二年各郡國的戶口籍，另一份大抵是成帝元延綏和之際各郡國的版圖（即所屬縣目）。」且「換

78　清・錢大昕：《廿二史考異》，上海：上海古籍出版社，2004 年。

句話說,《漢志》的郡國名、只與戶口籍相對應,而與縣目無關。」[79]筆者認為錢、周兩位考證結論多有可取之處,但是,對於二氏推斷《漢志》侯國登錄的年代僅止於成帝元延末年的結論稍有不足。筆者認為《漢志》記載的西漢末年侯國城市名目應有明確的時間斷限:即成帝綏和二年三月,成帝去世之前,主要依據如下。

(1)《漢書》各表在分時段記載侯者時比較注意諸帝王之間的銜接,各侯者表記各帝王所封侯者時限均以其去世時間為斷,如高后八年閏九月文帝繼位,而高后八年四月所封建陵侯仍計入高后所封者表中,相反在帝王駕崩當月所封侯者則記入新繼位帝王的紀年中,如文帝時外戚竇廣國、竇彭祖封於文帝後元七年六月,但文帝駕崩於此月,所以〈外戚侯者表〉將此二侯列入景帝侯者表中。同樣,景帝後元三年三月所封武安侯、周陽侯亦列入武帝時侯者表中。所以,《漢書》表中的時間概念是非常清楚的。還有更為精確的例證,比如,陽武侯劉詢封於昭帝元平元年七月,昭帝崩於此月,若按照文帝末情景,陽武侯就應當列入宣帝侯者表中,但其仍被列入昭帝侯者表中,原因就在於陽武侯劉詢所封當日繼皇帝位,那麼陽武侯的封號既不是昭帝所封,也不是做了27天皇帝的劉賀情願所封,肯定是出於當權者的意圖,出於多方面考慮,此侯只得列入昭帝侯者表中。但也有例外,如若將陽武侯列入昭帝侯者表中出於為當權者諱的意圖,那麼,昭帝元平元年九月所封陽平侯無論如何都不應當列入昭帝侯者表中了。其他還有類似的例子,就不一一列舉了。所以,可以看出,各表出現的上述矛盾現象,就在於各帝王駕崩之時並非在年末,且往往先帝駕崩的當日新帝宣佈即位,那麼,這樣就給諸侯紀年帶來了困難。但是《漢書》的作者班固乃東漢時人,記載前朝之事應當有較為充分而完整的資料,尤其是西漢末年諸帝時期更應如此。況且,各諸侯王國封侯,最後都必須經皇帝裁定的,因而都應有文案可查。所以,不要說成帝綏和元年的封侯應當被計入《漢志》,就是綏和二年三月成帝駕崩之前所封侯者也都是應當記錄在內的。

(2)正因為《漢書》各表的時間特徵,那麼,《漢志》在時間段的截取上同樣會注意到這一問題。只是成帝末年侯國城市的興廢較西漢前期更為頻繁,很難用確定的某一時間點作為統一標準,所以本文提出《漢志》侯國城市名目

79 周振鶴:《西漢政區地理》,北京:人民出版社,1987年,第22–23頁。

的確定是以成帝延綏至成帝末年，即綏和二年三月為下限的。

（3）就此論點的史料依據是：《漢書・外戚恩澤侯表》：「成（城）都景成侯商……綏和二年，坐山陵未成置酒歌舞免」、「高陽侯薛宣，以丞相侯，鴻嘉元年四月庚辰封，永始二年，坐西州盜賊群輩免，其年復封，十年，綏和二年，坐不忠孝，父子賊傷近臣免」。《漢志》「山陽郡」「城都」下、「琅邪郡」「高陽」下均注為侯國，很顯然《漢志》侯國之名應以成帝綏和二年為限。同表又載：「博山簡烈侯孔光以丞相侯，（成帝）綏和二年三月丙戌封」，《漢志》「南陽郡」「博山」下亦注為侯國。另，《漢書》諸侯者表中，成帝綏和二年三月之後所封列侯，《漢志》均不注侯國。因此，作者斷《漢志》侯國之名以成帝綏和二年三月，即以成帝去世之時為下限。

（4）第二章第二節所附西漢末年侯國城市一覽表，與周振鶴所補侯國城市最根本分歧就在於：成帝綏和年間的封侯應不應當計入《漢志》的問題。周先生也正是本著《漢志》記載侯國以成帝元延末年的觀點來補入的，所以，難以補足其數，其所退《漢志》侯國城市也是依此時限。但是，如果將《漢志》確定的侯國城市的名目以成帝末為斷，則不存在數量上的問題，而且周先生存疑的泰山郡柴城、北海郡少瓡城亦可釋然。

（5）綜上所述，筆者認為《漢志》記載侯國總量應當是正確的，其統計的最後時限當為成帝去世時的西元前 7 年 3 月，以此為限，《漢志》應載記的侯國剛好有 241 個（表 2–43）。

已有研究者注意到《漢志》中所注諸侯國數量與總量不符的問題，對此筆者的解釋是：《漢志》在傳抄過程中的遺漏或對文法的不同理解等問題造成的。比如，《漢志》「沛郡」下注明侯國的只有 12 個，但據諸表統計沛郡當有 16 個侯國，無注的 4 個是：漂陽、東鄉、臨都、義成。那麼是什麼原因造成的呢？首先，我們來看《漢志》相關記載：「漂陽，平阿，侯國。……東鄉，臨都，義成，祁鄉，侯國。」很顯然平阿、祁鄉是侯國沒有問題，其餘四個依《漢志》敘述方式來講不應是侯國，然結合《漢書》諸表的記載，這四個侯國至成帝末年尚存。其中漂陽、東鄉、臨都是元帝建昭元年正月所封的梁敬王子侯國，義成是元帝竟寧元年四月甘延壽因軍功而封的功臣侯國。上述侯國在各表中沒有具明其子嗣被免除的信息，即可認為其在成帝末年尚在，清吳卓信《漢書地理

志補注》[80]、周振鶴均認為此四縣為侯國[81]。類似的例子在《漢志》中還有一些，就不一一列舉了。這就是我在補充西漢末年侯國時的依據，如果這一認識能夠成立，那麼，不但西漢末年侯國城市總量、名目均可確定，《漢志》侯國城市名目的斷代亦可確定，而且《漢志》中部分內容的標點還要作一點修正，如可按現代文法句逗原則，可將《漢志》沛郡上述內容改變為：「漂陽、平阿，侯國。……東鄉、臨都、義成、祁鄉，侯國。」這樣就不至產生誤解了。

80　二十五史刊行委員會編：《二十五史補編》（一），北京：中華書局，1955 年，第 173–174 頁。
81　周振鶴：《西漢政區地理》，北京：人民出版社，1987 年，第 240 頁。

第二章　西漢城市發展的時空特徵研究

　　郡縣制產生於先秦，定型於秦漢；源於西周以來的領地和采邑制，但在具體內容上又有很大不同。西周采邑有土有民，是私邑，具有相對獨立性，而秦漢的郡縣制臨民而治，即無土無民，郡縣管理者僅食有俸祿。郡縣的產生可能經過兩個階段，第一階段是食田的縣制代替了食邑的采邑制；第二階段是食祿的郡縣兩級官僚制度更趨於完善。[1]事實上，采邑制與郡縣制最重要的一個差別就是二者所處政治結構的不同，前者是血緣政治的產物，後者則是地緣政治作用的結果。西漢初年實行的郡國並行制是由血緣政治向地緣政治過渡時期帝國採取的一種管理形式，也是中國古代中央集權發展的一個重要環節，西漢中期之後，諸侯王國權力和性質均發生了改變，諸侯王不治民，僅衣食租稅的政治、經濟特徵，說明此時諸侯國只存有諸侯國的形式，而不再具有初期諸侯的內涵了，郡縣由此得以確立。儘管諸侯國性質的改變能夠反映中央與地方權力關係的演變，但由於其與本文主題空間概念稍遠，所以這裡僅從諸侯國數量變化及其與轄域的關係層面反映中央權力是通過何種方式佔有地方空間的。

　　西漢初年實行郡國並行制，郡級城市包括一般漢郡治所和諸侯王都；縣級城市則包含一般的縣、太后公主的食邑城市、少數民族聚集地的道城及侯國城市四類。《史記》中某諸侯王多少城即《漢書》中某諸侯王王多少縣，「城」與「縣」是一同個概念。由此說明，古代中國存在著城與縣的互用現象，城市

1　周振鶴：〈縣制起源三階段說〉，《中國歷史地理論叢》，1997 年第 3 輯。

不僅表示城圈範圍，還代表了城市所擁有的腹地[2]。另外，《漢志》記載西漢末年各郡國轄縣情況，一般而言各郡國下首縣即為該郡國治所，即本文所謂的郡級城市，它們是該郡國範圍內的區域中心城市。本章將分為兩節敘述西漢郡級和縣級城市的發展與分佈特徵。首先論述西漢時期郡級城市的發展及其分佈特徵，以揭示西漢大城市與西漢社會政治、經濟、文化發展的一般規律；其次是縣級城市的相關問題。

第一節　郡級城市發展的時空特徵

西漢時期郡級城市從時空發展角度看，很明顯地可以漢武帝時代為基點劃分為前後兩個階段，第一階段就是陸續開置秦三十六郡；第二階段拓展三邊。兩大階段西漢郡國城市的發展是否能夠與《漢志》所言「自高祖增二十六，文、景各六，武帝二十八，昭帝一，訖于孝平，凡郡國一百三」一一指實，還有待於對文獻的挖掘與考古資料的新發現，這裡就現有史料進行分析，盡力復原西漢郡國城市的發展史，並就城市與社會經濟發展之間的關係嘗試分析。

一、郡級城市數量的增長

郡縣制作為一種行政管理制度來推行始於秦，西漢時期漸成定制。西漢初年百廢待興之際，中央政權行政管理方所作的主要工作就是對秦郡的改造，它包括兩種不同內容的改造方式，其一是對秦郡的繼承，其二是對秦舊郡進行重新調整，多表現為對秦舊郡的開置。而這兩種不同的改造方式又分別在不同的管理區內進行，這樣也使得自漢初境內就很明顯地形成了各具特色的兩大區域：一個是中部中央直轄漢郡區，另一個就是東部諸侯王國區，此即所謂的郡國並行制。中央對地方郡國採取的不同態度、措施，是本次區域劃分的主要依據。西漢初年，諸侯王有很大政治經濟特權，這一特權的消失意味著中央帝王與諸侯王之間的政治權力爭奪的階段性勝利，其實質就是中央與地方權力相互制衡，這一問題與整個社會發展相始終，直到目前仍是政區管理領域探討的重要內容之一。西漢郡與國的相互更替使得這一時期郡國城市的數量不斷發生變化，並

2　周一星、陳彥光等編著：《城市與城市地理》：「幾乎我國所有見諸文字的關於『城市』的數據資料，都不代表城市而代表的是一個廣闊的區域」，北京：人民教育出版社，2003 年，第 10 頁。

呈現一定的階段性特徵。

（一）秦郡城數量的確定

《漢志》曰「本秦京師為內史，分天下作三十六郡。漢興，以其郡太大，稍復開置……故自高祖增二十六……」。很顯然，西漢一代的行政區劃是以秦始皇所劃分的三十六郡為基礎的。那麼，這三十六究竟是哪三十六郡，則有不同的認識。

關於秦郡數量，前輩學人多有爭訟，陳芳績《歷代地理沿革表》、洪亮吉《卷施閣文家集・與錢少詹論地理書》、王鳴盛《十七史商榷》、楊守敬《歷代輿地圖・秦郡縣圖・序》、全祖望《漢書地理志稽疑》、毛嶽生《休復居集・秦三十六郡說》、姚鼐《惜抱軒集・項羽王九郡考》、梁玉繩《史記志疑》、錢大昕的《潛研堂文集》、《秦四十郡考》、《秦三十六郡考》及《廿二史考異》、王國維《觀堂集林・秦郡考》、錢穆《秦三十六郡考》及《考補》、譚其驤《秦郡新考》等有「三十六郡」、「四十郡」、「四十一郡」、「四十二郡」、「四十六郡」、「四十八郡」諸說，其間產生異議之根源在於對「秦初之郡」、「秦末之郡」的判斷標準的認識上；另外，在文獻排比與解讀上的差異應是導致不同結論產生的另一誘因。本文無意辨別孰是孰非，僅以譚其驤48郡[3]之說為是。所以，在秦朝末年的版圖內，包括都城在內，當有49個較大的城市（表2–1）。

表 2 - 1 秦末郡城

郡名	治城	治城今地	郡名	治城	治城今地
上郡	膚施	陝西榆林市南	會稽	吳縣	江蘇蘇州市
漢中	南鄭	陝西漢中市	上谷	沮陽	河北懷來東南
巴郡	江州	重慶市江北	漁陽	漁陽	北京密雲西南
蜀郡	成都	四川成都市	右北平	無終	天津薊縣
隴西	狄道	甘肅臨洮	遼西	陽樂	遼寧義縣西
北地	義渠	甘肅西峰市	遼東	襄平	遼寧遼陽市
三川	洛陽	河南洛陽市東	臨淄	臨淄	山東淄博市臨淄
潁川	陽翟	河南禹州市	琅邪	琅邪	山東膠南市西南
河東	安邑	山西夏縣西北	黔中		湖南沅陵西南

3　譚其驤主編：《簡明中國歷史地圖集》「秦時期圖說」，北京：中國地圖出版社，1991年。

東郡	濮陽	河南濮陽市南	廣陽	薊縣	北京市西南
碭郡	睢陽	河南商丘市南	陳郡	陳縣	河南淮陽
邯鄲	邯鄲	河北邯鄲市	閩中	東冶	福建福州市
巨鹿	巨鹿	河北平鄉西南	南海	番禺	廣東廣州市
太原	晉陽	山西太原市西南	桂林		廣西百色西北
上黨	長子	山西長子西	象郡	臨塵	廣西崇左
雁門	善無	山西右玉西	九原	九原	內蒙古包頭市
代郡	代縣	河北蔚縣西北	東海	郯縣	山東郯城北
雲中	雲中	內蒙古托克托東北	恆山	東垣	河北石家莊市東
南郡	江陵	湖北荊州市	濟北	博陽	山東泰安市東南
南陽	宛縣	河南南陽市	膠東	即墨	山東平度市東南
泗水	相縣	安徽濉溪西北	河內	懷縣	河南武陟西南
薛郡	魯縣	山東曲阜市	衡山	邾縣	湖北黃岡市北
九江	壽春	安徽壽縣	鄣郡	鄣縣	浙江安吉西北
長沙	臨湘	湖南長沙市	廬江	鄱陽	江西波陽東北

資料來源：譚其驤主編：《簡明中國歷史地圖集‧秦時期圖說》、《中國分省地圖冊》。

說　　明：1.據諸史家考證，本表南海、桂林、象郡、九原、東海、恆山、濟北、膠東、河內、衡山、鄣郡、廬江 12 郡為秦始皇二十六年之後所置之郡，班固所言「三十六郡」或許即是此 12 郡之外者。此外，表中郡級城市有兩處難以確定（黔中郡、桂林郡），其原因有二：一種情況是它們存在的時間較短，另一種情況由於地形及地緣政治結構的變化，城市廢棄不用。鑒於此，秦末年，除首都咸陽之外，尚有 48 個二級城市分佈在秦帝國版圖上。

　　　　　2.古時不強調城市的記載，經常是以國、郡、縣名代替城市名，所以本文各表將城市所屬郡國列於城市前邊，有時也以郡國代替城市，而在郡國與城市不統一時做出說明。

（二）楚漢時期諸侯王都的變化

　　西元前 206 年，秦亡之後，項羽背約分封諸王，西楚之外尚有 18 個諸侯王國，共轄支郡 40 個；西元前 202 年，漢王朝建立之後，劉邦對楚漢間擁兵占地、已行割據之實的 7 個異姓諸侯王予以確認。兩次分封的諸侯王都均為這一過渡時期全國較為重要的城市（表 2–2）。

表 2-2 項羽所封諸侯王都

國別	王名	都城	今　地	國別	王名	都城	今　地
西楚	項羽	彭城	江蘇徐州市	漢	劉邦	南鄭	陝西漢中市
衡山	吳芮	邾	湖北黃岡市北	雍	章邯	廢丘	陝西興平市東南
臨江	共敖	江陵	湖北荊州市	塞	司馬欣	櫟陽	陝西西安市閻良區武屯東
九江	英布	六	安徽六安市	翟	董翳	高奴	陝西延安市
臨淄	田都	臨淄	山東淄博市臨淄區	西魏	魏豹	平陽	山西臨汾市區
膠東	田市	即墨	山東平度市東南	殷	司馬卬	朝歌	河南淇縣
濟北	田安	博陽	山東泰安市東南	河南	申陽	洛陽	河南洛陽市東
燕	臧荼	薊	北京市西南	韓	韓成	陽翟	河南禹州市
遼東	韓廣	無終	天津薊縣	常山	張耳	襄國	河北邢臺市
	義帝	郴	湖南郴州市	代	趙歇	代	河北蔚縣東北

資料來源：《史記·秦楚之際月表》、《史記·項羽本紀》、《漢書·異姓諸侯王表》。

說　　明：郴，作為義帝之都雖然沒有來得及使用，但是作為王都已成為實事，故依然列於表內。

　　表2與表1對比可知，西元前206年，19個諸侯國都中有11個沿用了秦末郡城，有8個郡城為新提升的；此時所轄的40個郡，其中有35個郡沿用了秦時舊名，然郡城有所遷徙或改變，5個郡的郡名是新生的；秦末48郡中有14個郡名已不存在，秦三川郡改為河南郡（仍治洛陽城）。

　　楚漢相爭過程中，劉邦在推行郡縣制的同時，實行封國制。在漢軍攻佔的一些地區恢復和開置了部分秦郡，如：高祖元年（前206年），置渭南、河上和上郡；高祖二年，置河南、河內、中地、北地、隴西、河東、上黨和太原郡；高祖三年，置常山和代郡。豫章分自秦廬江郡，武陵分自秦黔中郡。雲中、雁門、代郡三郡直至高祖六年封劉喜為代王時仍為遙領[4]。與此同時高祖為取得戰爭的最終勝利，還分封了7個異姓諸侯王（表2-3）。

4　《漢書》卷1〈高帝紀〉：六年：「春正月……以雲中、雁門、代郡五十三縣，立兄宜信侯為代王」；《史記》卷8〈高祖本紀〉：七年：「令樊噲止定代地，立兄仲為代王」；《史記》卷110〈匈奴傳〉：「是時漢兵與項羽相距，中國罷於兵革，以故冒頓自彊……而單于之庭直代雲中」。

表 2-3 高祖五年（前 202 年）郡國形勢

	國名	王名	王都	今 址	始封年月	存在時間
異姓諸侯王	韓	韓王信	陽翟	河南禹州市	前 205 年 11 月	52 個月
	趙	張耳	襄國	河北邢臺市	前 203 年 11 月	6 年
	淮南	英布	六	安徽六安市	前 203 年 7 月	約 8 年
	楚	韓信	下邳	江蘇邳州市古邳鎮	前 202 年 10 月	13 個月
	梁	彭越	定陶	山東定陶西北	前 202 年 10 月	約 6 年
	燕	盧綰	薊	北京市西南	前 202 年後 9 月	6 年
	長沙	吳芮	臨湘	湖南長沙市	前 202 年 2 月	50 年
漢郡*	河上、渭南、中地、上郡、北地、隴西、漢中、巴郡、蜀郡、太原、上黨、河東、河內、河南、南陽、南郡、東郡、臨淄、濟北、膠東、琅邪　共 21 郡					

資料來源：《史記‧漢興以來諸侯王表》、《漢書‧異姓諸侯王表》、《漢書‧漢興以來諸侯王表》、《西漢政區地理》。

＊說　　明：以下諸表中漢郡治城不再單列，除個別城市之外，各郡治城與漢末一致，其間變化將記述在西漢末年郡國治所城市時說明。

對比上述三表，我們可以發現，表 2–2、表 2–3 中的諸侯王都基本以秦郡城為依託，而稍有變化。具體而言表 2–2 中除彭城、櫟陽、平陽、廢丘、高奴、朝歌之外，均為秦郡治舊城；表 2–3 則有下邳、定陶既不是秦郡治城，也不為項羽所封之都；這些超出秦郡舊治的都城並非新產生之城，它們有著比某些秦郡還要久遠的歷史，而在先秦史籍中屢有記載。如，彭城是春秋戰國時期吳越進入中原之地的交通樞紐，櫟陽是戰國秦都，平陽早就有「堯都平陽之說」……定陶更是中原地區的交通發達、貨物集散之地，它們在戰亂之際不再為都，說明其地形地貌特徵等不利於軍事攻守，但在經濟轉入正軌之後這類城市還將發揮其經濟上的功能。因此，可以這樣說，對歷史城市的延續使用是中國城市擁有悠久歷史的重要原因。

另外，從秦末的 48 處郡治之城、項羽時 19 王國之都城及西漢初期 21 漢郡城與 7 個異姓王都來看，全國大城市數量呈縮減趨勢，其最重要原因就是疆域的縮小及戰爭因素的影響。

（三）西漢郡城的變化

表 2–3 既是楚漢戰爭結束時西漢境內部分重要城市的分佈狀況，亦是本文將研究的郡級城市的初始狀態。以下主要依據《史記》、《漢書》中〈諸侯王表〉

（見本節附表：西漢諸侯王統計）的記載，將幾個變化顯著的時間點作為橫截面，分階段展示西漢郡國數量的變化，以突出 200 年來城市變化的時間特徵，時間點的選擇是由西漢歷史中對郡國城市發展有較大影響的歷史事件來確定的。

　　（1）高祖末年十王國與十五漢郡的對立。異姓諸王的存在嚴重危及了中央漢王朝的統治，西漢統治層在總結秦亡教訓之中，逐一剗除異姓諸王成為既定國策。高祖前後用了七年時間，基本消除了異姓諸侯王國，又在對相應地區調整的基礎上分封同姓王作為屏藩捍衛邊境之安全的地方勢力。「尊王子弟，大啟九國」[5]，加上長沙王吳芮，至高祖末年（前 195 年），出現了十個諸侯王國與十五漢郡並存的局面[6]。而此時的諸侯王國大者「跨州兼郡，連城數十」，與秦獨立的郡相比，出現了「矯枉過正」的現象（表 2–4）。

　　本表合計「十五漢郡與十王國」，其中十王國共有邊、支郡 36 個。博陽析自濟北，膠西、城陽析自琅邪，河間、中山、清河源自趙舊地，定襄析雲中置，東陽析自東海郡，廣漢分蜀郡南部置；河上、渭南、中地又合為內史。顯然，高祖末年的郡國情況與《漢志》所言「自高祖增二十六」的統計結果不符。那麼從高祖為漢王以來的情況看，明言為高祖所置之郡大概有 26 個，此 26 郡名目如下：高祖元年（前 206 年）所置渭南、河上和上郡；高祖二年（前 205 年）所置河南、河內、中地、北地、隴西、河東、上黨和太原郡；高祖三年（前 204 年）置常山和代郡、分秦廬江置豫章郡、分秦黔中郡置武陵郡；高祖六年（前 201 年）置博陽、膠西、城陽、東陽、廣漢、雲中、雁門諸郡；高祖十一年（前 196 年），析趙舊地置河間、中山、清河郡，析雲中置定襄郡。

5　《漢書》卷 14〈諸侯王表序〉。

6　《史記》卷 17〈漢興以來諸侯王年表〉：「高祖末年，⋯⋯高祖子弟同姓為王者九國，雖獨長沙異姓，⋯⋯」而漢獨有「三河、東郡、穎川、南陽，自江陵以西至蜀，北自雲中至隴西，與內史凡十五郡。」

表 2－4 高祖十二年（前 195 年）郡國形勢

	國名	王名	王都	今　　址	始封年月
諸侯王都（10）	楚	劉交	彭城	江蘇徐州市	前 201 年正月
	齊	劉肥	臨淄	山東淄博市臨淄區	前 201 年正月
	趙	劉如意	邯鄲	河北邯鄲市	前 198 年正月
	代	劉恒	晉陽	山西太原市晉源區	前 196 年正月
	梁	劉恢	定陶	山東定陶西北	前 196 年 3 月
	淮陽＊	劉友	陳	河南淮陽	前 196 年 3 月
	淮南	劉長	壽春	安徽壽縣城關鎮東門外	前 196 年 7 月
	吳	劉濞	廣陵	江蘇揚州市北	前 195 年 10 月
	燕	劉建	薊	北京市西南	前 195 年 12 月
	長沙	吳芮	臨湘	湖南長沙市	前 202 年 2 月
漢郡＊＊（15）	内史、北地、隴西、漢中、巴郡、蜀郡、廣漢、上郡、雲中、上黨、河東、河內、河南、南陽、南郡				

資料來源：《史記·漢興以來諸侯王年表》、《漢書·諸侯王年表》、《西漢政區地理》。

說明：＊惠帝二年，淮陽國除，二郡屬漢。高后元年復置淮陽國，僅轄陳一郡。

　　＊＊周振鶴通過對《張家山漢墓竹簡·二年律令》「秩律」的研究指出西漢初年漢郡除文中所及的 15 個之外，尚有潁川郡，部分東郡及陳郡縣亦在此列，只是可能當時沒有單獨設郡。〈《二年律令·秩律》的歷史地理意義〉，《學術月刊》2003 年第 1 期。

（2）「削藩」策之後，郡國數量的大幅度增長。景帝即位之後，為進一步消除東方諸侯的實力，採取了與文帝不同的「削藩」之策，用直接削地的辦法奪取諸侯王的封地。然而這一措施直接觸犯了諸侯王的根本利益，引起了諸侯的恐慌，所以引發了以吳楚為首的趙、濟南、淄川、膠西、膠東的 7 個諸侯王的叛亂。叛亂平息後，景帝乘勝大幅度削減諸侯王國轄域，以部分漢郡及所削諸侯國支郡分置新的諸侯國或成為直屬中央的漢郡，到西元前 153 年底共有諸侯王國 19 個，漢郡 43 個（表 2–5）。隨後又於景中六年（前 144 年）分梁

為 5 國[7]。所以，景帝期間，曾先後分封親子 17 人次為王[8]，是西漢分封諸侯王最多的一位帝王。

表 2-5 景帝四年（前 153 年）郡國形勢

	國名	王名	王都	今　址	國名	王名	王都	今　址
諸侯王都（19）	楚	劉禮	彭城	江蘇徐州市	中山	劉勝	盧奴	河北定州市
	魯	劉餘	魯	山東曲阜市	齊	劉壽	臨淄	山東淄博市臨淄區
	江都	劉非	江都	江蘇揚州市南	淄川	劉志	劇	山東昌樂縣西
	淮南	劉安	壽春	安徽壽縣城關鎮東門外	濟北	劉勃	盧縣	山東長清縣南
	衡山	劉賜	邾	湖北黃岡市北	膠東	劉徹	即墨	山東平度市古峴鎮
	梁	劉武	碭	河南夏邑縣東	膠西	劉端	高密	山東高密市西
	燕	劉嘉	薊	北京市西南	城陽	劉喜	莒	山東莒縣
	代	劉登	晉陽	山西太原市晉源區	長沙	劉發	臨湘	湖南長沙市
	河間	劉德	樂成	河北獻縣東南	臨江	劉於	江陵	湖北荊州市
	廣川	劉彭祖	信都	河北冀州市				
漢郡（43）	沛、東海、吳、淮陽、汝南、潁川、盧江、豫章、上谷、漁陽、右北平、遼東、遼西、定襄、雁門、代、渤海、常山、邯鄲、清河、巨鹿、平原、濟南、東萊、琅邪、武陵、桂陽、北海（28）							
	左內史、右內史、北地、隴西、漢中、巴郡、蜀郡、廣漢、上郡、雲中、上黨、河東、河內、河南、南陽（15）							

資料來源：《史記·漢興以來諸侯王年表》、《漢書·諸侯王年表》、《西漢政區地理》。

說　明：1. 表中漢郡欄中分為兩個部分，上部分是從原諸侯王國區域內劃分出來的直屬中央的漢郡，下部分則是原漢郡區內漢郡名目，這樣做的目的是為了更加直觀地反映中央皇權是如何通過在諸侯國地區設置漢郡的方式實現其佔有諸侯王國目的的。以下各表相同。

　　　　2. 雖然內史分為左右內史，但南郡置為臨江國，所以漢郡數量仍為 15 個，但原漢郡區郡級城市總數保持不變（包括臨江國都江陵在內），其原因就在於左右內史同治長安城內。下面右扶風的設置如同左右內史，只加郡數而治城不加。

7　《史記集解》徐廣曰：「濟陰、濟川、濟東、山陽也」。

8　《史記》卷 17〈漢興以來諸侯年表〉：景二年（前 155 年）封河間獻王劉德、臨江哀王劉於、淮陽王劉餘、汝南王劉非、廣川王劉彭祖、長沙定王劉發；景三年（前 154 年）封魯共王劉餘、江都易王劉非、膠西于王劉端、中山靖王劉勝；景四年（前 153 年）封膠東王劉徹；景五年（前 152 年）封趙敬肅王劉彭祖；景七年（前 150 年）封臨江湣王劉榮；景中二年（前 148 年）封廣川惠王劉越、膠東康王劉寄；景中三年（前 147 年）封清河哀王劉乘；景中五年（前 145 年）封常山憲王劉舜。其中劉餘、劉非、劉彭祖有轉徙，劉徹改為皇太子。

（3）武帝時期，因拓邊而引起的郡國數量的增長。武帝初期，政治上仍然推行的是黃老之術，此時各級政區變化都不是很大。然在左右皇權的竇太后去世之後，朝廷內出現了一批要求改變周邊關係的年輕官員，加上多年的經濟積累，為拓邊活動準備了相當的物質基礎。由在邊疆地區設置郡縣開始，西漢郡級政區數量就處於不斷變化之中。與此同時，中央權力中樞對諸侯王國的削弱仍在進行，幾乎與發動對匈奴戰爭的同時，推行推恩之策，中央在「親親」的表像下實現其削弱地方勢力的目的。此外，元狩年間又罷郡國鹽鐵，悉禁郡國毋鑄錢，使諸侯財政收入銳減；後又頒佈左官律和附益法，貶低王國地位。此後，諸侯王在政治上毫無能為，完全不得參與政事，經濟來源僅有田租一項，逐步走向衰微，不復為中央朝廷之患。與周邊戰事進展密切相關的也是內部諸郡的調整[9]。所以，武帝朝不僅邊疆地區郡級政區有不斷的增長，核心區域也有部分的調整。武帝末年，西漢全國形成了 19 王國，87 漢郡的形勢（表 2–6）

表 2－6 武帝後元二年（前 87 年）郡國形勢

	國名	王名	王都	在位之王封年	國名	王名	王都	在位之王封年
諸侯王（19）	楚	劉延壽	彭城	前 100 年	河間	劉慶	樂成	前 97 年
	魯	劉慶忌	魯	前 88 年	廣川	劉去	信都	前 91 年
	泗水	劉安世	凌	前 103 年	真定	劉偃	真定	前 89 年
	廣陵	劉胥	廣陵	前 117 年	中山	劉輔	盧奴	前 89 年
	六安	劉慶	六	前 121 年	清河	劉陽	清陽	前 94 年
	梁	劉毋傷	碭	前 96 年	菑川	劉遺	劇	前 109 年
	昌邑	劉髆	昌邑	前 97 年	膠東	劉通	即墨	前 106 年
	燕	劉旦	薊	前 117 年	城陽	劉順	莒	前 97 年
	平幹	劉偃	廣平	前 91 年	長沙	劉附胸	臨湘	前 100 年
	趙	劉昌	邯鄲	前 92 年				
漢郡（87）	淮陽、陳留、大河、濟陰、東、潁川、汝南、沛、東海、丹陽、會稽、廬江、江夏、豫章、上谷、漁陽、右北平、遼東、遼西、太原、定襄、雁門、代、魏、巨鹿、渤海、常山、齊、千乘、平原、濟南、泰山、東萊、膠西、北海、琅邪、武陵、桂陽、涿、臨淮、零陵（41）							
	左馮翊、京兆尹、河南、河東、河內、北地、上、雲中、隴西、南陽、漢中、蜀、廣漢、巴、南、上黨、右扶風、弘農、西河、安定、天水、五原（22）							

---

[9] 弘農郡的設置，即是西元前 114 年，武帝為犒勞著名戰爭將領楊僕實行廣關政策之後新置的。

	武都、犍為、汶山、牂柯、益州、越嶲、酒泉、敦煌、張掖、朔方、南海、郁林、象郡、蒼梧、合浦、儋耳、珠崖、交趾、九真、日南、玄菟、樂浪、真番、臨屯（24）

資料來源：《史記·漢興以來諸侯王年表》、《漢書·諸侯王年表》、《西漢政區地理》。

說　　明：1. 本表在漢郡內欄，不僅對諸侯國地區分支的漢郡單設一欄（上欄），還為武帝拓展區新置郡目獨設一欄（下欄）。

2. 漢郡中欄的五原郡雖置於武帝時期，其所轄縣源自秦九原郡，漢初儘管沒有設郡，至遲於呂后二年時五原郡所轄縣均已直屬漢中央所有，故仍將五原郡劃入中部漢郡區內，其他如天水亦同。西河郡本跨有黃河兩岸，兼有原諸侯國地區太原郡與漢郡區上郡各一部分，又史籍明言西漢分上郡置，故列入原漢郡區內，而在對比三大區之差異時將西河以黃河為界分別計算。

3. 此表僅記武帝末年狀況，周振鶴考定大約在西元前104年，西漢郡國數量達109個之多，前97年罷沈黎郡，表中僅列106個，少2郡，不知省並於何時。

4. 上述表中沒有提到的諸侯王都城古今址對照如下：凌（江蘇泗陽縣北）、昌邑（山東金鄉縣西北謝集）、廣平（河北雞澤縣東南）、樂成（河北獻縣東南）、真定（河北石家莊市東）、清陽（河北清河縣東）。

（4）武帝之後，西漢中國政區總量沒有太大變動。西部地區省並了一些漢郡。如，昭帝始元五年（前82年）罷真番、臨屯，以其部分屬樂浪；撤銷儋耳郡建制，併入珠崖；昭帝始元六年（前81年）置金城郡；元鳳五年（前76年）罷象郡，分屬郁林、牂柯；宣帝地節間置武威郡，省汶山入蜀郡。東部地區有改郡為國或廢國為郡的現象。如，「元平元年（前74年）廢昌邑國」、宣帝間「淨置王國五：廣陽、高密、淮陽、東平、定陶（後徙楚），除王國六：楚（宣帝末定陶徙此）、清河、平幹、中山、廣陵、廣川」、「元帝間共置三王國：廣陵、濟陽（後徙山陽）、信都；除國一：河間」、「成帝初復置河間國」[10]。至西漢成帝綏和年間，西漢全國形成了19王國，84漢郡的形勢（表2–7）

表 2 - 7 成帝綏和二年（前 7 年）郡國形勢

	國名	王名	王都	在位之王封年	國名	王名	王都	在位之王封年
	淮陽	劉玄	陳	前 27 年	河間	劉良	樂成	前 32 年
	楚	劉衍	彭城	前 23 年	真定	劉雍	真定	前 35 年
	魯	劉晙	魯	前 23 年	中山	劉興	盧奴	前 23 年

10　周振鶴：《西漢政區地理》，北京：人民出版社，1987 年，第 18–19 頁。

諸侯王（19）	泗水	劉靖	凌	前 10 年	菑川	劉友	劇	前 9 年
	廣陵	劉守	廣陵	前 11 年	定陶	劉景	定陶	前 8 年
	六安	劉育	六	前 23 年	膠東	劉殷	即墨	前 14 年
	東平	劉雲	無鹽	前 20 年	高密	劉慎	高密	前 20 年
	梁	劉立	碭	前 24 年	城陽	劉俚	莒	前 16 年
	廣陽	劉璜	薊	前 23 年	長沙	劉魯人	臨湘	前 42 年
	趙	劉隱	邯鄲	前 10 年				
漢郡（84）	陳留、東、山陽、廣平、信都、泰山、潁川、汝南、沛、琅邪、東海、臨淮、平原、千乘、濟南、齊、北海、東萊、廬江、九江、會稽、丹陽、豫章、江夏、桂陽、武陵、零陵、太原、定襄、雁門、代、魏、巨鹿、常山、清河、涿、渤海、上谷、漁陽、右北平、遼西、遼東（42）							
	京兆尹、左馮翊、右扶風、弘農、上黨、北地、上、雲中、西河、河東、河內、河南、南陽、南、漢中、廣漢、蜀、巴、隴西、天水、安定、五原（22）							
	犍為、越巂、益州、牂柯、武都、南海、郁林、蒼梧、交趾、合浦、九真、日南、金城、武威、張掖、酒泉、敦煌、朔方、玄菟、樂浪（20）							

資料來源：《漢書·地理志》、《漢書·諸侯王年表》、《西漢政區地理》。

說　　明：本表「定陶國」在《漢志》中為「濟陰郡」，「廣平郡」、「信都郡」分別為「廣平國」、「信都國」，均依〈諸侯王年表〉改。

補充說明：《漢志》所載：「本秦京師為內史，分天下作三十六郡。漢興，以其郡太大，稍復開置，又立諸侯王國。武帝廣開三邊。故自高祖增二十六，文、景各六，武帝二十八，昭帝一，訖于孝平，凡郡國一百三。」

　　據本文對西漢各帝王時期郡國數量的考察，作者認為高帝所增 26 郡[11] 是：渭南、河上、上郡、河南、河內、中地、北地、隴西、河東、上黨、太原、常山、代郡、豫章、武陵、博陽、膠西、城陽、東陽、廣漢、雲中、雁門郡、河間、中山、清河、定襄。

　　文帝所增 6 郡[12] 是：渤海郡、河間國、濟南郡、淄川國、廬江郡、膠東國。

　　景帝時 6 郡[13] 是：魏郡、平原郡、東萊郡、沛郡、汝南郡、北海郡。

11　《漢書》卷 28〈地理志〉載高帝所增 26 郡：渭南郡（京兆尹）、河上郡（左馮翊）、中地郡（右扶風）、汝南郡、江夏郡、魏郡、常山郡、清河郡、涿郡、渤海郡、平原郡、千乘郡、泰山郡、東萊郡、東海郡、豫章郡、桂陽郡、武陵郡、廣漢郡、定襄郡、中山國、淮陽國、膠東國、廣陽國、楚國、魯國。

12　《漢書》卷 28〈地理志〉載文帝所增 6 郡：廬江郡、濟南郡、河間國、高密國、淄川國、城陽國。

13　《漢書》卷 28〈地理志〉載景帝所增 6 郡是：山陽郡、濟陰郡、北海郡、信都國、廣陵國（江都國）、東平國（濟東國）。

武帝所置 28 郡是[14]：犍為、牂柯、武都、越巂、益州、朔方、五原、張掖、敦煌、南海、蒼梧、郁林、合浦、交趾、九真、日南、酒泉、樂浪、玄菟、西河、廣平、臨淮、天水、安定、弘農、零陵、泰山、千乘。

昭帝所增只金城一郡。

二、郡級城市的發展特徵

為了系統考察西漢郡國城市發展特徵，除上述各典型時間點的城市數量之外，還應補充更多時間點的城市數量，以便能夠觀察其發展趨勢，據周振鶴考證，呂后末年（前 180 年）時，全國有 14 個諸侯國[15]，漢郡數量與高祖末年時相同，仍有 15 個；文帝十六年（前 164 年）有 17 諸侯國[16]、24 漢郡[17]；景中六年（前 144 年）有 25 諸侯國[18]、43 漢郡[19]；昭帝末年（前 74 年）有 17 諸侯國[20]、87 漢郡；宣帝末（前 49 年）有 16 諸侯國、88 漢郡；元初元三年（前 46 年）放棄珠崖郡，全國成 103 郡國之數，直至漢末，其間偶有變化，僅為郡國間的互置，不影響整體。

根據上述各表及周先生所考定的部分時間點上的郡國城市數量，得出西漢郡國城市數量變化一覽表。考慮到自景帝四年內史分為左右內史及武帝間分置

---

14 《漢書》卷 28〈地理志〉載武帝所增 28 郡：西河郡、陳留郡、臨淮郡、天水郡、安定郡、弘農郡、零陵郡、牂柯郡、武都郡、越巂郡、朔方郡、五原郡、犍為郡、益州郡、武威郡、張掖郡、酒泉郡、敦煌郡、玄菟郡、樂浪郡、南海郡、郁林郡、蒼梧郡、交趾郡、合浦郡、九真郡、日南郡、真定國。

15 14 諸侯國名目為：淮南、代、吳、齊、楚、長沙，呂氏三國：燕、趙、呂，張氏 1 國：魯國（楚之薛郡），惠帝子 3 國：常山（割趙）、淮陽、濟川（齊濟南郡），劉姓 1 國：琅邪國。

16 17 國名目為：楚、齊、趙、代、梁、淮南、吳、燕、長沙、濟北、濟南、淄川、膠東、膠西、城陽、盧江、衡山。

17 24 郡名目為：雲中、上郡、北地、隴西、右內史、左內史、河東、上黨、河內、河南、南陽、漢中、蜀郡、廣漢、巴郡、南郡、潁川、淮陽、汝南、東郡、河間、廣川、渤海、琅邪。

18 25 國名目為：燕、代、常山、中山、河間、廣川、趙、清河、齊、淄川、北海、膠東、膠西、濟東、濟北、濟陰、濟川、山陽、魯、梁、楚、江都、淮南、衡山、長沙。相對於西元前 153 年增加了常山、趙、清河、北海、濟陰、濟川、山陽 7 國，少臨江國。

19 43 郡名目為：遼東、遼西、右北平、漁陽、上谷、代郡、雁門、定襄、渤海、巨鹿、平原、濟南、魏郡、北海郡、東萊、琅邪、東海、沛郡、會稽、盧江、豫章、桂陽、武陵、雲中、上郡、北地、隴西、右內史、左內史、河東、上黨、河內、河南、南陽、漢中、蜀郡、廣漢、巴郡、南郡、潁川、淮陽、汝南、東郡。

20 與武帝末年郡國數量相比，少燕、昌邑二國。

右扶風均治於長安城內的情況，郡級城市數目據實際情況作了相應調整；另外，表內截取的時間段的長短亦不均勻，所以只能粗略顯示西漢時期郡國城市發展的大致趨勢（表2–8）。

表 2‑8 西漢郡國城市數量變化

時間	諸侯國都	漢郡治城	城市總量	城市數量相對變化
前 202 年	7	21	28	0
前 195 年	10	15	25	-3
前 180 年	14	15	29	4
前 164 年	17	23	40	11
前 153 年	19	43	62	22
前 144 年	25	42	67	5
前 87 年	19	85	104	37
前 74 年	17	85	102	-2
前 49 年	16	86	102	0
前 7 年	19	82	101	-1

說　　明：1. 諸侯國都僅以一級行政單位來看，並沒有分列其所轄支郡、邊郡，主要突出西漢郡國之間的數量差別。

2. 景帝二年（前154年）內史分為左右內史及武帝間分為三輔郡治均在長安城中，故漢郡治城欄中前153年、前144年欄均比漢郡數量少1，前87年欄及其以後各欄均少2個。

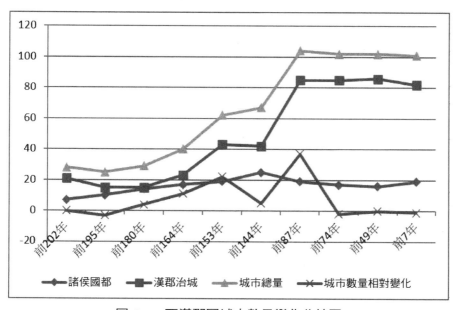

圖 2‑1 西漢郡國城市數量變化曲線圖

　　把表 2–8 中的數據用 Excel 繪圖（圖 2–1），從中我們可以很直觀地看到西漢郡級城市變化大勢：總體來看，郡級城市總量變化呈上升趨勢，但在個別時段上還有減少現象。若將西漢分為三個歷史時段，則有：西漢初期郡級城市數量減少時期；武帝期間，郡級城市數量基本上處於直線上升態勢；武帝之後至漢末城市數量則趨於平穩發展。從圖上還可看出，影響郡級城市數量變化的主要方面是漢郡數量的變化，諸侯國的變化相對較為平緩。這一變化趨勢說明，社會經濟發展與城市數量的變化有很密切關係，即當在社會經濟恢復階段城市的數量不但不會增長反而會有所減少，經濟處於上升階段時城市數量也隨之增長，但發展到一定階段，在不改變生產方式的條件下，經濟積累僅是一種簡單再生產，生產力發展水準既限制了社會經濟的發展，同時也影響了與經濟發展緊密相關的城市發展。所以，當西漢中後期社會經濟再次從戰爭轉入和平時期時，城市發展的腳步同樣慢了下來，進入調整期，直至西漢末年再沒有大的變化。

　　從圖 2–1 我們還可以發現，自西漢初年的 7 個異姓諸侯王，到武帝中期最高峰的 25 個同姓諸侯，諸侯王國總量變化不大，而且在武帝以後的西漢中後期王國總量基本控制在 20 個以內。從這一點上即可得出，引起西漢郡級城市數量變化的根本因素是中央轄郡數量的增長，圖上明確顯示漢郡治城數量變化曲線與全國城市數量變化曲線一致。這一特徵與我們一貫認為的西漢城市數量的變化與諸侯國城市數量變化密切相關的結論多少有些不同，我們的常識固然有其產生的土壤，但對西漢城市全貌的認識卻是不相符的。因為，西漢後期的王國處於非常態發展之中，是帝國空間制度下的產物，與經濟發展水準關係不大，所以後期諸侯王都與作為區域發展中心的郡級城市在社會經濟發展中的作用是不可同日而語的。

三、郡級城市發展的空間差異

　　將上文考證結果對應於三大類型，各區城市發展特徵如表 2–9 所示。其間各區域城市發展差異顯著。如，在東部諸侯王國區郡國城市數量變化呈上升趨勢，由西漢初年 10 個郡國城市發展到西漢末年的 60 多個，每 4 年就增長 1 個大城市；中部漢郡區，郡級城市增長非常之緩慢，西漢 200 年間，僅增長了 7 個郡級城市，而且均發生在武帝時期；拓展地區在西漢初期的六七十年間不在

西漢政權的管轄內，但自武帝建元五年（前 135 年）開闢犍為郡始，至武帝太初元年（前 104 年）共析置郡國 35 個，平均年增長率為 1.17，每年都有 1 個大城市產生，城市增長迅速[21]。

表 2－9 西漢郡級城市時空對比

時間	諸侯王國區	漢郡區	拓展區	全國
前 202 年	14	14		28
前 195 年	10	15		25
前 180 年	14	15		29
前 164 年	25	15		40
前 153 年	47	15		62
前 144 年	52	15		67
前 87 年	60	20	24	104
前 74 年	61	20	21	102
前 49 年	62	20	20	102
前 7 年	61	20	20	101

資料來源：《史記》中的〈漢興以來諸侯王年表〉、〈南越列傳〉、〈東越列傳〉、〈朝鮮列傳〉、〈西南夷列傳〉；《漢書》中的〈諸侯王年表〉、〈西南夷兩粵朝鮮傳〉；《西漢政區地理》。

　　把表 2–9 中的數據用 Excel 繪圖，可以更直觀地看到三大管理區郡級城市的發展變化情況。

21　西元前 135 年開闢犍為郡；西元前 127 年置朔方、五原郡；西元前 122 年置廣平國；西元前 121 年置酒泉郡；西元前 117 年置涿郡、臨淮郡；西元前 114 年置西河、天水、安定、弘農郡；西元前 111 年分置張掖、敦煌郡、南海、郁林、象郡、蒼梧、合浦、儋耳、珠崖、交趾、九真、日南、武都、汶山、沈黎、牂柯、越巂、零陵郡；西元前 109 年置益州；西元前 108 年置樂浪、真番、臨屯、玄菟郡；西元前 104 年置右扶風。天漢四年（前 97 年）省沈黎郡。

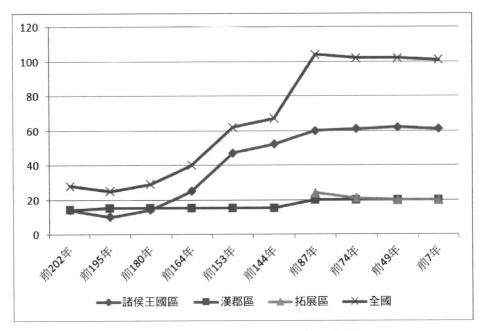

圖 2－2 西漢郡級城市數量時空對比曲線圖

　　由圖 2–2 內容可知：（1）西漢郡級城市的數量變化主要受諸侯國地區城市數量變化影響，二者發展趨勢基本一致。（2）西漢初年拓展區不在中國版圖內，但在武帝拓邊之後，拓展地區城市數量的淨增長使得西漢城市數量猛然大增，但隨後趨於平穩。（3）武帝之後三大管理區內郡級城市數量均趨於穩定，全國郡級城市總量穩定下來。（4）漢郡區、拓展區郡級城市數量之和才只有諸侯王國地區郡級城市數量的三分之二。（5）西漢一代漢郡區郡級城市及後期拓展區郡級城市數量基本保持衡穩態勢，這一現象有兩種可能性，一種是該區域城市發展處於自然狀態，受人為干涉較少；另一種情況剛好相反，是在強力控制下的穩定，也正符合古代中國管理的目的——穩定。

　　在中央權力與地方權力關係中，實際上是社會公共權力在其權力主體內部不同層次之間的縱向關係，同時，它又是全社會整體利益與特定政治社區的局部利益之間關係在權力關係上的體現。所以，當地方權力過於強大時，中央權力將採取壓制與削弱措施，那麼，西漢時期東部地區大量興起的郡級城市與兩者之間的權力關係配置有很直接的關係。通過這一措施東部諸侯王的實力大為減低，不再能夠對中央帝國構成任何威脅。東部地區縣級城市的增長也正是帝國這一政策深化的表現，武帝時期推恩令的頒佈，使帝國得以通過分封途徑，

徹底地從實體上削弱了諸侯王國。

附表　西漢諸侯王統計表

編號	號諡	王都及封域	始封者	始封 年	月	沿襲	國除之年	失國之因
1	楚元王	彭城／王薛郡、東海、彭城 36 縣。	劉交	高祖弟	高祖六年（前 201 年）	1	前 178 年夷王郢客嗣，前 174 年楚王劉戊嗣，前 154 年反。前 153 年文王禮以平陸侯紹封[①]，前 150 年安王劉道嗣，前 128 年襄王劉注嗣，前 116 年節王劉純嗣，前 100 年楚王劉延壽嗣。	宣地節元年（前 69 年）	謀反
2	代王	馬邑／遙領《漢志》雲中、定襄、雁門、代郡 4 郡 53 縣。	劉喜	高祖兄	高祖六年（前 201 年）	1	前 200 年廢為合陽侯。	高祖七年（前 200 年）	棄國自歸
3	吳	吳／同劉賈之荊域。	劉濞（沛侯）	劉喜子	高祖十二年（前 195 年）	10		景三年（前 154 年）	謀反，誅
4	齊悼惠王	臨淄／臨淄、濟北、博陽、城陽、膠東、膠西、琅邪 7 郡 73 縣。	劉肥	高祖子	高祖六年（前 201 年）	1	前 188 年哀王襄嗣，前 178 年文王則嗣，前 165 年薨無後。前 164 年孝王將閭以悼惠王子楊虛侯紹封[②]，前 153 年懿王壽嗣，前 131 年屬王次昌嗣。	武元朔二年（前 127 年）	無後
5	城陽	莒／北界《漢志》箕、昆山一線，東界昆山、高鄉一線，西界以泰山和蒙山為限，南界為鋸齒狀，有東海郡之費縣、南城、利城等。	劉章（朱虛侯）	齊悼惠王子	文二年（前 178 年）	2	前 176 年共王喜嗣（前 172～前 168 年徙王淮南），前 143 年頃王延嗣，前 117 年敬王義嗣，前 108 年惠王武嗣，前 97 年荒王順嗣，前 51 年戴王恢嗣，前 43 年孝王景嗣，前 19 年哀王雲嗣，前 16 年城陽王俚以雲弟嗣。		
6	濟北	盧縣／《漢志》之平原、濟南、泰山 3 郡及渤海郡大部。	劉興居（東牟侯）	齊悼惠王子	文二年（前 178 年）	2		文四年（前 176 年）	謀反，誅
7	菑川懿王	劇／漢初臨淄郡東部（《漢志》菑川國加上所封 21 侯國之地）。	劉志（安都侯）	齊悼惠王子	文十六年（前 164 年）	4	為濟北王[③]，前 153 年徙淄川，前 129 年靖王建嗣，前 109 年頃王遺嗣，前 74 年思王終古嗣，前 46 年考王尚嗣，前 40 年孝王橫嗣，前 9 年懷王友嗣，前 3 年劉永嗣。		

8	濟南	（博陽）東平陵/《漢志》濟南郡加上博縣以東部分。	劉辟光（扐侯）	齊悼惠王子	文十六年（前164年）	4		景三年（前154年）	謀反，誅
9	菑川	劇/漢初臨淄郡東部。	劉賢（武城侯）	齊悼惠王子	文十六年（前164年）	4		景三年（前154年）	謀反，誅
10	膠西	營陵/《漢志》北海之營陵、平壽、斟、淳於、都昌、桑犢以南，南界約至琅邪東武縣附近，東界循膠水，即膠西于王之域加上北海始置之6縣。	劉卬（平昌侯）	齊悼惠王子	文十六年（前164年）	4		景三年（前154年）	謀反，誅
11	膠東	掖/東至海，西至濰水和膠水，南則以皋虞、壯武一線與琅邪為界，減去《漢志》東萊郡之平度侯國（前127年菑川王子侯）。	劉熊渠（白石侯）	齊悼惠王子	文十六年（前164年）	4		景三年（前154年）	謀反，誅
12	荊王	吳/故東陽郡、鄣郡、吳郡3郡53縣。	劉賈	高祖從父弟	高祖六年（前201年）	4		高祖六年（前201年）	為英布所攻，無後
13	淮南厲王	壽春/漢初九江、廬江、衡山、豫章4郡。	劉長	高祖	高祖十一年（前196年）	10	前174年謀反徙蜀死雍，前164年屬王子安以阜陵侯紹封④。	武元狩元年（前122年）	謀反，自殺
14	衡山	邾、下雉/北界淮水、西達下雉、邾一線以西、東界西陽、潛縣、居巢以東（前164～前121年）。	劉賜（陽周侯）	淮南厲王子	文十六年（前164年）	4	為廬江王⑤，前154年徙衡山。	武元狩元年（前122年）	謀反，自殺
15	濟北	前154～前126年約當《漢志》泰山郡西部及平原郡南部，東界大約在泰山以東，北界至羽侯國，西界至荏平，南界至蛇丘、剛縣。	劉勃（安陽侯）	淮南厲王子	文十六年（前164年）	4	為衡山王，前154年徙濟北，前151年成王胡嗣，前97年王寬嗣。	武后元二年（前88年）	謀反，自殺
16	趙隱王	邯鄲/前198～前196年趙國封域為常山以南、太行左轉、南至大河、東瀕渤海；前196～前195年為前階段之趙加上《漢志》之代、雁門、定襄、雲中4郡。	劉如意	高祖子	高祖九年（前198年）	4		高祖十二年（前195年）	為高后殺，無後
17	代王	晉陽/《漢志》定襄、雁門、代郡、太原郡及西河郡之離石、藺、臨河、關成、土軍、皋狼、幹章、平周、中陽。	劉恒	高祖子	高祖十一年（前196年）	1		高后元年（前187年）	為孝文帝

18	趙共王	邯鄲／	劉恢	高祖子	高祖十一年（前196年）	3	為梁王⑥，前181年徙趙。	高后七年（前181年）	自殺，無後
19	趙幽王	邯鄲／前195～前187年、前181～前178年趙封域比高祖九年之域少《漢志》涿郡之高陽、饒陽、武垣、安平、蠡吾、南深澤等縣地。	劉友	高祖子	高祖十一年（前196年）	3	為淮陽王⑦，前194~181年徙趙，前179年王遂以幽王子紹封⑧。	景三年（前154年）	謀反，自殺
20	河間文王	樂成／編號30、41之域加上《漢志》渤海郡之浮陽、章武、中邑、東光、阜城、東平舒、束州7縣地的規模。	劉辟疆	幽王子	文二年（前178年）	2	前165年哀王福嗣。	文十五年（前165年）	無後國除
21	燕靈王	薊／《漢志》上谷、漁陽、右北平、遼西、遼東及前154年之後之燕國。	劉建	高祖子	高祖十二年（前195年）	2		高后七年（前181年）	薨，高后殺其子
22	燕敬王	前179～前154年之燕同燕靈王之燕，前154年之燕為《漢志》廣陽國加上文安、安次及涿郡除去中山、河間王子侯國和鄚縣之餘。	劉澤（營陵侯）	高祖從祖昆弟	高后七年（前181年）	3	為琅邪王⑨，前179年徙燕，前177年康王嘉嗣（至前154年僅餘廣陽郡），前151年王定國嗣。	武元朔元年（前128年）	坐禽獸行，自殺
23	梁懷王	定陶／北界泰山，西至高陽，比梁孝王少淮陽3縣。	劉輯	文帝子	文二年（前178年）	2		文十年（前170年）	無後
24	梁孝王	碭／前144年之濟川、濟東、山陽、濟陰及前143年梁國與淮陽之襄邑、寧陵、傿之和。	劉武	文帝子	文二年（前178年）	2	為代王⑩，前176年徙為淮陽王*，前169年徙梁，前143年恭王買嗣⑪，前136年平王襄嗣，前96年貞王毋傷嗣，前85年敬王定國嗣，前45年夷王遂嗣，前39年荒王嘉嗣，前24年王立嗣，西元3年有罪廢。		
25	濟川	陳留／《漢志》陳留17縣減去傿、寧陵、酸棗。	劉明（桓邑侯）	梁孝王子	景中六年（前144年）	5		武建元三年（前138年）	坐殺中傅，廢遷房陵（後為陳留郡）
26	濟東	陳留／《漢志》東平國7縣加上栗鄉、桑丘、桃鄉、富陽、西陽。	劉彭離	梁孝王子	景中六年（前144年）	5		武元鼎元年（前116年）	坐殺人，廢遷上庸
27	山陽哀王	昌邑／《漢志》山陽郡23縣除去薄及黃、中鄉、平樂、鄭、瑕丘、甾鄉、栗鄉、曲鄉、西陽等王子侯國。	劉定	梁孝王子	景中六年（前144年）	5		武建元五年（前136年）	無後

28	濟陰哀王	定陶／《漢志》濟陰郡9縣之域。	劉不識	梁孝王子	景中六年（前144年）	5		景後元元年（前143年）	無後
29	代孝王	晉陽／前176～前154年地域同劉恒之代，前154～前126年為《漢志》太原郡21縣及離石、藺、臨河、隰成、土軍、皋狼、幹章、平周、中陽10侯國。	劉參	文帝子	文二年（前178年）	2	為太原王，前176年更為代王，前161年恭王登嗣，前132年剛王義嗣，前113年徙清河[12]，前94年頃王陽嗣，前69年王劉年嗣。	宣地節四年（前66年）	坐與同產妹姦，廢遷房陵，予邑百家
30	河間獻王	樂成／《漢志》河間國四縣加上元朔三年以來所封18王子侯國。	劉德	景帝子	景二年（前155年）	3	前129年共王不周嗣，前125年剛王基嗣，前113年頃王緩嗣，前97年孝王慶嗣，前54年王劉元嗣，前38年坐殺人廢遷房陵。前32年惠王良。		
31	臨江哀王	江陵／《漢志》南郡18縣無高城、華容、州陵3縣，則有江夏郡之沙羨、安陸、雲杜、竟陵等縣地。	劉閼	景帝子	景二年（前155年）	3		景五年（前152年	無後
32	魯共王	魯／《漢志》魯國與前128年以後所封20個王子侯國。	劉餘	景帝子	景二年（前155年）	3	為淮陽王[13]，前154年徙魯，前128年安王光嗣，前88年孝王慶忌嗣，前51年頃王封嗣，前23年文王晙嗣。	哀建平三年（前5年）	無後
33	江都易王	江都／東陽、鄣2郡。	劉非	景帝子	景二年（前155年）	3	為汝南王[14]，前154年徙江都，前127年劉建嗣。	武元狩二年（前121年）	謀反，自殺（後為廣陵郡）
34	趙敬肅王	邯鄲／前152～前127年有《漢志》趙全部及巨鹿、常山、魏、廣平諸郡之縣數。	劉彭祖	景帝子	景二年（前155年）	3	為廣川王1，前152年徙趙，前92年頃王昌嗣，前73年懷王尊嗣，前66年哀王高以頃王子紹封，前65年共王充嗣，前10年王劉隱嗣。		
35	平幹頃王	廣平／《漢志》廣平郡16縣除去張縣、南曲。	劉偃	趙敬肅王子	武征和二年（前91年）	缺	前80年繆王元嗣。	宣五鳳二年（前56年）	坐殺謁者，會薨，不得代
36	長沙定王	臨湘／前157～前129年之域東至安城，北至州陵－高城，南至洮陽－便縣，西至臨沅－都梁。	劉發	景帝子	景二年（前155年）	3	前127年戴王庸嗣，前100年頃王附朐嗣，前83年刺王建德嗣，前49年煬王旦嗣，前47年薨。前45年孝王宗以刺王子紹封[15]，前42年繆王魯人嗣。		
37	膠西于王	高密／北界《漢志》北海之安丘－膠陽一線，東南界約至東武縣附近，東界循膠水。	劉端	景帝子	景三年（前154年）	6		武元封三年（前108年）	無後，國除為膠西郡

38	中山靖王	盧奴／前 154～前 128 年中山國（郡）為《漢志》中山國再加廣網、樊輿、成、利鄉、谷丘等縣。	劉勝	景帝子	景三年（前 154 年）	6	前 112 年哀王昌嗣，前 110 年康王昆侈嗣，前 89 年頃王輔嗣，前 86 年憲王福嗣，前 69 年懷王休嗣，前 55 年薨。前 19 年夷王雲客以懷王從父弟子紹封為廣德王（1 年薨），前 4 年王劉漢以夷王弟紹封。		
39	膠東王	即墨／東至海，西至維水和膠水，北以陽樂－居止山－昌陽一線鄰東萊郡，南則以皋虞、壯武一線與琅邪為界。	劉徹	景帝子	景四年（前 153 年）	4		景中元年（前 149 年）	立為皇太子
40	臨江湣王	江陵／同臨江哀王之域。	劉榮	景帝子	景七年（前 150 年）	11		景中二年（前 148 年）	坐侵廟壖地為宮，自殺（國除為南郡）
41	廣川惠王	信都／前 155～前 127 年廣川國及信都郡範圍為《漢志》信都之信都、扶柳、辟陽、南宮、下博、武邑、高隄、廣川、桃、西梁、昌成加別屬漢郡之新市、歷鄉、武陶、樂信、蒲領、棗陽、堂陽。	劉越	景帝子	景中二年（前 148 年）	4	前 136 年繆王齊嗣，前 91 年王劉去嗣，前 70 年坐亨姬不道，廢徙上庸，予邑百戶。前 66 年，戴王文以繆王子紹封，前 60 年王劉汝陽嗣。	宣甘露四年（前 50 年）	殺人廢徙房陵。
42	膠東康王	即墨／前 110 年之前封域同膠東王。	劉寄	景帝子	景中二年（前 148 年）	4	前 120 年哀王賢嗣，前 106 年戴王通平嗣，前 82 年頃王音嗣，前 28 年恭王授嗣，前 14 年王劉殷嗣。		
43	六安恭王	六／《漢志》六安國 6 縣加博鄉、松滋 2 侯國。	劉慶	膠東康王子	武元狩二年（前 121 年）	7	前 83 年夷王祿嗣，前 73 年繆王定嗣，前 50 年頃王光嗣，前 23 年王劉育嗣。		
44	清河哀王	清陽／《漢志》清河郡 14 縣加上南曲、修市、東昌三侯國及觀津縣。	劉乘	景帝子	景中三年（前 147 年）	3		武建元五年（前 136 年	無後
45	常山憲王	真定／《漢志》常山郡之元氏、石邑、靈壽、蒲吾、上曲陽、九門、井陘、房子、關、平棘、平臺、南行唐、樂陽、桑中、《漢志》真定國 4 縣及省並了的遻鄉。	劉舜	景帝子	景中五年（前 145 年）	3	前 114 年王勃嗣。	武元鼎三年（前 114 年）	王劉勃坐憲王喪服姦，廢徙房陵
46	真定頃王	真定／《漢志》真定國 4 縣加上常山之樂羊、桑中及省並之遻鄉。	劉平	常山憲王子	武元鼎三年（前 114 年）	缺	前 89 年烈王偃嗣，前 84 年孝王申嗣，前 35 年安王雍嗣，前 7 年王劉楊嗣。		
47	泗水思王	凌／《漢志》泗水國 3 縣及於鄉、就鄉、昌陽。	劉商	常山憲王子	武元鼎三年（前 114 年）	缺	前 103 年哀王安世嗣一年薨，前 102 年戴王賀以思王子紹封，前 80 年勤王綜嗣，前 41 年屬王駿嗣，前 10 年王劉靖嗣。		

48	齊懷王	臨淄/《漢志》齊郡和千乘郡。	劉閎	武帝子	武元狩六年（前117年）	4		武元封元年（前110年）	無後
49	燕刺王	薊/廣陽頃王封域加良鄉、文安、安次。	劉旦	武帝子	武元狩六年（前117年）	4		昭元鳳元年（前80年）	謀反，自殺
50	廣陽頃王	薊/《漢志》廣陽4縣加臨鄉、西鄉、陽鄉、益昌侯國。	劉建	燕刺王子	宣本始元年（前73年）	7	前48年穆王舜嗣，前23年思王璜嗣，前3年王劉嘉嗣。		
51	廣陵厲王	廣陵/前47年之域為《漢志》廣陵4縣及襄平、蘭陵、廣平侯國。	劉胥	武帝子	武元狩六年（前117年）	4	前54年坐祝詛上，自殺。前47年孝王霸以厲王子紹封，前34年共王意嗣，前31年哀王護嗣，前16年薨無後，前11年靖王守以孝王子紹封。		
52	高密哀王	高密/武帝削膠西國後至前48年之域為《漢志》高密5縣加膠陽、成鄉、安丘、膠鄉、卑梁、武鄉、麗茲等侯國。	劉弘	廣陵厲王子	宣本始元年（前73年）	7	前65年頃王章嗣，前31年懷王寬嗣，前20年王劉慎嗣至王莽時絕。		
53	昌邑哀王	昌邑/比山陽哀王之域多薄縣。	劉髆	武帝子	武天漢四年（前97年）	4	前86年王劉賀嗣，前75年征為昭帝後，立27日，以行淫亂，廢歸故國，予邑三千戶。		
54	淮陽憲王	陳/《漢志》淮陽國有陳、苦、陽夏、寧平、扶溝、固始、圉、新平、柘。	劉欽	宣帝子	宣元康三年（前63年）	7	前27年文王玄嗣，前1年王劉縉嗣。		
55	東平思王	無鹽/《漢志》東平國7縣加上栗鄉、桑丘、桃鄉、富陽、西陽。	劉宇	宣帝子	宣甘露二年（前52年）	9	前20年煬王雲嗣。	哀建平三年（前4年）	坐祝詛上
56	楚孝王	彭/《漢志》楚國7縣加上陰平、廣戚侯國。	劉囂	宣帝子	宣甘露二年（前52年）	1	為定陶王，前49年徙楚，前24年懷王芳嗣一年薨無後。前23年思王衍以孝王子紹封，前2年王劉紆嗣。		
57	信都		劉景	楚孝王孫	成綏和元年（前8年）	11	為定陶王奉共王后，前5年徙信都。		
58	中山哀王	盧奴/《漢志》中山國14縣除去北新成、安險、安國、陸城、薪處。	劉竟	宣帝子	元初元二年（前47年）	2	為清河王，前43年徙為中山王。	成建始二年（前31年）	無後
59	定陶共王	定陶/《漢志》濟陰郡9縣。	劉康	元帝子	元永光三年（前41年）	3	為濟陽王，前34年徙山陽，前25年徙定陶，前22年王劉欣嗣。	成綏和元年（前8年）	為皇太子

60	中山孝王	盧奴／《漢志》中山國14縣。	劉興	元帝子	元建昭二年（前37年）	6	為信都王，前23年徙中山，前7年王劉箕嗣。	哀元壽二年（前1年）	為皇帝

①前154年劉禮之楚國封域當為《漢書・地理志》楚國加上廣戚、陰平2縣。

②前164年劉將閭之齊國封域與元狩六年齊懷王之封域同，即《漢書・地理志》齊郡與千乘郡之和。

③前164～前154年之濟北國為前153～前127年之域加上平原郡（前154年之北界瀕大河，東西界如《漢書・地理志》，南與濟北接壤）。

④前164～前124年淮南國封域北臨淮水，南瀕大江，西至西陽、灊山、居巢一線以東，東北循《漢書・地理志》九江、臨淮之界（該邊界自漢初至漢末未曾變動）；前124～前122年之淮南國為上一段淮南國除去弋揚、期思2侯國。

⑤漢初廬江郡治鄱陽，東起《漢書・地理志》丹陽廬江水（春谷、宣城、涇、陵陽4縣），西至江夏下雉城之大江以南地，隔江與衡山相望，南有《漢志》豫章郡北部瀕江數縣；前164～前153年廬江國封域為漢初廬江郡與《漢書・地理志》豫章郡無艾、宜春、建成3王子侯國。

⑥前196～前181年梁王劉恢封域為梁懷王封域加東郡。

⑦前196～前194年劉友之淮陽國都陳，封域為陳、潁川2郡，陳郡，即全祖望以為楚郡者，於《漢書・地理志》相當於淮陽國、汝南郡之和；前176～前169年文帝子劉武之淮陽國為《漢書・地理志》淮陽國加上襄邑、傿、寧陵3縣；前155～前154年景帝子劉餘至宣帝元康二年之淮陽國比《漢書・地理志》淮陽國多一長平縣。

⑧前187～前181年趙國實領比前195～前187年之趙大體少《漢書・地理志》常山郡；前178～前156年之趙大致有《漢書・地理志》常山、中山、真定、趙國、魏郡、清河、巨鹿、廣平7郡國，實領邯鄲、巨鹿、清河、常山4郡。

⑨前181年琅邪國10餘縣：《漢書・地理志》琅邪郡52縣減去侯國31個，再減去膠西之九縣僅剩12縣，與本傳相符。

⑩前178～前176年劉武之代國為《漢書・地理志》代、雁門、定襄3郡。

⑪前143～前127年梁王封域為《漢書・地理志》梁8縣及所削8縣：譙、酇、芒、敬丘、建平、偃、寧陵、襄邑與元朔之後所封17王子侯國，合計有18城。

⑫前113～前81年清河國為《漢書・地理志》14縣加上蒲陵、南曲、修市、東昌4侯國及觀津縣。

⑬前196～前194年劉友之淮陽國都陳，封域為陳、潁川2郡，陳郡，即全祖望以為楚郡者，於《漢書・地理志》相當於淮陽國、汝南郡之和；前176～前169年文帝子劉武之淮陽國為《漢書・地理志》淮陽國加上襄邑、傿、寧陵3縣；前155～前154年景帝子劉餘至宣帝元康二年之淮陽國比《漢書・地理志》淮陽國多一長平縣。

⑭前155～前154年劉非之汝南國封域僅陳郡之南部，其東、北、西皆循《漢書・地理志》汝南郡界，唯南界無弋陽、期思，西北無定陵、長平。

⑮前45年劉宗之長沙國為《漢書・地理志》13縣除去安陵、容陵、攸、荼陵侯國。

說明：

（1）本表共有諸侯王60位，其中4人成為後來皇帝，其編號為17、39、59、60；14人因無後國除；13人因謀反國除；11人因犯罪國除；17人延續至西漢末年者有：5、7、24、30、34、36、38、42、43、46、47、50、51、52、54、56、57；昌邑王（53號）廢為列侯。

（2）各帝分封情況：高祖時11人，占總量的18%；高后時僅1人；孝文時13人，22%；孝景時18人，30%；孝武時8人，13%；孝昭時無封；孝宣時5人，8%；孝元時3人，5%；孝成時1人，2%。諸侯王主要分封於高祖、孝文、孝景三個階段。

（3）諸侯王構成上：高祖封子7人，兄弟4人，兄弟子1人；文帝封子3人，兄弟子（孫）10人；景帝封子14人，兄弟子4人；武帝封子4人，兄弟子4人；宣帝封子3人（另一子封於元帝時），兄弟子2人；元帝封子2人，兄弟1人；成帝封兄弟子1人。以皇帝子身份封為諸侯王的有33人，占所有初封諸王的55%、以皇帝兄身份封為諸侯王的有5人，占所有初封諸王的8%、以皇帝侄（孫）封為諸侯王的有22人，占所有初封諸王的37%。

（4）從要素分析有兩個傾向：其一，文帝時分封的諸侯王中，兄弟子王者占絕對多數（約占文帝時所封諸侯總數的77%）；其二，景帝時期，景帝子的分封則約占景帝時所封全部諸侯的78%。這一現象的出現當與文景時期的整個社會形勢有密不可分的關係，西漢初年（高帝時期）總結秦王迅速失國之因，眾建諸侯作為中央王朝的藩屏，即已出現了矯枉過正的趨勢。文帝的上臺除朝中大臣之外，他更多地依靠了東部諸侯國的實力，主要是其兄弟之子的力量，在其第二年（前178年）就立即分封了較為重要的三個侄子為王：城陽王劉章、濟北王劉興居、河間王劉辟疆，劉章、劉興居在輔助文帝上臺上有很大功勞，尤其是劉興居雖得以封王仍有很大不滿；文帝同時也為了加強和鞏固自己的實力又分封了三位王子為王（僅有的一次），至西元前164年又進行了文帝時期的第二次分封，這次分封的清一色是其侄子們，城陽王劉章的兄弟就占了5個：濟北王劉志、濟南王劉辟光、菑川王劉賢、膠西王劉卬、膠東王劉熊渠，文帝兄淮南王劉長的兩個兒子：廬江王劉賜、衡山王劉勃。

第二節　縣級城市（侯國城市）發展的時空特徵研究（上）

西周初年，周公兼制天下，立七十一國[22]，其後還陸續建有封國；春秋時期，大國爭霸，戰事頻仍，各諸侯國莫不紛紛築城自衛，致使城市數量空前增加。許倬雲根據《左傳》的材料認為春秋時城邑有466個，比西周城邑多出395個[23]，反映了春秋城市在先前西周的基礎上成四倍的增加。又據楊守敬〈嬴秦郡縣圖序〉的估計：秦縣當八九百矣。由於秦代短促，這一數據當與戰國城市數量相近，而較之春秋的城市則又有成倍的增加。周振鶴推算西漢初年的城市數量當在1000個左右[24]。西漢城市數量的大規模增長始自武帝，經過昭宣時代的發展至成帝末年，據《漢志》記載有郡國103個，縣級城市1587個，較之與西周時期城市增長15倍有餘，與秦代相比增長了近2倍，相較於漢初也增長1.5倍。所以，不論從何時算起，西漢城市的總體數量都有了大規模的增長。不過，東漢初年，這一發展趨勢就發生了逆轉，縣城數量大減。《後漢書‧光武

22　《荀子‧儒效》。

23　許倬雲：〈周代都市的發展和商業的發達〉，《中央研究院歷史語言研究所集刊》第48本第2分。

24　周振鶴：《西漢政區地理》，北京：人民出版社，1987年，第237頁。

帝紀》載建武六年詔曰：「今百姓遭難，戶口耗少，……縣國不足置長吏可併合者，上大司徒、大司空二府。於是條奏并省四百餘縣，吏職減損，十置其一。」這是對縣的一次大裁併，縣城數量也隨之驟減400多。原來縣級城市有1587個，減去400多，還剩1100多個。這個數字幾乎一直保持到東漢末。《後漢書‧郡國志》記順帝永和五年有縣、邑、道、侯國1180個[25]，再也沒有恢復到西漢末的水準。說明前後漢兩個時段中，城市發展模式是有很大區別的。

　　西漢時期，是我國社會從血緣向地緣政治過渡的時代，在由分封制向郡縣制過渡的過程中一個最明顯的特徵就是事物發展的反復現象，表現在城市——基層行政機構上就是該基層組織實體興廢無常。西漢城市經過200年的發展，不但奠定了中國古代城市的基本空間格局，而且也創造了城市迅速發展的奇跡。那麼，弄清西漢一代城市數量變化發展的脈絡對研究西漢的社會、政治、經濟、文化有很大裨益。

　　對西漢城市發展與分佈的探討，首先必須依據不同的城市類型分別考察。《漢志》記載西漢末年，縣級城市分為縣、邑、侯國、道四個類型，由於史料原因很難將縣與邑明確區分開來，只能在某些資料相對充足的地區，對與邑相關的問題時略作說明。為此，本文在探討不同類型城市的發展變化時，也僅分為三種類型，即侯國城市、縣邑城市、道治城市，本節內容主要考察西漢一代侯國、縣、道城市的發展變化與分佈。

一、西漢侯國城市的發展

　　侯國城市的興廢變化是引起西漢城市變化的主要內容，對侯國城市的探討也有助於把握其他縣級城市的發展變化，為此，我首先對侯國城市的發展與分佈進行考證與分析。

　　西漢時期東部地區城市數量變化的考察引用史料主要以《史記》、《漢書》各侯者表，在研究過程中主要以時間發展變化為線索，以考察侯國城市的數量變化為目的，而不再詳細劃分侯者類型，但考慮到武帝及其以後時期侯者數量龐大，還是以史漢為據將王子侯、功臣外戚侯分別列表，以便於查詢。為此，依各侯者表製成一組四份表格，因篇幅過長，且為本文的重要依託，故附於文

25　陳昌文：〈《後漢書‧郡國志》縣邑數質疑〉統計發現，〈郡國志〉所載的縣、邑、道、侯國實際總合為1181個，不是1180。《中國史研究》1999年1期。

後，見附錄 2 西漢侯國城市興廢表，分別為附錄 2–A 高祖時期侯國城市興廢一覽表、附錄 2–B 惠景間侯國城市興廢一覽表、附錄 2–C 武成間王子侯城興廢一覽表、附錄 2–D 武成間功臣外戚侯城興廢一覽表。同時，為便於將各表內容與《史記》、《漢書》相對照，排列順序基本不變，史籍中附於前期侯者後面又有所更封、紹封者，均排在前期表中，但在前表中不參與排序。通過以上四份表格的研究，我們可以發現，在西漢 200 年的歷史中，城市發展不但存在著時間分佈上的不均衡性，而且在空間上也有很強的區域性。當然，認為《漢志》記載城市以成帝末年為限的結論，也是通過對《漢志》中侯國城市的排比最終形成的論點

（一）高祖時期侯國城市的興起與發展

高祖時期侯國城市的興起與發展的情況詳見附錄 2–A，其時空分佈特徵如下：

（1）高祖六年至十二年共封有 143 個侯國城市，從分封年份來看，高祖六年（前 201 年）封有 66 個，占該時期所封侯國城市總量的 46％，幾乎占了一半；其次集中於十一年（前 196 年）、十二年（前 195 年）各 20 個，共占此期侯國城市總量的 28％；再次，高祖七年（前 200 年）13 個、高祖八年（前 199 年）18 個、高祖九年（前 198 年）6 個；高祖十年（前 197 年）無封。

（2）高祖時期是從戰爭向和平過渡階段，戰後對功臣的封賞是穩定其統治的有效措施之一。因此，漢初短短的六七年間就產生了 143 個侯國城市，不論在其數量上，還是在產生的頻率上都是西漢 200 年歷史上絕無僅有的（平均每年有 20 個侯國城市產生）。同時，正因為社會處於過渡時期，戰爭期間大量無人耕種的土地及流離失所的編戶齊民逐漸回到原有的土地上，帝國通過侯國城市的設立一方面逐漸恢復了地方生產，另一方面也解決了功臣將領的食祿。所以，高祖時期分封的侯國城市在空間上並沒有受到任何的限制，基本上當是西漢版圖內均有分佈，比如在《漢志》[26] 南陽、南郡、河東、河內、河南、上黨、上郡、安定、北地、犍為、廣漢，甚至京畿之地的左馮翊、右扶風也都有分佈。

（3）儘管高祖時期侯國城市在全國範圍內分佈，但是也體現了一定的地

26　後文不作說明的郡國均指西漢末年《漢書·地理志》中行政區劃單位。

域差異。143 個侯國城市中除有 18 個不知所屬郡國的城市外，其餘城市的地域分佈很不均勻，主要集中於西漢初年劉肥齊國、劉如意趙國域內，合計有 40 城，占該時段侯國城市總量的 32％；其次，集中分佈於劉交楚國、劉友淮陽國域內，計有 21 城，占總量的 17％；該時段侯國的分封不限於諸侯王國地區，還有相當一部分散佈於中央所屬的漢郡地區，但偏集中於三河及南陽諸郡中，所有漢郡內總計有 32 個侯國城市，占總量的 26％（各區侯國城市的詳細統計過程見下一部分內容）。

（4）高祖時期所封侯國城市數量呈逐漸減少之勢。高祖時所封侯國城市延至武帝末年，無一倖存，更無所謂延至西漢末年了。具體來講：高祖末年（前195 年）之前就有 3 個侯國城市被廢為一般縣級城市 [27]，高后末年（前 180 年）時有 127 個侯國城市、文帝末年（前 157 年）時有 102 個、景帝末年（前 141 年）時有 56 個、武帝中期（前 112 年）有 25 個、武帝末年（前 87 年）時僅剩餘有2 個 [28]。自高祖六年至武帝後元二年的 115 年間，侯國城市平均每年增加至少 1到 2 個，由於武帝在位時間長，所以國除數量最多；但是景帝時因吳楚之亂除國的頻率最高，平均每年有 3 侯國城市變為一般縣級城市或者析分為其他侯國城市。

（5）高祖所封 143 個侯國城市中，有 15 個城市雖然能夠推斷其所屬郡國，但《漢志》無載，說明其在西漢歷史發展中已被省並，再減去 18 個不知所屬郡國的城市，至漢末高祖所封侯國城市中仍有 110 個作為一般縣級城市存在。雖然，高祖時期的侯國城市往往被作為秦末漢初就已存在的城市來看有一定的道理，但是並不是所有的侯國城市都如此，只是絕大部分是這樣（後文將進一步考證）。高祖時期所封侯國城市為後世分封奠定了基礎，尤其是分佈在中央漢郡地區的侯國城市與以後諸帝時期的侯國城市的分封存在著明顯的地域差異，這與中央皇權的建立不無關係。

27　沛郡芒城、淮陽陽夏城、臨淮淮陰城分別於高祖九、十、十一年國除為縣，沛侯劉濞則於高祖十二年（前 195 年）被提升為諸侯王，國除為縣。後文侯國城市的統計均以當年度存在為准，比如，沛侯劉濞的侯國城市。

28　鄧弱的離城和沛郡谷陽城史表均失載，但谷陽侯馮谿的後人於宣帝元康四年以「谷陽公乘復家」，說明其至少在宣帝元康四年之前該侯國城就已廢除，所以後文進行分區統計時將二者國除時間認定為武帝末年。下文薄昭之侯國城市亦存在這一問題。

（二）惠景時期侯國城市的緩慢發展

繼高祖之後，惠景諸帝繼續分封侯國城市作為對軍功貴族的賞賜，據《史記》卷19〈惠景間侯者年表〉、《漢書》卷16〈高惠高后文功臣年表〉、《漢書》卷17〈外戚表〉整理而成附錄2–B，惠景間合計分封侯國城市94座。除此之外惠景期間存在的侯國城市還當包括高祖文功臣侯者表中改封、廢後復封及紹封的侯國城市，如果不計算這部分城市，則很難全面說明不同時間點上城市的數量。再者，一些改封它地、國除後復封和長時間國絕之後紹封者也很難在此中體現。因此，出於便於核校的目的，文章將這類城市仍計算在內附於主表之下。惠景時期的此類城市在附錄2–A中共有23個。所以，惠景時期共封有侯國城市117座。這裡先就惠景間所封附錄2–B中侯國城市的時空分佈特徵作如下歸納：

（1）惠景時期是指惠、高后、文、景四位帝、后在位時期，該時期除孝惠時僅封有3侯城外，其餘三各時段分封數量基本相仿，高后時32個、文帝時29個、景帝時30個。

（2）在本表除本期侯國城市在構成上有一個較為突出的現象，即除功臣侯城外，尚有31個王子侯城（12個齊悼惠王子、7個楚元王子、4個淮南厲王子、2個梁孝王子、3個孝惠子、2個異姓長沙王子、1個呂肅王子）和25個外戚侯城。此與高祖功臣侯城中2個外戚、4個王子侯城相比較為突出，說明侯國城市構成上有了很大變化。另外，外戚侯城主要產生於高后時期（16個），說明呂后作為女主執政依持其近親之力量的社會現實，外戚侯的分封顯然改變了高祖定下的非功不得為侯的白馬盟約[29]；而王子侯城主要產生於孝文時期（14個），最集中的區域是齊、楚及淮南地，僅孝文四年（前176年）作為對齊悼惠王諸子協助其登基帝位的回報就分封了10個齊悼惠王子為侯，封地賜邑成為歷代統治者為拉攏臣下而採取的一種手段。

（3）就附錄2–B各時段產生的本期侯國城市興衰變化而言，孝惠、高后所封35個侯國城市，至文帝末年時僅有10個，至武帝元封元年（前110年）時無一倖免；文帝所封29城，景帝末年時僅有8個，至武帝元封六年（前105年）

29　　《史記》卷17〈漢興以來諸侯王年表〉：「高祖末年，非劉氏而王者，若無功上所不置而侯者，天下共誅之。」

僅餘 1 個（軹城），而該侯國城市在《漢志》中又不注侯國，所以，其或許也於武帝期間除為一般縣城；景帝所封 30 個侯國城市，武帝元鼎五年（前 112 年）時尚餘 15 個，但至武帝末年之後則消除殆盡。

此外，所附錄 2–A 中上文提到此期所封 23 侯國城市的興廢情況大致如下：高后封 3、孝文封 3、孝景封 17；它們分別除國於高后時 1、文帝時 4、景帝時 1、武帝時 17（且 15 城除於元鼎五年之前）。因此，至武帝末年，自高祖至孝景所封 260 個侯國城市蕩然無存（作為侯國城市），因此，周振鶴等認為的西漢末年侯國均自武帝及其之後所封並不為妄。

（4）惠景間產生的 117 個侯國城市中，18 個侯國城市被省併，另有 13 個既然不知所屬郡國，也就不可能延至西漢末年，那麼延至西漢末年的（包括曾經是侯國的城市）只有 86 個。

（5）惠景時期侯國城市的分佈在地域上依然顯示出很大差異，齊地、趙地分別有 20 個，占此期分封總量的 34%；其次為楚地，再次是梁、燕地等；而廣闊的漢郡區僅分佈有 23 個侯國城市。

（三）武成時期侯國城市的迅速發展

經過漢初六七十年的恢復與發展，到武帝時期社會經濟繁榮、物質豐富、人民富足，同時在這一時期中央集權也達到了頂峰，最直接的表現即是西漢版圖的迅速擴展。伴隨著大規模的軍事活動而來的是大量軍功貴族的湧現，在城市建設上則出現了一批新興城市，就侯國城市而言，不但又一次掀起了因軍功封侯的高潮，還出現了分封投降的周邊政權首領的現象。另外，宣帝時期還對漢初功臣之後採取復家等政策，重封、紹封及更封了部分侯國，因而此類侯國城市的數目相對武帝時期也有了恢復與發展，大約有 182 座侯國城市產生（其中城分別入附錄 2–A、2–B）。

與此同時，相對於周邊地區的軍事活動，漢武帝還頒佈了推恩之令，即「諸侯王或欲推私恩分子弟邑者，令各條上，朕且臨定其號名。」[30] 太史公曰：「盛哉，天子之德！一人有慶，天下賴之。」正是在這一政策之下，王子侯國城市的數量獲得了迅猛發展，自武帝元光五年（前 130 年）至成帝綏和二年（前 7 年）

30　《史記》卷 21〈建元以來王子侯表〉。

共產生了 349 座侯國城市。

合計，武成之間共有 531 座侯國城市（前後相繼者暫不區分）。其中武帝時期分封的 273 座侯國城市，其中就有 115 城省並，武帝之後產生的 258 座侯國城市中有 33 座省並。（後文詳考）下文分別敘述王子侯城、功臣外戚侯城的時空演變特徵。（其中 6 個分入附錄 2–A、2–B）。鑒於此期分封侯國城市較多及便於核查，本部分內容借鑒《漢書》記載方式，分為兩部分敘述，即王子侯國城市（附錄 2–C）和功臣外戚侯國城市（附錄 2–D）。

其一，王子侯國城市的大量湧現（附錄 2–C）。本表共有侯國城市 343 個，相對於其他諸侯者表來講簡單得多，其分佈地域均位於漢初十王國地區。但由於各諸侯王國在漢中央政治結構中的地位不同，王子侯國城市分佈的地域特徵比較突出。具體而言，武帝及其後之王子侯國城市的時空特徵表現在：

（1）從時間角度而言，本表王子侯城的產生集中於武帝時期，尤其是頒佈推恩令前後幾年間，特別是在武帝元朔年間（武帝元朔二年頒佈推恩令）共產生了 127 個王子侯國城市；若以武帝末年為界劃為前後時段，儘管前期時間跨度僅僅是後期的一半，但前段所封侯國城市數量多於後一時段（178：165），說明西漢武帝時期王子侯城分封頻率之高。

（2）按照漢初諸侯王區域的劃分，王子侯城在各諸侯國領域內的數量分佈差異相當之大。從各區域王子侯分封的數量來看，西漢武帝至成帝末年，齊地 125 城、趙地 113 城，它們是境內侯城數量較多的兩個大區；其次楚地有 27 個、梁地有 21 個、長沙地有 21 個、荊吳地 13 個、代地 9 個、燕地 8 個、淮南地 4 個，淮陽地僅有 1 個王子侯分封，不知所屬郡國，另有 2 個非東部諸侯王子：一個是孝武曾孫陽武侯城（屬河南地），另一個是坐了 27 天皇帝劉賀的海昏侯城（屬淮南地）。

（3）王子侯城與其它類型侯國城市的一個最顯著的差異就是其全部分佈在漢初諸侯王國地區，最根本原因就是推恩令的推行。為了解除東部地方勢力對中央的威脅，武帝時期繼續採取削弱和打擊諸侯王國勢力的措施，推恩之策就是很重要的內容之一。武帝通過分封大量諸侯子為侯的途徑，將諸侯國領域逐漸劃入漢郡統轄區，最終結果是諸侯國轄域越來越狹小。因而，推恩令是中央政權逐漸削奪諸侯王領域的極具隱蔽性的一種措施，它比景帝時晁錯提出的

削藩策要溫和得多，在沒有遭到任何反抗的情況下，實現了對地方的削弱與控制。由推恩令的分封原則限定了王子侯城的分佈區域全部在漢初諸侯王國域內，這與其它類型（功臣、外戚、恩蔭）的侯國城市以東部為主，全國其他地區亦有散佈的分佈特徵是有所不同的。

其二，功臣外戚侯國城市（附錄 2–D.）的時空分佈特徵，與前兩個時段有相近之處，比如：

（1）在時間分佈上，此期功臣侯城以武帝末年為界，前後兩個階段產生的侯國城市數量相等；因後期時段長於前期，所以從頻率上來講，武帝時期該類侯國城市的增長要快得多，這與王子侯城的發展趨勢基本一致；又因該時段距漢末較近，此段侯國城市是《漢志》侯國城市的重要組成部分。

（2）在分佈區域上，功臣侯城的分佈仍以東部諸侯王國地區為主，但漢郡區的分佈有所增長。劉肥齊地有 45 城、劉友淮陽地取代趙地也接納了較多的功臣侯城（有 29 城）；分佈於漢郡區的功臣侯國城市數量有所增長，有 47 城，占全部該類侯國城市的 25%，接近高祖時期份額。其主要成分是軍功侯、降者侯以及紹封的原功臣侯。

除附錄 2–C、2–D 表中的侯國城市外，武帝及其之後共產生侯國城市還應包括入附錄 2–A、2–B、2–C 及 2–D 之中的 14 座城市，加上附錄 2–C、2–D 中的 517 座次排序城市，武成之間共有 531 座侯國城市（前後相繼者暫不計）。其中武帝時期分封的 273 座侯國城市，其中就有 115 城省並，武帝之後產生的 258 座侯國城市中有 33 座省並。

總體而言，武成時期侯國城市的地域分佈仍以齊地（141 個）、趙地（90 個）、楚地（69 個）為主；另有 46 座無法判斷所屬郡域的侯國城市，然從王子侯來源上可以看出，它們大多數仍分屬於齊地（17 個）、趙地（14 個）境內。

武帝及其之後侯國城市數量迅速增加，顯然與王子侯城的分封有關，王子侯城與功臣侯城之比為 349：182；原諸侯王國地區大量湧現的侯國城市表明中央皇權對諸侯王國地區侵奪的加劇，並最終從區域行政實體上消除了地方勢力對中央的威脅。《漢志》記載成帝末年各諸侯王國所轄城市數量均比較少，大多數僅有三、五城之數，遠遠小於普通漢郡之規模，就是最直接的證據。

（四）西漢末年侯國城市的數量考察

《漢志》記載西漢末年共有侯國城市 241 個，然而《漢志》標注為侯國城市的僅有 194 個，漏載頗多，其中又有不少誤注者，錢大昕氏、周振鶴氏已先後有所補正，尚不全面，本文綜合以上各時段侯國城市的考察，對西漢末年當存的侯國城市予以補充。通過對西漢 200 年間侯國城市的排比，得出存留於西漢末年的侯國城市均產生於武成時所封侯城中，下面將附錄 2–C、2–D 中的侯國城市，分別以武帝元光二年（前 133 年）[31] 至元鼎四年（前 113 年）、元鼎五年（前 112 年）至後元二年（前 87 年）、昭帝始元元年（前 86 年）至宣帝黃龍元年（前 49 年）及元帝初元元年（前 48 年）至成帝綏和二年（前 7 年）劃分為四個階段，進一步觀察侯國城市的興廢變化。

通過系統整理，武帝至成帝末年共有 531 城次為侯國城市，其中武帝元鼎五年（前 112 年）之前共產生 213 個侯國城市，元鼎五年（前 112 年）至後元二年（前 87 年）封 59 個，昭帝始元元年（前 86 年）至宣帝黃龍元年（前 49 年）封 126 個，元帝初元元年（前 48 年）至成帝綏和二年（前 7 年）封 133 個；據對侯國國除之年的統計，則有元鼎四年（前 113 年）底時存有 172 個侯國城市，武帝後元二年底時有 97 個，宣帝黃龍元年時有 148 個，成帝綏和二年三月有 241 城（王子侯城 155 個，功臣等侯城 86 個），此當即《漢志》所載之侯國城市（2–43 表）。

對表 2–43 內容作如下說明：

（1）表中侯國城市名目與周振鶴所定有所不同。首先，侯國數量差別，周先生共輯錄侯國 226 個 [32]，本表多出 15 個。且不唯數量的有別，具體到各郡中的侯國名目也有多處不同。首先，從周先生所考 226 個侯國城市中減去泰山郡柴城、北海郡瓡城、桂陽郡陰山城；其次，加上《漢志》注明侯國然周先生退去的南陽郡博山、涿郡良鄉、桂陽郡陽山；最後，補入渤海沈（浮）陽、齊郡要（西）安、南陽氾鄉城、汝南殷紹嘉城、涿郡鄚城、中山安國城、上郡宜鄉城、代之廣昌及 7 個未知屬何郡的城市：堂鄉、襄鄉、容鄉、緼鄉、都安、樂平、方鄉。

31　通過對資料的排比研究，發現武帝建元元年至元光元年間並無封侯。

32　周振鶴：《西漢政區地理》，北京：人民出版社，1987 年，第 238 頁。

（2）與周先生所補侯國名目相異的主要原因就在於統計時限上。筆者以為，應尊重《漢志》對侯國城市名目的記載，當以成帝去世的綏和二年三月為最終截止時間，這與錢大昕所斷，並得到周振鶴氏所認可的《漢志》侯國名目以成帝元延末為斷的結論稍有所不同，但並不衝突。關於《漢志》的斷代問題，早已引起學者們的注意。錢大昕氏《廿二史考異》認為「班志郡國之名，以元始二年戶口籍為斷，其侯國之名，則以成帝元延之末為斷。」周振鶴認為：「既然綏和元年以後的侯國名目《漢志》不予登錄，是證《漢志》各郡國所屬縣目（即各郡國之領域）乃以元延綏和之交為斷。」並由此推斷，「《漢志》事實上乃是兩份資料的混合物。一份是平帝元始二年各郡國的戶口籍，另一份大抵是成帝元延綏和之際各郡國的版圖（即所屬縣目）。」且「換句話說，《漢志》的郡國名只與戶口籍相對應，而與縣目無關。」[33] 對於錢、周兩位的考證結論多有可取之處，但是，作者認為《漢志》侯國登錄的年代不僅止於成帝元延末年，而應是一段時間：成帝元延至其去世之前，其中原因在緒論中已講明。

（3）根據上文的考證結果，成帝末年應有侯國 241 個，說明《漢志》關於西漢末年有 241 個侯國城市的記載是不錯的。具體來講，上述諸侯國城市在地域上的分佈如下：琅邪郡 31 個、東海郡 18 個、北海郡 16 個、沛郡 16 個、涿郡 14 個、汝南郡 12 個、山陽郡 11 個、南陽郡 10 個、渤海郡 9 個、齊郡 8 個、巨鹿郡 8 個、平原郡 8 個、臨淮郡 7 個、廣平郡 7 個、泰山郡 6 個、東萊郡 6 個、信都郡 6 個、常山郡 5 個、千乘郡 5 個、魏郡 4 個、零陵郡 3 個、濟南郡 3 個、九江郡 3 個、清河郡 2 個、豫章郡 2 個、潁川郡 2 個，桂陽、廬江、江夏、南郡、陳留、東郡、河東、中山、上郡、代郡各 1 個；不知何郡者 9 個。

（五）遺留問題

在整理《史記》、《漢書》諸侯者表的過程中，有一個小問題始終縈繞眼前，即不同帝王時期分封列侯時間在月份之間有很大不同，冥冥之中感覺有章法所依，為什麼高祖、武帝時期如此大量的分封，仍各有一個月份從無分封的現象，分別是高祖之五月份、武帝之八月份。但筆者對月曆知之甚少，故將西漢時期所有帝后在位期間所封侯者月份分佈情況整理成下表，以待高明。

表中分封侯國城市數量最多的帝王是武帝時期，最少的是惠帝時期；頻率

33　周振鶴：《西漢政區地理》，北京：人民出版社，1987 年，第 240–242 頁。

最高的是高祖時期；分封月份最全的是宣帝時期，他是唯一一位所有月份都有分封的帝王。

表 2－10 西漢侯國城市分封月際分配

月份	高祖	孝惠	高后	孝文	孝景	孝武	孝昭	孝宣	孝元	孝成
一月	27			1		16	2	3	14	16
二月	7		1	1		2	3	8	1	7
三月	22			2	2	47		15	25	2
四月	7	1	26	5	14	57		26	6	9
五月			3	14	4	31	2	3		6
六月	11	1		5	1	28	6	3	4	24
七月	7		1			21	7	10	1	6
八月	10				2			10		
九月	5	1	1			3	2	1		
十月	10					27		1		
十一月	5			1	1	8	4	8		1
十二月	22				6	2		1	2	
合計	134[a]	3	32	29	30	242[b]	26	89[c]	53[d]	72[e]

資料來源：諸侯國城市表統計。

a) 高祖時期本封有侯國城市 143 個，其中有 9 個沒有月份，根據《史記》、《漢書》侯者表的記載，推測封於六月份的有 4 城、七月份的有 2 城、八月份的有 3 城。

b) 武帝時期共封有侯國城市 265 個，其中王子侯城 178、功臣外戚侯城 87，然其中閏九月者 3 個、閏四月 3、缺月者 7、不得封年者 10，故餘 242 個。

c) 宣帝時共封有侯國城市 99 個，其中閏月者 8、缺月者 2，餘 89 城。

d) 元帝時有 1 城無分封月份。

e) 成帝時閏六月封 1 城，缺月者 1 城。

二、西漢侯國城市的時空特徵

城市空間佈局不但反映一個國家、民族或一個區域的社會經濟狀況，也可以體現出其文化傳統和政治思想，所以城市空間發展過程對區域和歷史研究有著同樣重要的意義。城市是兼有經濟、行政和自然性質的一種綜合性區域，城市作為地球表面的一種地理現象具有發生和發展的歷史過程，並具有特定的時

空特徵。上文通過對《史記》、《漢書》諸侯者表中內容探討了西漢侯國城市的興衰發展規律，那麼，對應於時空上又有什麼樣的特徵呢？

《史記・漢興以來諸侯年表第五》：「高祖末年，……高祖子弟同姓為王者九國，唯獨長沙異姓。」隨後又載：「自雁門、太原以東至遼陽，為燕代國；常山以南，太行左轉，度河、濟，阿、甄以東薄海，為齊、趙國；自陳以西，南至九疑，東帶江、淮、谷、泗，薄會稽，為梁、楚、淮南、長沙國，皆外接于胡、越。而內地北距山以東盡諸侯地，大者或五六郡，連城數十，置百官宮觀，僭于天子。漢獨有三河、東郡、潁川、南陽，自江陵以西至蜀，北自雲中至隴西，與內史凡十五郡，而公主列侯頗食邑其中。何者？天下初定，骨肉同姓少，故廣彊庶孽，以鎮撫四海，用承衛天子也。」

從此段引文可知，高祖末年有十個諸侯王，其中九個為同姓，一個異姓（長沙王吳芮）。九個同姓諸侯，文中僅提到七個，而少淮陽[34]和吳國[35]。另外，《史記》、《漢書》經常記載某某王王多少城，某某王王多少縣，這一方面說明了在古代中國縣與城一體之關係，另一方面，也顯示出西漢初年諸侯王初封時區域範圍。故而下文的區域就以西漢初年同姓諸侯國轄域為據，分為十個諸侯王國區和 1 個中央漢郡區等 11 個區域，考慮到統計資料的完整性，對部分所屬郡國不明確的侯國城市作為一種情況附於漢郡區之後。

本文的考察思路是，在把握西漢行政區劃演變基礎之上，將西漢初期諸侯王國區域與西漢末年行政區劃相對應，對照各時期所封侯國城市與《漢志》各郡國所轄城市的關係，反映西漢一代侯國城市的興衰變化。現以下文首先要論述的齊地城市發展為例作一說明，西漢初期劉肥齊國，伴隨著西漢行政區劃的演變，到西漢末年演變為 12 個郡國，那麼根據各侯國城市表中所確定的屬於本區 12 個郡國的侯國城市，即屬於齊地[36]的侯國城市共有 183 座，將此 183 個侯國城市與《漢志》齊地 12 個郡國的 198 個城市相比照，得到 50 個侯國城市在《漢

---

34 《漢書》卷 1〈高帝紀〉：十一年，立「子友為淮陽王……罷潁川郡，頗益淮陽。」直至惠帝元年，淮陽王友徙王趙，淮陽國除為二郡。

35 《史記》卷 51〈荊燕世家〉：「漢六年春……廢楚王信，……分其地為二國，……立劉賈為荊王，王淮東五十二城。」十二年更為吳國。

36 劉肥齊國在西漢時期政區發生了很大變化，其間發生多次齊國、齊郡的轉換，至西漢末年已無齊國建制，為了突出西漢初年所確定的諸侯王國的區域範圍，這裡使用「齊地」代替齊國則更為科學，其他九個諸侯王國地區亦同此理。

志》中找不到相對應的城市，另有 22 城次前後相繼分封。也就是說齊地 183 個曾封為侯國的城市到西漢末年仍然作為城市使用的有 111 個。再通過對各侯存在時間進行排比，發現其中有 83 個城市到西漢末年仍然是侯國城市，且分屬於齊地各漢郡之中。此外，還發現，齊地 198 個城市中有 87 個從未被封為侯國的城市，如果認為從未封為侯國的城市都是漢初已有的城市的話，那麼，將與文獻記載劉肥齊國「七十餘城」的數量不符。因而，如何認識這部分城市，或者說其與西漢初年就已存在城市的關係如何是非常值得深究的。不過，本節僅復原西漢所有侯國城市發展演變的時空分佈特徵，後一問題將放入第五章論述。

（一）齊地侯國城市的發展與分佈

據附錄 1 西漢政區圖示可知，劉肥齊國地區到西漢末年演變為 12 個郡國，綜合西漢各時期侯國城市表，得到屬於該 12 個郡國的侯國城市有 183 座，它們在各郡國的時空分佈情況入表 2–11。

由表 2–11 內容可知，西漢齊地共產生了侯國城市 183 座，從各帝王在齊地分封侯國城市總量來看，主要在武帝時期，其次是成帝和高祖時，最少的是景帝和宣帝時期以及高后時。從各郡國所轄的侯國城市數量來看，主要集中於琅邪郡，其次是東萊和平原郡，再次是濟南和泰山郡；漢末諸侯國中淄川與高密國境內始終沒有分封過侯國城市，膠東和城陽國為數不多的兩次分封也集中於西漢早期。

表 2–11 西漢不同時期齊地各郡國封侯城市數量統計

	高祖	高后	文帝	景帝	武帝	昭帝	宣帝	元帝	成帝	合計
平原	2		3		11	1	4		3	24
千乘	1			1	4	1	1	1	1	10
濟南	6		1		6		4			17
齊郡			1		7			4	1	13
北海	2		1		7		3	5	5	23
東萊	1	2	1	1	4				4	13
琅邪	7	3	3	2	25		6	8	9	63
泰山	1				7		2	1	5	16
膠東國	1		1							2

菑川國										
高密國										
城陽國	1							1		2
合計	22	5	11	4	71	2	21	19	28	183

資料來源：《史記》、《漢書》侯者表。

　　另外，以各帝王末年作為典型時間點，分別統計各郡國侯國城市在各時間點上存在的數量，以反映本區侯國城市的數量變化特徵，繪製出表 2–12。由表中信息我們可以看到，齊地在前 195 年、前 180 年、前 164 年、前 157 年、前 140 年、前 112 年、前 87 年、前 74 年、前 49 年、前 33 年、前 7 年的侯國城市數量分別是：22、26、29、22、11、48、34、31、41、59、83 座。以成帝末年侯國城市數量最多，其次在元帝末年和武帝中期（前 112 年）稍次，侯國城市數量最少的時間點是景帝末年，武帝即位前。若以西漢末年齊地各郡國侯國城市數量分佈來說，琅邪郡最多，其次是北海郡。

表 2-12 西漢齊地侯國城市時空分佈

	前195年	前180年	前164年	前157年	前140年	前112年	前87年	前74年	前49年	前33年	前7年
平原	2	2	4			10	4	4	7	7	8
千乘	1	1	1	1	2	2	2	2	3	4	5
濟南	6	6	7	7	3	5	4	3	4	4	3
齊郡						3	3	3	3	7	8
北海	2	1	2	2		7	7	6	7	12	16*
東萊	1	3	1		1						6
琅邪	7	10	10	8	3	15	11	10	15	22	31
泰山	1	1	1	1		6	3	3	2	3	6**
菑川國											
高密國											
膠東國	1	1	2	2	1						
城陽國	1	1	1	1							
合計	22	26	29	22	11	48	34	31	41	59	83

資料來源：《史記》、《漢書》侯者表。

說　　明：＊不包括瓡侯國。＊＊不包括柴侯國。

　　對照表 2–11、2–12 可知，齊地所封 183 座侯國城市到漢末仍為侯國城市的只有 83 座，那麼，其餘 100 座侯國城市的結果怎麼樣了呢？通過與齊地對應的《漢志》郡國境內的城市對比，其中有有 22 城次相繼分封，50 座城市在《漢志》中找不到與之相對應的城市，本文稱之為廢棄的侯國城市，或省並之城。齊地廢棄侯國城市最多的郡仍然是琅邪郡，占總量的三分之一；時間上仍是武帝時期，占總廢棄城市的五分之三。

表 2–13 西漢齊地廢棄侯國城市時空分佈

	高祖	高后	文帝	景帝	武帝	昭帝	宣帝	元帝	成帝	合計
平原			2		5		1			8
千乘					2	1				3
濟南				1	4		2		1	8
齊郡			1		4					5
北海							1			1
東萊					1	1				2
琅邪	1	2			12	1		1	1	18
泰山					3		2			5
菑川國										
高密國										
膠東國										
城陽國										
合計	1	5	1		31	3	6	1	2	50

資料來源：《史記》、《漢書》侯者表。

　　因而，從齊地侯國城市的興起及各時間點上各郡國侯國城市的數量上來看，以時間角度為說，武帝時期產生的侯國城市最多，廢棄的也最多；成帝末年存在的侯國城市量最大。以空間來講，琅邪郡域產生的侯國城市最多，占西漢一代齊地侯國城市總量的三分之一；同時其境省並城市之數亦是最多的，比例相同；成帝末年琅邪郡侯國城市亦是最多的，且位居全國之首。

（二）趙地侯國城市發展的時空特徵

　　據《漢志》所言：「趙地，趙分晉，得趙國。北有信都、真定、常山、中山，又得涿郡之高陽、鄚、州鄉；東有廣平、巨鹿、清河、河間，又得渤海郡

之東平舒、中邑、文安、束州，成平、章武，河以北也；南至浮水、繁陽、內黃、
斥丘；西有太原、定襄、雲中、五原、上黨。上黨，本韓之別郡也，遠韓近趙，
後卒降趙，皆趙分也。」此乃戰國趙地之分域，而於西漢初年（高祖十一年）
趙國之域有所不同，「常山以南，太行左轉，度河、濟、阿、甄以東薄海，為
齊、趙國」[37] 齊趙以大河為界，故趙國範圍在常山以南，太行山以東和大河之間。
文帝二年（前 178 年）時趙地有趙、河間二國；文帝十五年（前 165 年）趙地
有趙國及河間、廣川、渤海三郡；景帝四年（前 153 年）時有中山、河間、廣
川 3 國和邯鄲、清河、巨鹿、常山、渤海 5 郡；成帝末年有趙、中山、真定、
河間 4 國及魏、清河、巨鹿、廣平、常山、渤海、信都 7 郡。渤海郡大河之南
4 城屬齊地、束平舒之北 2 城屬燕地。

表 2-14 西漢不同時期趙地各郡國封侯城市數量統計

	高祖	高后	文帝	景帝	武帝	昭帝	宣帝	元帝	成帝	合計
魏郡	1		1	2	14		2	1		21
巨鹿郡	5			1	7	1	4	2		20
常山郡	1			2	2		5			10
清河郡	3	1		1	2		2			9
渤海郡	1	2	3	1	16	1	2		1	27
廣平郡	3			1	1		9		1	16
信都郡	3	3	1		1		7	1		16
中山國	4				6				1	11
河間國	1		1							2
真定國										
趙國										
合計	22	6	6	8	49	3	31	4	3	132

資料來源：《史記》、《漢書》侯者表。

西漢初年，趙地有五十餘座城市 [38]，而《漢志》趙地有 129 城，前後增長
了 70 餘城，增長幅度緊隨齊地之後，城市增長當與齊地城市增長原因相一致，
源自於侯國城市的分封。

37　《史記》卷 17〈漢興以來諸侯王年表〉。
38　《史記》卷 92〈淮陰侯列傳〉：「將軍將數萬之眾，歲餘乃下趙五十餘。」

　　據諸侯國城市表統計，西漢趙地共產生侯國城市 132 座，有 17 城前後相繼分封，28 座城市省並，因此，趙地曾封為侯國的城市中有 87 城延至漢末，其中 42 城漢末仍為侯國城市（本節附表）。從表 2–14 來看，趙地侯國城市的分封主要集中於武帝時期，其次是宣帝和高祖時期，不過從頻率上來說則以後者為高；從空間上來說，則以渤海郡最多（上文已說明渤海郡境域來自三地：趙地、齊地、燕地），其次是魏郡、巨鹿郡，再次是廣平郡、信都郡。

　　那麼，再從表 2–15 上看，趙地各郡國在各重要時間點上所存在的侯國城市數量相對均衡，但以西漢後期侯國城市數量為多；趙地除了西漢末年的 4 個諸侯國外，其餘各郡相差並非特別懸殊，但仍以渤海、巨鹿、廣平三郡稍多。

表 2 - 15 西漢趙地各郡國侯國城市時空分佈

	前195年	前180年	前164年	前157年	前140年	前112年	前87年	前74年	前49年	前33年	前7年
魏郡	1	1	2	2	3	8	4	2	3	4	4
巨鹿郡	5	5	4	4	3	5	4	4	6	8	8
常山郡	1	1			2	1	1	1	5	5	5
清河郡	3	4	3	3	4		1	1	3	2	2
渤海郡	3	3	4	5	3	10	9	9	10	9	9
廣平郡	3	2	1	1	1	1		1	9	8	7
信都郡	3	6	4	4	2	2			5	6	6
中山國	4	4	4	4	3	7	2	1			1
河間國	1	1	2	2	2	1					
真定國											
趙國											
合計	22	27	26	25	22	36	21	18	42	42	42

資料來源：《史記》、《漢書》侯者表。

　　從趙地省並侯國城市的數量來看，以武帝時期最多，占一半以上；省並城市所在區域以魏、渤海二郡較多。

表 2－16 西漢趙地廢棄侯國城市時空分佈

	高祖	高后	文帝	景帝	武帝	昭帝	宣帝	元帝	成帝	合計
魏郡					7		1			8
巨鹿郡		1			2		2			5
常山郡			1			1				2
清河郡										
渤海郡					5			1	1	7
中山國						1	1			2
廣平國					1			1	1	3
信都國								1		1
河間國										
真定國										
趙國										
趙地			1	1	15	2	4	3	2	28

資料來源：《史記》、《漢書》侯者表。

（三）西漢劉交楚國地區城市的興衰演變

與劉肥齊國同時建立的還有高祖劉邦的弟弟劉交之楚，《史記・荊燕世家》：漢六年春，「廢楚王信，……分其地為二國，……高祖弟交為楚王，王淮西三十六城」；《漢書・楚元王傳》：漢六年，立「交為楚王，王薛郡、東海、彭城三十六縣。」

景帝三年（前 154 年）冬，削楚東海郡[39]，引起吳楚七國之亂。平亂後，以薛郡改置魯國，彭城郡北部置楚國，南部置沛郡屬漢；武帝元鼎四年（前 119 年），「泗水思王商，以元鼎四年用常山憲王子為泗水王。」[40] 因而，高祖六年（前 201 年）所封劉交楚國至《漢志》時乃為東海郡、沛郡、魯國、楚國、泗水國組成。

結合西漢侯國城市發展一節對各史、漢表的統計整理，《漢志》東海郡、沛郡、魯國、楚國、泗水國區域共分封了 93 個侯國城市。楚地各郡國在不同帝王時期封侯城市數量的統計見表 2–17。從分佈區域上，以東海郡侯國城市數量

---

39 《史記》卷 106〈吳王劉濞傳〉。

40 《史記》卷 59〈五宗世家〉。

最多，有51個，其中王子侯國就有40個，主要來自於城陽（19個）和魯（15個）兩國；沛郡次之，有33個，其中王子侯國12，主要於自於楚、梁（8個）二國；其餘3個諸侯國內侯國城市則比較少（泗水國無封），僅有的7個侯國城市就分封在西漢建國之初的高祖時期，後期根本無有分封，從而印證了西漢武帝之後王子侯國城市在分封之後必屬漢郡的歷史事實。其次，在發展時段上楚地各郡國雖稍有不同，但從量上來講以武帝時期最多；其次，西漢後期分封數量多於前期。

表 2-17 西漢不同時期楚地各郡國封侯城市數量統計

	高祖	高后	文帝	景帝	武帝	昭帝	宣帝	元帝	成帝	合計
東海	1	1	1	4	21	4	11	3	5	51
沛郡	5	2		3	8	1	2	9	3	33
楚國	3	2			1					6
魯國	1	1			1					3
泗水國										
合計	10	6	1	7	31	5	13	12	8	93

資料來源：《史記》、《漢書》侯者表。

為更好地說明楚地不同時期侯國城市數量分佈差異，下面選擇各帝王末年為關鍵點，分別統計各郡國所存在的侯國城市數量（表2–18）。表2–18顯示的各時間點上侯國城市數量變化趨勢呈週期性發展變化，與全國侯國城市數量變化趨勢基本一致，即以武帝中期為分水嶺，前後期基本對稱分佈。成帝末年楚地東海、沛兩郡內共有侯國城市34個（表2–43），占全國侯國城市總量的14%。

表 2-18 西漢楚地各郡國侯國城市時空分佈

	前195年	前180年	前164年	前157年	前140年	前112年	前87年	前74年	前49年	前33年	前7年
東海	1	2	2	1	3	16	2	5	15	15	18
沛郡	4	3	1	1	3	5	5	6	6	15	16
楚國	3	5	3	3	1	1	1				
魯國	1	1				1					
泗水國											
合計	9	11	6	5	5	22	8	11	21	30	34

資料來源：《史記》、《漢書》侯者表。

另外，將西漢時期的侯國城市與《漢志》楚地所轄五郡國城市對照，有 28 城不存於《漢志》中，有東海郡 19 個，沛郡 6 個，楚國 2 個，魯國 1 個；省並城市中有王子侯國城市 23 個（城陽王子侯城 12 個）[41]；武帝時期既是省並侯國城市數量最多的時期，也是分封數量最多的時期，上述 28 城市中有 16 個封於武帝時期。

綜上所述，西漢初年劉交楚國所對應於《漢志》的五郡國中有後期劃入楚地的城市，如 20[42] 個城陽王子侯城、8 個梁王子侯城、3 個武帝時所削梁城[43]；另有劃入他郡的城市，如臨淮郡之淮西地的高平、下相、睢陵及泰山寧陽侯城均應在劉交楚國境內。那麼，要計算西漢末年楚地曾經封為侯國城市的數量還必須將另外省並的 14 個侯城[44] 及前後相繼分封的 9 個城市排除在外，因而，劉交之楚境內則應有 43 個曾經是或者西漢末仍是侯國的城市。

根據《漢志》記載楚地五郡國共有 91 個城市，那麼，減去 11 個保存下來的城陽、梁王子侯城和即丘、臨沂、開陽、祝其 4 個漢初城陽城市[45] 以及梁所削 5 城（譙、鄼、芒、敬丘、建平），加上漢初屬沛郡的臨淮郡淮西之地的 7 個城市[46] 及武帝元朔三年泰山郡所入寧陽魯王子侯國，劉交之楚地在西漢末共有 79 城。

用《漢志》所載劉交楚地之 79 城減去西漢一代楚地曾經封侯國的 43 個城市，剛好餘 36 城，但能否就此認為這 36 城就是劉交初封時的 36 城呢？尚需進一步推敲。就目前筆者所掌握的史料來看，很顯然未必如此。

41　西漢一代分封王子侯國最多的諸侯國即是城陽國，省並最多的也是城陽國。

42　包括陳賀之費國。

43　《史記》卷 58〈梁孝王世家〉：（武帝元朔中）「乃削梁八城，梁餘尚有十城」。周振鶴考其中譙、鄼、芒、敬丘、建平五城削入沛郡，見《西漢政區地理》，第 57 頁。按表芒、敬丘、建平為侯國城市。

44　指從楚地 28 個省並城市中減去 14 個城陽、梁國王子侯城所得。

45　筆者按：從譚圖（譚其驤主編：《中國歷史地圖集》，中國地圖出版社，1982 年。（以下簡稱「譚圖」））顯示的地形地勢來看，即丘、臨沂、開陽、祝其四城在東海郡所屬的城陽王子侯國之北，故應屬城陽；且因其均非侯國城市，推測諸城當在高后至文帝初年，即城陽作為魯太后奉邑及回屬齊國時劃入東海郡的。

46　《晉書》卷 15〈地理志〉云武帝分沛東陽置臨淮郡，東陽無淮西地。故周振鶴考，臨淮郡中位於淮西之地的部分城市漢初屬沛郡，而非屬東陽郡，因此《漢書·地理志》臨淮郡之下相、徐、睢陵、取慮、僮、仇猶漢初屬沛郡，高平為後置侯國城市，另開陽、播旌地望不詳，難以確定是否屬淮西。

　　經甄別史料，劉交楚地能夠證明為西漢之前的城市（通稱為秦城）有27城：郯、蘭陵、下邳[47]、朐、繒、相、竹、蕭、銍、下蔡、蘄、城父、鄒、薛、彭城、凌、徐、取慮、僮、公丘[48]、符離、沛、栗、魯、留、戚、下相。它們由兩個組成部分：第一部分是19個西漢一代從沒有封為侯國的城市；第二部分是後8個留存於《漢志》的侯國城市，它們在西漢之前就已存在。因此，從漢初楚地城市的這一組成結構來看：其一，所有西漢不曾封為侯國的城市大部分在西漢之前就已存在的論斷應予以認可；其二，以西漢所有封侯城市均為新興城市的假設難以成立；其三，高祖時所封侯國城市在西漢之前存在的機率比較高；其四，西漢之前存在的城市在析分新城後有時會更名。

　　鑒於此，對劉交楚國所屬的36城不能確定的9個城市則應從27城之外的52城中去找。在此僅作如下推測：首先，最有可能成為劉交之城的是西漢以來從沒有封為侯國的城市，即如豐、山桑、卞、汶陽、甾丘、泗陽、平曲、厚丘、曲陽、司吾。尤其沛郡之豐城，戰國末年曾作為魏國的臨時都城；秦末戰爭期間，雍齒與劉邦為爭奪豐城發生過激烈戰爭[49]，豐城應有完善的城牆防禦設施；儘管史書常稱豐為「沛郡豐邑」，筆者認為此「邑」乃城邑之「邑」，而非鄉邑之「邑」，其最有可能成為劉交36城之一[50]；另據《讀史方輿紀要》載：豐，「高祖使雍齒守豐，齒反為魏即此，尋置縣屬沛」[51]。其次，向、夏丘皆先秦古國，武原、傅陽、建成、谷陽乃高祖所封侯國城市，也有可能早已存在；再次，東海郡之襄賁曾析分鱣侯國，後又併入襄賁[52]；至於具體是哪8個城市則有待進一步考證。

　　從西漢前後時期楚地城市數量變化來看，在大約6.6萬平方公里的楚地共增長了43個城市，將之放入西漢200年中，城市增長與西漢社會政治經濟的發展趨勢基本一致，而且相對於齊地城市的增長要緩慢得多。城市數量的增長除

47　武帝時曾分封術陽侯、葛繹侯，兩侯省並後入下邳。

48　公丘侯國乃秦滕城，高后四年封呂更始的滕侯國，呂氏，敗國除；武帝時分滕為二，一為蕃縣，一為公丘。公丘封侯後屬沛。《漢志》沛郡：「公丘，侯國，古滕國」。

49　《漢書》卷1〈高帝紀〉。

50　但是，豐在高后二年（前186年）中直屬中央管轄，或許之前被分封給劉交楚國也為未可知。

51　清·顧祖禹：《讀史方輿紀要》卷29〈江南十一〉，上海：上海書店出版社，1998年，第219頁。

52　武帝元鼎元年封城陽王子侯國鱣，於武帝元鼎六年省並，入襄賁。

經濟因素、自然地理基礎之外，更多地源自於政治上的變化。

（四）淮陽地侯國城市的發展與分佈的時空特徵

《漢書·高帝紀》十一年，立「子友為淮陽王……罷潁川郡，頗益淮陽」；惠帝元年（前 194 年）淮陽王劉友徙為趙幽王[53]，潁川郡屬漢；高后元年（前 187 年）復置淮陽國；文帝十二年（前 168 年），分陳郡置汝南郡[54]。此處有一點要說明的是，漢初罷潁川郡頗益淮陽到底有多少城市，周振鶴雖然本著客觀科學的態度在《張家山漢墓竹簡》出土後對《西漢政區地理》中相關內容作了修改，但似仍有不盡之意。其實問題就出在汝南郡是分陳一郡置，還是分潁川、陳二郡置，因為《二年律令》載汝南郡有 6 城屬於漢郡直轄，而此時淮陽國尚存，若汝南分陳一郡置，則此 6 城就不當屬漢。所以，頗疑高祖十一年（前 196 年）益淮陽的潁川地就是《二年律令》中所載的 6 城，也就是《漢志》汝南郡西部部分城市。由此，也可推論《漢志》潁川郡自漢初至漢末均不曾劃入淮陽國地（後文另有論述），而汝南郡當分自漢初潁川及陳兩郡，所置時間當為惠帝元年（前 194 年）至文帝十二年（前 168 年）淮陽兩次除國之間。若此不誤，延至漢末，淮陽地政區演化即為淮陽國和汝南郡 2 個郡國，轄有 46 城。

淮陽地 2 郡國西漢時期共分封侯國城市 33 城次，可以說全部分佈於汝南郡（32 城次），淮陽國僅有 1 城，即淮陽憲王子侯城，未見有汝南王子侯城的記錄。所以，淮陽地侯國城市類型可以說是比較單純的，是功臣、外戚侯城的主要分佈區之一，下文南陽郡的分封情況與此有些相似。

表 2-19 西漢不同時期淮陽地各郡國封侯城市數量統計

	高祖	高后	文帝	景帝	武帝	昭帝	宣帝	元帝	成帝	合計
汝南	7		1	2	5	2	8		7	32
淮陽	1									1
合計	8		1	2	5	2	8		7	33

資料來源：《史記》、《漢書》侯者表。

53　《史記》卷 17〈漢興以來諸侯王年表〉。

54　周振鶴認為高后時淮陽國僅陳一郡，見周振鶴：《西漢政區地理》，北京：人民出版社，1987 年，第 42 頁。

表 2-20 西漢淮陽地各郡國侯國城市時空分佈

	前195年	前180年	前164年	前157年	前140年	前112年	前87年	前74年	前49年	前33年	前7年
汝南	7	7	7	6	6	6		2	7	5	12*
淮陽											
合計	7	7	7	6	6	6		2	7	5	12

資料來源：各侯者表。

說　　明：*含定陵。

　　將《漢志》淮陽地46城與《二年律令》及文獻記載的秦城相較，有17城可以確定漢初即已存在，但是期思、終弋二城漢初不屬淮陽地，其餘城市難以確定漢初是否存在。但從高祖時期各同姓諸侯王所封城市數量來看，淮陽國城市數量當不少於30城。

（五）燕地侯國城市發展及其分佈特徵

　　《史記·高祖本紀》：（十二年）「二月，使樊噲、周勃將兵擊燕王……立皇子建為燕王。」《史記·諸侯王表序》言：「高祖末年，……自雁門太原以東至遼陽為燕代國。」此時燕國與劉恒之代國為鄰，因而，燕國當有《漢志》廣陽、上谷、漁陽、右北平、遼西、遼東諸郡國。吳楚之亂後，燕國僅有廣陽一郡，其餘邊郡屬漢，至漢末變化不大[55]。武帝元狩六年（前117年）分置涿郡，至漢末，漢初燕地有《漢志》廣陽國、涿郡、上谷、漁陽、右北平、遼西、遼東，僅分出1郡。

表 2-21 西漢不同時期燕地各郡國封侯城市數量統計

	高祖	高后	文帝	景帝	武帝	昭帝	宣帝	元帝	成帝	合計
涿郡	5		1	4	11	2	4	5	1	33
遼西	2									2
上谷		1								1
廣陽國										
合計	7	1	1	4	11	2	4	5	1	36

資料來源：《史記》、《漢書》侯者表。

55　周振鶴：《西漢政區地理》，北京：人民出版社，1987年，第69頁。

據諸侯者表，西漢燕地侯國城市共有 36 城次，僅涉及《漢志》三郡，遼西郡 2（高祖時封）、上谷郡 1（高后時封），其餘 33 城次集中於涿郡。從侯國城市分封的時空上來看，高祖時 5 個侯城主要分佈於西漢初年燕趙國邊境，武帝元朔二年至元朔五年（前 127 年～前 124 年）共有 11 個王子侯城產生，分別來自河間和中山兩國，元帝時 5 王子侯城來自於北邊的廣陽國，由此也可看出涿郡徐水以南地域原屬趙地，也正是由於趙地王子侯的分封促成了涿郡的析置。

雖然，涿郡境內侯國城市數量較多，其中有 9 城省並，相繼分封的有 2 城，但是《漢志》涿郡 29 城中仍有 7 個城市從未有封侯的記錄，保留到西漢末年的侯國城市尚有 14 城，它們均為武帝元朔二年以後分封的王子侯城。

表 2－22 西漢燕地各郡國侯國城市時空分佈

	前195年	前180年	前164年	前157年	前140年	前112年	前87年	前74年	前49年	前33年	前7年
涿郡	5	5	4	5	6	14	8	8	10	14	14*
遼西	2	2	2	2							
上谷											
廣陽國											
合計	7	7	6	7	6	14	8	8	10	14	14

資料來源：《史記》、《漢書》侯者表。

說　　明：＊含高郭。

據周振鶴考證西漢初年燕國地共有城市 87 座，而《漢志》燕地則有 101 城，多出部分剛好就是西漢末年燕地侯國城市的數量。查表 2–44 中有燕地城市 6 個：沮陽、漁陽、無終、令支、陽樂、襄平均不在燕地侯國城市之內，又查表 2–46 內燕地亦無新建城市的記錄。因而似乎可以認為，西漢末年燕地所封侯國城市就是本區城市新增長的城市。但事實上並非如此，最主要原因就是因為涿郡並非完全是在燕地上發展而來的，部分城市來自於趙地。結合《漢志》涿郡所轄城市的侯城史，對照譚圖，可以發現，漢初不當屬燕地的當有 14 餘城：廣望、州鄉、樊輿、阿武、高郭、鄚是武、宣時期分封的中山、河間王子侯國；安平、中水、阿陵是高祖時期分封的功臣侯城，它們與饒陽、武垣、高陽 3 城均在趙地 6 王子侯城之南，另外成、利鄉 2 城是昭宣時期分封的中山王子侯城，為譚

圖無考地名,大約應屬漢初趙地之境。就此來講,燕地西漢一代城市並無變化,而且,西漢末年燕地存在的侯國城市並不全是新增城市,燕地城市的增長原因就是地域的擴展。燕地城市發展的這一特殊現象,應當與本區所處地理位置有很密切之關係。

西漢時期,燕地北境與匈奴、烏桓、鮮卑為鄰,它們與西漢帝國的關係處於不斷的變化之中,戰爭的威脅始終存在[56]。燕地作為北方遊牧民族與中原農耕民族的過渡地帶,兩種不同的生活方式同樣對地方城市的發展產生了一些不利影響。雖然西漢時期沒有這方面的直接資料來說明,但東漢時期,「貿易和掠奪呈現出他們在整個東漢時期的活動。在這一時期,他們可能比任何其他胡族人進行了更多的邊境侵犯⋯⋯。」[57]所以,燕地與其北部胡族之間這種戰爭、掠奪等活動的頻繁發生,使得西漢一代本區城市駐足不前。這種情況在與燕所處地理位置近鄰的代地同樣存在。

(六)荊吳地區侯國城市的發展及其特徵

西漢初年的荊國與劉交之楚國均是韓信楚國的組成部分。

《史記·荊燕世家》:「漢六年春⋯⋯廢楚王信,⋯⋯分其地為二國,⋯⋯立劉賈為荊王,王淮東五十二城。」《漢書·高帝紀》:六年「春正月,⋯⋯以故東陽郡、鄣郡、吳郡五十三縣,立劉賈為荊王。」時間不長,荊王劉賈戰死沙場,高祖十一年秋,「淮南王黥布反,東擊荊。荊王賈⋯⋯為布軍所殺。」高祖十二年(前195年),「立沛侯劉濞為吳王,王故荊地。」[58]

荊王劉賈與吳王劉濞的封域相同,故此地簡稱為荊吳地,轄有53或者52個城市。且漢初荊吳三郡至《漢志》演化為臨淮、會稽、丹陽及廣陵4郡國,

---

56　余英時:「漢代初年,居住在東北南部的烏桓人戰敗被匈奴征服。此後他們被迫每年向匈奴進獻牲畜和皮毛等物品。而當武帝打敗匈奴之後,烏桓被置於中國納貢體系的保護之下,他們的首領每年到漢廷覲見效忠。到西漢末年,當匈奴再次變得強大的時候,他們抓住中國政治混亂的機會,強行向烏桓人徵收一種『皮布稅』。後來,當烏桓在中國的煽動之下拒絕交納這些稅的時候,匈奴抓捕了大約一千名烏桓婦女和兒童,要求烏桓人支付一大筆贖金,包括牲畜、皮毛和布匹,烏桓人最終按照他們的要求去做了。」「(鮮卑人)也向烏桓人一樣,在西漢初年曾經被匈奴征服並受其直接控制。」余英時,鄔文玲等譯,《漢代貿易與擴張》,上海:上海古籍出版社,2005年,第52、53頁。

57　余英時,鄔文玲等譯,《漢代貿易與擴張》,上海:上海古籍出版社,2005年,第53頁。
58　《史記》卷51〈荊燕世家〉。

城市數量也發展成為 76 城。在此要提請大家注意的是，此 76 城並不是在前 53 或者 52 城基礎上發展而來的，在地域上，它包含了武帝元狩二年（前 121 年）併入的廬江郡 4 城[59]，臨淮郡之淮西 7 城：下相、徐、睢陵、取慮、僮、仇猶、高平，會稽郡之回浦、冶 2 城[60]。那麼，西漢末年荊吳地的城市數量就應當用《漢志》4 郡國的城市數量減去上述 13 個城市，而只有 63 城，相對於漢初 53 或者 52 城，荊吳地區 200 年間僅增長了 10 到 11 個城市，相對於齊地、楚地的城市發展來說其發展速度要緩慢的多得多。

結合西漢城市發展一節對各史、漢表統計整理，《漢志》劉賈之荊國境內共有侯國城市 33 個（表 2–23），其中有 7 個省並[61]，所余 26 個侯國城市中有 5 個是前後相繼分封的[62]，延至漢末的有 21 個城市。另又有分佈於淮西的下相、睢陵、高平 3 城本應屬於楚地，則餘 18 城，再減掉 6 個已確認的秦城[63]，餘 12 城[64]，從城市數量上漢末比漢初僅多出 1 ～ 2 個。能否認為西漢荊吳地區增長的城市全在這 12 城中呢？

表 2-23 西漢不同時期荊吳地區各郡國封侯城市數量統計

	高祖	高后	文帝	景帝	武帝	昭帝	宣帝	元帝	成帝	合計
臨淮	6	1			7	1	3	5	3	26
會稽	1				2					3
丹陽					4					4
廣陵國										
合計	7	1			13	1	3	5	3	33

資料來源：《史記》、《漢書》侯者表。

59　宣城、陵陽、涇、春谷 4 城於武帝元狩二年（前 121 年）從廬江郡劃入鄣郡，與此同時，鄣郡改名為丹陽郡。載周振鶴：《西漢政區地理》，北京：人民出版社，1987 年，第 38 頁。

60　《漢書》卷 64〈嚴助傳〉載，漢初至武帝擊東越之前會稽郡「東接于海，南近諸越，北枕大江」，當時會稽郡與諸越的分界線當在《漢書・地理志》大末、鄞縣一線，所以，回浦、冶二城不在漢初荊吳域內。另外，《漢唐地理書鈔・吳地理志》亦載，回浦漢初為東甌地，冶（今福州市）更在其南的閩越地。

61　臨淮之樂通、南陵、商利、博成、蕡鄉、樂安及會稽郡之禦兒 7 城。

62　臨淮郡之高平、開陵（2 次相繼分封）、襄平、廣平。

63　6 城是：盱眙、淮陰、堂邑、陽羨、秣陵、丹陽。

64　12 城是：射陽、淮陵、西平、蘭陽、襄平、無錫、贅其、開陵、昌陽、廣平、句容、胡孰，後 6 個為王子侯城。

　　可能還不能這樣認為。事實上，荊吳地區的這種情況與楚地有相類似之處，因為在所餘的 12 個侯國城市中有 6 個有史料證明在漢初就已存在。因此，要確定荊吳地區地西漢初年與末年的具體城市，還必須借助於史料。

　　爬梳史料後，荊吳地區《漢志》63 城中有 26 城可以確定為秦末漢初之城[65]：盱眙、淮陰、東陽、棠（堂）邑、吳、曲阿、陽羨、諸暨、山陰、丹徒、婁、海鹽、由拳、太末、烏程、句章、餘杭、鄞、錢塘、鄮、江乘[66]、秣陵[67]、丹陽[68]、黝、歙、廣陵。那麼，也就是說漢初 53 城中包括上述 6 個已確認的有 26 個城市在漢初已經存在，另有 27 城待考。由於本區城市增長的數量比較少，可以推想，首先是所有從來就沒有封為侯國的城市都有可能在西漢前已存；其次，極有可能是高帝所封的侯國城市；再次，亦有可能是武帝時所封的侯國城市，因為在已經確定為秦城的 6 個侯國城市中高祖、武帝時所封各有 3 個，這一特點在其他諸侯國地區也有類似之處，只不過沒有荊吳地區更為明顯罷了。因此，提供的考察對象有 28 城：高山、鹽瀆、富陵、海陵、輿、樂陵、烏傷、毘陵、餘暨、餘姚、上虞、剡、富春、宛陵、於潛、故鄣、石城、蕪湖[69]、溧陽、江都、高郵、平安、廣平、襄平、射陽、贅其、淮陵、句容。

　　鑒於荊吳地區城市數量的增長比較少，且此處地廣人稀，城市的興建與當地經濟發展有很大關係。雖然，西漢荊吳地區新增城市的部分來源於侯國城市的興建，和中央與地方的關係密切相關，但城市的興起更為重要的原因應當是區域社會的開發。本區侯國城市相對於其他諸侯王國區來說要少得多，城市增長速度緩慢，其中最為重要的原因應當與本區自然與人文地理環境有很大關係，「地勢卑濕」的自然環境特徵、相對落後的區域經濟發展狀況以及當地人不善

65　表 2–43：徐、取慮、僮、下相漢初已存。

66　《讀史方輿紀要》卷 20〈江南二〉：江乘城「本秦縣屬鄣郡。始皇三十七年自會稽還過吳從江乘渡即此，漢亦曰江乘縣屬丹陽郡」，第 160 頁。

67　《讀史方輿紀要》卷 20〈江南二〉：秣陵城「秦縣，屬鄣郡」，第 158 頁。

68　周振鶴認為丹陽置於武帝元朔元年，有誤。見《讀史方輿紀要》卷 20〈江南二〉載「丹陽城……本秦縣」，第 159 頁。又其在考察《漢書·地理志》丹陽郡轄縣情況時，本 17 縣，而只言 16 縣，並由此推出西漢初之鄣郡僅有 11 縣，最終湊出劉濞吳國 53 縣之數。觀周振鶴所定漢初縣數多以侯國分封為據，從上文對齊地、楚地及本部分城市數量的統計上來看，此立足點是值得商榷的。

69　《左傳》：「（襄公三年）楚子重伐吳克鳩茲」；見《讀史方輿紀要》卷 27〈江南九〉：蕪湖縣「春秋時為吳之鳩茲邑，漢置蕪湖縣屬丹陽」；「蕪湖城縣東 30 里，古鳩茲也」，第 209 頁。

於經營、積累等的生活習性[70] 均是造成本區城市發展緩慢的因素。

江南的會稽郡，在春秋時代，這裡大部分還是古木參天的原始森林。甚至直到森林開始破壞的南北朝初期，會稽山地南部仍然「茂松林密」，擁有許多「幹合抱、杪千仞」的巨材[71]。春秋越部族時代的高大豫章樹當時也還存在。說明這裡從戰國到漢代，尚不乏高大的林木。說明漢代的會稽郡經濟開發的進程還是比較緩慢的。

由於此地城市增長多源於侯國城市的興建，下文通過對本區侯國的興廢簡述其發展特徵。此處不考慮荊吳領域之變化，而以《漢志》所在區域考察，西漢一代，本地城市變化時空特徵則如表 2–23、表 2–24 所反映。

表 2–23 中，侯國的分封主要集中在高祖、武帝、元帝三個時期，以武帝時最多，文景兩帝均無所分置；區域上則集中分佈於臨淮郡。

表 2–24 中，從時間發展角度上來說，西漢前期荊吳地區相對比較均勻，徘徊在 5 ～ 6 個侯國城市之間，武帝朝內前後期城市數量變化相對較大，後期侯國城市數量平均較少，至成帝末年也僅有 7 個侯國城市。空間上，荊吳地區侯國城市主要分佈於臨淮郡。這一時空變化特徵與其他諸侯國區域有很大不同，與經濟發展、區位條件（非核心區）、軍事形勢等有關。

表 2‐24 西漢荊吳各郡國侯國城市時空分佈

	前 195 年	前 180 年	前 164 年	前 157 年	前 140 年	前 112 年	前 87 年	前 74 年	前 49 年	前 33 年	前 7 年
臨淮	5	5	4	4	2	5	1	1	2	6	7
會稽	1		1								
丹陽						1					
廣陵國											
合計	6	5	5	4	2	6	1	1	2	6	7

資料來源：《史記》、《漢書》侯者表。

70　《史記》卷 129〈貨殖列傳〉：「楚越之地，地廣人希，飯稻羹魚，或火耕而水耨，果隋蠃蛤，不待賈而足，地勢饒食，無饑饉之患，以故呰窳偷生，無積聚而多貧。是故江淮以南，無凍餓之人，亦無千金之家」。

71　謝靈運：〈於南山往北方經湖中瞻眺〉，載《全宋詩》卷 3。

（七）梁地侯國城市的發展

《漢書‧高帝紀》：漢「五年冬十月」，高帝許以「取睢陽以北至谷城皆以王彭越」；十一年「三月，梁王彭越謀反，夷三族」，「立子恢為梁王」，「罷東郡，頗益梁」。由此，周振鶴考劉恢之梁國領有東、碭二郡。筆者認為不確。首先是高祖十一年至呂后七年間（前 195 年～前 188 年）[72]，梁國無疆域調整記錄，且從《漢志》東郡大部分城市記載於張家山漢簡之中的情況看，東郡此時不可能全屬於劉恢之梁國，但有可能東郡建制不存在，因為上文提到了「罷東郡」之事。其次，據《漢書‧賈誼傳》載：「愚計，願舉淮南地以益淮陽，而為梁王立後，割淮陽北邊二、三列城與東郡以益梁；不可者，可徙代王而都睢陽，梁起於新郪以北著之河，淮陽包陳以南揵之江，則……梁足以扞齊趙，淮陽足以禁吳楚」，可知東郡一直不曾屬梁。文帝十二年（前 168 年），「淮陽王武徙為梁王」[73]，而文中所言梁王是指文帝愛子劉輯[74]。所以，文帝十一年（前 169 年）之前，東郡不屬梁國。劉武之梁國亦沒有包括東郡，而景帝中元六年（前 144 年）之後更不可能再包有東郡了。因為景帝中元六年四月，梁孝王薨後，「梁分為五」[75]。即有《漢志》梁國、東平、定陶[76]、山陽、陳留 2 國 3 郡，合計 64 城，而此前劉武梁國之域「北界泰山，西至高陽，得大縣四十餘城」[77]。所以梁國之地西漢一代共增長了 20 餘城。

從表 2–25 中可以看出，西漢梁國之地共產生侯國城市 32 座，其中有 7 城省並，2 城前後相繼分封，延至西漢末年曾經的侯國城市有 23 城。23 城中有 7 城於高帝時分封，很可能漢初就已存。那麼，梁地新增城市應當在剩餘部分侯國城市中，另外元朔中削入沛郡的 5 城[78] 至少有 2 城在梁 40 餘城中。

72　《史記》卷 9〈呂太后本紀〉：七年二月「徙梁王恢為趙王，呂王產徙為梁王……更名梁曰呂」。

73　《史記》卷 17〈漢興以來諸侯王年表〉。

74　《史記》卷 10〈孝文本紀〉：二年三月，「立子輯為梁王」，「十一年，梁王輯死，無後」。

75　《史記》卷 11〈孝景本紀〉：「立梁孝王子明為濟川王，子彭離為濟東王，子定為山陽王，子不識為濟陰王，梁分為五」。

76　《漢書》卷 28〈地理志〉濟陰郡「哀帝建平二年定陶王徙信都，國除為濟陰郡」。

77　《漢書》卷 48〈賈誼傳〉。

78　指譙、鄼、芒、敬丘、建平。

表 2-25 西漢不同時期梁地各郡國封侯城市數量統計

	高祖	高后	文帝	景帝	武帝	昭帝	宣帝	元帝	成帝	合計
陳留	2			1			1			4
山陽	2	1			2		3	5	4	17
定陶國	2			2	2	1	1			8
東平國		1	1							2
梁國	1									1
合計	7	2	1	3	4	1	5	5	4	32

資料來源：《史記》、《漢書》侯者表。

　　從本地侯國城市產生的時段來看，以高祖時分封數量最多；從空間上來看，5 郡國所分侯國城市又集中於山陽郡和定陶國。

　　表 2-26 反映梁地各時間上侯國城市數量基本平衡，起伏變化不大；空間上，西漢末年侯國城市基本全屬山陽郡。

表 2-26 西漢梁地各郡國侯國城市時空分佈

	前195年	前180年	前164年	前157年	前140年	前112年	前87年	前74年	前49年	前33年	前7年
陳留	2	2	1	2	2			1	1	1	1
山陽	2	2	1	1	1	2	1		2	7	11
定陶國	2	2		1			2	1	1		
東平國		1	1		1						
梁國	1	1		1	1	1					
合計	7	8	3	6	5	3	3	2	4	8	12

資料來源：《史記》、《漢書》侯者表。

（八）淮南地城市的興衰

　　《史記·黥布列傳》：「漢五年，……布遂剖符為淮南王，都六，九江、廬江、衡山、豫章郡皆屬布。」《史記·淮南王傳》：「高祖十一年七月淮南王黥布反，立子長為淮南王，王黥布故地，凡四郡。」劉長，都壽春[79]。《史記·諸侯王表》：「文帝七年，淮南王（按指厲王）無道遷蜀死雍，為郡」。《漢書·

79　《漢書》卷 27 下之上〈五行志〉。

淮南王傳》：文帝十二年，「徙城陽王王淮南故地」。十六年，「徙淮南王喜
復王故城陽」，而立厲王三子王淮南故地「阜陵侯安為淮南王，安陽侯勃為衡
山王，陽周侯賜為廬江王」。武帝元狩二年（前121年），故淮南王舊地分為
廬江郡、豫章郡、九江郡、江夏郡、六安國 [80]，這一結果至漢末不變，《漢志》
淮南故地共有 67 城。

表 2 - 27 西漢不同時期淮南地所封侯城市數量統計

	高祖	高后	文帝	景帝	武帝	昭帝	宣帝	元帝	成帝	合計
廬江	1	1		1		1				4
豫章					2		1	2		5
江夏		1					1		1	3
九江			2		3			1	1	7
六安	1									1
合計	2	2	2	1	5	1	2	3	2	20

資料來源：《史記》、《漢書》侯者表。

　　從本地侯國城市的發展情況來看，總量並不太多，而且各帝王時期分封數
量基本沒有區別，在分封郡域上雖以九江郡最多，但並不突出。而且，江夏郡
西部部分城市漢初當屬南郡，東部為漢初衡山國地，則「衡山、南郡之界當在
下雉、邾縣一線以西」[81]。那麼，江夏郡屬城西漢初年即不屬淮南地。另外，
本區以及後文長沙地與荊吳之地由於在地理環境和經濟開發等方面的相似性，
因而推斷在分封侯國城市上亦當有相似之處。故而，西漢一代淮南地城市總量
變化當不是太大，至多增長 10 城。依此，漢初淮南之地城市數量大約有 50 城
之數。

80　景帝四年，廬江國除為廬江郡和豫章郡，屬漢；武帝元狩元年，衡山國、淮南國除為
　　衡山郡、九江郡；武帝元狩二年，割衡山郡西部和南郡東部置江夏郡；衡山郡東部與
　　九江郡南部置新廬江郡；原廬江郡南部併入豫章郡，東部四城屬鄣郡，並改名丹陽；
　　置六安國。

81　周振鶴：《西漢政區地理》，北京：人民出版社，1987 年，第 48 頁。

表 2－28 西漢淮南地侯國城市時空分佈

	前195年	前180年	前164年	前157年	前140年	前112年	前87年	前74年	前49年	前33年	前7年
廬江	1	2	2	2	1			1	1	1	1
豫章						1				2	2
江夏		1	1	1	1	1			1	1	1
九江			1				1	1	1	2	3
六安	1	1	1	1	1						
合計	2	4	5	4	3	2	1	2	3	6	7

資料來源：《史記》、《漢書》侯者表。

（九）長沙地侯國城市的分佈

　　據周振鶴考證，西漢初年吳姓長沙國[82]至文帝後元七年（前157年）已分為長沙、武陵、桂陽3郡，而武帝元鼎六年（前111年）分桂陽置零陵郡[83]，漢末長沙地已分為長沙、武陵、桂陽、零陵4郡國，共有46城。考諸侯者表，我們可以看到西漢一代長沙地侯國城市分封的數量相對比較少，共有16城次，有3城省並（高祖、高后、武帝時各1），13城延至漢末，而侯國城市則只有4個。在侯國城市的構成上表現為13個王子侯城和3個功臣侯城，省並的3個城中有2個功臣侯城，這與其他地區更多地省並王子侯城的現象稍有不同（表2–29、表2–30）。

表 2－29 西漢不同時期長沙地所封侯國城市數量統計

	高祖	高后	文帝	景帝	武帝	昭帝	宣帝	元帝	成帝	合計
長沙	1	1			5					7
零陵					5					5
武陵	1	1								2
桂陽		1						1		2
合計	2	3			10					16

資料來源：《史記》、《漢書》侯者表。

82　《漢書》卷1〈高帝紀〉：「五年……詔：『其以長沙、豫章、象郡、桂林、南海立藩郡芮為長沙王』。」

83　《水經·湘水注》。

表 2‑30 西漢長沙地各郡國侯國城市時空分佈

	前195年	前180年	前164年	前157年	前140年	前112年	前87年	前74年	前49年	前33年	前7年
長沙	1	2	1	1	1	4	1	1			
零陵						4	4	4	3	3	3
武陵	1	1	1	1							
桂陽		1	1	1	1	1				1	1
合計	2	4	3	3	2	9	5	5	3	4	4

資料來源：《史記》、《漢書》侯者表。

　　從表 2–29 上可以看出，本地侯國城市分封的時間比較集中，尤其集中於武帝四、五年，空間上以長沙國、零陵郡稍多。另從表 2–30「西漢長沙地各郡國侯國城市時空分佈一覽表」上來看，長沙地在各典型時間點上侯國城市數量相對比較均衡，從而也說明了長沙地由於偏居於南方卑濕之地，經濟開發相對落後之區，自然環境條件的不利影響使之在城市建設上沒有太多的作為。漢末與漢初城市數量的變化應當源於地域的擴展，比如，元鼎六年（前 111 年），南越平，地屬漢，「桂陽郡又增加了相當於《漢志》曲江、湞陽、含洭、始安等縣的一片地方」[84]，於是分桂陽置零陵郡。因而，長沙地漢初城市數量應減去新闢地之城市，大約有 40 城左右的規模。

（十）代地侯國城市的發展與分佈

　　《漢書・高帝紀》：六年「春正月……以雲中、雁門、代郡五十三縣，立兄宜信侯喜為代王。……以太原三十一縣為韓國，徙韓王信都晉陽」；《史記・高帝紀》：七年「令樊噲止定代地，立兄仲為代王」；《漢書・高帝紀》：「七年，……立子如意為代王。」將三條資料串接起來即說明了西漢初年中國北方與匈奴之間的關係。楚漢戰爭之際，北方匈奴趁中原之亂直入漢境[85]，高祖六年（前 201 年）時雖然立劉喜為代王，但當時代地三郡雲中（含定襄郡）、雁門、代依然在匈奴的勢力之下，故於高祖七年命令樊噲收復代地，劉喜到代地就國，然隨後又遭匈奴攻擊，劉喜棄國逃亡洛陽，故而，高祖又立劉如意為代王。

84　周振鶴：《西漢政區地理》，北京：人民出版社，1987 年，第 128 頁。

85　《史記》卷 110〈匈奴列傳〉：「冒頓……悉復收秦所使蒙恬所奪匈奴地者，與漢關故河南塞，至朝那、膚施，遂侵燕代，是時漢兵與項羽相拒，中國罷於兵革，以故冒頓自彊……而單于之庭直代雲中。」

高祖九年，代王如意為趙王；高祖十一年（前196年），分趙常山以北，立子劉恒為代王，都晉陽，此代國之地包括太原郡在內[86]，同時，代地之雲中郡一分為二，其西部依然稱為雲中郡屬漢，這樣，劉恒之代國就能夠少受胡族的侵襲了。所以，高祖末年之代國（劉恒代國）對應於《漢志》實有代郡、定襄、雁門、太原四郡組成；劉喜（劉如意同）之代國實為《漢志》之雲中、定襄、雁門、代組成。景帝三年（前154年）雁門、定襄、代三郡屬漢，代國只有太原一郡。自後代共王子9人為侯，其中8個侯城屬西河郡[87]，由此可知，西河郡河水之東部分原屬代國。《漢志》載西河郡武帝元朔四年（前125年）置，所轄36城，譚圖定點的有8個在河水之東[88]，因此推斷，另外兩個不能確定的代王子侯城亦應在河水之東，其中一城省並[89]。查諸侯者表，西漢武帝之前，太原郡境有祁、汾陽侯城分別封於高祖六年和十一年（前196年），西河郡有土軍、平定侯城分別封於高祖十一年（前196年）和高后元年（前187年），其中土軍侯城後又封於代王子，而平定侯城（今內蒙古准格爾旗西南）在河水之西，不屬原太原境域。

綜上所述，高祖六年（前201年），劉喜之53城發展到西漢末年有55城，增2城，其中雁門郡增陰館縣，另一縣無法確定；西漢一代代地無侯國城市興起。韓王信之韓國（太原郡）31城，有13城次曾為侯國城市，2侯城前後相繼，1城省並，至西漢末年，原太原郡域尚有30城。

從西漢城市發展的角度而言，劉恒代地城市數量基本沒有變化，或者是諸侯國地區城市數量唯一不受侯國城市影響的區域。儘管名為代國的太原郡有侯國城市的分封，對漢初、漢末本地城市總量上沒有影響，但卻影響了郡級城市數量的變化，正是因為代王子侯國的分封，使位於河水之西的上郡境域過大，才分置了西河郡，並於十幾年後（元鼎四年）最終撤銷了代地諸侯王國的建

86　《漢書》卷1〈高帝紀〉：「十一年詔曰：代地居常山之北，與夷狄邊，……數有胡寇，難以為國，頗取山南太原之地益屬代，代之雲中以西為雲中郡，則代受邊寇益少矣。」
87　利昌侯國，王先謙定於齊郡。
88　有6個王子侯城，另及平周（今山西孝義市西南）、中陽（今山西離石市中陽縣）2城。
89　代共王子劉慎（順）邵（鄔）城於武元朔三年（前126年）正月封，武天漢元年（前100年）因坐殺人及奴凡16人，以捕匈奴千騎免，《漢書·地理志》不見邵（鄔）城；千章譚圖無考地名。

制[90]。

表 2 - 31 西漢不同時期代地所封侯城市數量統計

	高祖	高后	文帝	景帝	武帝	昭帝	宣帝	元帝	成帝	合計
西河	1	1			8					10
太原	2									2
代									1	1
合計	3	1			8				1	13

資料來源：《史記》、《漢書》侯者表。

表 2 - 32 西漢代地各郡國侯國城市時空分佈

	前195年	前180年	前164年	前157年	前140年	前112年	前87年	前74年	前49年	前33年	前7年
西河	1	2	2	2	2						
太原	2	2	2	2	2	1					
代											1
合計	3	4	4	4	4	1					1

資料來源：《史記》、《漢書》侯者表。

（十一）西漢漢郡區侯國城市的發展與分佈

西漢時期侯國城市的分封雖然多分佈於諸侯王國地區，然而並不是說其他區域一個都沒有封，相反，西漢各帝王時期在中央直屬漢郡地區同樣有侯國城市的分封，而且，同樣具有其特殊的時空發展特徵。

（1）整理各侯國城市表，西漢一代在漢郡區共分封了侯國城市 124 座，前後相繼者 21 城，省並城市 40 座。

（2）從各帝王所封侯國城市的數量來看，主要集中於兩個時段：首先是武帝時期有 38 個侯國城市產生；其次是高祖時期，共有 35 個侯國城市。相對於諸侯國地區，本區侯國城市數量偏少，而且在侯國城市的構成上體現出與諸侯國地區不同的特徵，幾乎全部是功臣、外戚侯城[91]。

---

90 《史記》卷17〈漢興以來諸侯王年表〉：「元鼎四年，代王徙清河，代國除為太原郡。」

91 僅有王子侯城：南郡之春陵、安眾、復陽、高城；河內之軹；河南之平；上郡之陽周；代郡之廣昌，計有 8 城。

（3）漢郡區侯國城市的分布面較廣，基本上在當時所有漢郡區均有分封；呈稀疏分佈狀，但也有比較密集的區域，如南陽郡，共有42城，僅次於琅邪郡、東海郡；依次是河內、河東、東郡，各有13個侯國城市，其餘漢郡地區則比較少（表2–33）。

表 2－33 西漢不同時期漢郡區封侯城市數量統計

	高祖	高后	文帝	景帝	武帝	昭帝	宣帝	元帝	成帝	合計
南陽	4	2	1	1	19	2	6		7	42
南郡	1			1			1			3
河東	6			1	5				1	13
河內	5	1	3	3	2	1				15
河南	4		1		1	1				7
潁川	3	1	1		5		2	1		14
東郡	3	1	1	1	5	1		1		13
上黨	1	1			1					3
上郡		1*	2	1					1	5
安定	2									2
北地	1									1
左馮翊	2									2
右扶風	1									1
犍為	1	1								2
廣漢	1									1
合計	35	8	9	8	38	6	9	2	9	124

資料來源：《史記》、《漢書》侯者表。

說　　　明：＊惠帝時封（前190年）。

　　再次，從各典型時間點上漢郡地區侯國城市存留的數量上來看，侯國城市的時空分佈更具特色。（1）西漢一代各時間點上漢郡區侯國城市的總量呈衰減之勢，且以西漢武帝中期為界，前期侯國城市數量明顯多於後期，後期侯國城市數量呈急劇縮減之勢；（2）相對於諸侯國地區武帝中期侯國城市普遍增多的史實，漢郡區此期侯國城市之數量落後於景帝之前各帝王時期；而且自武帝末年之後各時間點上侯國城市的數量越來越少，說明了西漢後期侯國城市分封區域集中於東部地區，以王子侯城的分封為主。（3）本區西漢末年侯國城市集中

於南陽郡，幾乎包攬了漢郡區所有侯國城市，奠定了東漢時期南陽的政治地位，尤其是作為光武帝劉秀龍興之地之後，其政治地位更加突出。

表 2－34 西漢部分漢郡侯國城市時空分佈

	前195年	前180年	前164年	前157年	前140年	前112年	前87年	前74年	前49年	前33年	前7年
南陽	4	6	5	4	4	6	5	5	6	5	10
南郡	1	1	1	1	2	1			1	1	1
河東	6	6	5	5	2	3	2	2	1	1	1
河內	5	5	6	4	5	3	2				
河南	4	4	5	5	3	3		1			
潁川	3	3	4	3	1	4	1	2	2	2	2
東郡	3	4	4	4	4	6	1	2		1	1
上黨	1	2	1	1	1	2	1				
上郡		1	2	1	1						1
安定	2	2	1	1	1	1					
北地	1	1									
左馮翊	2	1	1	1	1						
右扶風	1	1	1	1							
犍為	1	2	1	1							
廣漢	1	1	1	1	1	1					
合計	35	40	38	33	26	30	12	12	10	10	16

資料來源：《史記》、《漢書》侯者表。

（十二）不明郡國的侯國城市的發展

查諸侯者表，有一大批侯國城市，不能確定其所屬郡國，儘管它們不能歸入某一區，然其數量較多，暫歸一類為「不明郡國者」。這批城市累計西漢一代共有76座：高祖時18城[92]、高后時3城[93]、景帝時10城[94]、武帝時28城[95]、

92　信武、棘蒲、武彊、棘丘、宣曲、高胡、羹頡、柏至、赤泉、繁（平）、高京、離、宣平、江邑、臨轅、莊、紀信、甘泉。見附錄 2–A。

93　博成、成陶（陰）、信平。見附錄 2–A、B。

94　發婁、臨汝、繩、棘樂、桓邑、塞、繆、節氏、南、史。見附錄 2–A、B。

95　茲、張梁、壞（懷昌）、葛魁、尉文、榆丘、陰城、西熊、距陽、周堅（望）、西昌、山州、鈞（騧）丘、廣陵、莊（杜）原、東野、高丘、戎丘、安道、校、俞閭、從驃、泥野、將梁、繚安（熒）、浩、南峀、臨汝。見附錄 2–A、B、C、D。

昭帝時 2 城[96]、宣帝時 4 城[97]、元帝時 1 城[98]、成帝時 10 城[99]，可以說，較多產生於武帝時期，高祖時所分封的 143 座侯國城市中就有 18 座。對應於西漢各典型時間點，不明郡國的侯國城市數量仍以武帝中期最多，西元前 112 年時有 39 城，高祖、高后末年相仿，位居其次，而《漢志》侯國城市則更多地來自成帝時期的分封；對照各帝王分封侯國城市數量分佈與各典型時間點上侯國城市的數量分佈，不難得出，這批主要產生於西漢中期之前的侯國城市，至西漢中期之前大多已被廢除。

表 2－35 西漢不同時期所封侯城市所屬郡國不明者數量統計

	高祖	高后	文帝	景帝	武帝	昭帝	宣帝	元帝	成帝	合計
	18	3		10	28	2	3	1	10	75

資料來源：《史記》、《漢書》侯者表。

表 2－36 不明郡國侯國城市統計

	前195年	前180年	前164年	前157年	前140年	前112年	前87年	前74年	前49年	前33年	前7年
	18	17	10	9	17	39	10	11	6	5	9

資料來源：《史記》、《漢書》侯者表。

三、西漢時期侯國城市時空特徵分析

（一）西漢侯國城市發展的時段特徵

將上述各時段分封產生的侯國城市統計，高祖封 143 個、高后封 38 個[100]、文帝封 32 個、景帝封 47 個、武帝前期（至元鼎五年）封 213 個、武帝後期封 59 個、昭帝封 27、宣帝封 98 個、元帝封 57 個、成帝封 77 個，西漢一代先後共有 791 城次，平均每年有 4 個侯國城市產生。相對而言，高后、文、景、昭、成諸帝時期低於平均數，宣元時期保持平均增長水準，惟高祖、武帝時期，侯國城市增長超出平均量。各帝、後時期所封侯國城市呈現出的各具特色的時間

96　溫水、博陸。見附錄 2–C、D。

97　宣處、新利、戶都、將陵。見附錄 2–C、D。

98　樂。見附錄 2–C。

99　卑梁、寰梁、樂平、堂鄉、襄鄉、容鄉、緱鄉、都安、樂平、方鄉。見附錄 2–C。

100　含惠帝時所封 3 個侯國城市。

特徵是與社會政治、經濟環境相吻合的。高祖時期處於社會經濟恢復發展時期，大量分封功臣侯有利於社會的穩定和經濟的發展，而武帝時期侯國城市的大量分封除軍事因素之外尚有更深層次原因，宣元時期是在經過昭帝對武帝所推行的窮兵黷武政策的修正與調整之後的發展，高后、文、景、昭、成是動盪之後的平穩發展。從侯國城市分封總量上看大致如此，然而，在歷史發展中，有一些侯國城市被廢除，一些則又被省並，為便於對西漢一代侯國城市發展總貌進行瞭解，這裡將各時段分封及部分時間點上所存在的侯國城市製成下表：

表 2－37 西漢不同時間點侯國城市數量統計

時間	附錄 2–A	附錄 2–B	附錄 2–C	附錄 2–D	合計
前 195 年	140				140
前 180 年	127	33			160
前 164 年	107	35			142
前 157 年	102	26			128
前 140 年	56	53			109
前 112 年	25	19	138	34	216
前 87 年	2	4	73	24	103
前 74 年			76	27	103
前 49 年			115	34	149
前 33 年			153	36	189
前 7 年			185	56	241

資料來源：《史記》、《漢書》侯者表。

從上表中可知，西漢侯國城市的數量不是直線上升的，是不斷有反復的。自高后以後至武帝之前，侯國城市數量逐年減少，至武帝繼位前基本達到了最低值，僅有109個侯城。隨後至武帝前期卻迅速飆升，至其後期，則又開始猛降，降至最低谷，此後又逐年增長，到西漢末年再次出現高峰期。從這一變化中，我們可以認為以武帝中期為分水嶺，前後階段對稱發展；或者刨除武帝時期，也可以認為自高祖至景帝末和自武帝末年至成帝末年侯國城市數量的發展經過了一個完整的週期；同樣，單獨觀察武帝一朝也是一個完整的週期，從低谷發展至頂峰，再由頂峰至低谷，而且前後期時間跨度也基本一致。

　　另從不同時期所封侯國城市存續上看，武帝之前所封的 260 城至武帝末年

消失殆盡；武帝時期所封 272 城在其末年也只剩有 97 城，《漢志》侯國城市主要源自於武帝及其以後帝王所封。

（二）西漢侯國城市地域分佈特徵

西漢侯國城市發展的階段性特徵是西漢社會環境發展的直接體現，對其地域分佈特徵的探索將成為全面認識西漢城市發展模式的關鍵。

首先將上述各區域侯國城市發展與分佈的結果以地域為單位制成以下三幅表格，排列順序首先將所有侯國城市分為：諸侯王國地區、漢郡地區兩個部分（與本文三大區的劃分一致），對所屬郡國不明確者忽略不計 [101]；其次，東部諸侯國地區以各分區侯國城市數量從多到少排序。

表 2－38 西漢各時期不同區域侯國城市數量統計

	高祖	高后	文帝	景帝	武帝	昭帝	宣帝	元帝	成帝	合計
齊地	22	5	11	4	71	2	21	19	28	183
趙地	22	6	6	8	49	3	31	4	3	132
楚地	10	6	1	7	31	5	13	12	8	93
燕地	7	1	1	4	11	2	4	5	1	36
荊吳	7	1			14	1	3	5	3	34
淮陽地	8		1	2	5	2	8		7	33
梁地	7	2	1	3	4	1	5	5	4	32
淮南地	2	2	2	1	5	1	2	3	2	20
長沙地	2	3*			10			1		16
代地	3	1			8				1	13
漢郡	35	8**	9	8	38	6	9	2	9	124
不明者	18	3		10	28	2	3	1	10	75
合計	143	38	32	47	274	25	99	57	76	791

資料來源：前述各區封侯城市數量統計表。

說　　　明：* 包括 2 個惠帝時所封侯國。** 包括 1 個惠帝時所封侯國。

從西漢不同時期不同區域侯國城市數量統計表中，我們可以得到如下信息：

（1）西漢侯國城市在諸侯王國及漢郡兩大區之間的數量分佈很不均衡，侯國城

101　該部分侯國城市本應分屬於兩區之內，而且從侯者來源上看當有多半屬於東部地區，但既已定其為不明郡國的侯國城市，此處就不準備對此深入論述。

市數量比為 591：124，諸侯王國地區占絕對優勢。（2）諸侯王國地區內部，侯國城市分佈以齊、趙、楚、燕、荊吳、淮陽、梁較為集中，齊、趙、楚又是其中最為密集之地，這當與西漢中央政府對此區的空間認識有很大關係[102]。（3）諸侯王國地區的南北邊地侯國城市數量分佈較少，以長沙、代等地為代表，西漢一代兩地一共產生侯國城市 29 個，這一點與其所處帝國的區域位置當有很直接的關係，而且所處地形地貌形態複雜、區域經濟發展比較落後，因而對中央政權的威脅也比較小[103]，這恐怕也是異姓長沙王吳芮才能夠得以善終的直接原因。

從西漢侯國城市數量時空對比表中，可知各時間點上侯國城市數量平均在140 個左右，僅有武帝前後時間點上不足此數。簡單來說有兩個原因，其一是西漢前期除高祖外，分封數量相對比較少，比如，孝文帝在位二十餘年僅封 32侯；其二，武帝時期是中央集權制空前發展時期，武帝對列侯的隨機興廢，正是其集權表現之一；加之武帝是一位卓越的政治家，不可能給他的繼任者留下太多太強的地方勢力[104]。所以在其後期就大批裁減侯國城市數量，最為突出的就是武帝元鼎五年（前 112 年）「坐酎金」一次就除國 106 個，以其他形式除國的也較多。所以，至武帝末年，侯國城市的數量降到最小值。

在空間上，各區域間侯國城市的發展與分封數量一致，各時間點上侯國城市數量仍以齊、趙、楚三國最多，西漢末年只有荊吳地區稍有調整，落於淮陽、梁之後。

表 2－39 西漢侯國城市數量時空對比

區域	前195 年	前180 年	前164 年	前157 年	前140 年	前112 年	前87 年	前74 年	前49 年	前33 年	前7 年
齊地	22	26	29	22	11	48	34	31	41	59	83*

102　《漢書》卷 48〈賈誼傳〉：「願舉淮南地以益淮陽，而為梁王立後，割淮陽北邊二、三列城與東郡以益梁；不可者，可徙代王而都睢陽，梁起於新郪以北著之河，淮陽包陳以南揵之江，則……梁足以扞齊趙，淮陽足以禁吳楚。」

103　《史記》卷 59〈五宗世家〉集解引應劭曰：「景帝後二年，諸王來朝，有詔更前稱壽歌舞，定王但張袖小舉手，左右笑其拙，上怪問之，對曰：『臣國小地狹，不足迴旋。』帝以武陵、零陵、桂陽屬焉。」而長沙定王本身「以其母微，無寵，故王卑濕貧國。」

104　崔銳：〈論西漢三大外戚豪門〉，認為這一做法緣於對外戚干政的憂慮，《西北大學學報》（哲社版）2006 年第 2 期。

趙地	22	27	26	25	22	36	21	18	42	42	42
楚地	9	11	6	5	5	22	8	11	21	30	34
燕地	7	7	6	7	6	14	8	8	10	14	14**
荊吳	6	5	5	4	2	6	1	1	2	6	7
淮陽地	7	7	7	6	6	6		2	7	5	12***
梁地	7	8	3	6	5	3	3	2	4	8	12
淮南地	2	4	5	4	3	2	1	2	3	6	7
長沙地	2	4	3	3	2	9	5	5	3	4	4
代地	3	4	4	4	4	1					1
漢郡	35	40	38	33	26	30	12	12	10	10	16
不明者	18	17	10	9	17	39	10	11	6	5	9
合計	140	160	142	128	109	216	103	103	149	189	241

資料來源：前述各區侯城數量時空對比表。

說　　明：＊不包括北海郡瓡侯國、泰山郡柴侯國。＊＊含高郭。＊＊＊含定陵。

　　再從西漢省並侯國城市數量時空對比表來看，本表所反映的內容基本與上兩表相一致，進一步說明了，西漢時期各區域內侯國城市的興廢的一致性。分封越多，各時間點上存留的也較多，省并者也相對地多。但是，畢竟區域空間範圍有限，侯國城市分封較多的地區，對城市反復利用的機會也較多。所以，各區域前後相繼分封的城市數量也是以齊、趙、楚三個區域最多。

表 2-40 西漢省并侯國城市數量時空對比

區域	高祖	高后	文帝	景帝	武帝	昭帝	宣帝	元帝	成帝	合計
齊地		1	5	1	31	3	6	1	2	50
趙地			1	1	15	2	4	3	2	28
楚地		2	2		16		3	3	2	28
燕地			1		4	1	1		2	9
荊吳地					3		1	1	2	7
淮陽地					4		2	2		8
梁地			1	2	2		2			7
淮南地										
長沙地			1		1		1			3
代地					1					1

漢郡			3	2	25	1	8	1		40
合計		3	14	6	101	7	28	11	10	181

資料來源：上文各統計表。

　　另外，對西漢一代所封侯國城市在 20 個以上者列表，對比各郡之間之差異（表 2–41）。擁有 20 個以上侯國城市的共有 12 個郡，其中琅邪、平原、北海環繞於齊地，東海、沛屬於楚地，渤海、魏郡、巨鹿在趙境，臨淮屬於荊吳地，涿郡屬燕地，分別吸收周圍諸侯王國分離出來的王子侯國，而南陽、汝南[105] 二郡則更多地接受了西漢後期的功臣、外戚侯，這一點與二郡所處地理位置有關，南陽、汝南位於漢郡區、諸侯王國地區的結節地帶，是兩種管理類型區的緩衝地帶，具有特殊的歷史地位。

表 2－41 西漢時期含 20 個以上侯國城市的郡排序

	高祖	高后	文帝	景帝	武帝	昭帝	宣帝	元帝	成帝	合計
琅邪	7	3	3	2	25		6	8	9	63
東海	1	1	1	4	21	4	11	3	5	51
南陽	4	2	1	1	19	2	6		7	42
涿郡	5		1	4	11	2	4	5	1	33
沛郡	5	2		3	8	1	2	9	3	33
汝南	7		1	2	5	2	8		7	32
渤海郡	1	2	3	1	16	1	2		1	27
臨淮	6	1			7	1	3	5	3	26
平原	2		3		11	1	4		3	24
北海	2		1		7		3	5	5	23
魏郡	1		1	2	14		2	1		21
巨鹿郡	5			1	7	1	4	2		20

資料來源：上文各統計表。

　　再對西漢末年擁有 10 個以上侯國城市的郡目進行排比，擁有侯國城市最多的是齊地的琅邪郡，其次是齊楚之間的東海郡，再次是齊北海、楚沛郡，再後是燕之涿郡，又有梁地之山陽，最後是汝南、南陽。從這一排序中，我們可

105　汝南郡本屬淮陽國地，但是本區在景帝三年之後相當長一段時期沒有諸侯國，直到宣帝元康三年封劉欽為淮陽王，但是查〈王子侯表〉淮陽憲王子只有一人封侯且又省並，汝南郡內均為功臣、外戚侯城。

以發現，侯國城市最多的地區依然圍繞在齊、楚之地，但是趙地之郡卻不在上表之中，究其原因應與趙地析分郡國的數量及其城市基礎有關[106]；汝南、南陽雖然分封了大量的侯國城市，但西漢末年的侯國城市數量並不是太多，這或許與西漢後期政治吏治混亂有關，另外其所處地理位置也不容許它們存留太多的侯國城市。

　　本表諸侯國區諸郡歸屬漢郡的時間相繼為：琅邪郡於前 165 年、北海郡於前 155 年、東海郡於前 154 年、沛郡於前 154 年、汝南郡於前 154 年、山陽郡於前 136 年，以後有所反復，涿郡前 117 年屬漢，南陽本漢郡。可以看出，諸侯王國地區屬於中央管轄時間越早的漢郡，境內侯國城市的數量就越多。上述諸郡一般都位於原諸侯國的邊緣地帶，如東海郡還兼跨劉肥齊國和劉交楚國之地。隨著時間的推移，諸侯國越來越小，其周邊地區的漢郡越來越大，一再分出新的郡國，中央皇權正是採取由諸侯國週邊地區逐漸向內部蠶食的方式，最終佔有了諸侯國地區。

表 2－42 西漢末年含 10 個以上侯國城市的郡排序

	前195年	前180年	前164年	前157年	前140年	前112年	前87年	前74年	前49年	前33年	前7年
琅邪	7	10	10	8	3	15	11	10	15	22	31
東海	1	2	2	1	3	16	2	5	15	15	18
北海	2	1	2	2		7	7	6	7	12	16*
沛郡	4	3	1	1	3	5	5	6	6	15	16
涿郡	5	5	4	5	6	14	8	8	10	14	14**
汝南	7	7	7	6	6	6		2	7	5	12***
山陽	2	2	1	1	1	2	1		2	7	11
南陽	4	6	5	4	4	5	5	6	6	5	10

資料來源：上文各統計表。
說　　明：＊不包括瓡侯國。＊＊含高郭。＊＊＊含定陵。

　　在對西漢時期東部及部分西部地區侯國城市時空發展特徵考察的基礎上，可以發現，帝國在武帝元朔二年（前 127 年）採納了中大夫主父偃的建議，頒

106　西漢初年趙地僅有 50 餘城，至西漢末年之前已陸續分為 11 個郡國，且其地近太行山區，分割後的趙地各郡國勢力有限，恐對中央再也構不成威脅了。

佈「推恩令」之後，諸侯王除由嫡長子繼承王位外，其他諸子都可以在諸侯王領土範圍內得到封地，「於是藩國始分，而子弟畢侯矣」[107]。以西漢初年諸侯王區域來說，分封侯城最多的是齊地，其次趙地，再次楚地，詳見上述諸表。從此「大國不過十餘城，小侯不過數十里」[108]。諸侯國越分越小，諸侯國勢力大為削弱。這樣看起來是中央給予諸王子弟的特殊恩寬，實際上卻分割了王國疆土，不需明令削奪而自然成為由漢王朝郡縣直接管理的區域。「推恩令」的推行，使中央通過和平手段實現了賈誼、晁錯以來尊崇皇權裁抑地方王國的夙願，是中央權力與地方權力配置上比較成功的措施之一，西漢中國由此也成為成功地處理中央與地方關係的典範。

表 2 - 43 西漢末年侯國城市

編號	郡名	侯城	始封者	身份	始封時間年月	
1	琅邪	臨原（眾）	劉始昌	菑川懿王子	武元朔二年（前127年）	5
2	琅邪	稻	劉定	齊孝王子	武元朔四年（前125年）	4
3	琅邪	雲	劉信	齊孝王子	武元朔四年（前125年）	4
4	琅邪	雩（虖）殷（莨）	劉澤	城陽頃王子	武元鼎元年（前116年）	4
5	琅邪	虛水	劉禹	城陽頃王子	武元鼎元年（前116年）	4
6	琅邪	挾（袚）	劉霸	城陽頃王子	武元鼎元年（前116年）	4
7	琅邪	缾	劉成	菑川靖王子	武元鼎元年（前116年）	7
8	琅邪	皋虞	劉建	膠東康王子	武元封元年（前110年）	5
9	琅邪	魏其	劉昌	膠東康王子	武元封元年（前110年）	5
10	琅邪	高鄉	劉休	城陽惠王子	宣甘露四年（前50年）	11
11	琅邪	茲鄉	劉弘	城陽荒王子	宣甘露四年（前50年）	11
12	琅邪 /柔縣	棗（柔）	劉山	城陽荒王子	宣甘露四年（前50年）	11
13	琅邪	箕	劉文	城陽荒王子	宣甘露四年（前50年）	11
14	琅邪	高廣	劉勳	城陽荒王子	宣甘露四年（前50年）	11
15	琅邪	即來	劉佼	城陽荒王子	宣甘露四年（前50年）	11
16	琅邪	昆山	劉光	城陽荒王子	元初元元年（前48年）	3
17	琅邪	折泉	劉根	城陽荒王子	元初元元年（前48年）	3
18	琅邪	博石	劉淵	城陽荒王子	元初元元年（前48年）	3
19	琅邪	房山	劉勇	城陽荒王子	元初元元年（前48年）	3
20	琅邪	石山	劉玄	城陽戴王子	元永光三年（前41年）	3

107　《漢書》卷6〈武帝紀〉。

108　《史記》卷17〈漢興以來諸侯王年表〉。

21	琅邪	三封	劉嗣	城陽戴王子	元永光三年（前41年）	3
22	琅邪	伊鄉[109]	劉遷	城陽戴王子	元永光三年（前41年）	3
23	琅邪／慎陽	順陽	劉共	膠東頃王子	成建始二年（前31年）	1
24	琅邪	武鄉	劉慶	高密頃王子	成建始二年（前31年）	1
25	琅邪	麗（茲）	劉賜	高密頃王子	成建始二年（前31年）	1
26	琅邪	安丘	劉常	高密頃王子	成鴻嘉元年（前20年）	1
27	琅邪	臨安	劉閔	膠東共王子	成永始四年（前13年）	5
28	琅邪／東莞	高陽	薛宣	以丞相	成鴻嘉元年（前20年）	4
29	琅邪	馴望	冷廣	告男子馬政謀反	成鴻嘉元年（前20年）	7
30	琅邪	高陵	翟方進	以丞相	成永始二年（前15年）	11
31	琅邪	柔佛巴魯	稱忠	捕反者	成永始三年（前14年）	7
32	東海	南城（成）	劉貞	城陽共王子	武元朔四年（前125年）	3
33	東海	蘭旗	劉臨朝	魯安王子	昭始元五年（前82年）	6
34	東海	容丘	劉方山	魯安王子	昭始元五年（前82年）	6
35	東海	良成	劉文德	魯安王子	昭始元五年（前82年）	6
36	東海	平曲	劉曾	廣陵屬王子	宣本始元年（前73年）	7
37	東海	昌慮	劉弘	魯孝王子	宣甘露四年（前50年）	閏月
38	東海	山陽（鄉）	劉綰	魯孝王子	宣甘露四年（前50年）	閏月
39	東海	建陵	劉遂	魯孝王子	宣甘露四年（前50年）	閏月
40	東海	東安	劉強	魯孝王子	宣甘露四年（前50年）	閏月
41	東海	建陽	劉咸	魯孝王子	宣甘露四年（前50年）	閏月
42	東海	都平	劉丘	城陽荒王子	宣甘露四年（前50年）	11
43	東海	於鄉	劉定	泗水勤王子	元永光三年（前41年）	3
44	東海	都陽	劉音	城陽戴王子	元永光三年（前41年）	3
45	東海	陰平	劉回	楚孝王子	成陽朔二年（前23年）	2
46	東海	邸鄉	劉閔	魯頃王子	成陽朔四年（前21年）	4
47	東海	建鄉	劉康	魯頃王子	成陽朔四年（前21年）	4
48	東海	新陽	劉永	魯頃王子	成鴻嘉二年（前19年）	1
49	東海／武陽	武強	史丹	帝為太子是輔導有舊恩	成鴻嘉元年（前20年）	4
50	北海	劇	劉錯	菑川懿王子	武元朔二年（前127年）	5
51	北海	平望	劉賞	菑川懿王子	武元朔二年（前127年）	5
52	北海	平酌	劉彊	菑川懿王子	武元朔二年（前127年）	5
53	北海	劇魁	劉墨（黑）	菑川懿王子	武元朔二年（前127年）	5

109　筆者按：《漢書·王子侯表》載：伊鄉侯國，永光三年三月封，薨，無後。同表又載：平帝元始元年（西元1年）二月丙辰，侯開以東平思王孫封。然《漢書·地理志》在琅邪郡伊鄉下仍記為侯國，不知何據。

54	北海	樂望	劉光	膠東戴王子	宣地節四年（前 66 年）	2
55	北海	饒	劉成	膠東戴王子	宣地節四年（前 66 年）	2
56	北海	柳泉	劉強	膠東戴王子	宣地節四年（前 66 年）	2
57	北海	羊石	劉回	膠東頃王子	元永光三年（前 41 年）	3
58	北海	石鄉	劉理	膠東頃王子	元永光三年（前 41 年）	3
59	北海	新城	劉根	膠東頃王子	元永光三年（前 41 年）	3
60	北海	上鄉	劉歙	膠東頃王子	元永光三年（前 41 年）	3
61	北海	平城	劉邑	膠東頃王子	成建始二年（前 31 年）	1
62	北海	密鄉	劉休	膠東頃王子	成建始二年（前 31 年）	1
63	北海	樂都	劉訴	膠東頃王子	成建始二年（前 31 年）	1
64	北海	膠陽	劉悊	高密頃王子	成建始二年（前 31 年）	1
68	北海	成鄉	劉安	高密頃王子	成建始二年（前 31 年）	1
66	沛	瑕（敬）丘	劉貞（政）	魯共王子	武元朔三年（前 126 年）	3
67	沛郡	公丘	劉順	魯共王子	武元朔三年（前 126 年）	3
68	沛	栗	劉樂	趙敬肅王子	武征和元年（前 92 年）	
69	沛	洨	劉周舍	趙敬肅王子	武征和元年（前 92 年）	
70	沛郡	東鄉	劉方	梁敬王子	元建昭元年（前 38 年）	1
71	沛郡／東武城	溧（漂）陽	劉欽	梁敬王子	元建昭元年（前 38 年）	1
72	沛郡	高柴	劉發	梁敬王子	元建昭元年（前 38 年）	1
73	沛郡	臨都	劉未央	梁敬王子	元建昭元年（前 38 年）	1
74	沛郡	高	劉舜	梁敬王子	元建昭元年（前 38 年）	1
75	沛郡	廣戚	劉勳	楚孝王子	成河平三年（前 26 年）	2
76	沛	祁鄉	劉賢	梁夷王子	成永始二年（前 15 年）	5
77	沛郡	建平	杜延年	父功、發覺謀反者	昭元鳳元年（前 80 年）	7
78	沛郡	建成	黃霸	以丞相（代邴吉）	宣五鳳三年（前 55 年）	2
79	沛／蕭	扶陽	韋玄成	丞相	元永光二年（前 42 年）	2
80	沛郡	義成	甘延壽	斬王以下 1500 級	元竟寧元年（前 33 年）	4
81	沛郡	平阿	王譚	皇太后弟	成河平二年（前 27 年）	6
82	涿郡	廣望	劉安中（忠）	中山靖王子	武元朔二年（前 127 年）	6
83	涿郡	阿武	劉豫	河間獻王子	武元朔三年（前 126 年）	10
84	涿郡	州鄉	劉禁	河間獻王子	武元朔三年（前 126 年）	10
85	涿郡	樊輿	劉條（脩）	中山靖王子	武元朔五年（前 124 年）	3
86	涿郡	成	劉喜	中山康王子	昭元鳳五年（前 76 年）	11
87	涿郡	新昌	劉慶	燕刺王子	宣本始四年（前 70 年）	5

88	涿郡	高郭[110]	劉蓋	河間獻王子	宣地節二年（前68年）	4
89	涿郡	鄚	劉異眾	劉蓋弟	成元延元年（前12年）	
90	涿郡	利鄉	劉安	中山頃王子	宣甘露元年（前53年）	3
91	涿郡	臨鄉	劉雲	廣陽頃王子	元初元五年（前44年）	6
92	涿郡	西鄉	劉容	廣陽頃王子	元初元五年（前44年）	6
93	涿郡	陽鄉	劉發	廣陽頃王子	元初元五年（前44年）	6
94	涿郡	益昌	劉嬰	廣陽頃王子	元永光三年（前41年）	3
95	涿郡	梁鄉[111]	劉交	趙共王子	成綏和元年（前8年）	6
96	汝南	弋陽	任宮	捕殺謀反者	昭元鳳元年（前80年）	7
97	汝南	宜春	王訢	以丞相侯	昭元鳳四年（前77年）	2
98	汝南	樂昌	王稚君（武）	宣帝舅	宣地節四年（前66年）	2
99	汝南	陽城	劉德	以宗正行謹重為宗室率	宣地節四年（前66年）	3
100	汝南	歸德	賢撣	以匈奴單于從兄日逐王	宣神爵三年（前59年）	4
101	汝南	安成（平）	王崇	皇太后弟	成建始元年（前32年）	2
102	汝南	安昌	張禹	以丞相	成河平四年（前25年）	6
103	汝南	安陽	王音	皇太后從弟	成鴻嘉元年（前20年）	6
104	汝南／南頓	博陽	丙昌		成鴻嘉元年（前20年）	6
105	汝南／新息	成陽	趙臨	皇后父	成永始元年（前16年）	4
106	汝南	定陵	淳於長	言昌陵不可成，皇后姊子	昭元鳳三年（前78年）	2
107	汝南	殷紹嘉	孔何齊	以殷後孔子世吉嫡子	成綏和元年（前8年）	2
108	山陽	中鄉	劉延年	梁敬王子	元建昭元年（前38年）	1
109	山陽	鄭	劉罷軍	梁敬王子	元建昭元年（前38年）	1
110	山陽	黃	劉順	梁敬王子	元建昭元年（前38年）	1
111	山陽	平樂	劉遷	梁敬王子	元建昭元年（前38年）	1
112	山陽	菑鄉	劉就	梁敬王子	元建昭元年（前38年）	1
113	山陽	栗鄉	劉獲	東平思王子	成鴻嘉元年（前20年）	4
114	山陽	曲鄉	劉鳳	梁荒王子	成永始三年（前14年）	6
115	山陽	西陽	劉並	東平思王子	成元延二年（前11年）	4
116	山陽	爰戚	趙成（長年）	用發覺楚國事侯、告楚、廣陵謀反	宣地節二年（前68年）	4

110　《漢書·王子侯表》載：高郭侯劉蓋曾孫，哀侯劉霸無子嗣，元延元年劉異眾以霸弟紹封為鄚侯，《漢書·地理志》高郭仍注為侯國，說明《漢書·地理志》侯國名目斷限不是某一點，而是以一段時間為據，然最終止於成帝綏和二年（前7年）。

111　疑為良鄉，《漢書·地理志》涿郡無梁鄉，而有良鄉侯國。

117	山陽	邛成（郜成）	王奉光（先）	宣帝皇后父	宣元康二年（前 64 年）	3
118	山陽	成都	王商	皇太后弟	成河平二年（前 27 年）	6
119	南陽	安眾	劉丹	長沙定王子	武元朔四年（前 125 年）	3
120	南陽	復陽	劉延年	長沙頃王子	宣元康元年（前 65 年）	1
121	南陽	紅陽	王立	皇太后弟	成河平二年（前 27 年）	6
122	南陽	新都	王莽	以帝舅子	成永始元年（前 16 年）	5
123	南陽	酇	蕭喜		成永始元年（前 16 年）	7
124	南陽	博望	許報子	紹封	成元延二年（前 11 年）	6
125	南陽／平氏	樂成	許恭	紹封	成元延二年（前 11 年）	缺
126	南陽	氾鄉	何武	以大司空	成綏和元年（前 8 年）	4
127	南陽	博山	孔光	以丞相	成綏和二年（前 7 年）	3
128	南陽	春陵	劉買孫嗣		宣元康元年（前 65 年）	
129	渤海	參戶	劉勉	河間獻王子	武元朔三年（前 126 年）	10
130	渤海	臨樂	劉光	中山靖王子	武元朔四年（前 125 年）	4
131	渤海	定	劉越	齊孝王子	武元朔四年（前 125 年）	4
132	渤海	柳	劉陽（已）	齊孝王子	武元朔四年（前 125 年）	4
133	渤海	沈（浮）陽	劉自為	河間獻王子	不得封年	
134	渤海	蒲領	劉祿	清河綱王子	昭始元六年（前 81 年）	5
135	渤海	修市	劉寅	清河綱王子	宣本始四年（前 70 年）	4
136	渤海	景成	劉雍	河間獻王子	宣地節二年（前 68 年）	4
137	渤海	童（章）鄉	鍾祖	捕反者	成永始三年（前 14 年）	7
138	齊	臨朐	劉奴	菑川懿王子	武元朔二年（前 127 年）	5
139	齊	利昌[112]	劉嘉	代共王子	武元朔三年（前 126 年）	1
140	齊	廣饒	劉國	菑川靖王子	武元鼎元年（前 116 年）	7
141	齊	要（西）安	劉勝	城陽荒王子	元初元元年（前 48 年）	3
142	齊	北鄉	劉譚	菑川孝王子	元建昭四年（前 35 年）	6
143	齊	廣	劉便	菑川王子	元竟寧元年（前 33 年）	4
144	齊	平（廣）	劉服	菑川王子	元竟寧元年（前 33 年）	4
145	齊	台鄉	劉畛	菑川孝王子	成元延二年（前 11 年）	1
146	巨鹿	象氏	劉賀	趙敬肅王子	武元朔三年（前 126 年）	4
147	巨鹿／堂陽	新市	劉吉	廣川繆王子	昭元鳳五年（前 76 年）	11
148	巨鹿	安定	劉賢	燕刺王子	宣本始元年（前 73 年）	10
149	巨鹿	樂信	劉強	廣川繆王子	宣神爵三年（前 59 年）	4
150	巨鹿	曆鄉	劉必勝	廣川繆王子？	宣神爵四年（前 58 年）	7
151	巨鹿	武陶	劉朝	廣川繆王子	宣五鳳元年（前 57 年）	7

112　清‧王先謙曰：「利昌，齊郡縣」，《漢書補注》，書目文獻出版社，1995 年，第 159 頁。

152	巨鹿	柏鄉	劉買	趙哀王子	元竟寧元年（前 33 年）	4
153	巨鹿	安鄉	劉喜	趙哀王子	元竟寧元年（前 33 年）	4
154	平原	安（陽）	劉桀（樂）	濟北貞王子	武元朔三年（前 126 年）	10
155	平原	羽	劉成	濟北式王子	武元朔三年（前 126 年）	10
156	平原	富平	張安世	車騎將軍定策	昭始元六年（前 81 年）	11
157	平原	平昌	王長君（無故）	宣帝舅	宣地節四年（前 66 年）	2
158	平原	合陽	梁喜	告反者	宣元康四年（前 62 年）	4
159	平原	樓虛	訾順	捕反者	成永始三年（前 14 年）	7
160	平原	龍額	韓共	紹封	成元延元年（前 12 年）	6
161	平原	樂陵[113]	史叔	紹封	成元延元年（前 12 年）	6
162	臨淮	襄平	劉豐	廣陵厲王子	元永光五年（前 39 年）	3
163	臨淮	蘭陵	劉宜	廣陵孝王子	元建昭五年（前 34 年）	12
164	臨淮	廣平	劉德	廣陵孝王子	元建昭五年（前 34 年）	12
165	臨淮	昌陽	劉霸	泗水戾王子	成永始四年（前 13 年）	5
166	臨淮	西平	于定國	以丞相（代黃霸）	宣甘露三年（前 51 年）	5
167	臨淮	高平	王逢時	皇太后弟	成河平二年（前 27 年）	6
168	臨淮	開陵	成級	紹封	成元延元年（前 12 年）	6
169	廣平	南曲	劉遷	清河綱王子	昭始元六年（前 81 年）	5
170	廣平	曲梁	劉敬	平幹頃王子	宣元康三年（前 63 年）	7
171	廣平	廣鄉	劉明	平幹頃王子	宣神爵三年（前 59 年）	7
172	廣平	平利	劉世	平幹頃王子	宣神爵四年（前 58 年）	3
173	廣平	平鄉	劉王	平幹頃王子	宣神爵四年（前 58 年）	3
174	廣平	陽城（台）	劉田	平幹頃王子	宣神爵四年（前 58 年）	7
175	廣平	成鄉	劉果	紹封	成元延二年（前 11 年）	
176	泰山	寧陽	劉恢（恬）	魯共王子	武元朔三年（前 126 年）	3
177	泰山	乘丘	劉頃	東平思王子	成鴻嘉元年（前 20 年）	4
178	泰山	桃鄉	劉宣	東平思王子	成鴻嘉二年（前 19 年）	1
179	泰山	富陽	劉萌	東平思王子	成永始三年（前 14 年）	3
180	泰山	桃山	劉欽	城陽孝王子	成永始四年（前 13 年）	5
181	泰山	式	憲次子	紹封	成元延元年（前 12 年）	
182	東萊	平度	劉衍（行）	菑川懿王子	武元朔二年（前 127 年）	5
183	東萊	牟平	劉渫	齊孝王子	武元朔四年（前 125 年）	4
184	東萊	昌鄉（陽）	劉憲	膠東頃王子	成建始二年（前 31 年）	1
185	東萊	樂陽或陽樂	劉獲	膠東頃王子	成建始二年（前 31 年）	1
186	東萊	陵（陽）石	劉慶	膠東共王子	成鴻嘉四年（前 17 年）	6
187	東萊	徐鄉	劉炔	膠東共王子	成元延元年（前 12 年）	2

113　《漢書》卷 28 上〈地理志〉注樂陵侯國屬臨淮郡。

188	信都	東昌	劉成	清河綱王子	宣本始四年（前70年）	4
189	信都	平隄	劉招	河間獻王子	宣地節二年（前68年）	4
190	信都	樂鄉	劉佟	河間獻王子	宣地節二年（前68年）	4
191	信都	昌成	劉元	廣川繆王子	宣神爵三年（前59年）	4
192	信都	西梁	劉闕兵	廣川戴王子？	宣神爵四年（前58年）	3
193	信都	桃	劉良	廣川繆王子	元初元元年（前48年）	3
194	常山	封斯	劉胡陽（傷）	趙敬肅王子	武元朔二年（前127年）	6
195	常山	樂陽	劉說	趙頃王子	宣地節二年（前68年）	4
196	常山	桑中	劉廣漢	趙頃王子	宣地節二年（前68年）	4
197	常山	都鄉	劉景	趙頃王子	宣甘露二年（前52年）	7
198	常山	平臺	史子叔（玄）	以外家有親故貴	宣元康二年（前64年）	3
199	千乘	披（被）陽	劉燕	齊孝王子	武元朔四年（前125年）	4
200	千乘	繁安	劉忠	齊孝王子	武元朔四年（前125年）	4
201	千乘	高昌	董忠	告諸霍子反	宣地節四年（前66年）	8
202	千乘	安平	王舜	王奉先子，皇太后兄	元初元元年（前48年）	3
203	千乘	延鄉	李譚	捕反者	成永始三年（前14年）	7
204	魏郡	邯會	劉仁	趙敬肅王子	武元朔二年（前127年）	6
205	魏	即裴	劉道	趙敬肅王子	武征和元年（前92年）	
206	魏郡	邯溝	劉偃	趙頃王子	宣地節二年（前68年）	4
207	魏郡	平恩	許嘉	廣漢弟子中常侍紹封	元初元元年（前48年）	缺
208	零陵	夫夷	劉義	長沙定王子	武元朔五年（前124年）	3
209	零陵	都梁	劉遂	長沙定王子	武元朔五年（前124年）	6
210	零陵	泉（眾）陵	劉賢	長沙定王子	武元朔五年（前124年）	6
211	濟南	猇	劉起	趙敬肅王子	武征和元年（前92年）	
212	濟南	朝陽	劉聖	廣陵厲王子	宣本始元年（前73年）	7
213	濟南	宜城	燕倉	發謀反者有功	昭元鳳元年（前80年）	7
214	九江	博鄉	劉交	六安繆王子	元竟寧元年（前33年）	4
215	九江	當塗	魏不害	捕反叛	武征和三年（前90年）	11
216	九江	曲陽	王根	皇太后弟	成河平二年（前27年）	6
217	清河	新鄉（信鄉）	劉豹	清河綱王子	宣本始四年（前70年）	4
218	清河	東陽	劉弘	清河綱王子	宣本始四年（前70年）	4
219	豫章	安平	劉習	長沙剌王子	元初元元年（前48年）	3
220	豫章	海昏	劉賀子	紹封	元初元三年（前46年）	
221	潁川	周承休侯	姬延年	更封	元初元五年（前44年）	
222	潁川	成安	郭忠	斬黎汙王	昭元鳳三年（前78年）	2
223	桂陽	陽山	劉宗	長沙剌王子	元初元元年（前48年）	3

224	盧江	松茲	劉霸	六安共王子	昭始元五年（前 82 年）	6
225	江夏	鍾武	劉度次子	紹封	成元延二年（前 11 年）	
226	南郡	高城	劉梁[114]	長沙頃王子	宣元康元年（前 65 年）	1
227	陳留	長羅	常惠	擊匈奴	宣本始四年（前 70 年）	4
228	河東／北屈	騏	駒詩	紹封	成元延元年（前 12 年）	6
229	東郡	陽平	王傑（禁）	元帝皇后父	元初元元年（前 48 年）	3
230	上郡	宜鄉	馮參	以中山王舅	成綏和元年（前 8 年）	2
231	中山	安國	劉吉	趙共王子	成綏和元年（前 8 年）	6
232	代	廣昌	劉賀	河間孝王子	成綏和元年（前 8 年）	6
233		壞（懷昌）	劉高遂	菑川懿王子	武元朔二年（前 127 年）	5
234		卑梁	劉都	高密頃王子	成建始二年（前 31 年）	1
235		堂鄉	劉恢	膠東共王子	成綏和元年（前 8 年）	5
236		襄鄉	劉福	趙共王子	成綏和元年（前 8 年）	6
237		容鄉	劉強	趙共王子	成綏和元年（前 8 年）	6
238		繟鄉	劉固	趙共王子	成綏和元年（前 8 年）	6
239		都安	劉普	河間孝王子	成綏和元年（前 8 年）	6
240		樂平	劉永	河間孝王子	成綏和元年（前 8 年）	6
241		方鄉	劉常得	廣陽惠王子[115]	成綏和元年（前 8 年）	6

資料來源：依附錄 2 各表統計。

第三節　縣級城市（縣邑道城）發展的時空特徵研究（下）

　　對西漢初年城市數量的探討以楊守敬和周振鶴最為精當，但二者又有區別，楊氏立足於秦代，是對秦末城市數量的估測[116]，而周氏則是對西漢初年城市數量的推演，儘管在時間上稍有不同，但周先生在其大著中亦多次言到，楚漢至高祖初年因戰爭原因，尚未調整，故城邑仍沿用秦代。如此說來，楊周二氏所探討就應是同一問題，但二者的結論卻又不同。楊氏認為，秦代縣城應有八九百之數，周氏認為西漢初年應有千縣之數，繼而認為「秦縣大約亦是千縣

114　筆者按《漢書‧王子侯表》下所載：「高城節侯梁，長沙頃王子，昭帝始元六年（前 81 年）六月乙卯封。」與此處有衝突，因另兩位長沙頃王子封於元康元年，故將高城侯亦記於此。

115　疑為思王子。

116　楊守敬謂：「漢縣道國邑千五百八十七，除武帝后開置者外，亦千三四百，則秦縣當八九百矣」，《秦郡縣圖‧序》。

有餘而已」[117]。楊氏的結論得到許多先生的支持，如譚其驤認為：「以秦縣而言，估計總數當不下八九百個，但為漢志所提到的不滿十個。」[118] 筆者根據文獻記載及張家山漢簡資料對比，結論與此相仿。

一、文獻記載秦代縣城

西漢以行政機構設置與否作為判斷城市的標準，而《漢志》記載城市更名現象比較混亂，主要原因在於秦代縣級城市本身的不確定性。先秦時期存在的城又並非都是治所城市，所以，面對文獻中記載的故某某城，或故某國，或者是某邑等都特別難以判定，本文除引用《史記》、《漢書》的記載之外，還借助於後世地理總志，如《元和郡縣誌》、《讀史方輿紀要》、《輿地廣紀》、《清一統志》等，可以確定的秦朝縣城大約有 323 個（表 2–44），作為考查西漢初年城市的參照系，與不同時期所存西漢城市相比較，以揭示西漢城市發展的一般規律。

表 2－44 文獻記載的秦代縣城

秦城	漢郡	出　處	秦城	漢郡	出　處
麗邑	京兆尹	《史記·秦始皇本紀》	蕭	沛郡	《清一統志》卷 101
藍田	京兆尹	《史記·六國表》、《漢志》	銍	沛郡	《清一統志》卷 126
陰晉	京兆尹	《漢志》	下蔡	沛郡	《史記·甘茂傳》
鄭	京兆尹	《史記·秦本紀》《水經·渭水注》	譙	沛郡	《史記·陳涉世家》、《清一統志》卷 128
胡	京兆尹	《漢志》、《水經·河水注》	蘄	沛郡	《史記·陳涉世家》、《清一統志》卷 126
下邽	京兆尹	《漢志》、《太平寰宇記》卷 29	滕	沛郡	《史記·夏侯嬰傳》、《清一統志》卷 166
芷陽	京兆尹	《史記·秦本紀》	符離	沛郡	《史記·陳涉世家》
杜	京兆尹	《史記·秦本紀》	沛	沛郡	《史記·高祖本紀》、《清一統志》卷 101
高陵	左馮翊	《元和郡縣誌》2、《漢書地理志補注》	芒	沛郡	《史記·高祖本紀》、《元和郡縣誌》卷 8
櫟陽	左馮翊	《史記·秦本紀》、《史記·六國年表》	城父	沛郡	《史記·項羽本紀》

117　周振鶴：《西漢政區地理》，北京：人民出版社，1987 年，第 238 頁。
118　譚其驤：〈《漢書地理志》選釋〉，侯仁之主編：《中國古代地理名著選讀》（一），北京：科學出版社，1959 年，第 61 頁注（2）。

夏陽	左馮翊	《史記・秦本紀》、《漢志》	酇	沛郡	《史記・陳涉世家》、《清一統志》卷 194
衙	左馮翊	《史記・秦始皇本紀》	栗	沛郡	《史記・高祖本紀》
郿	左馮翊	《史記・秦本紀》	滕	沛郡	《讀史方輿紀要》卷 31〈山東二〉，第 237 頁
頻陽	左馮翊	《史記・秦本紀》、《漢志》	鄴	魏郡	《史記・秦始皇本紀》
臨晉	左馮翊	《史記・秦本紀》、《漢志》	巨鹿	巨鹿	《史記・秦始皇本紀》、《水經・濁漳水注》
重泉	左馮翊	《元和郡縣誌》卷 1、《太平寰宇記》	曲陽	巨鹿、常山	《水經・滱水注》
合陽	左馮翊	《史記・魏世家》、《水經・河水注》	棘蒲	常山	《史記・靳歙傳》
武城	左馮翊	《史記・秦本紀》	鄗	常山	《戰國策》「趙策二」
懷德	左馮翊	《史記・絳侯周勃世家》、《水經・渭水注》	厝	清河	《太平寰宇記》卷 58
雲陽	左馮翊	《史記・秦始皇本紀》	范陽	涿郡	《元和郡縣誌》卷 22
咸陽	右扶風	《史記・秦始皇本紀》	武垣	涿郡	《太平寰宇記》卷 66
廢丘	右扶風	《漢書・高帝紀》、《漢志》	南皮	渤海	《史記・項羽本紀》《正義》引《括地志》
鄠	右扶風	《元和郡縣誌》卷 2	平原	平原	《漢書地理志補注》卷 28
邰	右扶風	《史記・曹相國世家》	鬲	平原	《史記・曹相國世家》
美陽	右扶風	《讀史方輿紀要》卷 54	漯陰	平原	《史記・曹相國世家》
鄟	右扶風	《史記・白起列傳》、《元和郡縣誌》卷 2	富平	平原	《讀史方輿紀要》卷 31〈山東二〉
雍	右扶風	《史記・秦本紀》、《元和郡縣誌》卷 2	千乘	千乘	《史記・田儋傳》
漆	右扶風	《史記・絳侯周勃世家》《索隱》	狄	千乘	《史記・陳涉世家》
栒邑	右扶風	《史記・酈商傳》	著	濟南	《史記・項羽本紀》
陳倉	右扶風	《史記・高祖本紀》、《元和郡縣誌》卷 2	博陽	泰山	《史記・項羽本紀》
杜陽	右扶風	《史記・甘茂轉》《索隱》	盧	泰山	《史記・曹相國世家》
汧	右扶風	《史記・絳侯周勃世家》、《水經・渭水注》	嬴	泰山	《史記・田儋傳》
好畤	右扶風	《史記・絳侯周勃世家》	臨淄	齊郡	《史記・項羽本紀》
虢	右扶風	《史記・秦本紀》	腄	東萊	《史記・項羽本紀》
武功	右扶風	《元和郡縣誌》卷 2	黃	東萊	《史記・秦始皇本紀》、《清一統志》卷 173
陝	弘農	《史記・六國年表》	琅邪	琅邪	《水經・濰水注》
宜陽	弘農	《史記・秦本紀》	郯	東海	《水經・沂水注》、《清一統志》卷 177

澠池	弘農	《史記·商君傳》	蘭陵	東海	《太平寰宇記》23引《十三州志》
丹水	弘農	《史記·高祖本紀》	下邳	東海	《元和郡縣誌》卷10
新安	弘農	《史記·項羽本紀》	戚	東海	《漢書·高帝紀》師古注
商	弘農	《史記·商君傳》	朐	東海	《史記·秦始皇本紀》、《水經·淮水注》
析	弘農	《史記·楚世家》	繒	東海	《史記·靳歙傳》、《清一統志》卷166
安邑	河東	《史記·魏世家》	徐	臨淮	《史記·陳涉世家》、《史記·灌嬰傳》
蒲阪	河東	《史記·秦本紀》	取慮	臨淮	《史記·陳涉世家》、《清一統志》卷101
左邑	河東	《水經·涑水柱》	盱眙	臨淮	《史記·項羽本紀》《正義》、《清一統志》卷134
汾陰	河東	《史記·秦本紀》	僮	臨淮	《史記·灌嬰傳》、《清一統志》卷134
垣	河東	《史記·秦本紀》	淮陰	臨淮	《史記·淮陰侯傳》、《讀史方輿紀要》卷134
皮氏	河東	《史記·河渠書》《正義》引《括地志》	下相	臨淮	《史記·項羽本紀》《正義》引《括地志》、《清一統志》卷101
平陽	河東	《左傳》「昭公二十八年」	東陽	臨淮	《史記·項羽本紀》、《清一統志》卷134
襄陵	河東	《史記·秦本紀》	堂邑	臨淮	《太平寰宇記》123
楊	河東	《左傳》「昭公二十八年」	吳	會稽	《元和郡縣誌》26、《史記·韓王信傳》《正義》
絳	河東	《戰國策》「齊策一」	曲阿	會稽	《通典·州郡志》卷11
晉陽	太原	《水經·汾水注》	陽羨	會稽	《太平寰宇記》卷92
界休	太原	《元和郡縣誌》十六	諸暨	會稽	《元和郡縣誌》卷27
榆次	太原	《史記·秦本紀》	山陰	會稽	《元和郡縣誌》卷27、《太平寰宇記》卷96
茲氏	太原	《水經·文水注》	丹徒	會稽	《史記·吳太伯世家》《集解》引《吳地記》、《元和郡縣誌》26
狼孟	太原	《史記·秦本紀》	婁	會稽	《元和郡縣誌》卷26、《清一統志》卷78
鄔	太原	《史記·曹相國世家》、《漢志》	海鹽	會稽	《水經·沔水注》、《元和郡縣誌》卷46、《太平寰宇記》卷95
盂	太原	《左傳》「昭公二十年」、《漢志》	由拳	會稽	《水經·沔水注》、《太平寰宇記》卷95

祁	太原	《左傳》「襄公二十一年」	太末	會稽	《水經・漸江水注》、《太平寰宇記》卷 97
長子	上黨	《水經・濁漳水注》	烏程	會稽	《太平寰宇記》卷 94
銅鞮	上黨	《左傳》「昭公二十年」	句章	會稽	《清一統志》卷 292
襄垣	上黨	《漢書地理志補注》	餘杭	會稽	《水經・漸江水注》
壺關	上黨	《魏書・地形志》	鄞	會稽	《讀史方輿紀要》卷 92
高都	上黨	《水經・伊水注》	錢塘	會稽	《讀史方輿紀要》卷 90
懷	河內	《史記・范睢傳》	鄮	會稽	《讀史方輿紀要》卷 92
汲	河內	《史記・魏世家》	江乘	丹陽	《史記・秦始皇本紀》《正義》
武德	河內	《漢志》「孟康注」	秣陵	丹陽	《元和郡縣誌》卷 26
山陽	河內	《史記・秦始皇本紀》	丹陽	丹陽	《元和郡縣誌》卷 20
河雍	河內	《太平寰宇記》卷 52	黝	丹陽	《太平寰宇記》卷 104
共	河內	《史記・魏世家》	歙	丹陽	《元和郡縣誌》卷 29
邢丘	河內	《史記・秦本紀》《正義》引《括地志》	廬陵	豫章	《元和郡縣誌》卷 29
朝歌	河內	《史記・魏世家》、《史記・項羽本紀》	鄱	豫章	《史記・楚世家》《正義》引《括地志》
休武	河內	《漢志》、《清一統志》卷 101	郴	桂陽	《漢志》
野王	河內	《史記・秦始皇本紀》	耒陽	桂陽	《元和郡縣誌》卷 30
軹	河內	《史記・秦本紀》	臨沅	武陵	《水經・沅江注》
蕩陰	河內	《史記・魯仲連傳》	零陵	零陵	《漢書・藝文志》「縱橫家言」
洛陽	河南	《史記・項羽本紀》	南鄭	漢中	《水經・沔水注》
榮陽	河南	《史記・韓世家》	房陵	漢中	《華陽國志》卷 2
京	河南	《史記・申不害傳》	成固	漢中	《漢金文錄》
平陰	河南	《史記・高祖本紀》	上庸	漢中	《水經・沔水注》
陽武	河南	《史記・秦始皇本紀》	葭萌	廣漢	《史記・貨殖列傳》
猴氏	河南	《戰國策》「秦策一」	成都	蜀郡	《元和郡縣誌》卷 32、《清一統志》卷 385
卷	河南	《戰國策》「魏策一」	郫	蜀郡	《元和郡縣誌》卷 32、《清一統志》卷 385
鞏	河南	《戰國策》「韓策一」	臨邛	蜀郡	《史記・貨殖列傳》、《清一統志》卷 411
開封	河南	《史記・韓世家》	嚴道	蜀郡	《史記・文帝本紀》《正義》引《括地志》
宛陵	河南	《史記・魏世家》《正義》引《括地志》	湔氐	蜀郡	《華陽國志》卷 3、《水經・江水注》
梁	河南	《水經・汝水注》	江州	巴郡	《水經・江水注》
新鄭	河南	《史記・秦始皇本紀》	枳	巴郡	《水經・蘇秦傳》《正義》
濮陽	東郡	《史記・衛康叔世家》	胸忍	巴郡	《太平寰宇記》卷 137

聊城	東郡	《史記·魯仲連傳》	故道	武都	《史記·曹相國世家》
茌平	東郡	《元和郡縣誌》十一	下辨	武都	《史記·曹相國世家》、《清一統志》卷177
阿	東郡	《史記·項羽本紀》《正義》引《括地志》	狄道	隴西	《水經·河水注》、《太平寰宇記》卷151
須昌	東郡	《水經·濟水注》	上邽	隴西	《史記·秦本紀》
白馬	東郡	《史記·高祖本紀》	臨洮	隴西	《元和郡縣誌》卷39
燕	東郡	《史記·高祖本紀》《索隱》	西	隴西	《史記·絳侯周勃世家》《正義》引《括地志》
陳留	陳留	《太平寰宇記》卷1	榆中	金城	《史記·秦始皇本紀》
雍丘	陳留	《史記·六國年表》「韓景侯元年	枹罕	金城	《元和郡縣誌》卷39
酸棗	陳留	《史記·魏世家》	冀	天水	《史記·秦本紀》
襄邑	陳留	《漢志》	朝那	安定	《史記·匈奴傳》
外黃	陳留	《史記·項羽本紀》	涇陽	安定	《史記·秦本紀》、《元和郡縣誌》卷2
尉氏	陳留	《太平寰宇記》卷1	烏氏	安定	《史記·匈奴傳》
長垣	陳留	《史記·春申君傳》	陰密	安定	《史記·秦本紀》
平丘	陳留	《史記·春申君傳》	富平	北地	《水經·河水注》
濟陽	陳留	《史記·春申君傳》	泥陽	北地	《史記·酈商傳》
大樑	陳留	《水經·渠水注》	義渠	北地	《史記·秦本紀》
陽翟	潁川	《史記·項羽本紀》	膚施	上郡	《水經·河水注》
昆陽	潁川	《戰國策》「魏策一、三」	陽周	上郡	《水經·河水注》
潁陽	潁川	《史記·高祖本紀》	雕陰	上郡	《史記·傅寬傳》
長社	潁川	《史記·秦本紀》	高奴	上郡	《史記·項羽本紀》
襄城	潁川	《元和郡縣誌》卷7	九原	五原	《史記·秦始皇本紀》、《水經·河水注》
舞陽	潁川	《戰國策》「魏策一、三」	雲中	雲中	《水經·河水注》、《元和郡縣誌》卷5
許	潁川	《讀史方輿紀要》卷47	善無	雁門	《水經·河水注》
父城	潁川	《太平寰宇記》卷8	樓煩	雁門	《太平寰宇記》卷41
陽城	潁川	《史記·高祖本紀》、《漢志》	高柳	代郡	《水經·㶟水注》
平輿	汝南	《水經·汝水注》	班氏	代郡	《漢志》
汝陰	汝南	《史記·陳涉世家》	平邑	代郡	《史記·趙世家》
期思	汝南	《史記·淮水注》	安陽	代郡	《水經·㶟水注》
召陵	汝南	《史記·秦本紀》	代	代郡	《史記·蒙恬傳》、《史記·匈奴傳》《正義》
上蔡	汝南	《史記·李斯傳》	沮陽	上谷郡	《史記·絳侯周勃世家》、《水經·㶟水注》
浸	汝南	《史記·王翦傳》	漁陽	漁陽郡	《史記·陳涉世家》、《水經·鮑丘水注》

項	汝南	《元和郡縣誌》卷 9	無終	右北平	《史記·項羽本紀》、《水經·鮑丘水注》
新陽	汝南	《史記·陳涉世家》《正義》引《括地志》	令支	遼西	《水經·濡水注》
宛	南陽	《水經·淯水注》	陽樂	遼西	《水經·濡水注》
犨	南陽	《史記·高祖本紀》	襄平	遼東	《水經·大遼水注》
山都	南陽	《水經·沔水注》	番禺	南海郡	《元和郡縣誌》卷 35、《太平寰宇記》卷 157
蔡陽	南陽	《史記·秦本紀》《正義》引《括地志》	龍川	南海郡	《史記·南越尉佗傳》
築陽	南陽	《水經·沔水注》	四會	南海郡	《元和郡縣誌》卷 35
穰	南陽	《史記·秦本紀》	象林	南海郡	《水經·溫水注》引《晉書地道記》
酈	南陽	《史記·高祖本紀》	邯鄲	趙國	《元和郡縣誌》卷 19
隨	南陽	《水經·涢水注》	信都	信都國	《史記·項羽本紀》《正義》引《括地志》
鄧	南陽	《水經·淯水注》	東垣	信都國	《史記·盧綰傳》、《漢志》
魯陽	南陽	《漢志》	曲逆	信都國	《史記·陳丞相世家》
湖陽	南陽	《清一統志》卷 211	觀津	信都國	《史記·樂毅傳》
江陵	南郡	《史記·項羽本紀》	薊	廣陽國	《史記·項羽本紀》、《水經·漯水注》
夷陵	南郡	《戰國策》「秦策三、四」	東安平	菑川國	《史記·田單傳》《集解》引「徐廣」
鄢	南郡	《史記·秦本紀》	高密	高密國	《水經·濰水注》
巴	南郡	《水經·沔水注》	莒	城陽國	《戰國策》「齊策六」、《水經·沭水注》
郡	南郡	《水經·沔水注》	陳	淮陽國	《史記·楚世家》
巫	南郡	《水經·沔水注》	苦	淮陽國	《史記·陳涉世家》
竟陵	江夏	《水經·沔水注》	陽夏	淮陽國	《史記·陳涉世家》
邾	江夏	《水經·沔水注》	柘	淮陽國	《史記·陳涉世家》
居巢	廬江	《清一統志》卷 123	碭	梁國	《水經·獲水注》
壽春	九江	《水經·淮水注》、《太平寰宇記》卷 129	酇	梁國	《水經·汳水注》
陰陵	九江	《史記·項羽本紀》、《清一統志》卷 126	蒙	梁國	《史記·絳侯周勃世家》
歷陽	九江	《史記·項羽本紀》、《清一統志》卷 131	虞	梁國	《史記·高祖本紀》
鍾離	九江	《水經·淮水注》	下邑	梁國	《史記·高祖本紀》
東城	九江	《史記·項羽本紀》、《清一統志》卷 126	睢陽	梁國	《史記·灌嬰傳》
昌邑	山陽	《史記·高祖本紀》、《清一統志》卷 183	無鹽	東平國	《史記·項羽本紀》

成武	山陽	《史記・絳侯周勃世家》、《清一統志》卷181	亢父	東平國	《史記・高祖本紀》、《清一統志》卷183
胡陵	山陽	《史記・項羽本紀》、《清一統志》卷183	魯	魯國	《史記・項羽本紀》、《水經・泗水注》
東昏	山陽	《史記・絳侯周勃世家》、《清一統志》卷183	鄒	魯國	《漢志》
方輿	山陽	《史記・高祖本紀》、《清一統志》卷183	薛	魯國	《史記・項羽本紀》、《清一統志》卷166
單父	山陽	《史記・高祖本紀》、《清一統志》卷181	彭城	楚國	《史記・秦始皇本紀》、《清一統志》卷101
都關	山陽	《史記・絳侯周勃世家》、《清一統志》卷181	留	楚國	《史記・秦始皇本紀》、《清一統志》101
爰戚	山陽	《史記・絳侯周勃世家》、《清一統志》卷183	凌	泗水國	《史記・陳涉世家》、《清一統志》101
瑕丘	山陽	《史記・項羽本紀》	廣陵	廣陵國	《史記・六國年表》、《清一統志》卷97
定陶	濟陰	《史記・項羽本紀》、《清一統志》卷181	六	六安國	《史記・黥布傳》、《清一統志》卷133
宛朐	濟陰	《史記・絳侯周勃世家》、《史記・盧綰傳》《正義》	安豐	六安國	《太平寰宇記》卷129
成陽	濟陰	《史記・高祖本紀》	臨湘	長沙國	《史記・高祖本紀》、《水經・湘水注》
相	沛郡	《史記・高祖本紀》、《清一統志》卷126	羅	長沙國	《史記・屈原傳》《正義》、《水經・湘水注》
竹邑	沛郡	《史記・曹相國世家》			

說　　明：1. 所屬郡國名稱是指《漢志》郡國名稱；

　　　　　2. 本表秦厭次城乃《漢志》平原郡富平城，「相傳秦始皇東游厭氣於此因置厭次縣」；秦山陽郡滕縣在西漢分置侯國之後改名公丘，屬沛郡。這類的城市應當還有一些，此處僅列兩條。

二、《張家山漢墓竹簡・二年律令》所載西漢初年城市

　　《張家山漢墓竹簡・二年律令》（以下簡稱《二年律令》）是張家山247號漢墓出土全部律令的總稱，共有竹簡527枚。它包含27種律和1種令，共28種，內容已經涉及到漢律的主要方面。《二年律令》的出土，使亡佚兩千餘年之久的漢律重新面世，其價值的確是不可估量的。《二年律令》不僅從法制史、秦漢史的角度填補了漢律令的缺環，與史書相印證，對於深入研究秦漢社會歷史和政治制度的真實情況，均為不可多得的第一手材料；而且從歷史地理學角度考察，《二年律令》不但記載了西漢初年漢郡區的城市名目及數量，還

提供了西漢初年城市等級劃分依據，同樣對於確定高后時期漢郡與東部諸侯王國的邊線有佐證之功效。

《二年律令》中的《秩律》，從第四四三簡始，至第四七三簡止，共有 31 枚竹簡，它是 28 種律令中律文字數保存較多的一種律，其中律文雖亦有殘缺脫落，但從總體來看，每條律文基本上可以銜接起來，大體上可以看出整個秩律的輪廓和構架。它是我們目前所見到的有關漢代秩律的文本原型，較為全面系統地載有漢初上自朝廷公卿文武百官和宮廷官員及其屬吏，下自漢廷直接管轄的郡、縣、道乃至鄉部、田部等基層行政組織長吏和少吏，以及列侯、公主所封食邑的吏員名稱和秩祿石數，可以填補史籍的空白。結合文獻記載，對深入研究秦漢時期的職官、秩祿和政區疆域等政治制度，都具有重大的學術價值。

這裡依據中華書局出版的由張家山二四七號漢墓竹簡整理小組整理的《張家山漢墓竹簡（二四七號）》[119] 中《二年律令·秩律》的釋文（以下簡稱《釋文》）對西漢初年漢郡區的城市予以復原研究。《二年律令·秩律》共記載了西漢高后二年中央直轄之下的縣 253 個（另有 12 個不能確定所屬郡者），分佈於《漢志》的 34 個郡中，京兆尹 7、左馮翊 15、右扶風 10、弘農郡 7、河東郡 14、上黨郡 11、河內郡 11、河南郡 15、東郡 10、陳留郡 3、潁川郡 14、汝南郡 6、南陽郡 16、南郡 8、江夏郡 4、濟陰郡 1、沛郡 4、魏郡 4、武陵郡 1、漢中郡 10、廣漢郡 6、蜀郡 6、犍為郡 2、巴郡 7、武都郡 4、隴西郡 4、天水郡 4、安定郡 5、北地郡 8、上郡 11、西河郡 10、五原郡 7、雲中郡 6、淮陽國 1、長沙國 1。

表 2–45《二年律令·秩律》所見城市及相關信息

郡國	轄縣	秩別	今　地	郡國	轄縣	秩別	今　地
京兆尹 1	長安	千石	陝西西安市區西北 20 里	南陽郡 14	宛	八百石	河南南陽市
	新豐	千石	陝西西安臨潼區東北		犨	六百石	今河南省魯山縣境
	藍田	八百石	陝西藍田縣西 30 里		酇	八百石	湖北丹江口市東南
	華陰	八百石	陝西華陰市東南 5 里		堵	六百石	河南南召縣雲陽鎮
	鄭	八百石	陝西華縣西北 3 里		蔡陽	六百石	湖北襄樊市東

119　張家山二四七號漢墓竹簡整理小組：《張家山漢墓竹簡（二四七號）》，北京：中華書局，2001 年。

	縣名	石	地望		縣名	石	地望
	湖	八百石	河南省靈寶縣西		新野	八百石	河南南陽市新野縣
	下邽	八百石	陝西渭南市北部		穰	八百石	河南鄧州市
左馮翊2	櫟陽	千石	陝西西安閻良區武屯東		酈	六百石	河南南陽北潦河坡一帶
	翟道	六百石	陝西黃陵縣西北		比陽	六百石	河南泌陽縣
	池陽	八百石	陝西涇陽縣		平氏	六百石	河南唐河縣東南
	夏陽	八百石	陝西韓城市		隨	六百石	湖北隨州市
	衙	八百石	陝西澄城縣馮原鎮西		葉	六百石	河南葉縣南
	鄜	六百石	陝西洛川縣東南		鄧	六百石	湖北襄樊市襄陽區
	頻陽	千石	陝西富平縣東北		魯陽	六百石	河南魯山縣
	臨晉	千石	陝西大荔縣朝邑鎮		春陵[120]	六百石	湖北襄陽市南
	重泉	八百石	陝西蒲城縣東南		湖陽	六百石	河南唐河縣湖陽鄉
	郃陽	千石	陝西合陽縣東南	南郡15	江陵	八百石	湖北荊州市荊州區
	武城	六百石	陝西華縣東		臨沮	六百石	湖北遠安縣西北
	襄德	六百石	陝西大荔縣		夷陵	六百石	湖北宜昌市夷陵區
	萬年	三百石	陝西西安閻良區武屯東		宜城[121]	八百石	湖北宜城市南
	長陵	八百石	陝西咸陽市區東北		秭歸	六百石	湖北宜昌市秭歸縣
	雲陽	八百石	陝西淳化縣西北		夷道	六百石	湖北宜都縣
右扶風3	槐里	千石	陝西興平市東南		州陵	六百石	湖北咸寧嘉魚縣大沙湖
	邰	八百石	陝西武功縣西南		巫	八百石	重慶市巫山縣
	美陽	六百石	陝西西安市楊陵區	江夏郡16	西陵	六百石	湖北武漢市新洲區
	雍[122]	千石	陝西鳳翔縣		竟陵	六百石	湖北潛江市西北
	漆[123]	六百石	陝西彬縣		安陸	六百石	湖北孝感市雲夢縣
	栒邑[124]	六百石	陝西旬邑縣東北		沙羨	六百石	湖北武漢市漢南區
	杜陽	六百石	陝西麟遊縣西北	濟陰郡20	甄城	六百石	山東甄城北

120　原文為「南陵」，《釋文》定為「春陵」，暫以《釋文》為准。

121　《釋文》將「宜城」定於濟南，不妥。原因是西漢初年濟南（當時屬齊國）之宜城沒有封侯，非侯國，此地最早於武帝元朔二年封侯，故呂后時不可能屬中央管轄；且南郡之宜城本身即在漢郡區內；再者《漢書》卷28上〈地理志〉載宜城「惠帝三年更名（前192年）」，故此乃南郡之「宜城」。

122　睢，《釋文》注為「鄳，屬沛郡」，不妥，原文另有一沛郡鄳，筆者認為乃右扶風之雍。

123　原文為「沫」，《釋文》疑為「漆」之誤，屬內史。

124　查〈高祖侯者年表〉，當為高祖八年（前199年）所封溫疥的栒國，該侯國廢除於景中四年（前146年），所以在呂后二年時應當存在，《釋文》以為地望不詳。

郡	縣	秩	地	郡	縣	秩	地
	汧	六百石	陝西隴縣南	魏郡22	涉	六百石	河北涉縣
	好畤	千石	陝西乾縣東		內黃	六百石	河南內黃縣西北
	安陵[125]	六百石	陝西咸陽市區東北		繁陽	六百石	河南內黃西北
弘農郡4	盧氏	六百石	河南靈寶市盧氏縣		武安	六百石	河北武安市
	陝	六百石	河南三門峽市西	武陵郡42	屖陵	六百石	湖北荊州市公安縣
	宜陽	六百石	河南洛陽市宜陽西	漢中郡44	西城	八百石	陝西安康市西北
	新安	六百石	河南義馬市東		旬陽	六百石	陝西旬陽縣
	商	六百石	陝南丹鳳縣		南鄭	八百石	陝西漢中市
	析	六百石	河南西峽縣		房陵	六百石	湖北房縣
	上雒	六百石	陝西商州市		安陽	六百石	約在陝西城固縣北
河東郡5	蒲反	八百石	山西永濟市西		成固	八百石	陝西城固縣
	汾陰	六百石	山西萬榮縣西南		錫	六百石	陝西白河縣
	濩澤	六百石	山西陽城縣西北固隆鎮		武陵	六百石	湖北竹山縣西北
	端氏	六百石	山西沁水縣東北王必鎮		上庸	六百石	湖北山縣西南
	臨汾	八百石	山西新章縣東北趙康鎮		長利	六百石	湖北鄖西縣西南觀音鎮
	垣	六百石	山西垣曲縣西10里	廣漢郡45	梓潼	八百石	四川梓潼縣
	皮氏	六百石	山西河津市		涪	八百石	四川綿陽市
	平陽	八百石	山西臨汾市區		雒[126]	千石	四川廣漢市
	襄陵	六百石	山西臨汾市東南		新都	八百石	四川成都市新都區
	彘	六百石	山西霍州市		甸氐道	五百石	甘肅武都南
	楊	八百石	山西洪洞縣西南曲亭鎮		陰平道	五百石	甘肅文縣
	北屈	六百石	山西臨汾市吉縣北	蜀郡46	成都	千石	四川成都市
	蒲子	六百石	山西隰縣		臨邛	八百石	四川邛崍市
	絳	八百石	山西侯馬市曲沃縣		青衣道	六百石	四川名山縣北
上黨郡7	長子	八百石	山西長子西		嚴道	六百石	四川雅安市榮經縣
	屯留	六百石	山西長治市		綿虒道	五百石	四川文川縣南
	餘吾	六百石	山西屯留縣吾元鎮		湔氐道	五百石	四川松潘縣北

125　《釋文》將「安陵」定於平原郡，疑非。考孝惠帝安陵邑於高后二年（前186年）時已建成，結合史籍知，西漢陵邑均為大縣，均設令。另，據《漢書‧翟方進傳》（第3415頁），成帝昌陵在修建過程中，其陵邑就已設有縣令。因而，推測此安陵當是惠帝之安陵邑。

126　原文「□雒（千石）」和「上雒（六百石）」各一處，注釋者對「□雒」疑為弘農郡之上雒，但對後文「上雒」沒有作任何解釋，故認為弘農之上雒令秩應為六百石，而「□雒」定為廣漢之雒。

	銅鞮	六百石	山西沁縣故縣鎮	犍為郡47	江陽	六百石	四川瀘州市
	涅氏	六百石	山西沁縣西北西湯鎮		武陽	八百石	四川彭山縣東
	襄垣	六百石	山西襄垣縣北王村	巴郡51	江州	八百石	重慶市江北
	壺關	六百石	山西潞城市魏家莊		臨江	六百石	重慶市忠縣
	泫氏	六百石	山西高平市		枳	六百石	重慶市涪陵區
	高都	六百石	山西晉城市		朐忍	八百石	重慶雲陽舊縣坪
	潞	六百石	山西省潞城縣東北		安漢	六百石	四川南充市
	奇氏	六百石	山西安澤縣		宕渠	六百石	四川渠縣東北
河內郡8	汲	六百石	河南新鄉市衛輝市西溝		涪陵	六百石	重慶彭水縣
	山陽	六百石	河南焦作市東	武都郡52	武都道127	六百石	甘肅武都、西河縣之間
	河陽	六百石	河南孟州市		平樂道	六百石	甘肅康縣望子關附近
	共	六百石	河南衛輝市		沮	六百石	約陝西略陽與勉縣之間
	朝歌	六百石	河南淇縣		下辨128	六百石	甘肅成縣西北
	修武	八百石	河南獲嘉縣	隴西郡53	狄道	六百石	甘肅臨洮縣
	溫	八百石	河南溫縣南30里		上邽	八百石	甘肅天水市
	野王	六百石	河南沁陽市		氐道	六百石	甘肅禮縣西武山縣南
	軹	八百石	河南濟源市東南		予道*	六百石	
	隆慮	六百石	河南林州市	天水郡55	戎邑道	六百石	甘肅清水縣北
	蕩陰	六百石	河南鶴壁市湯陽縣		綿諸道	六百石	甘肅天水東天水鎮
河南郡9	雒陽	千石	河南洛陽市東北		略陽道	六百石	甘肅莊浪縣南
	榮陽	六百石	河南榮陽市東北		獂道	六百石	甘肅隴西與武山縣之間
	平陰	六百石	河南孟津縣北	安定郡60	朝那	六百石	寧夏固原彭陽縣故城鎮
	中牟	六百石	河南中牟縣東		鹵*	六百石	
	陽武	六百石	河南延津縣黃河岸邊		烏氏	六百石	寧夏涇源縣蒿店
	河南	六百石	河南省洛陽市境內		陰密	六百石	甘肅靈台縣新集鎮
	緱氏	六百石	河南鞏義市南		彭陽129	八百石	甘肅鎮原縣東
	卷	六百石	河南原陽縣西	北地郡61	靈州	六百石	寧夏吳忠市
	密	六百石	河南新密市西北		昫衍	六百石	寧夏鹽池縣

127　原文為「武都道」,《漢書》卷28下〈地理志〉為「武都」。

128　原文另有「辨道」,《漢書·地理志》無。

129　時屬北地郡,《漢書》卷28下〈地理志〉屬安定郡。

郡	縣名	秩	地望	郡	縣名	秩	地望
	新成[130]	六百石	河南伊川縣西南		方渠	六百石	甘肅環縣東南
	開封[131]	六百石	河南開封縣西南朱仙鎮		除道*	六百石	
	成皋	六百石	河南滎陽市西北		歸德	六百石	陝西吳旗縣西北
	苑陵	六百石	河南新鄭市東北		略畔道	六百石	甘肅合水縣
	梁	六百石	河南汝州市西		鬱郅	六百石	甘肅慶陽
	新鄭[132]	六百石	河南新鄭市		義管道	六百石	甘肅慶陽西方山鎮
東郡10	濮陽	八百石	河南濮陽市濮陽縣	上郡62	陽周	六百石	陝西靖邊縣楊橋畔鎮
	觀	六百石	河南濮陽市清豐縣		平都	六百石	約在陝西子長縣南部
	聊城	六百石	山東聊城市南		洛都*	六百石	
	頓丘	六百石	河南濮陽市北		襄洛[133]	六百石	陝西富縣西張家灣
	茌平	六百石	山東聊城市東阿縣西北		原都	六百石	內蒙古鄂托克前旗城川鎮
	東武陽	六百石	山東聊城市莘縣南		漆垣	六百石	陝西銅川市北嶁峴鎮
	東阿	六百石	山東陽谷縣東		雕陰	六百石	陝西富縣北
	陽平	六百石	山東聊城市莘縣		高望	六百石	內蒙古杭錦旗勝利鄉紮爾廟嘎查
	白馬	六百石	河南滑縣東		雕陰道	六百石	陝西甘泉縣
	燕[134]	六百石	譚圖無/山東聊城市		定陽	六百石	陝西延長縣臨鎮西
陳留郡11	陳留	六百石	河南開封市東南陳留鎮		高奴	八百石	陝西延安市
	酸棗	六百石	河南延津縣西南	西河郡63	中陽	六百石	內蒙古杭錦旗勝利鄉古城梁村
	尉氏	六百石	河南尉氏		徒經	六百石	內蒙古伊金霍洛旗新廟鄉古城壕村
潁川郡12	陽翟	八百石	河南禹州市		圁陰	六百石	陝西榆林市橫山縣黨岔鎮北莊村
	潁陽	六百石	河南許昌西南潁水北岸		平周	六百石	陝西米脂縣老城
	定陵	六百石	河南舞陽縣馬村一帶		圁陽	八百石	陝西榆林市榆陽區魚河鎮鄭家溝村
	長社	六百石	河南長葛市東		廣衍	六百石	內蒙古准格爾旗圪堵鎮佛爺廟村

130　《釋文》注「漢初疑為內史」不妥，因為「陝縣、黽池、新安、宜陽、陸渾、盧氏六縣地在新舊函谷關之間，當故屬漢初之河南郡，廣關以後方屬弘農」（周振鶴：《西漢政區地理》，人民出版社，1987年，第132頁）而在六縣之東的新成縣反西屬只內史乎？

131　原文「啟封」，《釋文》注為「開封」。

132　原文有二處「鄭」，《釋文》都注為內史之鄭，肯定其中之一必誤。因此，筆者認為，京兆尹之鄭秩當為「八百石」，河南郡之新鄭秩為「六百石」。

133　原文有二處「襄城」，《釋文》一處注屬潁川郡；另一處以「襄成」為「襄洛」，定於上郡。

134　原文在「觀」上有一空格，《釋文》疑為「燕」，東郡縣名。

郡	縣	秩	地望	郡	縣	秩	地望
	襄城	六百石	河南襄城縣		饒	六百石	陝西府谷縣南部石馬川河南岸
	鄽[135]	六百石	河南漯河市鄽城南		西都	六百石	內蒙古伊金霍洛旗阿勒藤席熱鎮車家渠村
	郟	六百石	河南郟縣		平陸	六百石	陝西府谷縣牆頭鄉
	舞陽	六百石	河南舞陽縣西		博陵	六百石	陝西府谷縣古城鄉前城村
	潁陰	六百石	河南許昌市	五原郡65	九原	八百石	內蒙古包頭市九原區麻池鄉古城村
	許	六百石	河南許昌市東		河陰	六百石	內蒙古鄂爾多斯市達拉特旗昭君墳鎮
	鄢陵	六百石	河南鄢陵北		南興[136]	六百石	內蒙古鄂爾多斯市達拉特旗馬場壕鄉
	成安	六百石	河南汝州市紙坊鎮		武都	六百石	內蒙古固陽縣銀號鄉
	陽城	六百石	河南登封市告成鎮		曼柏	六百石	內蒙古達拉特旗鹽店鄉
汝南郡13	陽安	六百石	河南駐馬店市區		莫黚	六百石	內蒙古固陽縣南部新建鄉
	陽城	六百石	河南周口市西譚莊南		西安陽	八百石	內蒙古烏拉特前旗東
	朗陵	六百石	河南確山縣西南任店鎮	雲中郡66	雲中	千石	內蒙古托克托古城鄉古城村
	女陰	六百石	安徽阜陽市		咸陽	八百石	內蒙古土默特右旗東
	慎	八百石	安徽潁上縣北江口鎮		沙陵	六百石	內蒙古托克托中灘鄉哈拉板申村
	西平	六百石	河南舞陽縣東		原陽	八百石	內蒙古呼和浩特市東南
沛郡21	豐	千石	江蘇豐縣		北興	八百石	內蒙古呼和浩特市巴彥鎮
	沛	千石	江蘇沛縣		武泉	六百石	內蒙古呼和浩特市保合少鄉
	城父	八百石	安徽亳州市大楊鎮	淮陽國95	圉	六百石	河南杞縣南圉鎮
	酇	八百石	河南永城市西	長沙國103	下雋	六百石	湖北通城西北

資料來源：《張家山漢簡釋文》（二四七號）；譚其驤：《中國歷史地圖集》第二冊。

說　　明：地望不詳者：沂陽（八百石）、旗陵（八百石）、胸衍（六百石）、銷（六百

135　原文「傴」，《漢書》卷28上〈地理志〉有鄽城。

136　原文為「南興」，《漢書》卷28下〈地理志〉曰「南興」。

石）、醴陵（六百石）、解陵（六百石）、薄道（六百石）、閒陽（六百石）、館陰 137（六百石）、索 138（六百石）、岐 139（六百石）、辨道 140（六百石）、黃鄉長 141（三百石）。

* 為無考地名。

　　從《二年律令》所載城市的分佈上來看，可以說明以下幾個方面的問題：（1）高祖時期西部邊界走向的確定。高祖至高后時對匈奴採取和親政策，所以高后二年的西部邊界也就是高祖時的疆界。自北而南大致沿《漢志》雲中郡、五原郡、上郡、北地郡、安定郡、隴西郡、武都郡、蜀郡及犍為郡北部、巴郡、南郡、江夏郡東接諸侯王國地區。（2）《二年律令‧秩律》所記城市對高祖末年形成的十王國與十五漢郡共存時期之界線予以確認。十五漢郡與十個諸侯國邊界自北而南沿《漢志》定襄郡、西河郡內順河而下至其南界向東轉，經太原郡南部、上黨郡北部、魏郡北部至館陶向東，至東郡北、東部南下，經濟陰郡甄城、陳留郡三城、淮陽郡圉城，南接汝南郡 142 北、東、南部郡界連江夏郡東部邊界南下與漢郡區西部邊界相接 143。（3）魏郡、東郡部分城市屬漢郡區內；潁川、汝南郡在益淮陽國除之後又屬漢郡（辯已見政區部分）；淮陽國圉城，陳留郡之陳留、酸棗、尉氏及濟陰郡之甄城，此時已不屬梁國。江夏郡之諸城在西漢初年時尚屬南郡，長沙之下隽亦屬南郡。獨沛郡四城列入《二年律令》頗難理解。沛、豐被記入其中，大概是因為它們是高祖的龍興之地，直屬中央所管轄 144。但是沛郡之城父、酇亦在其中不得其解。

　　《二年律令》共載有道城 22 處，左馮翊之翟道，南郡之夷道，蜀郡之青衣道、綿虒道、嚴道、湔氐道，廣漢郡之甸氐道、陰平道，武都郡之武都道、平樂道、下辨道，隴西郡之狄道、氐道、予道，天水郡之戎邑道、綿諸道、略

137　可能為魏郡館陶城。

138　《釋文》注武陵郡有索縣，河內郡有索邑，此為後者，然《漢書‧地理志》不存。

139　《釋文》定屬「河南郡」。

140　漢初疑屬隴西郡。

141　《釋文》以為漢初似屬巨鹿郡。

142　周振鶴以為汝南郡可能置於文帝十二年，在此之前汝南郡屬於陳郡，但《秩律》中有6城屬中央直轄，故，頗疑汝南郡置於高帝，如《漢書‧地理志》所言，或置於惠帝元年淮陽王友徙趙之時。

143　高祖末年漢郡與諸侯王國的分界與此稍有不同，原因在於淮陽國的變動。

144　《讀史方輿紀要》卷29〈江南十一〉：「高祖使雍齒守豐，齒反為魏即此，尋置縣屬沛」，上海書店出版社，1998年，第219頁。

陽道、豲道，北地郡之除道、略畔道、義管道、雕陰道，此即為西漢初年道城之名目，這與《漢志》三十二道相比少了十個。事實上，《漢志》也只記載了30個含有「道」字的城市，除上述22道城之外，另有零陵郡之營道、冷道，廣漢郡之剛氏道，犍為郡之僰道，越嶲郡之靈關道，武都郡之嘉陵道、循成道，隴西郡之羌道，安定郡之月支道，長沙國之連道，剛好32城。《二年律令》對道城的記載證明先前周振鶴《西漢政區地理》中對道城的推論有失當之處，如周先生釋武都郡之故道「作道路之道」及北地郡之除道之名可能與「記載秦始皇除道九原，抵雲陽之事」有關。對此周先生在〈《二年律令·秩律》的歷史地理意義〉一文中已作了訂正。而把武都郡之武都道說成故道，則可能是班氏吸收了習慣說法之故。

三、《漢志》所載漢郡區新增城市及其空間分佈特徵

　　《漢志》不重視縣的始建年代，往往明見於記載而縣下不提，八九百秦縣見於《漢志》僅有十多個。同時，《漢志》對於西漢縣的設置與改名的記載也是比較模糊的。尤其是更名，有的只是單純換一個名稱而已，有的是更名的同時又置了縣[145]，但《漢志》往往一概稱之為改名，這樣給確定西漢新增市帶來了極大的困難。遍查《漢志》記載的西漢新增城市，除侯國城市及拓展區城市外，大約有近40個（表2-46）。其中華陰、湖、渭城、槐里、陽陵、真定只是更換名稱，聞喜、獲嘉城則是在更名的同時又設置了縣的行政機關，其餘所謂置、開、城則表示完全是新增的。

145　譚其驤：「志所謂更名意義很含糊，有的只是單純換一個名稱，有的是更名同時又置了縣。自「《漢書·地理志》選釋」，譚其驤：〈《漢書地理志》選釋〉，侯仁之主編：《中國古代地理名著選讀》（一），北京：科學出版社，1959年。

表 2－46《漢志》所載新置、更名縣城

郡名	縣名	今址	置年
京兆尹	長安	陝西西安市區西北 20 里	高帝五年置（前 202 年），惠帝元年初城，六年成
	新豐[146]	陝西西安市臨潼區東北 14 里	高祖七年置（前 200 年）
	船司空[147]	陝西華陰縣東北 50 里	
	華陰[148]	陝西華陰市東南 5 里	高帝八年更名（前 199 年）
	湖[149]	河南省靈寶縣西	武帝建元元年更名（前 140 年）
	南陵	陝西西安市區東南	文帝七年置（前 173 年）
	奉明	陝西西安市區西北	宣帝置
	霸陵[150]	陝西西安市區東北	文帝更名（置縣）
	杜陵[151]	陝西西安市區東南	宣帝更名
左馮翊	池陽	陝西涇陽縣	惠帝四年置（前 191 年）
	祋祤	陝西銅川市耀州區	景帝二年置（前 155 年）
	雲陵	陝西淳化縣東南	昭帝置
	萬年	陝西西安市閻良區武屯東	高帝置
	長陵[152]	陝西咸陽市區東北	高帝置
	陽陵[153]	陝西高陵縣西南	景帝更名

146　據師古注引應劭、《三輔舊事》、《水經渭水注》，高祖定都關中後，太上皇思念他的故鄉豐邑（秦屬沛縣，今江蘇沛縣，豐縣），意欲東歸，高祖於是按照豐邑的城市街里，改築驪邑，並分徙一部分豐民住到驪邑來，因此改名「新豐」，侯仁之主編：《中國古代地理名著選讀》（一），北京：科學出版社，1959 年，第 57 頁。高祖七年只是置縣，並未改名。改名在高祖十年太上皇崩後，見《史記》卷 8〈高祖本紀〉，志文應作「高祖七年置縣，十年更名」。

147　司空，官名；船司空，本係主船之官，後改建為縣。漢都關中，主要依靠黃河渭水傳輸東方的物資來供應京師的需要；據《水經・渭水注》，漢船司空即設在當時的水運樞紐渭水、河水匯流處。《讀史方輿紀要》卷 53〈陝西三〉：「漢置縣……莽改曰船利，尋省入華陰」，第 382 頁。

148　故陰晉，秦惠文王五年更名寧秦。

149　故曰胡，秦縣。

150　《三秦記》云：「秦襄王葬芷陽，謂之霸上。其後，漢文帝起陵邑於此，因更名霸陵，亦置縣治焉。」

151　故杜伯國。

152　《讀史方輿紀要》卷 53〈陝西二〉：「呂后六年置陵邑」，第 376 頁。

153　《讀史方輿紀要》卷 53〈陝西二〉：「本秦弋陽縣，景帝五年營陵邑改焉」，第 380 頁。

右扶風	渭城 [154]	陝西咸陽市區東北	武帝元鼎三年（前114年）更名（置縣）
	槐里 [155]	陝西興平市東南	高祖三年更名（前204年）（置縣）
	安陵 [156]	陝西咸陽市區東北	惠帝置
	茂陵 [157]	陝西興平市東北	武帝置
	平陵	陝西咸陽市區西北	昭帝置
弘農郡	黽池	河南澠池縣西	景帝中二年初城（前148年），徙萬家為縣。
河東郡	聞喜 [158]	山西聞喜縣北	武帝元鼎六年於此聞南越破，更名。
	蒲子 [159]	山西隰縣	應劭曰：「故蒲反舊邑，武帝置」
河內郡	獲嘉 [160]	河南新鄉市西	武帝行過更名也。
河南郡	新成	河南伊川縣西南	惠帝四年（前191年）置
北地郡	靈州	寧夏吳忠市通利區古城村	惠帝四年（前191年）置
西河郡	圜陰	陝西榆林市橫山縣黨岔鎮	惠帝五年（前190年）置
南郡	宜城 [161]	湖北宜城市南	惠帝三年（前192年）更名
潁川郡	新汲	河南扶溝縣練寺鄉	宣帝神爵三年（前59年）置
	嵩高	河南登封市	武帝置
金城郡	破羌	青海民和縣西北	宣帝神爵二年（前60年）置
	允街	甘肅永登東南	宣帝神爵二年（前60年）置
朔方郡	三封	內蒙古磴口市西吉蘭太	武帝元狩三年（前120年）城
	沃壄	內蒙古臨河市西	武帝元狩三年（前120年）城
	臨戎	內蒙古磴口市北	武帝元朔五年（前124年）城
雁門郡	陰館	山西朔州市榆林鎮	景帝後元三年（前141年）置

資料來源：《漢書・地理志》；譚其驤：《中國歷史地圖集》第二冊。

---

154 渭城，故咸陽，高帝元年更名新城，七年罷，屬長安。

155 《漢書》卷28上〈地理志〉：周曰犬丘，懿王都之。秦更名廢丘。見[5]卷53〈陝西二〉：「漢三年始置槐里縣」，第378頁。

156 《讀史方輿紀要》卷53〈陝西二〉：「本秦之舊邑，漢惠帝葬此置安陵縣」，第376頁。

157 《讀史方輿紀要》卷53〈陝西二〉：「本槐里之茂鄉，漢武建元二年析置陵邑矣」，第378頁。

158 應劭曰：「今曲沃也。秦改為左邑。武帝于此聞南越破，改曰聞喜。」筆者按，從應劭的注釋我們得到的是聞喜的前身是左邑，《漢書・地理志》應只有一城，但是《漢書・地理志》中不僅有聞喜，仍有左邑。所以，筆者認為聞喜乃改左邑某鄉而成。

159 經過與《二年律令》所載城市相對照，蒲子城至少在高后二年時就已經存在。

160 故汲之新中鄉。

161 故鄢。

　　首先，由表內城市所處區域及設置情況來看，《漢志》記載的更名、改置的城市僅限於縣邑城市，而不包括侯國城市，因為從第一節對侯國城市的興廢考察中已經得知，在漢郡區不同時期均有侯國城市興起。所以，本表新增城市只是西漢城市增長的一個組成部分，而且應當是很少的一部分。

　　其次，表中信息很直觀地反映出，西漢中部漢郡區新增城市數量相對於東部諸侯王國區明顯偏少，而且又多集中於京畿近郊的三輔地區（有20個之多），由此關中地區成為西漢時期城市最為密集的地區之一，這與京畿地區特殊的政治、經濟、文化有很直接的關係，強固根本是西漢帝國統治的一貫措施（表現為分封同姓諸侯王、遷徙六國舊貴族於京畿之地、設置陵縣等），也是帝國處理中央與地方權力關係的一個重要組成分。通過增強帝國核心的社會經濟勢力、增加人口數量以達充實之目的，一方面可以抵禦北部匈奴族的入侵，另一方面可以抑制東部舊貴族，此即為帝國都城選址時空間權衡時所作的預想[162]。國都區域城市的增長不單是區域自然地理環境與社會經濟條件的反應，反過來又要影響區域社會、環境的發展，繼而改變一個地區的自然與人文面貌。

　　再者，西漢新增城市中還隱含著另外一種信息，即城市數量的增長與帝國的外事活動緊密相連，如本表中聞喜、獲嘉、破羌以及朔方3城的設置，聞喜、獲嘉和破羌諸城的設置直接地表現了西漢武帝好大喜功的內心世界，而朔方三城的築造即表示皇權對該區域空間的佔領。

　　此外，西漢時期中部地區城市的增長不僅限於上表內容，還應包括部分侯國城市。結合上一部分漢郡區侯國城市的分佈，漢郡區的侯國城市主要集中於南陽、南郡等漢郡區與諸侯國區的結合處。而從該部分侯國城市的構成上看（均為軍功侯城），當與拓展區城市空間發展進程緊密相關。

第四節　西漢城市發展的空間演化特徵

一、西漢初年城市空間分佈特徵

　　根據《二年律令》記載的漢初城市分佈及漢初諸侯王國的分封情況，漢初疆域四至躍然紙上，由此可進一步考察西漢初年城市的大致規模。

162　《漢書》卷43〈酈陸朱劉叔孫傳〉。

（一）中部漢郡區城市之估算

由於《二年律令》記載的是高后二年（前186年）中央所轄城市情況，應當是中部漢郡區城市的實錄，那麼，將《二年律令》記載的265城與其所對應《漢志》郡域上文獻記載的秦城相較，發現有113個城市相一致，很顯然秦代城市應當是西漢郡縣城市發展的基礎。據表2–46可知，西漢初年，自高祖至高后二年（前186年）間新增城市有13個：京兆尹之長安、新豐和華陰；左馮翊之池陽、萬年、長陵；右扶風之槐里、安陵；河東郡之蒲子；河南郡之新成；北地郡之靈州；西河郡之圜陰；南郡之宜城。對照《二年律令》的記載，有2個城市需特別說明，一個是華陰，故陰晉，秦惠文王五年更名寧秦，本為秦縣，《漢志》載高帝八年更名，僅僅是更換名稱而已；一為蒲子，以《二年律令》來判斷《漢志》載其為武帝置，當有誤，至遲於高后二年應已經產生。所以，確定為高祖至高后二年新建的城市有12個。由此，《二年律令》中剩餘的139座城市當為文獻所漏載、而被沿用下來的秦城或漢初新置之城。

再將《二年律令》中城市與文獻記載秦城所對應的區域對照，相同區域內秦城共有194座，減去與《二年律令》中相一致的113城，餘80城沒有載入《二年律令》中。其中最突出之原因有三，其一由於受漢初戰爭影響，人口大量流失或逃匿，一些城市難以維持其日常開支，可能會暫時廢棄不用，如曲逆城市人口由三萬降至五千就是很好的證明[163]；其二，在用文獻統計秦代城市時沒有注意區域界線，而《二年律令》中記載的則是高后二年屬中央漢郡管轄的城市數，其與用郡域計算出來的城市數量可能有出入。為此，根據史實及高后二年漢郡與諸侯王國分區情況，產生分歧最多的郡有魏郡、東郡、陳留、汝南郡、濟陰郡、淮陽國、長沙國，此處統計時修正為以《二年律令》的記載為准，但仍有沛郡4城不可計入其內；其三，《二年律令》及文獻漏載了部分城市。不說東郡僅有11城（秦末東郡有20城[164]，可能有部分城益梁），就是河東、河內、上黨三郡，《二年律令》在文獻補充後共載3郡43城，而要比秦末的52城[165]

163　《漢書》卷40〈張陳王周傳〉載高帝南過曲逆，上其城，望室屋甚大，曰：「壯哉縣！吾行天下，獨見雒陽與是耳。」顧問御史：「曲逆戶口幾何？」對曰：「始秦時三萬餘戶，間者兵數起，多亡匿，今見五千餘戶。」

164　《史記》卷88〈蒙恬列傳〉：「攻魏，取二十城，作置東郡」。

165　《漢書》卷39〈蕭何曹參傳〉：高帝二年「三月，漢王自臨晉渡河，魏王豹降，將兵從。下河內，虜殷王卬，置河內郡。」「五月，魏王豹反，九月曹參獲魏王豹，盡定魏地，凡五十二縣」；《史記》卷16〈秦楚之際月表〉載：「魏分為殷國（即河內郡）」，故參傳所云魏地五十二縣，乃合上黨、河東、河內三郡計。

少了 9 城；秦關中與西漢三輔地區一致，本區有 41 城[166]，《二年律令》結合文獻記載共有 43 城，然而《漢志》記載本區新置城市 7 個（不包括更名者），所以，西漢初年三輔地區城市數量亦不足秦城之數。故推測，西漢初年（高祖登基之時）的中部漢郡區城市應至少應有 278 城（可以確定名目）。

（二）東部諸侯王國區城市數量之核定

高祖初年相繼分封了一批異性和同姓諸侯王，至高祖十二年（前 195 年）東部地區形成了十個諸侯王（含一個異性王）的局面，在由異姓諸王向相同姓諸王轉化的過程中既有對區域城市的繼承也有調整。

根據以上對各區域城市的估算及文獻記載的情況，高祖末年十個諸侯國所擁有城市數量大致如下：代國：「以雲中、雁門、代郡五十三縣立兄宜信侯喜為代王」及（太原郡）：「以太原郡三十一縣為韓國」[167]；荊國：「以故東陽郡、鄣郡、吳郡五十三縣立劉賈荊王」；楚國：「以彭城、東海、薛郡三十六縣封楚王交」[168]；齊國：「以膠東、膠西，臨淄，濟北，博陽、城陽郡七十三縣立子肥為齊王」[169]；燕國：漢初之廣陽、上谷、漁陽、右北平、遼東、遼西六郡合之共 87 縣[170]；趙國：「將軍將數萬之眾，乃下趙五十餘城」[171]；梁國：「為大國，居天下膏腴地，北界泰山，西至高陽，四十餘城，多大縣」[172]；淮陽國：不少於 30 城；淮南國：大約有 50 餘城；長沙國：約有 40 城，合計有 540 餘城。

將上述兩地區統計的城市數量合併，西漢初年版圖內至少應有 820 餘座城市。在以上地區城市數量統計時均採取較為保守的估計，如東郡等地城市數量明顯不足，所以，西漢初年城市數量八、九百的約數較為客觀，此與楊守敬的

166　《史記》卷 5〈秦本紀〉：「孝公十二年，并諸小鄉聚，集為大縣，縣一令，四十一縣」。

167　《漢書》卷 1〈高帝紀〉載高祖六年春正月丙午封。

168　《漢書》卷 36〈楚元王傳〉。又《漢書》卷 35〈荊燕吳傳〉：「昔高帝初定天下，昆弟少，諸子弱，大封同姓，故孽子悼惠王王齊七十二城，庶弟元王王楚四十城，兄子王吳五十餘城。封三庶孽，分天下半。」此處所言楚國四十城頗疑將豐、沛、城父、鄼四城包含在內計算。

169　《史記》卷 80〈樂毅列傳〉：「下齊七十餘城，皆為郡縣以屬燕，唯獨莒，即墨未服。」

170　周振鶴：《西漢政區地理》，北京：人民出版社，1987 年，第 236 頁。

171　《漢書》卷 45〈蒯伍江息夫傳〉：「酈生一士，伏軾掉三寸舌，下齊七十餘城，將軍將數萬之眾，乃下趙五十餘城。為將數歲，反不如一豎儒之功乎！」

172　《漢書》卷 47〈文三王傳〉、《漢書》卷 48〈賈誼傳〉：「乃徙淮陽王武為梁王，北界泰山，西至高陽，得大縣四十餘城。」

結論也較為相近。

二、西漢末年城市空間分佈特徵

　　西漢初年並存郡國制是決定城市空間發展模式差異的根本原因，而不同的管理方式的形成則源於帝國中樞對權力空間的劃分以及由此產生的空間權力秩序。以上各部分內容立足於權力的排他性和強制性，考察了權力作用下的城市空間發展過程，但是，城市作為一種空間地理現象還受客觀環境的制約，下文，就西漢末年城市空間地理特徵作一描述，以展示一個完整的空間城市面貌。

　　地理環境的區域差異，反映到城市群的地域空間結構上，也充分體現了城市分佈、排列、組合的地域空間差異和不平衡特徵。狹義的城市分佈密度，是指城市的地域空間分佈狀況。導致這種空間分佈差異的根本原因，是地理基礎的影響。因此，我國城市地域空間結構具有空間分佈和地理分佈的兩大特徵。

（一）西漢末年城市在現代政區上的分佈

　　由於城市的產生和發展受自然地理、農業經濟、交通環境等多種因素的影響，因而城市的空間分佈極不平衡。秦漢以前，中國的城市主要集中在黃河流域地區，而漢水流域、長江流域、珠江流域、東南沿海地區、東北地區和西南地區的城市數量較少。城市地區分佈不平衡。由於各地自然條件與社會條件的差異很大，故城市的發展水準及地區分佈的不平衡狀況相當顯著。從全國範圍來看，西漢時期絕大多數城市分佈在黃河中下游地區，只有少量城市分佈在長江流域、珠江流域及邊地。

　　漢興，由於實行「封建」以賞功臣，使郡縣制的結構有所變化。一方面分出部分郡縣設置諸侯王國，另一方面建立與縣相當的侯國和邑。前者用以分封侯王，後者作為列侯和皇后（公主）的食邑。至西漢末年不同類型的城市共有 1587 個，《漢志》正文統計僅有 1578 個，清人錢大昕、今人周振鶴均有補充 [173]，仍不足數。筆者根據第二章侯國城市的考證結果認為《漢志》所缺 9 縣應當在侯國城市中去尋找，9 縣名目是：壤（懷昌）、卑梁、堂鄉、襄鄉、容鄉、緡鄉、都安、樂平、方鄉。

173　周振鶴：《西漢政區地理》，北京：人民出版社，1987 年，第 238–240 頁。

　　《漢志》所載城市與譚圖[174]對照，可查者有1461個，尚有112個為譚圖無考縣城，與《分省中國地圖集》[175]相對應則有：

　　（1）西漢101個郡級城市在今省區的分配如：山東17[176]、河北14[177]、河南10[178]、甘肅9[179]、陝西6[180]、江蘇5[181]、安徽5[182]、內蒙古5[183]、山西4[184]、四川4[185]、湖南4[186]、遼寧3（遼西郡、遼東郡、玄菟郡）、北京2（漁陽郡、廣陽國）、湖北2（南郡、江夏郡）、廣東2（南海郡、合浦郡）、廣西2（郁林郡、蒼梧郡）、重慶1（巴郡）、貴州1（牂柯郡）、江西1（豫章郡）、雲南1（益州郡）、寧夏1（安定郡）。另有樂浪郡郡治在朝鮮朝鮮境內，交趾、九真、日南3郡郡治在越南境內，以及《漢志》中越南境內的21城、朝鮮27城，因目前不在我國版圖內，均不參與排序，亦不做更詳細說明。

　　（2）西漢一般城市在今省區的數量分佈由多到少的排序是：山東248、河北199、河南182、甘肅96、陝西90、山西87、安徽74、江蘇56、內蒙古55、四川50、雲南41、湖北42、湖南37、遼寧31、廣西24、浙江21、江西19、廣東15、北京13、寧夏11、重慶8、貴州6、天津3、青海3、海南1、吉林1、福建1。

　　（3）據《漢志》記載，112個譚圖上沒有確切位置的縣邑大致分佈在以下省區：山東40、江蘇12、河北10、安徽7、陝西7、內蒙古7、甘肅6、北京2、

174　譚其驤主編：《中國歷史地圖集》第二冊，〈西漢時期圖〉，北京：中國地圖出版社，1982年。
175　朱大仁主編：《分省中國地圖集》，北京：中國地圖出版社，2004年。
176　山陽郡、濟陰郡、泰山郡、城陽國、東平國、魯國、琅邪郡、東海郡、平原郡、千乘郡、濟南郡、齊郡、北海郡、東萊郡、淄川國、膠東國、高密國。
177　代郡、魏郡、巨鹿郡、常山郡、清河郡、趙國、廣平國、真定國、中山國、信都國、河間國、涿郡、渤海郡、上谷郡。
178　弘農郡、河內郡、河南郡、東郡、陳留郡、淮陽郡、潁川郡、汝南郡、梁國、南陽郡。
179　武都郡、隴西郡、金城郡、天水郡、武威郡、張掖郡、酒泉郡、敦煌郡、北地郡。
180　京兆尹、左馮翊、右扶風、漢中郡、上郡、西河郡。
181　臨淮郡、楚國、泗水國、廣陵國、會稽郡。
182　臨淮郡、楚國、泗水國、廣陵國、會稽郡。
183　朔方郡、五原郡、雲中郡、定襄郡、右北平。
184　河東郡、太原郡、上黨郡、雁門郡。
185　廣漢郡、蜀郡、犍為郡、越巂郡。
186　桂陽郡、武陵郡、零陵郡、長沙郡。

遼寧 2、山陝蒙 16、陝甘寧 3、豫荊 1。

　　由此不難看出，西漢末年城市不管是大城市還一般城市數量均主要分佈於
今山東、河北、河南、甘肅、陝西、山西等幾個省區，均屬黃河流域，由此亦
可說明西漢時期的黃河流域就是全國的政治、經濟、文化中心。

（二）西漢城市空間分佈特徵

　　由於歷史、地理和社會經濟發展多種因素的影響，西漢時期的城市群呈自
東而西由密到疏的空間分佈特徵。西漢自建國伊始就面臨著諸侯王國的威脅，
為此帝國在處理與地方尤其是諸侯國關係中大費周折，由異姓諸王到同姓諸侯，
由削藩到推恩，再至左官之律、附依之法，直至將東部諸侯王國削弱至僅剩三、
四縣的境地。推恩令的頒行產生了大量王子侯城，但其低下的政治地位又使其
非常不穩定。《漢志》一共記載了 1587 個城市，經過古今對照排比，西漢末年
城市空間分佈具有如下特徵：

1. 州際城市分佈差異突出

　　西漢時期兩種九州觀念依然存在，即所謂夏九州與周九州。「夏九州」指
《尚書‧禹貢》「九州」：冀、兗、青、揚、荊、豫、雍、徐、梁；「周九州」
指《周禮‧職方》「九州」：冀、兗、青、揚、荊、豫、雍、幽、並。上述兩
種稍異的九州劃分是西漢十四州部劃分基礎[187]。十四州部的形成分為兩個階段：
武帝元封五年（前 106 年）所確定的十三刺史部及武帝征和四年（前 89 年）設
置的司隸校尉部，各部刺史負責按照「六條」詔問郡國守相，位卑而權重。西
漢時期刺史部尚無固定治所，只是一種監察區。由於監察區的劃分是以「傳統
或習慣上的地區為其基礎的」[188]，影響比較久遠，因此，對西漢時期各州城市
分佈情況的認識，是深入瞭解西漢城市空間分佈特徵的一個方面。

187　如西漢十三州刺史部兼有兩九州共有的七州（雍改為涼）及相異的四州（徐、梁（改
　　為益）和幽、並），或許正因為兩九州是規劃十三州的基礎，班固在《漢志》開篇就
　　收載了兩九州的內容。

188　侯甬堅：《歷史地理學探索》，北京：中國社會科學出版社，2004 年，第 232 頁。

表 2–47 西漢十四州部分察郡國面積、城市密度統計

序號	州	面積（萬 km²）	城市數量（個）	城市分佈密度（每萬 km² 城市數）	城市腹地（km²）
1	青州	5.40	119	22.04	454
2	兗州	6.56	115	17.53	570
3	冀州	6.74	129	19.14	522
4	豫州	8.05	108	13.42	745
5	徐州	8.67	132	15.22	659
6	并州	14.87	90	6.05	1652
7	司隸	15.69	132	8.41	1189
8	朔方	21.30	104	4.89	2048
9	幽州	40.37	162	4.01	2492
10	涼州	43.92	96	2.19	4575
11	荊州	48.79	115	2.36	4243
12	交趾	50.31	55	1.09	9147
13	揚州	54.10	93	1.72	5817
14	益州	87.76	128	1.46	6856
		29.49	112.71	3.82	2616.67

資料來源：十四州部所轄郡國參考譚其驤主編的《簡明中國歷史地圖集》，北京：中國地圖出版社，1991 年，第 17–18 頁；各郡國面積見表 2–54；城市數量源自《漢志》。

　　由表 2–47 中資料可知，從城市密度欄看，城市分佈密度平均值為 3.82，高於平均值的有：青、兗、冀、豫、徐、并、司隸、朔方、幽 9 個州。據此可知東部諸侯國地區除荊、揚二州之外其他諸州城市密度均超過平均數，然其北部地區社會經濟開發較早，人口較為集中，而其南部由於地勢卑下，氣候潮濕，河湖密佈等影響了當地的開發，秦漢時期經濟較為富庶的主要地區是黃河中下游地區。此外，中部地區司隸部以及并、朔方二州的城市分佈密度已超過平均水平，都城長安所在的經濟地區是所謂的基本經濟區，受政治區位因素不言自明；而并、朔二州城市的高密度分佈，則有其他的形成原因，其中最主要的原因就在於其與北方匈奴接境的地理位置，為有效抵抗匈奴的南侵，減輕漢廷內地民眾輸送糧草之苦，政府遷徙大量的移民到邊境，政府對移民不但有優惠的政策，還給予糧食、房屋等方面的補貼，並規劃城堡予以保護其安全，這一措施確實收到了預期功效，所以，東漢光武就有悔於當年「因無力對付邊患，將

該地居民大量遷到內地」之舉。所以，軍事鬥爭形勢在影響城市分佈上同樣有不可忽視的聯繫，這也是中國古代都城選址的一條重要原則，漢都長安即是最好的證明，其目的就近指揮對匈奴的戰爭。

2. 郡國間分佈差異明顯

根據《漢志》所載各郡國所轄城市數量以及量算的各郡國面積計算得出全國各郡國城市密度圖（圖 2-3）。廣平國、高密國、北海郡、真定國、菑川國、信都國、巨鹿郡、齊郡、千乘郡是城市分佈最為密集的地區，城市分佈密度在每萬 km^2 米 25 個以上；山陽郡、琅邪郡、濟南郡、清河郡、東平國、平原郡、東海郡、穎川郡、東郡、魯國、中山國、涿郡、京兆尹、河南郡、定襄郡、泰山郡、梁國、城陽國、陳留郡、河間國、沛郡、渤海郡、魏郡、河內郡、廣陽國、淮陽國、東萊、楚國、膠東國、常山郡、汝南郡、左馮翊、泗水國的城市密度在每萬 km^2 10 個城市以上，其餘 61 個郡國城市密度在每萬 km^2 10 個以下，其中武陵郡、犍為郡、張掖郡、敦煌郡、郁林郡、巴郡、牂柯郡、合浦郡、玄菟郡、南海郡 10 個郡的城市網最為稀疏，每萬 km^2 之內尚不到 1 個城市。

從圖 2-3 上，我們可以很直觀看到，西漢時期城市密集地區是黃河下游及關中平原地區，而黃河下游的齊、趙兩地是最為密集之地，另外，并州刺史部的定襄郡城市分佈也較為集中。不過，從西漢城市分佈密度圖上，四川盆地城市分佈固然比較稠密，但是尚不能與關中相比，更不能黃河下游地區相比。儘管如此，我們並不排斥位於四川盆地中心城市的成都、廣漢的商業職能，上文已列有考古學上例證。

42 個城市分佈較為密集的郡國集中於地勢較為平坦的諸侯王國地區，其與當地的自然環境及社會經濟文化開發進程有極為密切的關係，是西漢政府一直密切關注的區域，也是中央政府在解決地方分權所傾力的區域。漢武帝時期，通過推恩分封使這一地區的城市數量迅速增長，地區城市網越來越完善。

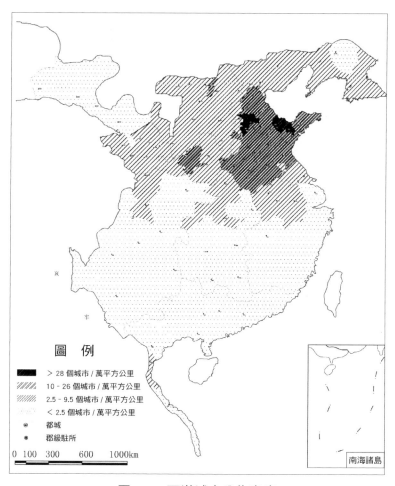

圖例

> 28 個城市／萬平方公里
10 - 26 個城市／萬平方公里
2.5 - 9.5 個城市／萬平方公里
< 2.5 個城市／萬平方公里
都城
郡級駐所

0　100　300　600　1000km

南海諸島

圖 2 - 3 西漢城市分佈密度

3. 空間分佈東密西疏

西漢時期的城市空間分佈偏集於黃河中下游地區，尤其在華北平原的腹地——戰國時六國舊地。依上文三大類型區的劃分，諸侯王國地區的土地面積（表 2–54）占全國面積的 40%，卻分佈有 61% 的城市和 68% 的人口，是當時城市最為密集的地區。漢郡區占全國國土面積的 22%，分佈有 25% 的城市數和 24% 人口，三者基本對應，而拓展區土地面積占全國總面積的 38%，而僅僅分佈了 14% 的城市和 8% 的人口，城市分佈密度僅是諸侯王國區的 1/4 和中部的 1/3，是西漢時期城市分佈較為稀疏的地區。這一分佈格局已經影響到目前或者將來城市空間格局。另外，從城市行政等級大小來看，郡級城市分佈呈現出諸侯王國地區分佈密集，拓展區絕對稀少的地域分佈特徵（表 2–48）。

表 2 - 48 西漢末年三大類型區城市數量對比

指標		全國	諸侯王國區		漢郡區		拓展區	
政區面積（萬 km²）		412.91	167.80	40%	89.18	22%	155.93	38%
城市個數（個）		1578	966	61%	394	25%	218	14%
其中	郡級城市	101	61	60%	20	20%	20	20%
	縣級城市	1477	906	61%	372	26%	198	13%
人口	戶數	12204497	8150642	67%	3268343	27%	785512	6%
	口數（萬人）	60864079	41502235*	68%	14927200	24%	4434644	8%

資料來源：三區城市數量據《漢書·地理志》統計；各郡國面積自本節附「西漢 103
　　　　郡國面積對照表」。

說　　明：*其中廣陵郡有戶無口，比照其近鄰臨淮郡戶與口的關係，按每戶 4.5 人
　　　　計算。

4. 城市偏集中於中緯度地帶

城市空間分佈測度的另一形式是經緯網內分佈狀況（緯度區間），從城市
群的地域密度看，城市主要集中於北緯 25 ～ 40 度以及東經 100 ～ 120 度的地
區（表 2–49 西漢城市群的空間分佈概況）

表 2 - 49 西漢城市群的空間分佈情況

經度（E）＼緯度（N）	小於 95	95 ～ 100	100 ～ 105	105 ～ 110	110 ～ 115	115 ～ 120	120 ～ 125	125 ～ 130	合計
40 ～ 43		6		26	37	43	32	3	147
40 ～ 35	3	6	44	79	191	393		25	741
35 ～ 30			15	102	184	201			502
30 ～ 25			51	17	47	18			133
25 ～ 20				27	16				43
20 ～ 15				12					12
合計	3	12	110	263	475	655	32	28	1578

（1）經向分佈特徵

從城市經向分佈看，西漢城市主要集中分佈在東經 115 ～ 120 度內，約占
總城市數的 42%；東經 110 ～ 115 度間城市分佈數量次之，占總數的 30%；東
經 105 ～ 110 度間再次之，約占全國城市總量的 17%；而在其餘的廣大地區，

城市數量很少，僅占全國的 10%，城市分佈非常稀疏，這些地區主要分佈在河西四郡及西南地區，屬於武帝新拓占區域，經濟開發比較落後，而且，中央政府在這裡多實行與地方經濟發展相一致的政策，比如，因有少數民族分佈，因而縣級行政單位採取不同於東、中部縣、邑、侯國的治理方式，而設立道，由少數民族首領與中央派遣的官員一同治理，後世羈縻州的設置大約與此有一些聯繫。另外，西漢時期除見之於《漢志》及相關文獻記載的西漢末年的 32 個道[189] 之外，在漢代歷史上還曾存在過一些沒有延續至漢末的道，《二年律令・秩律》計有 21 處表示地名的「道」，其中有 19 處延至西漢末年，有 2 處不見於《漢志》，即如：薄道、辨道，也可說明西部地區的「道」與東部地區的「侯國」一樣都存在著興廢現象，只不過東部變化過於頻繁、劇烈罷了。由此可推測西部新拓展區內 19 道之外的部分道可能為新設之道，且多分佈在東經 100 度之西的區域內（表 2–50）。

表 2 - 50 西漢末年城市徑向分佈

	＜ 95	95 ～ 100	100 ～ 105	105 ～ 110	110 ～ 115	115 ～ 120	120 ～ 125	125 ～ 130	合計
城市數	3	12	110	263	475	655	32	28	1578
％	0.2	0.8	7.0	16.7	30.1	41.5	2	1.8	100

（2）緯向分佈特徵

從城市的緯向分佈看，西漢城市主要集中分佈在北緯 35 ～ 40 度內，其間共有城市 741 個，約占總城市數的 47%。其次是北緯 30 ～ 35 度間，有城市 502 個，約占總數的 32%，而且在此緯度內，城市分佈則又偏於北緯 35 度。而在北緯 30 ～ 40 度以北或以南的廣大地區，城市數量則比較稀少，合計占城市總數的 21.2%，緯度間差異十分顯著（表 2–51）。

189　《漢書》卷 28〈地理志〉後敘西漢末年應有 32 個道，但正文中所載縣名含有「道」的僅有 30 個。周振鶴認為其中的「除道」「故道」是與少數民族無關的縣，因而補充了武都、綿虒、汶江、青弋、旄牛 5 個道，這樣比《漢書・地理志》又多出 1 道，文中無詳考。周振鶴：《西漢政區地理》，北京：人民出版社，1987 年，第 244 頁。

表 2－51 西漢末年城市緯向分佈

	15～20	20～25	25～30	30～35	35～40	40～43	合計
城市數	12	43	133	502	741	147	1578
%	0.8	2.7	8.4	31.8	47	9.3	100

（3）空間分佈中心

　　根據西漢城市群的經向、緯向分佈特徵，求得西漢城市群分佈中心座標為東經 113.36 度，北緯 34.36 度（表 2–52、2–53），其位置約在今河南新鄭市，相對於國都所在的關中地區，明顯向東偏離，相反距離周代統治中心較近，也顯示了洛陽的中心區位優勢，所以西漢初年高祖手下的豐沛及關東將領均有意於定都洛陽，就是看中了「道里均」的地理位置條件及「擇中而建」都城選址原則，然而畢竟這種經濟上的優勢比不上政治形勢上的壓力，高祖等經過空間權衡之後仍決定西都關中，並由此也奠定了西漢一代空間權力分配格局。

表 2－52 西漢城市群空間分佈重心經度計算

平均經度 E	92.5	97.5	102.5	107.5	112.5	117.5	122.5	127.5	合計
城市數 n_1	3	12	110	263	475	655	32	28	1578
E×n_1	277.5	1170	11275	28272.5	53437.5	76962.5	3920	3570	178885

表 2－53 西漢城市群空間分佈重心緯度計算

平均緯度 N	17.5	22.5	27.5	32.5	37.5	42.5	合計
城市數 n_1	12	43	133	502	741	147	1578
N×n_1	210	967.5	3657.5	16315	27787.5	6247.5	54217.5

三、西漢城市空間演化特徵

　　西漢初年城市分佈的主要特徵是：城市分佈的區域差異顯著。在對以上各區城市數量估計過程中，可以看出西漢初期城市地域分佈上已顯露出諸侯王國地區城市多於漢郡區城市的分佈特徵；結合後文各區面積統計，諸侯國地區的齊、趙、梁、楚諸地城市較其他地區更為密集。

　　這一城市分佈區域特徵產生的根本原因是與區域社會經濟發展及自然地理環境分不開的。自夏商周三代，尤其是春秋戰國以來，黃河中下游地區一直就

是人類活動的主要地區，是秦漢時期經濟最為富庶的區域。區域社會經濟發展的地域差異不僅造成了城市分佈的地域不平衡，而且產生了權力在空間分配上的差異。空間權力的不平衡更是促使西漢中央在集權過程中對諸侯國地區採取了一些列削弱和控制措施，其結果造成了本區城市的興衰變化。

西漢末年城市群空間分佈偏集於東部濱海（東方舊貴之地）的這一基本傾向匡定了中國城市網空間分佈的格局，直至現代城市網分佈仍沒能脫離這一狀態。經現代城市地理學者統計、核算，1985 年中國城市空間分佈重心在東經 116.06 度，北緯 33.43 度；1994 年城市空間分佈重心在東經 114.48 度，北緯 33.36 度[190]。由以上資料可知，中國城市網空間分佈從徑向分佈上來看，西漢的城市群分佈更靠近東部沿海，而現代城市空間分佈重心隨著我國經濟改革的深化有逐漸向東過渡的趨勢，仍沒有達到西漢的狀態，這說明西漢時期的經濟發展更加依賴於東方，社會文化也以東方更為先進；從中國城市網空間分佈的緯向角度來看，西漢時期城市分佈比現代城市分佈重心更為偏北，相差近乎 1 個緯度，其根本原因當與西漢時期的氣候較為溫暖濕潤有關，這一點在前面已有所論述，溫暖濕潤的氣候，影響了中國西漢時期的農作物分佈向北偏移了 1～2 個緯度[191]，城市網重心也略偏於北方。

四、西漢 103 郡國面積對照表

七十年前，勞榦為了研究漢代人口的分佈對西漢 103 個郡國的面積進行了估計[192]，非常之難能可貴。其結果成為很多研究者直接引用的資料，加之梁方仲《中國歷代戶口、田地、田賦統計》[193] 的出版使之影響更為廣泛。其間也聽到有學者認為勞先生的估計結果誤差較大，但正如先生所說，「估計漢時郡國的面積，不是一個容易的事」。

現在我們先看一下勞先生所用的材料與方法，「現在只能照楊守敬的地圖

190　顧朝林等著：《中國城市地理》，北京：商務印書館，2002 年，第 151 頁。

191　龔高法、張丕遠、張瑾瑢：〈歷史時期我國氣候帶的變遷及其分佈界限的推移〉，載《歷史地理》第 5 輯。

192　勞榦：〈兩漢各郡人口數增減數目之推測〉，《中央研究院歷史語言研究所集刊》第 5 本第 2 分，南京：江蘇古籍出版社影印本，1935 年，第 215 頁。

193　梁方仲：《中國歷代戶口、田地、田賦統計》，上海：上海人民出版社，1985 年第三次印刷，第 18–19 頁。

邊界，畫到申報館所出的中國分省地圖上（當時中國大地圖尚未出版），朝鮮部分則用滿鐵所出的最新滿洲地圖，安南部分則用法國大百科全書所附的印度支那圖。畫好以後，借用北京大學物理系的儀器 planimeter 作大致的測定。每郡國量算三次，以三數相差不遠，則以平均數作為結果，再根據此數計算郡國面積（因為儀器為德制，所標的尺度為米突制，所以計算的結果為公里，……），如三數相差太遠，則重新量算，不過邊境的出入非常靠不住，北邊尤甚。山東較小郡國的邊界的出入也有時對本土面積的比例很大。這都是無法的事，只有希望將來對於邊界的考證，較現在更進一步，再來根據較大的圖重作，此次不過是試作而已。」

　　勞先生雖然以極其嚴肅、認真的科學態度對西漢郡國面積進行了估算，但因所用底圖的缺陷，產生誤差也是在所難免。儘管如此，勞先生本人也謙遜地稱其為是一次試作，我們決不可抹煞其在西漢史研究中的貢獻。

　　然而，七十年過去了，譚其驤主編的八卷本《中國歷史地圖集》也已問世20餘年，現代科技的發展，地理信息系統的廣泛應用，一些新的軟件的開發與利用，為更為精確地測量古代郡級行政單位的區域面積提供了可能。為此，筆者希望能夠率先嘗試使用新的技術與方法，但由於剛剛接觸這一新的內容，技術上的生疏與科學儀器本身的缺陷，誤差同樣是存在的，而且在具體操作的過程中，也逐漸明白了一個看似合理卻又不願接受的道理，即任何再精密的科學儀器都會有誤差，區別只是誤差的大小而已！

　　七十年前為研究戶口之需要，勞先生測算了西漢郡國面積；今天，筆者為研究西漢城市地理之需，步先生後塵，下決心重新測量。測算的步驟與方法如下：1.掃描「譚圖」中西漢所有圖幅（本中心2003級碩士生周亞同學協助完成）；2.把掃描好的地圖用 autocad 軟件處理，在同一比例尺下把各郡國裁剪、連綴成一幅「完整的西漢政區圖」；3.沿各郡國邊界進行描繪，使用相關命令，計算機將自動顯示所選區域的面積。

　　在整個測量過程中，最容易產生誤差的地方有三步，其一，掃描地圖（原圖比例尺不得遺漏），一定要把地圖放端正，這將是下一步描繪地圖及確定新比例尺非常關鍵的一步，稍有疏忽，誤差就先期產生了；其二，描繪底圖及確定比例尺，二者先後次序自定；其三，拼接全圖。第二、三需要加倍的細心和

耐心！另外，對歷史地圖與現代地貌的理解與認識也是非常關鍵的。比如，在測量河西走廊的幾個郡時，「譚圖」沒有劃出安定、武威、張掖、酒泉、敦煌之間的界限，且沒有畫出的部分多為沙漠戈壁地帶（葛劍雄的測量結果似沒有把這些地區計算在內），本文根據「譚圖」，參考現代地貌圖，在確保地貌類型完整性原則下進行了劃分，這一結論是否恰當也還存在著未知之數。在此，筆者懷著忐忑不安的心情將測量結果與勞先生的結果放在一起刊登出來，期待同好者的批評與修正！

計算機測算後，我擔心誤差太大，又用網格求積法，測算了西漢全境及部分郡國的面積。將之與計算機結果相對照，出入不是很大。比如，西漢全境面積，計算機算出的是 412.53 萬 km^2，用網格法多次測算的平均值是 411.96 萬 km^2；敦煌、酒泉、張掖、武威、安定五郡的總面積，計算機測算的結果是 35.22 萬 km^2，用網格法多次測算的平均值是 35.30 萬 km^2；東海郡的面積，計算機算出是 2.07 萬 km^2，用網格法多次測算的平均值是 2.08 萬 km^2；楚國的面積，計算機的結果是 0.60 萬 km^2，用網格法求得的結果是 0.61 萬 km^2。上述結果儘管還存在一些區別，但其相差幅度不大（表 2–54）。

相反，計算機測算的結果與勞先生測算的結果出入較大。其間僅有 6 個郡國的面積數量接近，相差在 300km^2 左右；有 27 個郡國的面積筆者偏高於勞先生，其餘郡國面積勞先生的結果要大得多。從面積總量來看，勞先生的資料也顯得過大。

忐忑之中，看到了葛劍雄《西漢人口地理》中的資料，葛文中沒有明言測量方法及所據底圖。筆者將自己的測算結果與葛先生的相比：其中有 8 個郡國的面積相等（勞、葛間僅東郡面積相同）；13 個郡國的面積出入在 1 萬 km^2 以上，其間敦煌、酒泉、張掖、武威、安定 5 郡的差別最大；五郡總面積兩組資料相差 16.24 萬 km^2，西漢全境面積兩資料間相差 18.22 萬 km^2，因而其餘 98 郡國面積的最大誤差僅 1.98 萬 km^2。

當然，筆者在此強調的不只是兩種測算結果的差別，更想要表達的是：現代化科技手段及研究方法的更新，將促進傳統學科研究的深入和發展。

表中為便於比較，對勞、葛兩位先生所用的面積單位進行了統一，改以「萬平方公里」為單位，保留小數點後兩位數。同時，考慮到本文具體研究內容，

將西漢時期的主要城市（郡國治所）至都城長安的直線距離亦附於表中。

表 2－54 西漢 103 郡國面積對照　　面積單位：萬 km^2

編號	郡國	治所城市	郡國面積（勞）	郡國面積（葛）	郡國面積（肖）	距離（km）
1	京兆尹	長安	0.86	0.71	0.71	0
2	左馮翊	長安	1.42	2.27	2.24	0
3	右扶風	長安	2.77	2.42	2.52	0
4	弘農郡	弘農	4.11	4.02	4.00	180.2
5	河東郡	安邑	3.61	3.52	3.52	222.1
6	河內郡	懷	1.83	1.33	1.36	404.8
7	河南郡	雒陽	1.13	1.29	1.34	336.3
8	東郡	濮陽	1.35	1.35	1.22	564.9
9	陳留郡	陳留	1.09	1.21	1.11	506.6
10	濟陰郡	定陶	0.62	0.52	0.50	602.5
11	泰山郡	奉高	1.80	1.90	1.49	755.1
12	城陽國	莒	0.34	0.27	0.26	892.8
13	淮陽國	陳	1.10	1.03	0.73	542.3
14	東平國	無鹽	0.32	0.37	0.36	694.4
15	潁川郡	陽翟	1.07	1.15	1.09	543.1
16	汝南郡	平輿	3.71	3.14	3.42	527.0
17	沛郡	相	3.70		2.68	696.6
18	梁國	睢陽	0.54	4.21	0.51	604.6
19	山陽郡	昌邑	0.9		0.89	652.5
20	魯國	魯	0.54	0.37	0.35	736.9
21	琅邪郡	東武	2.36	2.12	2.09	950.5
22	東海郡	郯	2.25	1.98	2.07	842.4
23	臨淮郡	徐	4.24	2.89	2.99	847.2
24	楚國	彭城	0.52	0.65	0.60	744.3
25	泗水國	凌	0.34	0.29	0.28	874.5
26	廣陵國	廣陵	0.75	0.64	0.64	968.6
27	平原郡	平原	0.16	0.92	0.98	731.7
28	千乘郡	千乘	0.55	0.41	0.53	856.9
29	濟南郡	東平陵	0.79	0.69	0.62	802.4

30	齊郡	臨淄	0.61	0.39	0.42	878.9
31	北海郡	營陵	0.78	0.40	0.52	930.4
32	東萊郡	掖	1.09	1.46	1.44	1024.1
33	菑川國	劇	0.14	0.09	0.09	906.7
34	膠東國	即墨	0.74	0.73	0.70	1035.5
35	高密國	高密	0.13	0.10	0.10	970.5
36	廬江郡	舒	4.43	3.62	3.86	826.0
37	九江郡	壽春	3.77	2.62	2.43	733.3
38	會稽郡	吳	8.40[194]	6.88（北部） 15.86（南部）	23.73	1125.9
39	丹陽郡	宛陵	5.97	5.26	5.48	969.5
40	豫章郡	南昌	17.50	16.60	17.44	889.4
41	六安國	六	1.09	1.19	1.16	738.0
42	南陽郡	宛	4.62	4.88	4.98	352.9
43	南郡	江陵	7.43	6.39	6.43	524.1
44	江夏郡	西陵	7.65	6.16	5.79	657.4
45	桂陽郡	郴	5.14	5.31	5.31	1009.2
46	武陵郡	義陵	11.61	12.25	13.45	715.8
47	零陵郡	零陵	5.98	4.51	5.13	949.0
48	長沙國	臨湘	7.55	8.05	7.70	763.1
49	漢中郡	西城	6.99	7.05	7.13	171.7
50	廣漢郡	梓潼	5.60	5.03	4.93	452.4
51	蜀郡	成都	2.42	6.73	6.58	600.5
52	犍為郡	僰道	12.99	12.56	12.46	733.4
53	越巂郡	邛都	10.87	9.06	8.94	949.8
54	益州郡	滇池	25.83	14.00	13.53	1212.4
55	牂柯郡	故且蘭	18.40	18.27	19.44	843.6
56	巴郡	江州	13.58	12.57	12.36	563.9
57	武都郡	武都	2.58	2.65	2.39	349.2
58	南海郡	番禺	9.57	9.85	11.44	1308.5
59	郁林郡	布山	12.52	12.62	13.47	1221.0

---

194 「閩中未計入」，「若並計冶縣所屬地及未開闢者，約當今浙江南部及福建全省，應為503470平方公里。」梁方仲：《中國歷代戶口、田地、田賦統計》，上海：上海人民出版，1980年，第19頁。

60	蒼梧郡	廣信	5.75	5.63	5.96	1220.6
61	交趾郡	羸婁	7.75	7.31	7.66	1506.3
62	合浦郡	合浦	5.70	9.76	6.99	1377.5
63	九真郡	胥浦	5.56	1.21	1.39	1641.8
64	日南郡	西捲	9.45	3.39	3.40	1975.0
65	隴西郡	狄道	2.69	2.54	2.62	481.0
66	金城郡	允吾	5.95	3.49	3.56	577.6
67	天水郡	平襄	1.70	2.32	2.52	365.9
68	武威郡	姑臧	8.33[195]	2.42	4.86	702.6
69	張掖郡	觻得	13.55	4.53	10.55	937.4
70	酒泉	祿福	5.83	3.73	6.62	1113.2
71	敦煌郡	敦煌	14.98	2.82	6.24	1434.5
72	安定郡	高平	6.48	5.48	7.33	311.7
73	北地郡	馬領	5.98	5.51	5.18	248.8
74	上郡	膚施	4.47	6.30	5.78	421.4
75	西河郡	平定	4.40	5.50	5.43	580.1
76	朔方郡	朔方	7.98	5.84	3.25	700.1
77	五原郡	九原	1.62	0.91	1.66	711.2
78	太原郡	晉陽	5.18	4.35	4.18	493.7
79	上黨郡	長子	2.98	2.69	2.65	373.2
80	雲中郡	雲中	1.78	0.82	1.17	725.7
81	定襄郡	成樂	1.70	0.79	0.74	731.1
82	雁門郡	善無	1.89	2.44	3.18	701.4
83	代郡	代	2.78	2.37	2.95	798.2
84	魏郡	鄴	1.08		1.35	531.6
85	巨鹿郡	巨鹿	0.74		0.61	605.5
86	清河郡	清陽	0.45	3.39	0.70	673.9
87	廣平國	廣平	0.12		0.28	603.7
88	信都國	信都	0.83		0.56	685.9
89	常山郡	元氏	1.59	1.57	1.62	620.1
90	趙國	邯鄲	0.41	0.41	0.43	548.7
91	真定國	真定	0.19	0.09	0.09	647.7

195 「依楊（守敬）圖繪其大略，並改以陰山以北為界。」梁方仲：《中國歷代戶口、田地、田賦統計》，上海人民出版，1980 年，第 19 頁。

92	中山國	盧奴	0.92	0.75	0.82	704.7
93	河間國	樂成	0.31	0.23	0.28	767.1
94	涿郡	涿	1.60	1.54	1.70	850.9
95	渤海郡	浮陽	2.27	1.63	1.94	844.7
96	上谷郡	沮陽	3.13	2.26	3.25	896.3
97	漁陽郡	漁陽	3.79	4.14	2.93	962.1
98	右北平	平剛	3.68	4.56	5.26	1171.0
99	遼西郡	且慮	3.98	4.64	4.05	1381.4
100	遼東郡	襄平	8.37	7.81	7.15	1466.3
101	玄菟郡	高句驪	8.48	5.53	5.58	1615.1
102	樂浪郡	朝鮮	6.98	8.44	8.20	1577.3
103	廣陽國	薊	0.27	0.31	0.31	904.0
合計			567.86	394.31	412.53	

第三章　西漢城市的性質與職能研究

　　政治權力的形成是政治權力主體動員和凝聚有效政治資源的能動過程，也是政治權力主體的主觀條件與客觀條件有機結合的過程，因此，作為一種實際的力量，政治權力中包含著主客觀兩個方面的構成要素。政治權力的客觀構成要素是指政治權力形成過程中，外在於政治權力主體的促成因素和條件，或者準確地說，是這些因素和條件對比於政治權力的內化。政治權力客觀構成要素是多種多樣的，其中最主要的有生產資料、物質財富、暴力（武力）。除此以外，政治權力的客觀構成要素還包括所擁有的自然資源、所處的地理條件、有益的文化傳統、有利的形勢變化和時機以及政治權力客體的服從心理等等。西漢帝國對政治權力客觀構成要素佔有方式是通過設置具有不同職能的城市來實現的，比如具有經濟、資源管理、文化以及軍事職能城市的佈設等等都是帝國權力佔有客觀要素的體現。

　　相對於城市的不同職能類型，影響城市發展的是城市的本質屬性。現代城市規劃法認為城市各項建設和各項事業的發展，都要服從和體現城市性質的要求。城市性質和城市職能是既有聯繫又有區別的概念。二者的聯繫在於城市性質是城市主要職能的概括，指一個城市在全國或地區的政治、經濟、文化生活中的地位和作用，代表了城市的個性、特點和發展方向。其區別在於城市性質並不等同於城市職能。城市職能分析一般利用城市的現狀資料，得到的是現狀職能，而城市性質一般表示城市規劃期裡希望達到的目標或方向；城市職能可

能有好幾個，強度和影響範圍各不相同，而城市性質只抓住最主要、最本質的職能；前者是客觀存在的，而後者在認識客觀存在的前提下，揉進了規劃者的主觀意念。

第一節　西漢城市的性質

根據本文城市的定義，即明確地表示出研究對象的政治特性，而對城市性質的確定則源於對古代城市發展的認識。

首先，城市是權力的象徵。傅築夫在討論城市的起源時曾經指出，「中國封建制度的最大特點之一，是城市的性質及其發展道路，與歐洲封建時代的城市完全不同，因而中國古代城市在整個封建經濟結構中所處的地位，及其對經濟發展所起的作用亦完全不同。」[1] 還可以進一步說，「從城市起源上來看，中國古代的城市與歐洲古代的城市，兩者（其實也有）本質的不同。」[2] 那麼「從本質上看，城市是階級社會的產物，它是統治階級——奴隸主、封建主——用以壓迫被統治階級的一種工具」，儘管城市興起的具體地點不同，但是「它的作用則是相同的，即都是為了防禦和保護的目的而興建起來的。」他還說「中國的城市自始至終是由政府建立的，自始至終是由政府管制的，這是中國城市的一個總的特點。」[3] 這一觀點是有力的，因而得到了城市史、城市地理學界的普遍贊同，其對城市的防禦作用的強調，是源於城市功能學上的一種觀點，是一種傳統的認識，也是比較片面的。《禮記・禮運》也說：「今大道既隱……貨力為己，大人世及以為禮，城郭溝池以為固」，就強調了城郭溝池保護私有財產的一面。但其僅僅道出了城市一個方面的功能，而對統治階級擁有私有財產特權的維護反而不加注意。因為，城郭溝池保護的不止是私有財產，還有財產佔有者的政治權力，由此，可以說城市是權力的象徵。

其次，城市是統治階級維護權力的必要工具。費孝通認為中國近代城邑是：「『城』牆是統治者的保衛工具。在一個依靠武力來統治的政治體系中，『城』」

1　傅築夫：《中國經濟史論叢》上冊，三聯書店，1980 年，第 321 頁。

2　傅築夫：《中國經濟史論叢》上冊，三聯書店，1980 年，第 322 頁。原文為「兩者並沒有什麼本質的不同」。

3　傅築夫：《中國經濟史論叢》上冊，三聯書店，1980 年，第 323 頁。

是權力的象徵，是權力的必需品。[4]」這個界說，也是完全適用於中國古代城市的。中國最早的城市特徵，乃是作為政治權力的工具與象徵而存在的。

張光直對上述觀點從考古學角度有更為系統的分析，他認為城市出現在中國古代聚落形成的過程中，是由一系列的相互聯繫的變化而標誌出來的，其中城郭的出現只是其中的一項。規模巨大的地上建築宮殿與小型的、內容貧乏的半地下室作強烈的對比，是統治者統治地位的象徵，也是借其規模氣氛加強其統治地位的手段。宗廟、陵寢和青銅、玉等高級藝術品的遺跡遺物，以及祭儀的遺跡如犧牲或人殉之類，一方面是作為政權基礎的宗教制度的象徵，一方面是借宗教儀式獲取政治權力的手段。[5]至於手工業的作坊，除了少數與生產工具有關，多數是青銅器、玉器、骨牙等儀式性的藝術品的作坊；他們一方面代表生產活動的分化，一方面更清楚地表現為政治權力工具的製造業。最後得出了「中國初期的城市，不是經濟起飛的產物，而是政治領域中的工具。但與其說是用來鎮壓被統治階級的工具，不如說它是統治階級用以獲取和維護政治權力的工具」[6]的觀點。

對於中國初期城市之為獲取政治權力的工具這一點，張光直認為還體現在三代遷都的規則性上。他認為：「三代遷都的原因在於適應政治上的需要」[7]。進而指出三代遷都的規律是：「三代國號皆本於地名。三代雖都在立國前後屢次遷徙，其最早的都城卻一直保持著祭儀上的崇高地位。如果把那最早的都城比喻作恆星太陽，則後來遷徙往來的都城便好像是行星或衛星那樣繞著恆星運行。再換個說法，三代各代都有一個永恆不變的『聖都』，也有若干個遷徙行走的『俗都』。聖都是先祖宗廟的永恆基地，而俗都雖也是舉行日常祭儀所在，卻主要是王的政、經、軍的領導中心。聖都不變，緣故容易推斷；而俗都易變，則以追尋青銅礦源為主要的因素。」[8]其原因在於：「對三代王室而言，青銅器不是宮廷中的奢侈品或點綴品，而是政治權力鬥爭上的必要手段。沒有青銅器，三代的朝廷就打不到天下。沒有銅錫礦，三代的朝廷就沒有青銅器。」張先生

4   費孝通：《鄉土中國》，上海：上海人民出版社，2006 年，第 134 頁。

5   張光直：《中國青銅時代》，三聯書店，1983 年；〈中國古代的藝術與政治〉，《新亞學術集刊》4，1983 年，第 29–35 頁。

6   張光直：〈關於中國初期「城市」這個概念〉，《文物》，1985 年第 2 期。

7   張光直：〈關於中國初期「城市」這個概念〉，《文物》，1985 年第 2 期。

8   張光直：〈關於中國初期「城市」這個概念〉，《文物》，1985 年第 2 期。

將三代遷都的主要原因歸結為對青銅器礦源的追尋上，為此我曾就這一認識請教過幾位先秦史專家，認識不盡一致。在此，我並不準備作過多評述。然無論如何，張先生的這一觀點給我們解釋城市性質提供了一個思路。

立足於已有的認識，夏商周三代之間權力的更迭除武力、經濟等因素之外，還要依賴於神——自然神或祖先神（源於當時生產力水準及人類認識自然的能力）的力量，權力本身也就具有很強的象徵性。都城的頻繁遷徙或許是以對青銅器（或青銅礦源）的佔有為目標，但其最終結果是三代政權實現了活動空間擴張的目的，事實上，我們也正是沿著三代都城遷徙的路線來確定其活動範圍的。

夏、商、周三代皆曾頻繁遷都。關於夏、商、周三代都城的所在地，學者間尚有不同的意見。我們採用的只是一般的說法，目的只為說明三代活動的空間範圍。夏禹之都有平陽（今山西臨汾市西）、安邑（今山西夏縣西北）、晉陽（今山西舊解虞縣西北），還有陽城和陽翟說；夏啟居於黃台之丘（河南鄭州市和密縣之間），又有鈞台之享（鈞台在陽翟，陽翟本為禹都，亦黃台之丘的近郊）；太康和桀居於斟尋（今河南鞏縣西南）；其後相居帝丘（今河南濮陽縣西南），又居斟灌；又其後，帝杼居源（今河南濟源縣西北），又遷居於老丘（今河南舊陳留縣）；再後，胤甲則居於西河（今山西西南部黃河側畔）。由此可以看出：夏人累次遷都，除帝相而外，皆在帝丘之西，西至於河，那麼其主要活動區則分佈於山西南部、河南北部、河北南部的範圍內。[9]

商代也曾頻繁遷都。從商的先王契至湯就已經遷徙過八次。所遷的都城有蕃（今山東滕縣境）、砥石（據說在今河北寧晉、隆堯兩縣間）、商、商丘（商與商丘當是一地，今河南商丘市）、相土的東都（據說是在泰山之下）和邶（今河南湯陰縣南），而湯的都城則在亳。自湯之後，至於盤庚遷殷，其間尚有五次遷徙。所遷之地為囂（囂或作隞，在今河南滎陽縣東北）、相（今河南內黃縣南）、耿（今河南溫縣東北）、庇（今山東舊魚台縣）、奄（今山東曲阜市）。商人主要居於今山東、河南北部一帶，西部最遠到達今河南中部溫縣。

周人也曾一再遷都。周人的歷史可以遠溯到後稷。後稷居於邰（今陝西武功縣），其後輾轉於所謂戎狄之間，至公劉始居於豳（故地約有數處，在今陝

9　白壽彝總主編：《中國通史》（第三冊），上海：上海人民出版社，1994年。

西旬邑和彬縣）；又相繼遷於周原（今陝西扶風、岐山兩縣間）、程（今陝西咸陽市東北）和豐（今陝西戶縣東）、鎬（今西安市西南）；其後又曾遷於犬丘（今陝西興平縣東南）；幽王於驪山覆敗之後，平王更東遷於雒邑（今河南洛陽市），是為東周。其初，周公營建洛邑，作為豐鎬的陪都。周人的活動區域主要在今天陝西西部地區，並延展到中原地區的洛陽。

從三代遷徙中，我們看到城市（此處為都城）在各族不同發展階段所起的作用及其權力鬥爭的方向，對三代主要活動區域的確定，其實就是對三代勢力範圍的劃定，伴隨著權力中樞所在城市的遷移，其控制的空間範圍得以大幅度延展，也使得當其受到其他勢力攻襲時有了可以退防的空間，周平王的東遷即為顯著的一例。

三代之後，城市逐漸成為諸侯國戰爭角逐的對象，成為統治者統治下層民眾的據點。春秋戰國時期，周天子失去了天下共主的地位，諸侯間相互兼併，爭城掠地已成為大國的角逐目標，諸侯間所控區域的廣狹也成為其權力大小的標誌。

春秋時代戰爭的結果可分為三類[10]，其一是遷，包括請遷[11]、強遷兩種。是弱國不能自保，自請或被迫遷於大國以求保護，雖失原地，仍保有君位，而受新地。[12] 其二是取田邑，戰勝國將戰敗國的田邑奪為己有，只是部分土地，仍不至於亡國。其三是滅國，俘其君以歸，或送其出境，不復有國。但此時，諸侯取人田邑、滅人之國之後，往往把它賜予它國諸侯以及它國或本國大夫。[13]

但進入戰國時期之後，戰爭奪取的情形顯然有很大的差異。其一，諸侯的

---

10   瞿同祖：《中國封建社會》，上海：上海人民出版社，2005 年，第 194–197 頁。

11   《左傳》宣公十二年（前 597 年）楚克鄭後，鄭襄公對楚莊王表示了鄭國願等同於楚之九縣，亦即稱臣於楚的意思。

12   《史記》卷 31〈吳太伯世家〉云：「王餘祭三年，齊相慶封有罪，自齊來奔吳，吳予慶封朱方之縣，以為奉邑。」

13   《左傳》宣公十一；昭公八、昭公十一年載：楚莊王十六年（前 598 年）伐陳，以之為縣，後因大夫申叔時之諫而罷縣，恢復陳國。至楚靈王七年（前 534 年）再度滅陳為縣，使穿封戌成為陳公。十年又滅蔡，使其弟公子棄疾為蔡公。（陳公、蔡公都是縣公，是一縣之主。因楚之國君僭稱王，故稱其縣之長官曰公，等同於諸侯。）《左傳》昭公二十八年：晉頃公十二年（前 514 年）「分祁氏之田以為七縣，分羊舌氏之田以為三縣。」任命十人為縣大夫，即「司馬彌牟為鄔大夫，賈辛為祁大夫，司馬烏為平陵大夫，魏戊為梗陽大夫，知徐吾為塗水大夫，韓固為馬首大夫，孟丙為盂大夫。樂霄為銅鞮大夫，趙朝為平陽大夫，僚安為楊氏大夫。」

兼併熱度已達到了頂點，不管是同姓諸侯王國，還是異姓諸侯王國之間；也不管是王室所封，還是僭位為君，只要力所能及，便加以吞滅，甚至對周王室也無所顧忌，毫不客氣地一一攫為己有，不再有復封其君的故事。[14] 兼併的結果，形成了秦、魏、韓、趙、楚、燕、齊七雄之局勢，一度出現了東帝、西帝共霸現象。在不斷角逐中，秦最終分別於秦始皇十七年（前230年）、十九年（前228年）、二十二年（前225年）、二十四年（前223年）、二十五年（前222年）、二十六年（前221年）滅掉了韓、趙、魏、楚、燕、齊，統一了天下。很顯然，戰國與春秋時期一個最顯著的區別就在於，戰國時期的戰爭最直接目的就是佔有它國的土地，直至完全佔領該國土地，並在新佔領區採取新的統治方式，即實行郡縣制，中央政治權力從都城深入到地方，最終實現中央權力對地方空間的佔領（郡縣制的郡守、縣令長有秩而不食封）。

　　郡縣制城市的產生，說明城市作為權力統治空間工具性的加強。對於郡縣制的起源，由於文獻有闕，現在還不能說得很清楚。但學術界的共同看法是起於春秋，形成於戰國，全面推行於秦始皇統一之後，這是沒有疑問的。根據周振鶴對縣制起源之研究 [15]，認為秦漢時期的縣：是縣鄙之縣，是縣邑之縣，是郡縣之縣。由縣鄙得縣之名，由縣邑得縣之形，由縣的長官不世襲而得郡縣之實。這或者可以看成是縣制成立的三部曲。對應於縣邑之縣與郡縣之縣的差異，

14　《史記》卷5〈秦本紀〉、卷6〈秦始皇本紀〉記載了秦國攻城掠地的歷史，擇其要者早在秦武公十年（前688年），伐邽、冀戎，初縣之；十一年（前687年），初縣杜、鄭；屬公二十一年（前456年），初縣頻陽；獻公二年（前383年），城櫟陽；孝公十二年（前350年），作為咸陽並小鄉聚為大縣，共四十一縣。此後滅國即為郡縣：惠文君六年（前332年），魏納陰晉，陰晉更名寧秦；八年，魏納河西地；九年，渡河，取汾陰、皮氏；十年（前328年）魏納上郡十五縣；十一年（前327年），縣義渠；後九年（前316年），滅蜀為蜀郡、伐取趙中都、西陽；後十年（前315年），伐取義渠二十五城；後十二年（前313年），滅楚漢中為漢中郡；昭襄王二十一年（前286年），伐齊河東為九縣；二十九年（前278年），大良造白起攻楚，取郢為南郡；三十年（前277年），蜀守若伐楚，及江南為黔中郡；三十三年（前274年），攻魏卷、蔡陽、長社，取之；三十五年（前272年），佐韓、魏、楚伐燕，初置南陽郡；三十六年（前271年），攻齊，取剛、壽；四十一年夏（前266年），攻魏，取邢丘、懷；五十年二月（前257年），初作河橋；五十一年（前256年），將軍摎攻韓，取陽城、負黍；同年，西周君走來自歸，頓首受罪，盡獻其邑三十六城，口三萬，秦王受獻，歸其君於周；莊襄王元年（前249年），秦界至大梁，初置三川郡；三年（前247年），攻高都、汲，拔之；同年，攻趙榆次、新城、狼孟，取三十七城，初置太原郡；始皇三年（前244年），蒙驁攻韓，取十三城；五年（前242年），將軍驁攻魏，定酸棗、燕、虛、長平、雍丘、山陽城，皆拔之，取二十城，初置東郡。

15　周振鶴：〈縣制起源三階段說〉，《中國歷史地理論叢》，1997年第3輯。

縣的長官則有食祿而不食邑，臨民而不領土，流動而不世襲的特點。采邑（私邑，相對獨立、封建制），食邑（公邑，在封建與郡縣之間），食祿（郡縣制）；有土有民（采邑），有民無土（公邑）、臨民而治亦即無土無民（郡縣）。這也可以看成是縣制成立的另外兩種三部曲的表現形式。郡縣的產生可能經過兩個階段：第一階段是食田的縣制代替了食邑的采邑制；第二階段是食祿的郡縣兩級官僚制度更趨於完善。郡縣之縣與縣邑之縣至少應該有四個方面的不同。一是郡縣之縣不是采邑，而完全是國君的直屬地；二是其長官不世襲，可隨時或定期撤換；三是其幅員或範圍一般經過人為的劃定，而不純是天然地形成；四是縣以下還有鄉里等更為基層的組織。這正是戰國時期縣的基本特徵。這些差別的形成正表明了從縣邑之縣過渡到郡縣之縣過程的完成。秦漢郡縣制之縣令長是無土無民的管理者，是食君之祿，為民請命的父母之官，負責收取本縣賦稅和地方安全的職責，同時由於西漢時期縣內掌握有一定數量的武裝力量，還有鎮壓本地暴亂的責任，因此，縣級行政機構是帝國早期中央在地方上的基層組織。由此可以確定本文研究對象縣級及其以上行政機構之所城市的政治屬性。比縣高一級的行政機構為郡國，由郡守和諸侯相分別管理。郡縣制下各級城市的根本職能就是帝國在地方上不同級別的殖民據點。

　　西漢時期，與郡縣制並行的封國制，亦分為王國和侯國兩級。《史記・漢興以來諸侯王年表》序云：「漢興，序二等。」《漢書・諸侯王表》序云：「漢興之初，海內新定，同姓寡少，懲戒亡秦孤立之敗，於是剖裂疆土，立二等之爵。」《通典・職官》也說：「漢興設爵二等，曰王曰侯。皇子而封為王者，其實古諸侯也，故謂之『諸侯王』，王子封為侯者謂之『諸侯』，群臣異姓以功封者，謂之徹侯。」說明漢初建立了二等封國制，大者為王（王國）、小者為侯（侯國）。前者是在二十級賜爵制之上、之外的王國制，後者屬於二十級賜爵制中的列侯。西漢的封國，初期和中、後期有很大不同。諸侯王有一定範圍的封國；王在其封國內得「自置吏」，有部分治民權；並且「得賦斂」，有權向封國內的居民片收賦稅和徵發徭役，並以山川園池之稅，作為「私奉」；諸侯王還控制有一定數量的軍隊。諸侯王的這些權力，來自漢朝皇帝的封賜，並且世代相傳。同時，在政治上，諸侯王被規定為漢朝皇帝的臣屬，他們必須遵守漢朝的法令，服從漢中央政府的統轄，定期朝觀皇帝。在經濟上，諸侯王必須定期按封國的人口數向中央繳納獻費。漢代的封國制度，雖然淵源於西周

的分封制，采邑制，但二者間有著本質的區別。西周的分封制度是奴隸制性質的分封制，「授民授疆土」是其基本特點。漢代的封國制，是封建制性質的封國制，不具備「授民授疆土」的特點（只是漢初的諸侯王有部分治民權和以山川園池之稅作為「私奉養」）。西周的分封制是建立在奴隸制的「井田」制基礎之上的上層建築，漢代的封國制是建立在封建地主制經濟基礎之上的上層建築。而到西漢末年時，封國的政治經濟地位均大為下降，其規模遠小於一般漢郡，而且封國四百石以上的官員均由漢中央帝國任命，形式與郡縣相類。

此外，西漢時期，城市作為基層統治中心更為直接地受中央權力的控制。地方行政制度的形成是中央集權已經產生的標誌，只有當中央對地方有強大的控制力，才有任命非世襲地方官員的可能。但西漢政府在承秦推行郡縣制的同時，還存在分封制的殘餘，從形式上來講，郡國並行是戰國分裂局面的延續，實質上應當是中國社會由分封制向郡縣制過渡時期的特殊形式，這一點最直接的表現可以從侯國權力的轉化中略見一斑。

漢承秦制，封侯制度當無例外。如范睢，「官至丞相，爵在列侯」[16]，呂不韋擁莊襄王有功，被「封為文信侯，食洛陽十萬戶」[17]。秦統一全國後對有食邑而無治民之權的列侯皆「以公賦稅重賞賜之」[18]，西漢建立後大體上繼承了秦制。漢初，經濟凋弊，戶口銳減，為迅速恢復發展生產，穩定社會秩序，漢中央政府給予了侯國「自置吏，得賦斂」[19]的特權。秦和西漢之初，侯國直轄於中央，與郡平級。中央設主爵中尉管理列侯。景帝時，改由大鴻臚管理。漢初列侯居住在京師，不到封國就任。文帝即位後，害怕功臣、列侯留在京師把持國政，曾兩次下令讓列侯之國。[20]列侯食邑稱國，其官制與縣差別甚微，侯國亦設令長。初列侯如同王國之諸侯王一樣，亦掌治其國，在封國內有一定的政治權力和經濟權力。武帝時，改侯國令長為相後，侯國官制發生了根本性的變化：一則列侯「掌治其國，自置吏，得賦斂」的特權，被剝奪殆盡；二則

16　《史記》卷 79〈范睢蔡澤列傳〉。

17　《史記》卷 85〈呂不韋列傳〉。

18　《史記》卷 6〈秦始皇本紀〉。

19　《漢書》卷 1〈高帝紀〉「十二年詔」。

20　《漢書》卷 4〈文帝紀〉：二年冬十月，「其令列侯之國，為吏及詔所止者，遣太子」；三年冬十一月，詔曰：「前日詔遣列侯之國，辭未行。丞相朕之所重，其為朕率列侯之國。」遂免丞相勃，遣就國。

侯國別屬漢郡，受郡一級領導；三則侯國家吏員數、地位發生了變化。以侯相為代表的侯國行政系統，完全控制了整個侯國；列侯與家吏不與政事，且家吏系統本身也日益成為監視列侯的工具，從根本上剝奪了高祖以來賦予列侯的部分政權和財權。[21] 這可以從尹灣漢墓出土的有關地方官制的考古資料找到確鑿的證據。《尹灣漢墓簡牘》中，侯國官與縣官並列，同進入東海郡吏員簿，說明西漢中後期，侯國已別屬於郡，文獻記載是正確的。西漢中後期侯國官吏不僅遠較漢初地位下降了（漢初侯國有令，令至少要有六百石的俸祿[22]），就是與同期同級別的縣相比較，也遠不如縣之官吏尊貴。一般而言，侯國相之地位僅相當於郡之屬縣中的小縣長而已。

《漢書‧百官公卿表》記載：「（武帝）改所食國令長名相，又有家丞、門大夫、庶子」，之後，隨著王國的衰落，侯國經濟、政治權力喪失殆盡，列侯日夜誠惶誠恐，因小過而遭奪爵喪身者不計其數。由於列侯僅衣食租稅，其地位甚至不及富室，不為人所尊，乃至出現了「富商大賈，廢居居邑，封君皆低首仰給」[23] 的局面。侯國城市權力的轉變表明漢帝國已具有了佔有地方空間的權力，實現了權力與空間的結合。

根據何一民研究，農業時代中國城市的政治行政功能的主要特徵[24] 表現在：有無高大寬厚的城牆、有無行政機構設置、是否駐有軍隊三個方面，這三點在西漢城市中均有所反映。

首先，為加強各級地方統治據點的功能，高祖六年（前201年）冬十月下令「天下縣邑城」，致力改善被秦始皇所拆毀的城市。這一命令從近數十年來考古學界有關早期城市的考古發掘中得到證實（附錄3）。考古發掘成果表明西漢城市均有城牆，也有很多遺物表明這些古城是統治者的駐地。春秋戰國以來的築城高潮得以延續，築城成為封建王朝統治的重要組成部分，城牆也成為封建統治和城市的重要標誌之一。

其次，各級城市內部都設有大小不等的統治機構，而這些統治機構在城市中都佔據最重要的位置。如西漢王朝皇宮位於首都長安城內最佳位置的龍首原

21　史雲貴：〈西漢侯國官制考述〉，《中國礦業大學學報》（社會科學版），2002年第1期。

22　《張家山漢墓竹簡》載侯國城市之相一般為六百石秩，見第四章第二節。

23　《史記》卷30〈平準書〉。

24　何一民：〈農業時代中國城市的特徵〉，《社會科學研究》，2003年第5期。

北麓，皇宮與官署、貴族府邸區共占長安城總面積的 3/4 左右。都城中宮殿居於重要位置和壯麗雄偉，都是為了體現封建皇權的至高無上的權威。即所謂「非令壯麗，無以重威」。除了都城外，其他的省府州縣等大中小城市的規劃佈局原則也基本上都是為了突出封建政權的重要性，各級官府衙門基本上都位於城市的重要位置，這有利於統治者行使統治權。

第三，城市一般都駐有數量不等的軍隊，這一點應從古代城市的職能角度來考慮，郡縣級城市長官的職責主要是負責本區軍事防禦及保護城池安全等重任，特別是都城和郡級城市以及位於交通要道或軍事要衝的城市，都駐有數量不等的軍隊。如漢長安城駐有南、北二軍。各郡不但治民，還負責本郡的安全防務以及周邊地區的安全，西漢大量都尉治所城市的產生正適應了這一形勢發展的需要。

中國古代城市作為權力的象徵、維護權力的工具以及權力統治據點的特性是一以貫之的，它們從不同方面反映了權力與空間的相互關係，體現了權力對城市空間統治的深化和加強，西漢城市的政治性奠定了中國古代城市的基本特徵，城市的政治性即是城市基本職能。中國幾千年城市發展歷史說明，中國城市既是政治行政中心，也往往是軍事中心，這不僅對農業時代的中國產生了直接的影響，形成了政治中心城市優先發展的規律，而且也對近現代中國城市的發展有著巨大影響。

第二節　西漢城市的職能類型

城市職能是指城市對城市本身以外的區域在經濟、政治、文化等方面所起的作用。[25] 城市職能可分為每城市必備的一般職能（如商業等）和不可能為每個城市必備的特殊職能。從城市形成和發展角度來看，可將城市職能分為基本的和非基本的兩種，凡是主要為本市以外地區提供貨物和服務活動及其相應的工業、商業、交通運輸業、文化教育和科研、行政、旅遊業均為城市形成、發展的基本因素，並相應產生城市的基本職能。凡是由於城市形成、發展而建立的主要為本市提供貨物和服務的活動及其相應的企業、事業，則屬非基本因素，

25　中國大百科全書出版社編輯部編：《中國大百科全書·地理學》，北京：中國大百科全書出版社，1990 年，第 42 頁。

並相應地產生城市的非基本職能。因此，本文研究的城市職能是指城市的基本
職能。

　　城市根據功能學角度來講有許多類型，比如，政治城市、軍事城市、文化
城市、經濟城市等，然而古代中國在「普天之下莫非王土」的觀念之下，任一
個聚集了眾多人口，經濟較為繁榮的城市均有代表王權的組織進行管理，從這
一層面上來說，城市的政治性功能是城市的本質屬性。由此可以認為城市的經
濟、軍事、文化職能則是為其政治服務的，它們是政治權力組成的客觀要素和
權力運行的保障。而對西漢城市各種職能的分析研究則是揭示古代中國城市發
展的關鍵，是普遍性與特殊性的對立統一。

　　城市基本功能的確定應是對眾多非主導、非本質功能的總結和歸納。[26] 西
漢時期除城市本身所具有的政治性特色之外，根據城市所在區域的地理位置、
交通位置及經濟地理位置的差異，還具有一些其他的職能。大致說來，西漢城
市具有以下幾個方面的職能。

一、經濟職能城市──經濟都會

　　春秋戰國時期城市防禦能力的大小依然是城市大小的標誌，但這一時期的
防禦已脫離了碉堡式的防禦，而是為了保衛城市的安全，即不受外來侵擾和內
部的破壞，有維護城市秩序的意義在內。城牆和一整套軍事設施都是為了城市
安全這一目的，已脫離了單純意義上的防禦。《墨子‧雜守》云：「凡不守者
有五，城大人少，一不守也；城小人眾，二不守也；人眾食寡，三不守也；市
去城遠，四不守也；蓄積在外，富人在虛，五不守也。」這就具體論證了守城
必須具備的條件，除糧食和積蓄外，其中城大人少、城小人眾和市去城遠等，
均為不可守城的條件。可見這一時期的防禦已同單純軍事對壘的防禦完全不同，
還要考慮到城市人口、市場、城市規模等許多條件。同時還把距離市場的遠近
作為守城的基本條件之一，即已證明了城市的經濟意義得到重視。

　　城內商業得到長足的發展，所謂「天下熙熙，皆為利來；天下壤壤，皆為
利往」[27]，就是對城市商業的生動寫照。「用貧求富，農不如工，工不如商，

26　紀曉嵐：《論城市本質》，北京：中國社會科學出版社，2002 年。

27　《漢書》卷 91〈貨殖傳〉。

刺繡文不如倚市門」[28]。隨著商業的發展，鉅賈大賈無不成為百萬富翁，而且在政治上顯赫一時，秦呂不韋、越范蠡等為例證。《史記·貨殖列傳》所提到的著名經濟都會中雍[29]、櫟陽[30]、咸陽等皆為關中地區商業市場發達的城市，西漢時依然繁榮。

西漢時期，區域城市經濟功能的強化使先秦純政治中心城市轉變為具有一定經濟職能的區域政治經濟城市。其原因之一是，漢代立國長久，經濟發展在一個較長的時間內持續不斷，為一部分城市特別是交通樞紐城市成為有較發達的商業城市提供了條件，春秋戰國時期城市經濟文化的發展對西漢城市的社會經濟發展有很大的促進作用，到武帝中期全國已形成了二三十個經濟都會（表3–1）。

表 3－1 文獻所載經濟都會

郡　國	城　市	郡　國	城　市
京兆尹	長安	淮陽	陳
河東	楊	會稽	吳
河東	平陽	左馮翊	櫟陽
河內	溫	右扶風	雍
河內	軹	南郡	江陵
趙	邯鄲	南陽	宛
河南	洛陽	潁川	陽翟
齊	臨淄	蜀	成都
濟陰	陶	九江	壽春
梁	睢陽	南海	番禺
燕	薊	九江	合肥
	長安五陵*		

資料來源：《史記·貨殖列傳》、《漢書·地理志》、《鹽鐵論》。
說　　明：*指安陵、杜陵、茂陵、平陵、長陵，《漢書·貨殖傳》。

根據《史記·貨殖列傳》、《漢書·地理志》、《水經注》等文獻記載，

28　《史記》卷 129〈貨殖列傳〉。

29　雍隙隴蜀之貨物而多賈。

30　櫟邑北卻戎翟，東通三晉，亦多大賈。

西漢城市幾乎都分佈在平原和河谷平地上，這也正是古代城市的生長點。適宜的地理位置、優越的自然環境特徵是城市主要生長點，即所謂古代城市選址的基本條件之一。如：華北大平原：有邯鄲、臨淄、陶、薊等大城市；長江中下游平原：吳、江陵、成都等；關中平原：長安、五陵；伊洛平原：洛陽、宜陽；南陽盆地：南陽。上述史集中提到的城市有二三十個，其中號稱「都會」的有13個。從地區分佈上看，黃河中下游平原有9個，占69%，長江中下游平原有3個，占23%，珠江三角洲1個，占8%。

平原和河谷盆地成為古代城市的生長點不是偶然的。因為這些地區氣候溫暖濕潤、潮濕，土地開闊、平坦，土壤肥沃，水源豐富，交通方便，適於經濟發展及人類生活和進行生產活動。如古代黃河中游的雍州（今關中平原），土壤最肥沃，在〈禹貢〉土壤分類系統中屬於「上上」，居第一等；下游冀、兗、豫等州（華北平原）多屬壤土，為「上中」，居第二等。「自雍、……千畝漆。」自然、社會經濟條件如此優越的平原和河谷平地，很自然成為古代城市分佈較多的區域。

交通網的發達是促使經濟都會城市形成的先決條件。秦始皇統一六國後，大修馳（直）道，建成以咸陽為中心連接全國的道路系統網。對於馳道的形制，西漢人賈山曾經有這樣的記述：「廣五十步、三丈而樹，厚築其外，隱以金椎，樹以青松」[31]。這不但說明了馳道在平坦之處，道寬五十步（約今69m），隔三丈（約今7m）栽一棵松樹，道兩旁用金屬工具夯築厚實。這大概是當時世界上最寬闊、最壯觀的坦途大道了；而且，說明秦代的馳道至西漢時期仍在使用。賈山還說，秦王朝修築的馳道，東方通達燕地和齊地，南面行抵吳地和楚地，江湖之上以及海濱的宮觀，都可以一一連通。秦代著名的馳道有9條，幾條骨幹都是由咸陽而東，作扇形展開。關中境內主要有三條：一為出函谷關通河南、河北、山東的東方幹道；二為過黃河通山西的東北方大道———臨晉道；三為出今商洛通原楚、越境內的東南大道———武關道；還有出今高陵通上郡（今陝北）的上郡道；出秦嶺通四川的棧道；出今隴縣通寧夏、甘肅的西方道；出今淳化通九原的直道等。可以說，這是中國歷史上最早的正式的「國道」。西漢交通在秦的基礎之上有所發展。

31　《漢書》卷51〈賈鄒枚路傳〉。

《鹽鐵論・通有篇》追述戰國時的大都市說：「燕之涿、薊，趙之邯鄲，魏之溫、軹，韓之滎陽，齊之臨淄，楚之宛丘，鄭之陽翟，三川之兩周，富冠海內，皆天下名都，非有助之耕其野而田其地者，居五諸侯之衢，跨街衢之路也。」〈力耕〉篇也表達了同樣的內容：「自京師東西南北，歷山川、經郡國，諸殷富大都，無非街衢五通，商賈之所湊。」上述諸城多因位居交通中心而成為天下名都，若加上後一類以及鑄幣城市，「全國的重要都會大約總數當在五六十個左右」[32]。

這些經濟都會不但是所在區域的經濟中心，大多數還都是本區各級行政機構治所，這一點與施堅雅所分析的帝國晚期中國經濟中心與行政機構治所重合的觀點是一致的[33]。

客觀上講，就城市發展史角度而言，中國古代城市發展的進程是極其緩慢的，城市在緩慢發展的進程中積聚著能量，一旦條件成熟，便能得以迅速發展。所以，中國城市經歷了漫長的初期醞釀之後，就進入了一個新的發展階段[34]，即西漢統一帝國的大發展時期，伴隨著社會經濟的恢復與發展，帶來城市發展的春天。縣城作為一級統治機構的所在，是一個縣的政治和軍事中心，此點無可懷疑。多數情況下，縣城也是一個縣的經濟和文化中心。因為縣城一般設在經濟條件尤其是農業條件比較好的地方，往往交通比較便利，人口集中。縣城聚集了一批官員、吏胥和駐軍等消費人群，因此會刺激工商業和服務業的發展。古者學在官府，以吏為師，官員同時也是文化的載體。在文化傳播上，縣城中的官僚起著很大作用。這一點學界已有公論。漢武帝以後，縣級學校有較大發展，因此縣城往往也是一縣文化人才的集中地。由於具有這幾個特點，漢代的縣城往往在一縣之中佔有舉足輕重的地位。漢代的縣城中聚集了大量的物質財

32　許倬雲：〈周代都市的發展和商業的發達〉，《中央研究院歷史語言研究所集刊》第48本第2分。

33　施堅雅著，葉光庭譯，陳橋驛校：《中華帝國晚期的城市》，北京：中華書局，2000年。

34　許宏認為「先秦城市處於中國古代城市由產生到初步發展的初始階段，這一大的發展階段上承新石器時代，下接秦漢時代，在時間上跨3000餘年之久。歷經銅石並用時代、青銅時代和初期鐵器時代，屬於中國古代文明的早期階段。在社會組織的演變上則先後經歷了萬邦林立的初期國家階段（仰韶後期至龍山時代）、共主支配下的廣域王權國家階段（夏商西周時期）和逐漸走向統一的封建集權國家階段（春秋戰國時期），它的進一步發展則是秦漢大一統中央集權帝國的形成。」《先秦城市考古學研究》，北京：北京燕山出版社，2000年，第10頁。

富，也聚集了大量人口。[35] 古代常以人口數量來顯示國家或者城市的實力，西漢時期當然也不例外 [36]。《漢志》共記載了 10 個有人口數量的城市，它們應當是當時最為繁華的都市，由表 3–2 可知，西漢末年僅有 5 城既有戶又有口，人口最多的城市是茂陵，其次是傿陵，均不在著名都會之中。

表 3－2《漢志》所載城市戶口

長安	陝西西安市區西北	戶 80800、口 246200
成都	四川成都市	戶 76256、
茂陵	陝西興平市東北	戶 61087、口 277277
雒陽	河南洛陽市東	戶 52839、
魯	山東曲阜市	戶 52000、
長陵	陝西咸陽市區東北	戶 50057、口 179469
傿陵	河南鄢陵北	戶 49110、口 261418
宛	河南南陽市	戶 47547、
陽翟	河南禹州市	戶 41650、口 109000
彭城	江蘇徐州市	戶 40196、

　　漢代的長期穩定和社會經濟的持續發展，導致上述郡縣城市的大多數不同程度地發展成為當地的經濟中心，城市功能逐漸發育和完善。許多城市由於地處富庶地區和交通要衝，成為繁華的商業都市。但應該看到，商業中心與政治中心的重合，包括都城長安在內的不少商業城市是憑藉其作為政治中心的有利地位成為經濟中心的。因此，對處於以自然經濟為基礎、商品經濟仍欠發達的封建社會前期發展階段的城市，其作為經濟中心的職能，是不能作過高的評價的。西漢城市是中國城市發展史上一個重要的環節，處於承上啟下的歷史地位，城市發展的重要意義就在於奠定了中國城市的地域結構，且影響至今。

二、經濟管理型城市

　　西漢初年國家的統一，社會的穩定促進了社會經濟的迅速發展，武帝時期

35　張傳璽：〈從鮮於璜籍貫說到兩漢雍奴縣城〉，《秦漢問題研究》，北京：北京大學出版社，1985 年，第 298–301 頁。該文指出：西漢後期，漁陽郡「平均每縣只有七千多戶，四萬八千多口。這裡地處邊塞，民族鬥爭複雜。這樣稀薄的人口，恐怕大部分集中在縣城中」。

36　《漢書》卷 19〈百官公卿表〉：「萬戶以上為令，減萬戶為長」。

出現的經濟都會城市已經證明了區域經濟繁榮發展的態勢，尤其是那些擁有政治經濟特權的諸侯王實力的發展逐漸對帝國構成了威脅，危及了社會的穩定。因而，自文帝時期就開始實行「眾建諸侯少其力」和景帝時期推行的「削藩」政策都是圍繞削弱和控制地方實力的措施。但同時人口的增長和經濟的繁榮促進了商業經濟的發展，也產生了一批比喻為「素封」的豪強巨富，它們不但佔有大量生產資料，還控制著大量的勞動人口，有些則形成為與中央相抗的地方勢力。為此，帝國在實行遷徙豪強到京畿地區的同時，通過設立一些官職管理資源相對集中的地區，即如鹽鐵專營等，我們將設有鹽官、鐵官等官職的城市稱為經濟管理型城市。

各種經濟資源的開發和利用關係到國計民生的生存與發展，儘管經濟管理型城市管理者的俸祿低於所有等級城市行政長官的俸祿 [37]，但是鹽、鐵、工等官均設置在富含鹽、鐵資源及手工業較為發達的地方，所以，其空間分佈標誌我國西漢時期開採和利用資源的地域分佈和手工業的發展水準，是西漢時期人們認識和改造大自然能力的一個的鑒定。

食鹽是人民日常生活必需品，鐵器在漢代已是生產和生活的主要用具，所以煮鹽和冶鐵成為漢代工商業中資金最大、利潤最高的行業。漢初，鹽鐵為私人經營，國家僅設官收稅而已，特別是文帝時，對鹽鐵經營採取放任政策，於是富商大賈、豪強地主往往佔有山海，或採礦冶鐵，或煮海制鹽，一家冶鐵或煮鹽使用的人，多至千餘名。他們「專山澤之饒」[38]，壟斷了對國計民生有重要影響的冶鐵煮鹽業，這不僅影響了中央財政的收入，而且也助長了分裂割據勢力 [39]。漢武帝為了增加中央政府的財政收入，採納大商人孔僅和東郭咸陽的建議，決定把私人壟斷的冶鐵、煮鹽、釀酒等重要工商部門收歸政府，由國家壟斷經營。元狩五年（前 118 年），武帝下令禁止民間從事鹽鐵業，由政府特設鹽官鐵官壟斷經營，控制生產，包辦運售，牟取暴利。在全國產鹽鐵的地方

37　《尹灣漢墓簡牘》將鹽、鐵官丞等秩記載在東海郡各城市之後，與侯國城市相之秩相當。鹽鐵官似有等級差別，比如伊廬鹽官長、下邳鐵官長均為三百秩，但北蒲、鬱州鹽官設丞秩為二百石，一個失地名的鐵官丞亦是。《尹灣漢墓簡牘》，北京：中華書局，1997 年，第 84 頁。

38　《鹽鐵論·禁耕》。

39　《史記》卷 106〈吳王濞列傳〉：吳，「即山鑄錢，煮海水為鹽，誘天下亡人，謀作亂」；「然其居國以銅鹽故，百姓無賦。」索隱按：「吳國有鑄錢煮鹽之利，故百姓不別徭賦也。」

設立鹽鐵專賣署，並任命當地的大鹽鐵商為鹽官或鐵官，管理煮鹽、製造鐵器和買賣鹽鐵等事務。不產鐵的地方設小鐵宮，以熔化廢鐵作農具或用具。自從鹽鐵官營後，嚴禁私人鑄鐵和煮鹽，「敢私鑄鐵器煮鹽者，鈦左趾，沒入其器物」[40]。鹽鐵官營後，漢政府增加了收入。所以桑弘羊說：「當此之時，四方征暴亂，車甲之費，克獲之賞，以億萬計。皆贍大司農。此皆……鹽鐵之福也。」[41]中央政府的財政狀況得以改善，不僅緩解了統治層間的矛盾，而且正在進行的對外軍事活動得以繼續，然而，管理鹽鐵的官吏多為鹽鐵商人，經營不善，往往產品品質低，價格昂貴，貧民購買不起，反而影響了生產力的提高。

　　《漢志》記載的鹽官有 35 處，分佈較為廣泛，在全國各大區均有設置，其中又有兩個較為集中的區域，一個是東部沿海地帶，黃海及渤海沿岸，另一個是太原、西河、上郡、朔方一帶，東部為海鹽，西部為池鹽。其他地區另有零星分佈。

　　西漢鐵官共設有 49 處，分佈更為廣泛，東起山東、江蘇，西到甘肅，東北到遼寧，西南到四川、雲南之間，範圍十分廣大。鐵官所製的鐵器，有時有銘文，作為其標誌。如，根據出土遺物，河南郡所製的有「何一」、「何二」、「何三」字樣；南陽郡所製有「陽一」、「陽二」字樣；河東郡所製有「東二」、「東三」字樣；「河」「陽」「東」是郡的簡稱，「一」、「二」、「三」等數字則是各郡鐵官所屬作坊和工廠的編號。[42]鑒於當時鐵器更多地運用到軍備建設，鐵冶業越來越成為特別重要的經濟部門，而且還成為統治階級對外聯繫重要物資。據《史記·南越列傳》和《漢書·南粵王傳》記載，西漢初年，南越趙佗搞分裂割據，鬧獨立，呂后就下令實行鐵器禁運，以作為制裁，引起趙佗的強烈反應，甚至出兵進犯長沙，威脅朝廷，從這裡也可以看出鐵器的重要性。西漢初期冶鐵控制在中央政府手裡，有的卻被控制在各地的諸侯王手裡。諸侯王自設鐵官，經營冶鐵業，在山東臨淄一帶就有「齊鐵官印」、「齊鐵官長」和「臨淄鐵丞」等封泥[43]流傳下來。也有一些大商人，為了謀求巨富，私自經營鐵業。因此，中央政府和各地諸侯王及富商大賈們互相爭奪對鐵冶業的控制，相當激

40　《史記》卷 30〈平準書〉。

41　《鹽鐵論·輕重》。

42　李京華：〈漢代鐵農器銘文試釋〉，《考古》，1974 年第 1 期。

43　羅振玉：《齊魯封泥集存》，北京：中華書局，1913 年，第 10、11、12 頁。

烈。漢景帝時擊敗了吳、楚七國的叛亂之後,中央政府的權力大大增強了,終於在漢武帝時完全壟斷了全國的冶鐵業。

漢武帝在實行鹽鐵官營的同時,推行了均輸平準政策。武帝元封元年(前110年),漢武帝採納大農令桑弘羊的建議,在全國實行均輸平準政策。所謂均輸,就是調劑運輸;平準即平衡物價。原先漢政府各部門常常搶購物資,引起物價上漲,地方上交中央的員賦,《鹽鐵論·本議》:「往來煩難,物多苦惡,或不償其費」。而且富商大賈囤積居奇,操縱物價;於是由大農令統一在郡國設均輸官,負責管理、調度、分發從郡國徵收來的稅賦財物,並負責向京師各地輸送。又由大農令置平準官於京師,總管全國均輸官運到京師的物資財貨,除去皇帝貴戚所用外,作為官家資本經營官營商業,「貴則賣之,賤則買之」,調劑物價,防止富商大賈從中謀取巨利。實行鹽鐵官營、均輸平準政策後,「民不益賦,而天下用饒」[44]。

昭帝始元六年(前81年),郡國所舉賢良文學,強烈反對鹽鐵官營、酒類專賣以及平準、均輸等政策,揭露了這些方面的許多弊端。要求節約政府開支,減輕賦稅搖役,改行休養生息政策。與桑弘羊等就上述問題展開了爭論,爭論的內容、過程等由桓寬記錄,整理成書,保存在《鹽鐵論》中。爭論的結果對漢武帝官營政策作了限制和修改,取消了酒的專賣和關內鐵官,下表中沒有酒官的設置,而關內也僅有部分鐵官。

表 3–3《漢志》所載鹽、鐵、工等官

郡	縣	礦產	郡	縣	礦產
京兆尹	鄭	鐵官	丹陽郡		銅官
左馮翊	夏陽	鐵官	南陽郡	宛	工官、鐵官
右扶風	雍	鐵官	南郡		發弩官
	漆	鐵官		襄陽	雲夢官
弘農郡	宜陽	在澠池鐵官		巫	鹽官
河東郡	安邑	鐵官、鹽官		西陵	雲夢官
	皮氏	鐵官	桂陽郡		金官
	平陽	鐵官	漢中郡	沔陽	鐵官

44 《史記》卷30〈平準書〉。

	絳	鐵官	廣漢郡		工官
河內郡	懷	工官		雒	工官
	隆盧	鐵官	蜀郡	成都	工官
河南郡		鐵官、工官		臨邛	鐵官、鹽官
陳留郡	襄邑	服官		嚴道	木官
山陽郡		鐵官	犍為郡	武陽	鐵官
泰山郡		工官		南安	鹽官、鐵官
	奉高	工官		連然	鹽官
	嬴	鐵官	巴郡	朐忍	橘官、鹽官
城陽國	莒	鐵官	南海郡		圃羞官
東平國		鐵官		番禺	鹽官
潁川郡	陽翟	工官		中宿	洭浦官
	陽城	鐵官		高要	鹽官
汝南郡	西平	鐵官	交趾郡	嬴婁	羞官
沛郡	沛	鐵官	隴西郡		鐵官、鹽官
魯國	魯	鐵官		三水	鹽官
琅邪郡		鐵官	太原郡		家馬官
	海曲	鹽官		晉陽	鹽官
	計斤	鹽官		大陵	鐵官
	長廣	鹽官	北地郡	鬱郅	牧師苑官
東海郡	下邳	鐵官		弋居	鹽官
	朐	鐵官（還設有鹽官）	上郡	獨樂	鹽官
臨淮郡	鹽瀆	鐵官		龜茲	鹽官
	堂邑	鐵官		望松 *	鹽官
楚國	彭城	鐵官	西河郡	富昌	鹽官
廣陵國		鐵官	朔方郡	沃壄	鹽官
千乘郡		鐵官、鹽官、均輸官	五原郡	成宜	鹽官
	千乘	鐵官	雁門郡	樓煩	鹽官
濟南郡	東平陵	工官、鐵官	魏郡	武安	鐵官
	曆城	鐵官	巨鹿郡	堂陽	鹽官
齊郡	臨淄	服官、鐵官	常山郡	蒲吾	鐵山
北海郡	都昌	鹽官		都鄉 *	鐵官
	壽光	鹽官	中山國	北平	鐵官

	曲成	鹽官	涿郡		鐵官
	東牟	鐵官、鹽官	渤海郡	章武	鹽官
	㟅	鹽官	漁陽郡	漁陽	鐵官
	當利	鹽官		泉州	鹽官
	鬱秩	鐵官	右北平郡	夕陽	鐵官
廬江郡		樓船官	遼西郡	海陽	鹽官
	皖	鐵官	遼東郡	襄平	牧師官
九江郡		陂官、湖官		平郭	鐵官、鹽官
	海鹽	鹽官			

　　除上文提到鹽鐵官之外，西漢時期的手工業則以織造與器具製作為主。手工業產品一是供民眾日常生活的需要，一是滿足統治者的享用。前者需要量大，需要範圍廣，要求低，因此，一般都是私人分散經營，多數是家庭副業。後者要求高，規格特殊，供應範圍窄，因此都是官營集中生產，往往在某一地點設置工官集中大量勞動力，對該地區的人口分佈影響較大。《漢志》載工官9處，分別在河南郡的河南（治所在洛陽）、懷縣（今河南武陟）、潁川郡的陽翟（今河南禹縣）、南陽郡的宛縣（今河南南陽）、濟南郡的東平陵（今山東章丘）、泰山郡及其屬縣奉高（今山東泰安）、蜀郡的成都縣（今成都）、廣漢郡（治所在今四川梓潼）及其屬縣雒縣（今四川廣漢）都是官營手工業的中心[45]，由中央政府直接控制。官營手工業必然吸收很多勞動力，有助於人口的集中。這些工官的設置，大概是在景帝至武帝的前期。《漢書・貢禹傳》云：「蜀、廣漢主金銀器，歲各用五百萬」。如淳注曰：「地理志，河內懷、蜀郡成都、廣漢皆有工官，工官主作漆器物者也」。可見蜀郡和廣漢郡的工官製造金銀器，同時也製造漆器。洛陽漢河南縣城遺址出土的陶器印有「河亭」、「河市」字樣，河南陝縣漢墓中出土的陶器印有「陝亭」、「陝市」字樣，河北邯鄲漢代遺址出土的陶器印有「漢亭」字樣，山西夏縣安邑漢城遺址出土的陶器印有「安亭」字樣，等等[46]。根據漢河南縣城遺址的發掘，可以認為，印有「河亭」字樣的陶器年代較早，屬於西漢前期，印有「河市」字樣的陶器年代

45　周振鶴：〈西漢地方行政制度的典型實例——讀尹灣六號漢墓出土木牘〉認為：泰山郡工官與奉高工官、廣漢郡工官與雒工官分別同為一處，《學術月刊》，1997年第5期；〈西漢縣城特殊職能探討〉，《歷史地理研究》第一輯，上海：復旦大學出版社，1986年。

46　俞偉超：〈漢代的「亭」、「市」陶文〉，《文物》，1963年第2期。

較晚，屬西漢晚期[47]。戳印中的「亭」和「市」的意義是相同的，是指漢代各
地城市中的手工業和商業區，它們是由各地官府來管理的。上述各種戳印說明
了這些陶器是由各地官府中主管手工業和商業機構所屬的作坊製作的[48]。

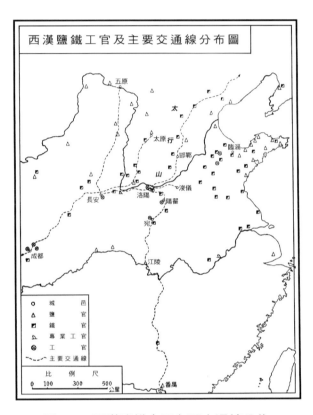

圖 3-1 西漢鹽鐵官及主要交通線分佈

（圖片來源：葛劍雄《西漢人口地理》附圖 9，第 217 頁。）

　　另外，服官大概亦屬此系列。齊郡三服官[49]，在元帝初年時，各有數千工
人，三處合計可能有二萬餘人[50]，加上他們的家屬，人口相當可觀。齊地織造
業非常發達，《漢志》：「織作冰紈綺繡純麗之物，號為冠帶衣履天下」。說

47　中國科學院考古研究所：《洛陽中州路》，北京：科學出版社，1959 年，第 37 頁。

48　俞偉超：〈漢代的「亭」、「市」陶文〉，《文物》，1963 年第 2 期。

49　關於「齊三服官」，顏師古注：「三服官主作天子之服，在齊地」；王子今則認為「齊
三服官」是西漢時的官營手工業機構，是指「服官」三所，與「三工官」相同，與傳
統的「主管織作『三服』（首服、冬服、夏服）」的見解有所不同。王子今：〈西漢「齊
三服官」辨正〉，《中國史研究》，2005 年第 3 期。

50　葛劍雄：《西漢人口地理》，北京：人民出版社，1986 年，第 112 頁。

明齊地服官的特色及其在全國的地位，尹灣漢墓竹簡中也有東海郡官員向齊服官輸送錢款的記錄。另外，在西漢歷史中，曾為了節約開支，下令廢除三服官，「但似乎這一滿足宮廷織品消費的專營機構實際上並沒有完全撤銷」[51]，這也從另一方面反映了齊三服官經營區域之廣和對社會經濟影響之深。

《漢志》還記載了其他不同的官：銅、金、木、發弩、橘官、陂、湖、沮浦、樓船、家馬、均輸各 1 處；雲夢、牧、圃（羞）各 2 處。各種官的設置不僅反映不同區域生產資料、物質財富的差異，而且通過各種類型官職（所有）的設置還標誌著權力客觀要素生產資料、物質財富及暴力均牢牢地控制在中央統治者手中，權力已經滲透到社會經濟的各層空間。

西漢時期經濟管理的主要內容是鐵、鹽及手工業，工官、鹽官、鐵官的空間分佈在諸侯王國地區和漢郡區有很大差異，除工官外，鹽官、鐵官設置以東部諸侯王地區為多，諸侯王國區與漢郡區鹽、鐵官數量之比分別為 19：16、29：19，中央直屬漢郡區的工官則多於諸侯王國地區，漢郡區有 6 處，諸侯王國地區有 3 處。而在各諸侯王國地區，齊國地區有工、鹽、鐵官 22 處，占整個王國地區 2 / 5 強。由此可見，王國地區徵收的工業稅比中央直屬地區的要多，而以齊國為最突出，臨淄城「日有市租千金」[52] 之說。

三、軍事職能城市

春秋戰國以來，傳統禮制已不能夠約束人們的行動，戰爭的頻率、性質都在不斷升級，秦統一帝國建立後就置有專門的軍事機構來維護國家權力。〈百官表〉曰：「郡尉，秦官，掌佐守典武職甲卒，秩比二千石。有丞，秩皆六百石。景帝中二年，改名都尉」。西漢初年不僅承襲了秦的設置，而且有所發展「關都尉，秦官、屬國都尉皆武帝置」；又典屬國下曰：「武帝元狩三年（應作二年）昆邪王降，復增屬國，置都尉、丞、候、千人」。《漢書・元帝紀》建昭三年（前36 年）令三輔及大郡都尉皆秩比二千石。《史記・大宛列傳》：「北置居延、休屠以衛酒泉」《集解》：「或曰置二部都尉也」；《漢舊儀》曰：「邊郡……置部都尉」；《漢書・咸宣傳》稱「諸部都尉」；《後漢書・百官志》曰：「典兵禁，備盜賊，景帝更名都尉。武帝又置三輔都尉各一人；邊郡置農都尉，主

51　王子今：〈西漢「齊三服官」辨正〉，《中國史研究》，2005 年第 3 期。
52　《漢書》卷 38〈高五王傳〉。

屯田殖穀，又置屬國都尉，主蠻夷降者。中興建武省諸郡都尉，並職太守，無都試之役，省關都尉，唯邊郡往往置都尉及屬國都尉，稍有分縣，治民比郡」。

西漢時期由秦郡尉改為都尉，秩等、職責均無改變，至東漢建武時省都尉一職，原因是不再設都試一科。由此也可看出，都尉協助郡守處理郡內事務並負責武職（為帝國儲備兵力）工作，受郡守指揮，但也有例外，《史記‧周陽由傳》「為守，視都尉如令；為都尉，陵太守，奪之治。」而邊郡都尉或屬國都尉則治民如郡守，屬國都尉在條件成熟時還可以上升為郡。所以，都尉治所的城市地位當比一般縣級城市要高，但低於郡國治所城市，理由如下：

其一，因為漢代都尉與郡守同為郡級行政長官，職位僅次於郡守，是協助郡守管理郡內事務的官員。《漢書‧百官公卿表》：「郡守，秦官，掌治其郡，秩二千石。景帝中二年更名太守。……郡尉，秦官，掌佐守典武職甲卒，秩比二千石。景帝中二年更名都尉。」又《漢官解詁》：「都尉將兵，副佐太守」。

其二，都尉俸祿有時與郡守同，有時則僅低於郡守半級。〈百官公卿表〉明言郡守、都尉的俸秩分別為二千石及比二千石，然《二年律令‧秩律》載：「……郡守、尉……秩各二千石」，所以太守與都尉的俸秩相同，均為「二千石」之官。

其三，實際生活中郡守與都尉的管理權力基本相當。這一點雖然沒有制度上的證據，但郡守、都尉在行使權力時，一般情況下郡守的權限要比都尉大，但也存在都尉左右郡守的例證。《漢書》中記載了一些這方面的例子，〈酷吏傳〉載：

寧成「稍遷至濟南都尉，而郅都為守。始前數都尉步入府，因吏謁守如縣令，其畏都如此。及成往，直凌都出其上。」

後來，當武帝準備任命寧成為郡守時，御史大夫公孫弘曰：

「臣居山東為小吏時，寧成為濟南都尉，其治如狼牧羊。成不可令治民。」

另外，武帝時期的周陽由：

「為守，視都尉如令；為都尉，陵太守，奪之治……後由為河東都尉，與其守勝屠公爭權。」

上述例證，雖不能代表全部郡守與都尉的關係，但也反映出其間關係的複雜。所以結合前文，西漢時期地方官僚系統中郡守、都尉及縣令長的等級關係是：郡守統領全郡政治、經濟、文化等全部事務，都尉的職責是輔助郡守處理武備、安全等方面的事務，其地位、權限僅次於郡守，而縣令長不論在行政地位及管理範圍來講均不可與郡守、尉相比。

其四，更為重要的一點是，西漢時期郡守與都尉分治在郡內不同的城市裡，各有獨立的治所，這與現代軍區司令部一般設在省會城市有所不同。所以，都尉治所地位應略高於一般縣級城市。

西漢末年，全國範圍內有都尉治所城市115處，它們有兩個顯著特徵：第一，都尉治所在郡國間分佈的不平衡。都尉治所僅限於漢郡之內（不限於漢初漢郡區），而且有些漢郡，主要是一些邊遠漢郡設有兩個或者更多的部都尉治所（表3-4）；相反，諸侯國內則無一都尉設置。第二，從都尉治所分佈的地理特徵上來看，其多處於郡內地形險要之地，這與其領兵負責地方治安及郡域安全的職能不無關係。如東海郡都尉治所在費縣，而費縣就位於蒙山最高峰之下，是東海郡監控齊地及齊地諸郡國通向東南的交通要道，地理位置非常重要。鑒於都尉治所城市對安全性能的要求，限制了其作為二級城市的規模和經濟實力的發展，所以，考古發掘的都尉治所城市規模一般較小，與普通縣級城市無異，甚至規模遠小於一般縣城（考見第四章第一節），由此也是本文沒有專門將都尉治所城市作為一級城市提出的根本原因。儘管如此，在以行政權力為核心的評價體系中，其政治地位當僅次於郡國治所城市。

表 3－4 西漢都尉治所城市

郡　　名	治所	都尉名稱	郡　　名	治所	都尉名稱
太原郡[6]	廣武	都尉治	天水郡[55]	勇士	屬國都尉治滿福 #
東　郡[10]	東阿	都尉治		豲道	騎都尉治密艾亭
陳留郡[11]	外黃	都尉治	安定郡[60]	參䜌	主騎都尉治
山陽郡[19]	單父	都尉治		三水	屬國都尉治
泰山郡[31]	盧	都尉治	北地郡[61]	富平	北部都尉治神泉障
汝南郡[13]	女陰	都尉治[53]		富平	渾懷都尉治塞外渾懷障

53　《漢書》卷28上〈地理志〉分為賞都尉。

九江郡18	歷陽	都尉治		上河	農都尉[54]
沛　郡21	蘄	都尉治	上郡62		匈歸都尉治塞外匈歸障
魏　　郡22	魏	都尉治		高望	北部都尉治
巨鹿郡23	下曲陽	都尉治		龜茲	屬國都尉治
常山郡24	南行唐	都尉治		望松*	北部都尉治#
清河郡25	貝丘	都尉治	西河郡63		南部都尉治塞外翁龍埤是
涿　郡26	安平	都尉治		美稷	屬國都尉治
渤海郡27	高成	都尉治		增山	北部都尉治
平原郡28	樂陵	都尉治		虎猛	西部都尉治
千乘郡29	蓼城	都尉治	五原郡65	蒱澤*	屬國都尉治#
濟南郡30	於陵	都尉治		成宜	中部都尉治高原
琅邪郡35	姑幕	都尉治		成宜	西部都尉治田辟
東海郡36	費	都尉治		稒陽	東部都尉治
臨淮郡37	盱眙	都尉治		受降城	受降都尉治[55]
會稽郡38	錢唐	西部都尉治	雲中郡66	陶林	東部都尉治
	回浦	南部都尉治		楨林	西部都尉治
	鄞	東部都尉治[56]		北輿	中部都尉治
丹陽郡39	歙	都尉治	犍為郡47	漢陽	都尉治
豫章郡40	新淦	都尉治	越嶲郡48	定莋	都尉治
定襄郡67	武進	西部都尉治	牂柯郡50	夜郎	都尉治
	武皋	中部都尉治		進桑	南部都尉治
	武要	東部都尉治	金城郡54	允吾	金城都尉[57]

54　《漢書》卷100〈敘傳〉：班況「積勞至上河農都尉」，《馮奉世傳》：陽朔中，「參擢為上河農都尉」，《水經‧河水注》曰：「又北徑上河城東，世謂之漢城，薛贊云上河在西河富平縣，即此也。又東徑佃農城東，俗名為呂城，皆馮參所屯也。」

55　《漢書》卷90〈酷吏傳〉。

56　《漢書》卷87〈揚雄傳〉「解嘲」曰：「東南一尉」，注引「孟康曰會稽東部都尉也」。《太平御覽》卷241引《臨江記》曰「漢元鼎五年立都尉府於候官，以鎮撫二粵，所謂東南一尉也」。《三國志》卷57〈吳書‧虞翻傳〉注云：「元鼎五年除東越，因以其地為治，並屬於此，而立東部都尉，後徙章安，陽朔元年又徙至鄞，或有寇害，復徙句章」。《越絕書》卷2曰：「漢文帝前九年，會稽並故鄣郡，太守治鄣，都尉治山陰；前十六年，太守治吳，都尉治錢塘」。《後漢書》卷6〈順帝紀〉陽嘉元年海賊「攻會稽東部都尉」。《宋書》卷35〈州郡一〉曰：「臨海太守本會稽東部都尉，前漢都尉治鄞」。〈吳書‧虞翻傳〉曰：「到東部候官，候官長閉城不受」，候官長即候，候官即《後漢書》卷22〈郡國志〉會稽郡之「東部候國」，國應作官。

57　《水經‧河水注》曰：「湟水又東南徑小晉興城北，故都尉治，闞駰曰允吾縣西四十里有小晉興城也。」

雁門郡 68	沃陽	西部都尉治		廣武	廣武都尉 58
	平城	東部都尉治		龍支	西部都尉 59
代　　郡 69	高柳	西部都尉治		令居	護羌校尉 60
	馬城	東部都尉治	武威郡 56	休屠	都尉治熊水障 #
	且如	中部都尉治		休屠	北部都尉治休屠城
上谷郡 70	寧	西部都尉治	張掖郡 57	日勒	都尉治澤索谷 #
	女祁	東部都尉治		番和	農都尉治
漁陽郡 71	要陽	都尉治		居延	都尉治
右北平郡 72	蘱 *	都尉治 #		居延	肩水都尉治 61
遼西郡 73	柳城	西部都尉治		居延	張掖屬國都尉治 62
	交黎	東部都尉治		居延	居延屬國都尉治 63
遼東郡 74	無慮	西部都尉治		居延	張掖都尉治 64
	候城	中部都尉治		居延	張掖農都尉治 65
	武次	東部都尉治		居延	居延農都尉治 66
京兆尹 1	華陰	京輔都尉治 67	酒泉郡 58	會水	北部都尉治偃泉障
左馮翊 2	高陵	左輔都尉治		會水	東部都尉治東不障
右扶風 3	郿	右輔都尉治		乾齊	西部都尉治西不障

58　《水經·河水注》曰：「湟水又東徑枝陽縣……又東南徑廣武城西，故廣武都尉治。」

59　《漢書》卷 69〈趙充國辛慶忌傳〉神爵元年「遂西至西部都尉府」，注引「孟康曰在金城」。《後漢書》卷 87〈西羌傳〉和帝時曹鳳「為金城西部都尉」。

60　《後漢書》卷 1〈光武帝紀〉注引《漢官儀》曰：「護羌校尉，武帝置，秩比二千石，持節以護西羌。王莽亂，遂罷。」《後漢書》卷 87〈西羌傳〉謂：元鼎六年平羌以後置護羌校尉。《通鑑·漢紀》四十一「永初四年」注「按《水經注》羌水除湟中西南山下，經護羌城東，故護羌校尉治，又東徑臨羌城西，護羌校尉蓋治臨羌縣界也。然宣帝護羌校尉，本治金城令居，東都定河隴之後，護羌校尉治安夷縣，既而自安夷徙臨羌。」

61　陳夢家：《漢簡綴述·西漢都尉考》，北京：中華書局，1980 年。《鹽鐵論·復大篇》作扇水都尉。

62　《漢書》卷 94〈匈奴傳〉昭帝時「張掖太守、屬國都尉發兵擊。……屬國都尉郭忠封成安侯」。《漢書·景武昭宣元成功臣表》曰：「成安嚴侯郭忠，以張掖屬國都尉匈奴入寇與戰、斬黎汙王，侯七百二十四戶。（元鳳）三年二月癸丑封」。《後漢書·郡國志》張掖屬國都尉注云：「武帝置屬國都尉」，《兩漢金石記》十一曹全碑有「張掖屬國都尉丞」。

63　居延漢簡（216.1 ＝甲 1199；65218），見陳夢家：《漢簡綴述·西漢都尉考》。

64　居延漢簡（54.25 ＝甲 386，74.4 ＝甲 456，103.17 ＝甲 595；54.25），見陳夢家：《漢簡綴述·西漢都尉考》。

65　或即治於番和之農都尉，見陳夢家：《漢簡綴述·西漢都尉考》。

66　居延漢簡（65.18），見陳夢家：《漢簡綴述·西漢都尉考》。

67　《漢書》卷 19〈百官公卿表〉「中尉」、「主爵都尉」下。

弘農郡 4	武關	弘農都尉治	敦煌郡 59	敦煌	中部都尉治步廣候官
河東郡 5		河東都尉治 [68]		廣至	宜禾都尉治昆侖障
河內郡 8		河內都尉治 [69]		龍勒 [70]	都尉治
河南郡 9		河南都尉治 [71]	朔方郡 64	窳渾	西部都尉治
南陽郡 14	鄧	都尉治		渠搜	中部都尉治
南　郡 15	夷陵	都尉治		廣牧	東部都尉治
漢中郡 44	襃中	都尉治	樂浪郡 76	昭明	南部都尉治
廣漢郡 45	綿竹	都尉治		不而	東部都尉治
	陰平道	北部都尉治	郁林郡 78	領方	都尉治
蜀　郡 46	旄牛	西部都尉治 [72]	交趾郡 80	羸泠	都尉治
	青衣	東部都尉治 [73]	合浦郡 81	朱盧	都尉治
巴　郡 51	魚復	都尉治	九真郡 82	無切	都尉治
隴西郡 53	臨洮	南部都尉治			

說明：不注出處者均自《漢書·地理志》；

　　　# 為譚圖注無考都尉治所；

　　　* 譚圖無考。

　　由於都尉的職責是「典武職」、「掌都試」、「將兵」的特點，其軍事性是非常顯著的，所以都尉治所並不是郡內區域經濟的核心城市。西漢時期都尉可分為不同的類型，比如，有關都尉 [74]、農都尉 [75]、屬國都尉等；而且在帝國不同區域，都尉分佈數量也有區域差異，如在西部邊境地帶，由於國境警戒線較

68　《史記》卷 122〈酷吏列傳〉「周陽由傳」、《漢書》卷 83〈薛宣朱博傳〉。

69　《史記》卷 122〈酷吏列傳〉「義縱」：「遷為河內都尉」。

70　《漢書》卷 28 下〈地理志〉有陽關、玉門關皆都尉治。

71　《漢書》卷 90〈酷吏傳〉「田廣明」：「功遷河南都尉」。

72　《後漢書》卷 86〈南蠻西南夷傳〉曰：「元鼎六年以為沈黎郡；至天漢四年並蜀為西部，置兩都尉，一居旄牛主徼外夷，一居青衣主漢人」。「以為汶山郡……宣帝乃省並蜀郡，為北部都尉」。《後漢書》卷 23〈郡國志〉「廣漢屬國都尉」注云：「故北部都尉，屬蜀郡」；蜀郡屬國注云：「故屬西部都尉」，領漢嘉（故青衣，陽嘉二年改），旄牛等四城。《兩漢金石記》十一「曹全碑」有蜀郡西部都尉。《封泥考略》4. 34，35 有「蜀郡都尉章」，見陳夢家：《漢簡綴述·西漢都尉考》。

73　《後漢書》卷 86〈南蠻西南夷傳〉。

74　西漢函谷關都尉，見於《漢書》杜周、辛慶忌、魏相、張敞諸人傳中，《漢書·地理志》失載。

75　西漢農都尉數量較多，但《漢書·地理志》多失載，居延漢簡 214.30（甲 1175）曰：「〔敦煌〕以東至西河十一農都尉官」。《漢書·地理志》僅計有 2 處，張掖、北地，其餘九郡漏載，見陳夢家：《漢簡綴述·西漢都尉考》。

長，人口相對稀少，同一郡內又有好幾個都尉；都尉的設置有些是用方位來命名，如東、西、南、北部都尉或者左、右輔都尉等，有些則根據主管的機構不同又分為騎都尉、農都尉等。本文共輯錄都尉治所城市 115 座。

由上表可知，115 處都尉治所共涉及 65 個郡的 100 個城市，從都尉類型上可分為 6 種，其一為郡都尉共有 38 處，一般設在漢初漢郡、諸侯國地區諸郡境內，《漢志》諸侯國境內沒有都尉設置，邊境地區均不少於兩都尉；其二是部都尉共有 46 處，主要分佈於邊境地區，尤其是北部、西部邊境；其三為農都尉，表中雖僅有 3 處，但從西漢歷史上可知農都尉設置還是較多的，更多分佈於邊郡地區；其四屬國都尉，負責管理歸降的少數民族，也多在邊地；其五騎都尉，僅 2 處；其六是三輔都尉，較為特殊。其中二～五都是邊郡防禦的重要設置，它們的分佈和興廢關係到邊境之安穩。

從全國三大區的劃分中看，所有都尉治所在東、中、西部地區的分佈分別為 42、39、34 處。由此進一步推知，儘管從不同種類的都尉治所的分佈來看似乎是邊郡數量較多，但事實上，帝國更為擔心的應是東部諸侯國地區的穩定。所以，自漢初就不斷在諸侯國地區析置漢郡，至西漢末年，在高祖末年的十個諸侯國地區已形成了 61 郡國的局面，其中諸侯國仍有 19 個。42 個漢郡中設有 42 處都尉治所，但並非每郡 1 處，僅本區九邊郡就設有 20 處，有 9 個郡沒有設都尉治所，其餘 22 處分置在 22 郡內。其次，中部漢郡地區行政區較為穩定，是帝國核心區，所以中部地區 22 郡（上黨郡除外）基本都置有都尉，共有 39 處都尉治所城市，又邊郡及有少數民族分佈的郡內均設有 2 個或 2 個以上的都尉治所，都尉治所的功能顯而易見。再次，西部拓展地區共設有都尉治 34 處，由於西漢時期主要矛盾在帝國的西北方，所以南部及西南夷地區諸郡都尉治普遍只有 1 處，而在西北地方的涼州、朔方以及北部邊地則有較多分佈。

目前就考古發掘的都尉治所來看主要分佈在西北邊境，規模均比較小，軍事城堡形態顯著。這不但與軍事城堡的性質有關，還應當是本區地理環境所致。

四、文化職能城市

城市文化職能的形成，成為城市區別於鄉村的重要標誌。春秋戰國時代百家爭鳴，學風大盛，各國首都都是人才濟濟的所在。各家之說也大都在首都保存與傳播，使城市為成為文化的寶庫。城市的文化職能最基本的是其教化功能，

西漢中期便在都城內設置了太學，太學的設置在重要教育史上具有里程碑意義的大事。太學既是新思想文化的策源地，也是國家機器的儲備所，學生是各級官僚機構的後備軍。西漢時期從太學到小學的設立[76]，亦使得一些郡縣城市的教化功能大為提高，但這亦是政治城市本身具有的本質特徵之一，所以是不能作為文化城市的衡量標準的。

本文要論述的城市文化是指具有祭祀文化的職能城市。西漢時期的宗教祭祀活動也是政治生活的一個重要內容，由此產生了一批具有祭祀文化的城市。這裡祭祀文化僅指與祭祀活動有關的內容，比如，祭祀祖宗和自然、祭祀五帝、郊雍、泰山封禪、八齊祠等。上述活動的順利進行除政府設有專款，但平時則由所在郡縣負責，對地方經濟發展的影響也是顯而易見的。

《漢書・郊祀志》開篇即言：〈洪範〉八政，三曰祀。祭祀的對象是「昭孝事祖……旁及四夷……下至禽獸、豺獺」，目的是「民之精爽不貳，……制神之處位……知山川，敬於禮儀……能知四時犧牲……氏姓所出者……」，因而，聖王為之制典禮、通神明，並設置神民之官，使各類祭祀活動有序而不亂，最終使「民神異業，敬而不瀆，故神降之嘉生，民以物序，災禍不至，所求不匱」。很顯然，祭祀活動的最終目的就是在人的精神領域也建立一種秩序，最終被作為權力構成要素中生產資料、物質財富和暴力之外的文化要素，如此重要之活動在西漢初年也得以繼承和發揚。

關於高祖劉邦的傳說自其入芒碭山就已產生了，如白帝子殺赤帝子的故事等，祭祀蚩尤、立雍五時廟[77]，對秦代的祭祀體系予以承認，並進行了系統整理[78]。此後，文帝時開始親自到雍地祭祀五帝，武帝時的祭祀範圍更加擴大，雖在元成時期對祭祀對象有過反復，但最終並沒有取消這類活動。到西漢末年，還存在有祭祀活動的城市有 51 處，共有 402 所祠廟（表 3–5）。

從表中祠廟分佈的地理位置來看，空間差異非常顯著，主要集中於兩大區

76　《漢書》卷 24〈食貨志上〉：「八歲入小學，學六甲、五方、書計之事，始知室家長幼之節。十五入大學，學先聖禮樂，而知朝廷君臣之禮。其有秀異者，移鄉學於庠序。庠序之異者，移國學於少學。諸侯歲貢小學之異者于天子，學于大學，命曰造士。」

77　《漢書》卷 25〈郊祀志〉：高祖曰：「吾知之矣，乃待我而具五也。」「乃立黑帝祠，名曰北時。有司進祠，上不親往」，劉氏家族獲得了祭天的權力。

78　《漢書》卷 25〈郊祀志〉高祖下詔曰：「吾甚重祠而敬祭。今上帝之祭及山川諸神當祠者，各以其時禮祠之如故。」

域，一個是三輔地區，圍繞著帝王祭祀活動，在京畿附近地區形成了一個特殊的祭祀文化區，大約有祠廟 300 餘處，涉及到 13 個城市。另一個是東部齊地，雖然祠廟數量上來看沒有三輔多，但卻分佈在更多的城市區域（有 18 城），其祭祀文化的內涵也與關中地區有很大不同，主要是與齊地濱海地理環境有關的祭祀活動。頻繁的祭祀活動[79]耗費了大量的國家財力，國庫收入中相當一部分就用於各種類型的祭祀，但由此這些承擔祭祀活動的城市具有了祭祀文化特徵，甚至影響到現代區域文化特色。對這部分城市的歷史文化遺跡的發掘將有利於對歷史文化遺產的研究和保護。

下面通過對西漢時期帝國對河川祭祀權的追逐來反映祭祀文化與城市之間的關係，及其與帝國政治權力的關係。

表 3-5 《漢志》所載祠廟及其分佈

郡	縣	祠　廟	郡	縣	祠　廟
京兆尹	藍田	虎侯山祠	琅邪郡	不其	太一、仙人祠九所及明堂
	華陰	祠		朱虛	三山、五帝祠
	湖	周天子祠二所		琅邪	四時祠
	杜陵	周右將軍杜公祠四所		長廣	萊山萊王祠
左馮翊	谷口	天齊公、五牀山、仙人、五帝祠四所		昌	環山祠
	臨晉	河水祠	臨淮郡	海陵	江海會祠
	雲陽	休屠金人及徑路神祠三所、越巫古襄三所	廣陵國	江都	江水祠
右扶風	鬱夷	汧水祠	齊郡	臨朐	逢山祠
	雍	五畤、太昊、黃帝以下祠三百三所[80]	東萊郡	腄	之罘山祠
	俞麋	黃帝子祠		黃	萊山松林萊君祠
	陳倉	上公、明星、黃帝孫、舜妻育塚祠		臨朐	海水祠
	虢	黃帝子、周文武祠		曲成	參山萬里沙祠
	武功	垂山、斜水、褒水祠三所		㤉	百支萊王祠

79　筆者對《漢書・郊祀志》統計：高祖 5 次，文帝 26 次，武帝 75 次，宣帝 25 次，初元元年（前 48 年）至成帝 3 年（前 30 年）有 20 次，共有 151 次。

80　周振鶴：〈秦漢宗教地理概說〉認為「雍縣舊祠有 203 所」，載《中國文化研究集刊》第 3 輯，上海：復旦大學出版社 1986 年，第 78 頁。

河東郡	大陽	天子廟			不夜	成山日祠
	蒲反	堯山、首山祠		膠東國	即墨	天室山祠
河南郡	緱氏	延壽城仙人祠			下密	三石山祠
東郡	臨邑	泲廟		盧江郡	灊	祠
	壽良	蚩尤祠		會稽郡	無錫	春申君祠
濟陰郡	成陽	堯（塚）靈台			山陰	山上禹塚、禹井
泰山郡	奉高	明堂在西南四里		益州郡	滇池	黑水祠
	博	泰山廟		金城郡	臨羌	弱水、昆侖山祠
	鉅平	亭亭山祠		安定郡	朝那	端旬祠十五所，有湫淵祠
	蒙陰	祠		上郡	膚施	五龍山、帝、原水、黃帝祠四所
淮陽國	苦	賴鄉祠[81]		西河郡	鴻門	天封苑火井祠
潁川郡	嵩高	太室、少室廟		常山郡	上曲陽	祠
				遼西郡	且慮	高廟

資料來源：《漢書・地理志》、《漢書・郊祀志》、帝王本傳；吳卓信：《漢書地理志補注》。

　　遠古時代就已存在的對自然山川的祭祀在帝國早期的秦漢王朝不但得以倖存，且逐步與政治權力相結合，繼而成為帝國權力運作的工具之一。先秦時期，祭祀活動的功能非常強大，不僅表達了向諸神祈禱豐收[82]、治水[83]、降雨[84]、治癒疾病[85]、戰勝[86]、繼嗣[87]等心願，還是權力主體獲得身份地位的標誌，擁有河川祭祀權本身即證明其已取得了對河川流域的控制和佔有權。河川既是共同祭祀的對象，也是會盟、宣誓的場所。

　　秦始皇以統一全國為契機，命祠官將天下主要河流排列順序，望祭以外的

81　《晉太康地記》云城東賴鄉祠，老子所生地。

82　《漢書》卷25〈郊祀志〉下：「（神爵元年）制詔太常：『……其令祠官以禮為歲事，以四時祠江海雜水，祈為天下豐年焉。』」

83　《左傳・莊公二十五年》：「秋，大水，鼓，用牲于社，於門，亦非常也。」

84　《論衡》卷15〈明雩篇〉：「魯設雩祭于沂水之上。」

85　《左傳・昭公七年》：「晉侯有疾，韓宣子逆客，私焉，曰：『寡君寢疾，於今三月矣，竝走群望，有加而無瘳……。』」

86　《左傳・文公十三年》：「秦伯以璧祈戰於河。」

87　《左傳・昭公十三年》：「初，共王無塚適，有寵子五人，無適立焉。乃大有事於群望，而祈曰：『請神擇於五人者，使主社稷。』」

河川也被納入秦的祭祀之中[88]。即以犢一頭作為犧牲祭祀崤山以東的大河沛水、淮水；又分別在臨晉、漢中、朝那、蜀等地，祭祀位於華山以西的漹河、沔水、秋淵、江水四條名川。而咸陽附近的舊有的望祭河流，如灞水、滻水、灃水、澇水、涇水、渭水、汧水、洛水等，到西漢時期它們仍然是祭祀的對象。[89]河水、江水成為整體的祭祀對象，但其祭祀地卻分別在臨晉與蜀等地舉行，這和後文將要述及的漢在河南滎陽、廣陵江都等下游領域舉行祭祀的情形一樣，充分反映了當時秦勢力的擴張範圍所及。

望祭之外的河神，只有在天子巡行時祭祀。遠離京師的郡縣之祠，則聽任地方奉祀，不在皇帝祝官的管轄之內。[90]統一後的秦王朝的河川祭祀體系，仍然未能從原有的雍州望祭中脫離出來。儘管在形式上已將全國的河川水系化，但現實中的狀況並非如此。即使在秦始皇二十八年（前219年），仍然存在著與秦為敵的江神。緣此，始皇在渡江水之際，要沉璧以祭江神。[91]同年又因在祭祀湘水神湘君的湘山祠遇大風而不得渡江，盛怒之下盡伐湘山樹木。[92]秦滅亡之際，曾有江神歸還沈江之璧的傳說，說明秦直至最後仍不能擺脫江神之擾。在秦始皇的地下陵墓，以水銀仿照四瀆、百川、五嶽、九州，用以表現天下的地理。[93]但在現實中，並未能完全抑制六國的勢力而真正掌握四瀆的祭祀權。

88　《漢書》卷25〈郊祀志〉上：「及秦并天下，命祠官所常奉天地名山大川鬼神可得而序也。」

89　《漢書》卷25〈郊祀志〉上：「於是自崤以東，名山五，大川祠二。……水曰沛，曰淮。春以脯酒為歲禱，因泮凍；秋涸冬；冬塞禱祠。其牲用牛犢個一，牢具圭幣各異。自華以西，名山七，名川四。……水曰河，祠臨晉；沔，祠漢中；湫淵，祠朝那；江水，祠蜀。亦春秋泮涸禱塞如東方山川；而牲亦牛犢牢具圭幣各異。……灞、滻、灃、澇、涇、渭、長水，皆不在大山川數，以近咸陽，盡得比山川祠，而無諸加。汧、洛二淵，……為小山川，亦皆禱塞泮涸祠，禮不必同。」

90　《漢書》卷25〈郊祀志〉上：「諸此祠皆太祝常主，以歲時奉祠之。至如它名山川諸神及八神之屬，上過則祠，去則已。郡縣遠方祠者，民各自奉祠，不領于天子之祝官。」

91　《水經注》卷19〈渭水〉：「昔秦始皇之將亡也，江神素車白馬，道華山下，返璧于華陰平舒道曰為遺鎬池君，使者致之，乃二十八年渡江所沈璧也。即江神返璧處也。」

92　《史記》卷6〈秦始皇本紀〉：「乃西南渡淮水，之衡山、南郡。浮江，至湘山祠。逢大風，幾不得渡。上問博士曰：『湘君何神？』博士對曰：『聞之，堯女，舜之妻，而葬此。』於是始皇大怒，使刑徒三千人皆伐湘山樹，赭其山。」

93　《史記》卷6〈秦始皇本紀〉：「（始皇三七年）九月，葬始皇驪山。始皇初即位，穿治驪山，及並天下，天下徒送詣七十餘萬人，穿三泉，下銅而致槨，宮觀百官奇器珍怪徒藏滿之。……以水銀為百川江河大海，機相灌輸，上具天文，下具地理。……」《水經注》卷19〈渭水〉：「斬山鑿石，下錮三泉，以銅為槨，旁行周回三十餘里，上畫天文星宿之象，下以水銀為四瀆百川舞嶽九州，具地理之勢，宮觀百官奇器珍寶充滿其中……。」

　　經歷了秦亡及楚漢之爭而再度實現天下一統的西漢王朝，也不可能從一開始就占盡天下四瀆的祭祀權。其河川祭祀體系的完成，是在經歷了一個較長的反復過程之後，才得以實現的。

　　高祖二年（前 205 年），令太祝、太宰等祠官按四季祭祀天下河川。[94] 這反映出當時中央集權體制的態勢：中央能夠完全控制河川祭地。但其時與秦代一樣，祭祀活動被局限於一定的區域，而只能在臨晉祭祀河神。[95] 至文帝時期，雖部分實現了對河水、湫水、漢水的祭祀，[96] 然河水的祭地仍未出下游領域，至於江水則完全不能作為祭祀的對象。位於當時諸侯王國區域的河川，其祭祀事務掌握在直屬諸侯的祝官手中，不歸天子屬官負責。但伴隨著齊國、淮南國的廢除，直屬天子的太祝終於獲得了禮祭河川的權力。[97] 與祭祀權從諸侯王向皇帝轉讓的同時，原屬諸侯王的山川之利也必然向中央權力移交，[98] 這對於以直接統治郡縣為目的的西漢王朝來說，是一個重大的歷史性變化。

　　削減、分化諸侯王國的政策從文景時期發展到武帝時期，在祭祀活動方面表現為武帝時對祠官下達了應勤勉於山川祭祀的詔書，[99] 加上皇帝於巡行之際舉行現場祭祀，中央的權力得到進一步的擴大。元封二年（前 109 年），武帝在封禪泰山的歸途中，令手下堵塞位於瓠子的河水決堤一處，又沉白馬玉璧祭祀河神。[100] 此後成帝時期的東郡太守王尊也曾在該地祭祀過水神河伯。[101] 歷來設在河水中游臨晉的河神祭壇伴隨著下游趙、梁、齊等諸侯王勢力的削減，同時也由於河水下游統一治水的需要，而被轉移到下游領域。武帝在元封五年（前

94　《漢書》卷 1〈高帝紀〉：「祠官祀天地、四方、上帝、山川，以時祀之。」

95　《漢書》卷 25〈郊祀志〉上：「其河巫祠河于臨晉。」

96　《漢書》卷 25〈郊祀志〉上：「（文帝十四年）河、湫、漢水，玉各加一。」

97　《漢書》卷 25〈郊祀志〉上：「始名山大川在諸侯，諸侯祝各自奉祠，天子官不領。及齊、淮南國廢，令太祝盡以歲時之禮如故。

98　《史記》卷 17〈漢興以來諸侯王年表〉：「齊、趙、梁、楚支郡名山陂海咸納於漢。」

99　《漢書》卷 6〈武帝紀〉：「（建元元年）五月，詔曰：『河海潤千里，其令祠官修山川之祠，為歲事，曲加禮。』」

100　《漢書》卷 6〈武帝紀〉：「（元封二年）夏二月，還祠泰山，至瓠子臨絕河，命從臣將軍以下皆負薪塞河堤，作瓠子之歌。」《漢書》卷 29〈溝洫志〉：「上既封禪，巡祭山川，其明年，乾風少雨。上乃使汲仁、郭昌發卒數萬人塞瓠子決河。於是上以用事萬里沙，則還自臨決河，沉白馬玉璧，令群臣從官自將軍以下皆負薪填決河。」

101　《漢書》卷 76〈王尊傳〉：「久之，河水盛溢，泛浸瓠子金堤，老弱奔走，恐大水決為害。尊躬帥吏民，投沉白馬，祠水神河伯。」

106 年），巡行曾是吳、楚、淮南領域的地區，禮祭其境内的河川。[102]《漢書·武帝紀》夏四月詔，有如下記載：

「朕巡荊揚，輯江淮物，會大海氣，以合泰山。……」如淳注：「輯，合也。物猶神也。」故「江淮物」係指江水、淮水神。這可釋作其時武帝對第一次擁有江神、淮神祭祀權的宣言。就是在諸如此類的的巡行過程中，武帝實現了對河水、江水、淮水等天下名川的祭祀，使皇帝權力通過祭祀得到了地域性的擴張。只是從根本上說，這種祭祀還是臨時性的措施。因為祭祀四瀆上升為制度，則直至宣帝時期才得以形成。

《漢書·郊祀志》輯錄了宣帝神爵元年（前 61 年）之詔，其文曰：

> 制詔太常：「夫江海，百川之大者也，今闕焉無祠。其令祠官以禮為歲事，以四時祠江海洛水，祈為天下豐年焉。」自是五嶽、四瀆皆有常禮。……河于臨晉、江于江都、淮于平氏、濟于臨邑界中，皆使者持節侍祠。唯泰山與河歲五祠，江水四，餘皆一禱而三祠云。

該詔的主要内容是：復活中斷了的山川祭祀，按四季祭祀江水、洛水等川，祈願天下豐作。以該詔書為契機，四瀆的祭祀開始具有一定的常禮，並規定了在臨晉、江都、平氏、臨邑等地分別祭祀河水、江水、淮水、濟水的次數。其時河水的祭地，似又恢復為秦代以來的臨晉。但據後漢應劭《風俗通義·山澤》有關四瀆祭地的記載，河水之祭在河南郡滎陽縣舉行。[103] 可能是鑒於治理河水的重要性，才將祭祀移往靠近河水的地域。四瀆祭地場所的確定，完全可視為祭祀權力膨脹的結果。河水神、濟水神在河南滎陽、東郡臨邑被祭祀的原因固然如前文所述，但另一方面，它又極深刻地折射出江水的象徵意義。原為戰國楚國望祭神的江神，在秦勢力南下抑損巴蜀之際，為秦王的蜀郡守李冰所殺，此後又作為秦國的望祭神而被復活。進入漢代以後，最初在蜀地祭祀，宣帝時移往遙遠的江口——江都之地。這其中不可忽略的事實，就是以吞並地處江口地域的廣陵國、會稽郡、丹陽郡而擁有大片領土，又通過開發銅山和鹽業積蓄

102　《漢書》卷 25〈郊祀志〉下：「明年冬，上巡南郡，自江陵而東，登禮灊之天柱山，號曰南嶽。浮江，自尋陽出樅陽，過彭蠡，禮其名山川。」

103　《風俗通義·山澤》：「（河）廟在河南滎陽縣」，「（江）廟在廣陵江都縣」，「（淮）廟在平氏縣」，「（濟）廟在東郡臨邑縣」。《漢書》卷 28 下〈地理志〉也有「江都有江水祠」之載。

了經濟實力的吳國，[104] 在吳楚七國之亂以後被削減。總之，河水、濟水、江水、淮水的祭地，所以設在東部的下游領域，乃是漢王朝的中央權力抑制東方趙、梁、齊、楚、淮南、吳等諸侯王國，貫徹郡縣統治體制的必然結果。而唯「泰山與河歲五祠，江水四」的等級差別，說明了黃河流域要比長江流域有更強的區位優勢。所以，中央祭祀權的獲得不僅僅是文化和區域經濟的控制，更是權力對地方空間的佔領。

河川祭祀本身所隱含的權力因素，造成了西漢末年的祭祀的氾濫，成帝之後又將祭祀與帝王有無子嗣相連，以至在權力中樞產生了分歧，導致祭祀領域的混亂。[105] 儘管西漢一代祭祀內容非常龐雜，但經過了西漢末年的幾次整理之後，記載於《漢志》之中，與河川祭祀相關的內容有 12 處（表 3–5）。由表中城市所在地可以看出，西漢末年帝國對河川祭祀範圍之廣泛，幾乎到達了帝國的邊緣，而對海神的祭祀（臨朐、海陵）以及益州郡黑水神的祭祀（滇池）更說明西漢中國不但在統治區域上超越了其前代——秦帝國，而且在祭祀範圍上也大為拓展；此時不只完全掌握了對河川的祭祀，還控制了更為浩瀚的大海。

綜上所述，專制皇權在加強對河川自然經濟屬性佔有、獲得經濟利益的同時，還通過對河川祭祀領域的整理，賦予河川以人文屬性。帝國對河川祭祀權的取得即表明其對河川流域空間的佔有，是以在流域內某城市中設置祭祀場所的形式展現的。因此，河川人文屬性的加強是帝國早期權力爭奪的表現形式之一，也是權力佔有空間的一種直觀反映。以共同體的各種機能而產生出的多樣化地域社會、地域權力的河川水系，在專制權力的形成過程中，被以河水、江水、淮水、濟水為中心的四瀆系列化。這一系列化的過程又和太常、少府、河隄者等中央直屬官員擴大天子祭祀權的過程同步發展。因此雖然秦漢統一帝國已經形成，但由中央掌握祭祀權的制度，遲至西漢末期才開始確立。

在祭祀權力擴展過程中，專制權力對河川領域社會的抑制，是其根本所在。儘管在當地確實有小河川作為共同的利用對象而被存留下來，但作為專制權力的經濟基礎，曾經為春秋諸侯、戰國諸王望祭的大、小河川，其祭祀權、徵稅

104　《史記》卷 106〈吳王濞列傳〉：「吳有豫章郡銅山，濞則招致天下亡命者盜鑄錢，煮海水為鹽，以故無賦，國用富饒。」

105　《漢書》卷 35〈郊祀志〉下記載了西漢成帝時為繼嗣問題兩次反復規定祭祀對象的史實。

權和水利權最終被中央所掌握。當然這一發展過程並不是順暢無阻的，必須經過對地域經濟佔有權、地域社會祭祀權之爭，才逐步完成對地域擴張的。

第三節　西漢城市職能特徵分析

政治權力深入發展的直接表現為權力主體對權力構成諸要素的控制能力的強弱，西漢時期不同職能類型城市的出現，首先表明社會經濟的發展與繁榮，其次是社會政治管理程度的加強。眾所周知，生產資料是人類勞動得以進行的必要條件，從這個意義上來說，誰佔有生產資料，誰就可以獲得支配社會生存和發展的能力。而且在階級社會中，特定階級的政治權力之所以能夠形成並發揮作用，根本原因是這些階級控制和佔有著生產資料。其次，任何物質財富本身都代表著一定的力量，物質財富的累積就意味著力量的擴大，物質財富的佔有就意味著力量的擁有。物質財富的使用價值從兩個方面影響著社會政治力量的形成和發展，從物的方面來看，物質財富的使用價值可以解決政治力量形成和活動中的技術要求，比如武器設備的擁有可以從根本上解決權力結構中因權力分配不均引起的各種矛盾衝突；從人的方面來看，物質財富的使用價值可以滿足人的各種需要，這就可以使物質財富的擁有者把他人利益與自己結合在一起，從而實觀社會政治力量在人力方面的擴展。再次，政治權力的行使離不開暴力的維護，正如恩格斯所說的那樣：「構成這種權力的，不僅有武裝的人。而且還有物質的附屬物，如監獄和各種強制機關」。[106] 最後，權力的運行還需要思想文化的認同，統一的思想意識將使權力發揮到極致。

西漢時期，全國再次出現了城市蓬勃發展的局面，其原因有二：其一，穩定的大一統社會面貌，是西漢社會經濟發展的前提，區域自然資源、經濟開發程度差異為區域經濟聯繫提供了可能，全國水陸交通建設促進各區與聯合的加強，所有這些為西漢城市經濟的發展奠定了基礎。繼而隨著國土面積的擴張，不同的經濟區逐漸形成，促使商業貿易的發展，產生了一批商貿城市，即經濟都會城市，這正是西漢時期經濟繁榮的表現；其二，社會經濟在由奴隸制經濟向封建經濟過渡的過程中，國家對經濟領域的控制機制尚不成熟，轉型時期的

106　中共中央文獻編譯局：《馬克思恩格斯選集》第 4 卷，北京：人民出版社，1972 年，第 167 頁。

社會特徵也為城市經濟的發展、文化繁榮提供了廣闊的空間和契機。儘管自高祖時期就有各種限制商業經濟發展的措施，但是商業最終還是成為人們求富的一個捷徑。但是，隨著中央集權的建立，國家控制機能的提高，政治權力逐漸深入到社會的各個領域，盡力控制各種資源，包括物質和精神的。經濟管理、文化管理（祭祀）以及維護統治秩序的都尉治所城市的出現適應了這一時代發展的要求，也是政治權力的控制力、影響力在空間上的反映，帝國有權力在版圖內的各個角落設置不同職能的城市正是中央集權發展過程中的一個體現。諸侯國地區侯國的興廢及其政治經濟地位的下降、漢郡區京畿地區城市的迅速增長、拓展區新城市的出現，標誌著郡縣制的建立，形成和確立了封建等級秩序。

國家管理的目標，簡單地說不外是追求穩定與發展，一個國家從社會、政治管理來說，需要穩定；而從經濟角度來說，則需要發展。但從歷史發展來看，古代中國國家控制的直接目標就是追求社會的穩定，不重視社會經濟的發展，即穩定是壓倒一切的中心任務。[107] 秦漢大一統國家處在這樣一個「不發展」的社會裡，所依靠的只能是脆弱的小農經濟和有限的工商業稅來養活。因此，儘管西漢時期在某一時段內存在經濟繁榮發展的現象和促使經濟發展的條件，然而在帝國以穩定為宗旨的政策下，經濟發展只能被限定在一定程度之內。劉濞吳國地區的經濟發展帶來的是「削書」，由此引起了中央帝國與諸侯王國的第一次暴力衝突，隨後是諸侯疆界的調整和大量諸侯王的分封，景帝相繼封17位皇子為王（強幹弱枝的一方面內容）。武帝時期大量侯國城市的出現，顯然不是經濟發展的結果，只是帝國分割諸侯王實力措施下的結果，是適應國家穩定要求的。因而，在城市大規模增長的同時，城市職能的單一性就可想而知了。由上述各種職能類型城市的排比情況來看，還很少有多種職能組合在一起的城市。所以，帝國早期城市除其本質特性——政治性之外，就單個城市來講城市職能發育尚不完善。由此可以進一步推斷，西漢城市的增長只能是、也僅僅是數量的增長，城市的簡單複製，無益於城市內涵的增長，由此也註定部分城市命運的短暫，而這也是政治性城市特徵之一。

城市職能的單一性，促進了城市之間經濟聯繫的加強，進而促使經濟區的形成。《史記·貨殖列傳》記載了先秦時期一些重要的經濟區，為西漢城市經

107　錢茂偉著：《國家、科舉與社會——以明代為中心的考察》，北京：北京圖書館出版社，2004年，第179頁。

濟的發展提供了前提。農業的發展是經濟城市存在的前提，是城市人口賴以生
存的物質基礎；農業區與牧區、採集漁獵區之間及各區內部不同地域之間的差
異，使得跨區域、大規模的商貿活動成為可能，而頻繁的商貿活動是經濟城市
形成的直接因素。所以，西漢時期，具有綜合職能的城市僅限於部分區域經濟
較為發達、行政地位較高的城市，即如上文提到的經濟都會城市。但就一般城
市而言，尚處於城市職能逐步完善階段。正是由於單體城市職能的不完善，因
此在不同等級區域，不同職能城市間存在著相互依賴關係，促進了區域經濟合
作，為商業的繁榮提供了發展空間。鑒於此，我們既不能過分誇大城市的經濟
職能，同時也不能否定西漢時期社會經濟聯繫加強的一面。下面借用王仲殊的
研究成果來結束本節。

漢代許多地方都出產漆器，且製造漆器的手工業作坊有很多是官營的。廣
州西村石頭岡西漢初年墓中的漆器有「番禺」的烙印 [108]，廣西貴縣羅泊灣西漢
初期墓中的漆器有「布山」、「市府」的烙印 [109]，山東臨沂銀雀山西漢前期墓
中的漆器有「莒市」、「市府」等烙印 [110]，長沙馬王堆和江陵鳳凰山西漢前期
墓中的漆器有「成市」、「市府」等烙印 [111]。它們分別在南海的番禺（今廣州）、
郁林郡的布山（今廣西桂平）、城陽國的莒縣（今山東莒縣）和蜀郡的成都（今
成都）製造的，它們都是郡國的治所所在地；同時也說明了在西漢前期，漆器
是由這些城市中主管商業和手工業的官府——「市府」經營的。由於四川的漆
器製造業特別興盛，所以成都的產品大量地遠銷到長沙和江陵。長沙馬王堆和
江陵鳳凰山漢墓的年代屬西漢前期，墓中隨葬的漆器有許多烙有「成市」、「市
府」的戳記，說明它們是成都縣市府所屬作坊的產品。因此，可以認為，西漢
前期由成都市府經營的漆器製造業，到了西漢中期已經歸中央政府直接控制了。
蜀郡和廣漢郡工官所製的漆器，主要是供宮廷使用；有的漆器在銘文中有「乘
輿」字樣，正說明它們是皇帝的御用品。這些漆器在清鎮、平壤、諾音烏拉等
地出土，大概是由於當時的朝廷用它們來賞賜邊郡官吏和少數民族首領，或贈
送國外的 [112]。

108　麥英豪：〈秦始皇統一嶺南地區的歷史作用〉，《考古》，1975 年第 4 期。
109　廣西壯族自治區文物工作隊：〈廣西羅泊灣一號墓發掘簡報〉，《文物》，1978 年第 9 期。
110　蔣英炬：〈臨沂銀雀山西漢墓葬漆器銘文考釋〉，《考古》，1975 年第 6 期。
111　俞偉超：〈馬王堆一號漢墓出土漆器製地諸問題〉，《考古》，1975 年第 6 期。
112　王仲殊：《漢代考古學概說》，北京：中華書局，1984 年，第 47、48 頁。

　　現代意義上作為不同等級區域的政治、經濟和文化中心的城市在西漢時期的發育尚不健全，隨著區域社會經濟的發展和區域聯繫的加強，城市職能將越來越完善和成熟。

第四章　西漢城市等級研究

　　秦漢時期郡縣制下的城市等級有兩個層面的意思，一是城市形狀、大小及內部結構上的。行政等級之下的都城、郡級、縣級城市在規模、形制及內部要素組成上均存在有等級上的不同；二是城市是兼有經濟、行政和自然性質的一種綜合性區域，綜合各種可能產生等級差異的要素，對各要素進行量化、加權綜合排比，這樣得出的結果應當是區域綜合實力等級的劃分（包括政治、經濟等因素）。城市區域的綜合實力決定著城市影響力強度和大小，是對相同行政等級城市間的區域考察。由於判定兩千年前的西漢時期沒有直接的統計資料可供使用，只有依據歷史文獻對各種有關城市等級現象的描述進行綜合分析，得出西漢城市等級劃分全貌。

　　這種區域等級劃分能夠實現的兩個結果：一是城市影響力大小的劃分，二是在借助漢簡資料系統勾勒西漢一代縣級城市中不同類型之間城市等級劃分，繼而通過對不同區域城市等級差異探索權力分配的空間格局。

第一節　西漢城址規模等級分析

　　在中國古代城市設計思想中，建城就等於計畫建設一座龐大的建築物。而城市規模大小至少自周代起就有了等級規定，尤其是統治者還將城市規模大小、城市形制納入「禮制」中。按照規定，天子的城方九里，公爵的城方七里，侯

爵與伯爵的城方五里，子爵的城方三里。在各諸侯國中，卿大夫所建立的都邑，大的不得超過國都的三分之一，中等的不得超過國都的五分之一，小的不得超過國都為九分之一[1]。城牆的長度和高度也依照統治者地位的高低而引申出來。《公羊傳》：「城雉者何？五版而堵，五堵而雉，百雉而城。子注：天子之城千雉，高七雉；公侯百雉，高五雉；子男五十雉，高三雉。」[2] 建立了禮制秩序之下的城市規模等級制度。這一制度對我國古代城市建設是有很大影響的，以致於戰國時期出現「千丈之城，萬家之邑」[3] 現象時就備受關注。

西漢城市依照其所在區域行政地位的高低來確定其行政等級高低，即城市行政等級。西漢全國城市可分為三級城市體系結構：都城——郡級城市——縣級城市。然而，由第二章的考證結果可知，西漢時期國都長安之外，不同時段不同等級的城市數量各不相同，不同時段、相同等級的不同類型的城市數量亦有所不同；不同等級（指由行政區廢置而引起的郡、縣級城市轉化）、不同類型（郡治、諸侯國都以及縣邑與侯國城市間的改變）城市之間也在不斷的轉化中。因此，在城市行政等級與城市規模之間就不可能一一對應，因為城市一旦建成是不可能因其行政地位的改變推倒重新建造；另外，西漢時期大多數城市是在西漢之前城市的基礎上興建起來的，戰國時期建造城市逾越禮制的現象更是屢見不鮮，因此，也就出現了城市行政等級與城市規模不相符的現象。但透過這一現象，西漢時期城市規模在郡縣行政等級的規定下依然顯示出一般特徵。下面首先通過對已有的考古發掘資料的分析來探索城市規模等級與行政等級之關係。

一、西漢城址考古概覽

秦在統一過程中，即將郡縣制推行到原六國之地；兼併天下後，「分天下以為三十六郡」；漢並天下，高祖即「令天下縣邑城」，從而掀起了又一次大規模城市建設的高潮。隨著秦漢郡縣制的推行和確立，逐漸在制度上確立了全國性的郡縣城市體系。考古發現的漢代城址遍及全國各地。截止到 2004 年年底，筆者共收錄了 304 個西漢的城址（附錄 3）。在進行下一步研究之前，有

1　《左傳‧隱西元年》。

2　雉，長三丈，高一丈為之已雉。城牆建築在古代以「雉」為度量的單位。

3　《戰國策‧趙策三》。

必要作一點說明，本表中的城址並非全是西漢的郡縣級城市，原因即在於：其一，西漢時期存在著許多稱之為「城」但非「城市」的有垣牆的聚落；其二，許多城市的田野考古不徹底[4]，致使目前無法斷定其實際使用年代；其三，特意為之者，將幾個特殊職能的城亦放入其中（指戶縣上林鐘官城、華陰京師倉城等）。考古發現了漢代京城、郡治縣城（或諸侯國都城，首縣之城）、一般縣城、鄉邑城址，再現了漢王朝的中央集權國家的統治網路。這些城址類型不同，形制各異，大小不一，恰好與中央、郡（或諸侯王國）、縣、鄉邑分級情況相一致[5]。

城市作為區域地理現象具有明顯的時空發展特徵，近年來考古發現的西漢城址本身亦突出反映了這一特點，主要表現在以下三個方面：

1. 從考古發現西漢城址的使用年代上判斷，有 80% 的城址源於東周及秦以來的城市（附錄 3 中源自許宏《先秦城市考古學》的 232 座城址即是）。這些城市多分佈於黃河中下游地區的河南、河北、山東、山西等省區，主要通過對先秦列國都城改造後加以利用，因其政治、軍事地位均較為特殊，所以在城市規模等級方面均有特別之規定。

2. 就城址分佈地域而言，不但範圍廣泛，而且形成了相對密集區。全部 304 座城址廣泛分佈於全國 24 個省市區及朝鮮半島上，於西漢全境則 14 州刺史部內均有城址發現，主要集中於：河南（65 座）、河北（63 座）、山東（30 座）、內蒙古（25 座）、陝西（20 座）、安徽（19 座）、山西（17 座）等省區，這一空間分佈特徵不但與西漢時期城市的區域分佈相一致，而且與西漢城市在現代省區分佈態勢亦相一致[6]。

3. 城址行政等級齊全，西漢時期各級城市均有發現。表現在，（1）對首都長安的發掘自上世紀五年代以來一直是考古學界的重要內容，目前西漢長安

4　徐蘋芳：〈先秦城市考古學研究·序〉，許宏：《先秦城市考古學研究》，北京：北京燕山出版社，2000 年。

5　劉慶柱：〈漢代城址的發現與研究〉，王輝、譚青枝編：《遠望集——陝西省考古研究所華誕四十周年紀念文集》，西安：陝西人民美術出版社，1998 年。

6　今省區轄西漢縣城數由多到少排序：山東 248、河北 199、河南 182、甘肅 96、陝西 90、山西 87、安徽 74、江蘇 56、內蒙古 55、四川 50、雲南 41、湖北 42、湖南 37、遼寧 31、廣西 24、浙江 21、江西 19、廣東 15、北京 13、寧夏 11、重慶 8、貴州 6、天津 3、青海 3、海南 1、吉林 1、福建 1。

城的形態與結構基本清晰。（2）全漢境內有 100 個郡級城市，已經考古發掘的郡級城市有 24 個。郡級城市有：（右北平郡）平剛、（雲中郡）雲中、（定襄郡）成樂、（朔方郡舊治）臨戎、（朔方郡治）三封、（遼西郡）且慮、（趙國都）邯鄲、（河間國都）樂成、（真定國都）真定、（燕下都）故安、（代郡）代縣、（常山郡）元氏、（河東郡）安邑、（南陽郡）宛縣、（河南郡）洛陽、（河內郡）懷縣、（北海郡）營陵、（魯國都）魯縣、（齊郡）臨淄、（濟南郡）東平陵、（六安國）六縣、（閩粵國都）冶縣、（九江郡）壽春、（樂浪郡）平壤。（3）縣級城市數量較大。其中發現了 10 個都尉治所城市，它們是：（東郡）東阿、（東海郡）費縣、（張掖郡）居延、（朔方郡）窳渾、（涿郡）安平、（漁陽郡）要陽、（定襄郡）武皋、武要、（西河郡）增山、美稷。10 個都尉治所之中，除東海都尉治費縣、東郡都尉治東阿之外，其餘均為邊郡都尉治，尤其是與匈奴對抗的陰山南麓。城市數量的大規模增長是西漢城市發展的一大特點，1578 個城市中已經確認或基本確認的縣級城市有 105 個。在歲月流逝中，西漢大量的小城市已無法確指，所以表中存在有大量不知孰縣的城址，這些城址有可能是西漢的城市，也有可能僅僅是有垣牆的城，比如，東不羹，即為此類。西漢時期大量存在的有垣牆的城為帝國大量分封侯國提供了條件。（4）尚有幾個有特殊用途的城址，如，陝西戶縣的上林鐘官（鑄幣廠）、華陰的京師倉城（糧倉，其前身是秦惠文王五年的寧秦縣城）以及寧夏固原的蕭關（關隘之地）。它們之所以與一般郡縣城市一起列在這裡，其最主要原因就在於其所承擔的特殊職能，且從其規模上看其與縣級城市相仿，京師倉城原本就是一個縣城。如，鐘官城周長 4200m、京師倉周長 3840m，均大於一般縣級城市；而蕭關城周雖較前二者為小，但與北部邊城相比仍為佼佼者。這些均說明了國家對鑄幣、倉儲、防禦等的重視，實質則體現了中央集權制下統治者所具有的改變城市功能的權力。

二、西漢長安城考古發掘成果

西漢長安城遺址位於今陝西省西安市西北 5km 左右。西漢建都長安，漢高祖時先以秦離宮興樂宮改作長樂宮，後又興建武庫、未央宮及北宮，至惠帝時修築四面城牆及設市。武帝時增修北宮，並興建桂宮、明光宮、建章宮及上林苑等。長安城是當時世界上最大的都市之一，是當時我國的政治、經濟、文化

中心，除西漢王朝中央的各級機構外，三輔共治長安城中，是封建貴族達官貴人雲集的地方。每年全國各地的農產品、手工業產品源源不斷地輸送到長安共封建皇室、貴族和各級官吏享用，各地勞動人民還要被徵發到長安為統治者守衛和從事勞役。對漢長安城的考古發掘可分為如下六個主要階段：

（1）1956 年至 1962 年間，弄清了長安城的形態、形制、規模及主要宮殿、祭祀建築等內容。經中國科學院考古研究所漢長安城工作隊王仲殊、黃展嶽等勘察探明，其平面近方形，北垣因臨古渭水，順河道走向略有折曲，南垣因遷就先築的長樂宮、高廟和未央宮，中部外凸；西垣中部有一折曲。城外有壕溝圍繞。每面有三座城門，經發掘的宣平門、霸城門、西安門、直城門等均為三個門道。除西安門、章城門外，城門均與城內大街相連，大街寬 45 ～ 60m，分左、中、右三道。長樂宮的平面形狀不很規整，從埋存在地下的斷斷續續的牆基看來，圍牆全長在 10000m 左右。未央宮平面呈方形，北牆、南牆各為 2250m，東牆、西牆各為 2150m，周長 8800m，四面各有一門。桂宮平面呈長方形，北牆、南牆各長約 880m，東牆、西牆各長約 1800m，周長約 5360m。城外西部建章宮的範圍亦大體明確，南部發現有宗廟、辟雍及社稷遺址。

（2）1975 年至 1977 年間發掘武庫。中國社會科學院考古研究所漢城工作隊李遇春等發掘武庫遺址，探明其為長方形的大院落，東西長 710、南北寬 322m，居中略偏西處有一條南北向隔牆，隔牆兩邊各有建築遺址，出土大量鐵兵器。

（3）1980 年至 1984 年間主要發掘椒房殿遺址。對未央宮前殿遺址西南邊緣（A 區）和東北邊緣（B 區）建築基址及椒房殿建築遺址進行了發掘，並勘察其宮門、道路等。椒房殿為皇后所居，位於未央宮前殿之北，由正殿、配殿和附屬建築等組成。正殿台基東西長 54.7m、南北寬 29 ～ 32m。

（4）1985 年至 1996 年間是漢城考古收穫頗多的一個階段，這一階段對城內主要宮殿等建築物進行重點發掘。漢城工作隊劉慶柱、李毓芳對未央宮中央官署、少府（或所轄官署）、西南角樓等建築遺址進行了發掘，並對未央宮、長樂宮等予以全面勘探。

探明了未央宮圍牆牆體寬約 8m，其主體建築——前殿遺址位於中央。前殿台基南北長 400m、東西寬 200m，由南向北逐漸升高，有三個台基，各有一

座大型宮殿建築遺址，為皇帝朝政之所。前殿遺址南、北各有東西向幹道貫通，東部有南北向幹道縱行。中央官署建築遺址位於西北部，出土五萬多枚骨簽等。北部有天祿閣、石渠閣等遺址。長樂宮中部有一條橫貫宮室的東西向幹道，向東通至霸城門，向西與直城門大街相連，與安門大街垂直相交。宮內東南部和西北部發現宮殿建築群基址。在長樂宮西南、安門大街與南城牆南折段居中處發現一大型夯土建築基址，推測為高廟所在。

此外，在長安城西北部還發現了兩個市的遺址，市四周夯築圍牆，東部市範圍東西長 780m、南北寬 650 ～ 700m，西部市範圍東西長 550m、南北寬 420 ～ 480m。二市之間隔有橫門大街，街中心發現一處大型建築遺址，長、寬各約 200m。其主體建築居中央，東西長 147m、南北寬 56m，可能為「市樓」遺址。在西部市內發現有製陶、冶鑄和鑄幣作坊遺址。

武庫之北側探出北宮遺址，其平面呈長方形，南北長 1710m、東西寬 620m，圍牆牆體寬 5 ～ 8m，南、北宮門相對。北宮南面還發現有磚瓦窯址。

（5）1997 年至 1999 年間發掘桂宮，以劉慶柱和町田章為領隊，中國社會科學院考古研究所和日本奈良國立文化財研究所組成中日聯合考古隊，對桂宮南部二號建築遺址進行了發掘。其東西長 84m、南北寬 56m，分為南院和北院，佈局與椒房殿相似，當為后妃居所[7]。

（6）2003 年在長樂宮發掘出一處地下建築（即地下室）和一處半地下建築。劉慶柱接受記者採訪說：「這處半地下建築具有更重要的意義，因其出土壁畫的房間的地面是完全『塗朱』的。『塗朱』地面標誌著是非常重要的房子，類似現代鋪紅地毯的待遇。同時，它是重要人物的活動場所，用以會見內部客

7　王仲殊：〈漢長安城考古工作的初步收穫〉，《考古通訊》，1957 年第 5 期；〈漢長安城考古工作收穫續記──宣平城門的發掘〉，《考古通訊》，1958 年第 4 期；王仲殊：《漢代考古學概說》，北京：中華書局，1984 年；李遇春：〈漢長安城的發掘與研究〉，《漢唐與邊疆考古研究》（一），北京：科學出版社，1994 年；中國社會科學院考古研究所：《漢長安城未央宮（1980 ～ 1989 年）考古發掘報告》，北京：中國大百科全書出版社，1996 年；劉慶柱：〈漢長安城的考古發現及相關問題研究──紀念漢長安城考古工作四十年〉，《考古》，1996 年第 10 期；中國社會科學院考古研究所漢城工作隊：〈漢長安城北宮的勘探及其南面磚瓦窯的發掘〉，《考古》，1996 年第 10 期；中國社會科學院考古研究所、日本奈良國立文化財研究所中日聯合考古隊：〈漢長安城桂宮二號建築遺址發掘簡報〉，《考古》，1999 年第 1 期；〈漢長安城桂宮二號建築遺址 B 區發掘簡報〉，《考古》2000 年第 1 期。

人，或要談的事很重要。」並認為「漢長安城的長樂宮雖然是太后之宮，但從多年宮殿建築的考古發掘來看其重要性不亞於皇帝所居住的未央宮。這顯示出西漢時期太后的政治地位與皇帝不相上下，即西漢的政治是雙中心的，是二元的。」劉先生還說：「從長樂宮出土『塗朱』地面文章來看，史載的皇帝經常『請示』太后的事是很正常的。它確實反映了西漢一代的政治現實。」[8]因此，太后之宮長樂宮的存在，西漢長安城內部空間結構呈現出城市中軸線不明確的現象，為此引起學者們的爭議。因此，筆者認為如果劉慶柱所言不誤的話，那麼就可以認為中央權力中樞不同權力主體之間的鬥爭影響了都城內部空間結構形態。

三、郡縣制下西漢城址規模等級結構

考古發現及學術研究最新成果表明，西漢都城──郡──縣三級城市體系結構特徵顯著，主要表現在以下兩方面的內容：

（一）城址規模等級差異顯著

從考古發現城址規模來看，各行政等級城市差異較為突出。

1. 城址周長在 8000m 以上，面積在 400 萬 m² 以上的遺址有 17 座。該類城址中，除都城長安外，基本上都是郡級城市，也有個別縣級大城。此類城市主要有安邑、宛縣、魯縣、臨淄、東平陵、邯鄲、樂成、故安、代縣、壽春、雲中、臨汾、驪縣（後二者為縣級城市），及河南沁陽的邗邰村古城、山東成武的湖城古城和河北武安大董村古城（此三者尚未鑒定是西漢何縣）。

2. 周長在 4000 ~ 8000m，面積在 100 萬 m² 以上 400 萬 m² 以下的城址有 66 座，該類城址包括部分郡級城市，如洛陽、懷縣、營陵、真定、元氏、平剛；而大部分城址為縣級城市。

3. 周長在 1000 ~ 4000m，面積為 25 ~ 100 萬 m² 的城址有 71 座，這類城址中以一般縣級城市為主，但也有部分郡級城市，如成樂、臨戎、三封、且慮、六縣、冶縣、王城、平壤。這幾個規模相對偏小的郡級城市，均地處西漢邊境及東南卑濕地區，落後的社會經濟狀況限制了區域城市規模的大小。

4. 城址周長不能夠確定而城址面積低於 25 萬 m² 的城址有 148 座。該類城

址中不確定因素較多，推測其有兩種存在的可能，一種情況是西漢時期大量存在的「城」，而非城市；另一種情況確實是西漢縣級城市，但無法確定其對應的漢縣。這類城址中發現有 8 個都尉治所城市，筆者對此現象略作解釋。

結合前文分析，西漢都尉治所城市應是當時政治地位相對較高的城市，但從其城址周長均不超過 3000m，多數在 1000m 左右，甚至更多的是低於 1000m 的規模情況來看，是與其所處政治地位不符的，規模顯然過於偏小，更類似於軍事城堡，由此也更加凸現了都尉治所的軍事特性及其職能的特殊性。從已經考古發現的 10 個都尉治所城址構成上看，除東海都尉治費縣在中原地區之外，均為邊郡都尉治所。都尉治所接近於軍事鬥爭的前沿陣地，尤其上述都尉治所多分佈於匈奴南下的交通要道之處，有可能是為了拱衛國都安全的需要，不論出於守邊還是保衛都城，防禦功能顯然是該類城市的主要職能，這一特性顯然限制了城市規模的發展。另外，東海郡都尉治費縣雖然不在民族鬥爭的前沿陣地，但卻是帝國與諸侯王國鬥爭的前線。自西漢建國以來，中央政權就面臨著諸侯勢力的威脅（包括六國舊貴、異姓諸王、同姓諸王）。為此，西漢自選址建都之時就制定了內制外拓的的治國方略，其內制的重點就是東方，東方的核心則是先秦東方六國舊地。東海郡費縣西漢初時屬齊城陽國地，大概在呂后時劃入東海郡，地處齊境之南部邊緣的蒙山地區，費位於東方燕、齊等國從陸路通往濱海大道的捷徑上，具有一定的交通優勢，控制著齊地通往東南吳越之地的交通。儘管費縣的綜合經濟實力在東海郡所轄的 38 個縣中的排名並不在前列，只因其是都尉治所，軍事地位重要，因而其行政等級地位相對於東海郡他縣要高得多。由於目前發現的都尉治所城市規模均偏小，從這一角度而言與其說是城市，倒不如說就是一座座的軍事城堡。

具體而言，對應於行政等級，都城—郡級城市—縣級城市的規模差異表現為：

1. 都城，長安城周長 25.1km，面積 34.39km^2，東城牆長 5916.95m，南城牆長 7453.03m，西城牆長 4766.46m，北城牆長 6878.39m，是全國最大的城市（圖 4–1）。

2. 郡級城市，濟南郡治東平陵周長 7600m，是較大的一座郡治縣城；洛陽漢河南縣城周長 5720m；內蒙古寧城黑城古城外羅城周長 5200m；內蒙古呼

和浩特市東郊塔布禿村古城外城周長僅 3500m；卓資縣三道營古城西城周長僅 2320m；呼和浩特郊區陶卜齊古城周長 2190m；和林格爾土城子古城的南城周長約 2080m；呼和浩特哈拉板申村東古城周長 2100m，代表了漢代郡治城市的一般規模（圖 4–2）。

3. 縣級城市，河東郡臨汾故城周長 8484m，是最大的一座一般縣城；而遼寧凌源安杖子古城周長 910m，則是一種小型縣城。

此外，郡縣治城規模大小有明顯的地域差異[9]。周長在 2500m 以下的縣城，絕大多數分佈在漢朝的北方邊疆地區，以雲中郡、定襄郡、遼西郡、玄菟郡、漁陽郡、右北平、金城郡、天水郡等為代表；周長為 2500 ～ 6000m 的郡縣治城，絕大多數分佈在黃河中下游地區，屬於漢王朝的內地屬縣。

（二）城址平面結構和形制之異同

考古發現西漢城址是帝國早期郡縣體制下形成的空間地理現象，在走向集權的過程中，各級統治機構治所城市的構成及形制具有一定的相似性，尤其在城市內部空間組成上，從都城、諸侯王國都城或首縣、郡治縣城到一般縣城、邊城和城堡等有大小比例縮放的特徵，地方城市可謂是都城的翻版，有著很明顯的共同特徵。

首先就都城長安來說，漢長安城佈局整齊，近似於方形。

經過考古發掘及相關學術研究明示，都城長安結構嚴謹，佈局整齊。全城有十二個城門，每面三門，門各三洞，通向城門的三條街道寬廣筆直，每個門道寬 8m。這樣寬暢的街共有 8 條，被稱為「八街」。居民區稱為里，共有 160 個里，里有門和圍牆。[10]《漢書·平帝紀》載平帝時又「起五里于長安城中，宅二百區，以居貧民」。長安城設有九市，一般認為有東、西、南、北市和孝里市、交門市、交道亭市、直市、柳市。考古發掘證實，市場主要集中在城的西北部，即橫門外和橫門大街的兩側。

長安城內宮殿建築佔有相當重要的位置，目前已經經過文獻及考古發掘的

9　劉慶柱：〈漢代城址的發現與研究〉，王輝、譚青枝編：《遠望集——陝西省考古研究所華誕四十周年紀念文集》，西安：陝西人民美術出版社，1998 年，第 544 頁。

10　《漢書》卷 46〈萬石衛直周張傳〉。

宮殿有長樂宮、未央宮以及桂宮，已探到北宮遺址。到目前為止，學術研究中的「明光宮」尚無著落。不過，據馬先醒研究「明光宮與北宮實為一宮」[11]，若果真如此，則不只是漢城內所有宮城均已考察清楚，就連學者所擔憂的因長安城內宮城太多容納不下的 160 里的問題[12] 也迎刃而解了，只是馬先生的認識還需要考古上的證明。至此，西漢長安城內，除明光宮位置尚不能確定之外，其他主要宮城及其所屬殿閣已基本探明。

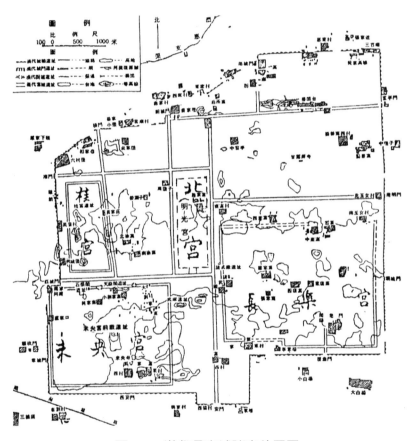

圖 4-1 漢代長安城諸宮位置圖

（採自馬先醒：〈再論漢宮位置〉，載許倬雲等著《中國歷史論文集》）

　　西漢長安城內宮閣雖不似秦都咸陽那樣眾多，但是幾座重要的宮殿基本將

11　馬先醒：〈再論漢宮位置〉，許倬雲等著《中國歷史論文集》，臺北：臺灣商務印書館發行，中華民國 75 年初版，第 227 頁。

12　楊寬：〈西漢長安佈局結構的再探討〉，《考古》，1989 年第 4 期。楊寬：〈西漢長安佈局結構的再探討〉，《考古》，1989 年第 4 期。

長安城占滿也是有目共睹的，西漢長安城內「宮室、宗廟和官署占全城面積三分之二以上。南部並立的長樂、未央二宮，周圍都合漢代二十多里；中部的桂宮和北宮，周圍都合漢代的十多里，此外還有明光宮。……在漢長安城內的南部和中部佈滿了許多宮殿，而且這些宮殿之間都有複道作為架空的交通線而把它們連接在一起」[13]。這一點還可從學者所繪的西漢長安城圖中很直觀地看到。很顯然，作為權力構成要素的權力設施佔據了城市空間的絕大部分，這就從事實上就證明了權力對空間的佔有和支配。

其次，就其他地方城市來講，也有共同之處，城市形狀亦多呈方形或長方形，但在城市形制與內部構成上，郡縣城市均與都城存在等級上的差異。從已經發現的漢代郡縣治城來看，其基本結構也都是夯土版築城垣，呈方形或長方形，有的一側外凸，有的城牆外發現護城濠，城門一般較少。就郡縣級城市平面結構和形制而言，主要有四種：

（1）僅有四面城垣的方形或長方形城址。如河南洛陽市西郊的漢河南縣城[14]（圖4–2–b），山東濟南市東郊的濟南郡治東平陵故城，傳說有12座城門，實際只發現2座[15]，內蒙古呼和浩特市東郊的陶卜齊古城——定襄郡武皋縣城，南、北牆的東段各發現一個門址[16]；內蒙古和林格爾土城子南城——漢定襄郡治成樂縣城[17]；內蒙古寧城縣黑城古城外羅城——右北平郡治平剛縣城（圖4–2–g），城外發現有護城濠，推測有南、北城門[18]；奈曼旗沙巴營子古城——遼西郡某縣城（圖4–2–f），西南牆被沖毀，僅東南牆發現1處城門址[19]；遼寧丹東市靉河尖古城——遼東郡安平縣城[20]。

13　楊寬：《中國古代都城史研究》，上海：上海人民出版社，2003年，第126頁。

14　黃展嶽：〈一九五五年春洛陽漢河南縣城東區發掘報告〉，《考古學報》，1956年第4期。

15　山東省文物考古研究所：〈山東章丘市漢東平陵故城遺址調查〉，《考古學集刊》第11集，1997年。

16　內蒙古考古研究所：〈呼和浩特市榆林鎮陶卜齊古城發掘簡報〉，《內蒙古文物考古文集》（二），第431頁，1997年。發掘者認為，由於陶卜齊古城發現的「安陶」字樣空心磚，因此該城是安陶縣城。但李興盛將陶卜齊古城定為定襄郡武皋縣城，而美岱縣二十家子古城為安陶縣城（見《考古》1992年第5期）。本文從此說。

17　內蒙古文物考古研究所：〈內蒙古和林格爾土城子發掘報告〉，《考古學集刊》第6集，1986年。

18　馮永謙等：〈寧城縣黑城古城治調查〉，《考古》，1982年第2期。

19　李殿福：〈吉林省西南部的燕秦漢文化〉，《社會科學戰線》，1978年第3期。

20　曹汛：〈靉河尖古城河漢安平瓦當〉，《考古》，1980年第6期。

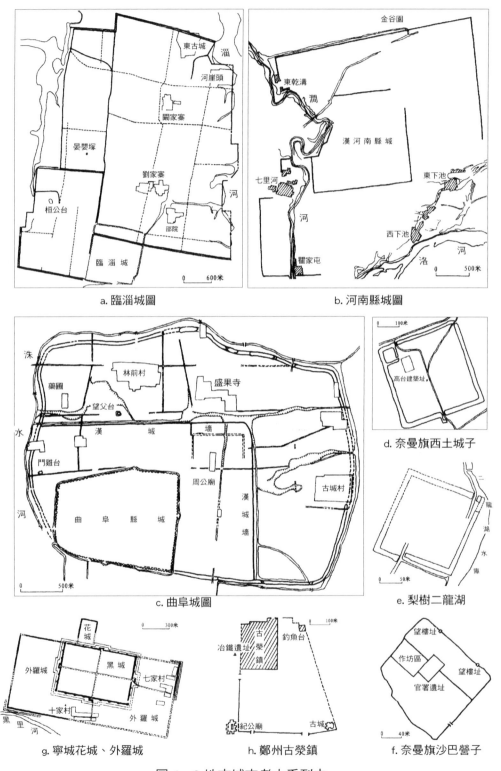

圖 4-2 地方城市考古系列之一

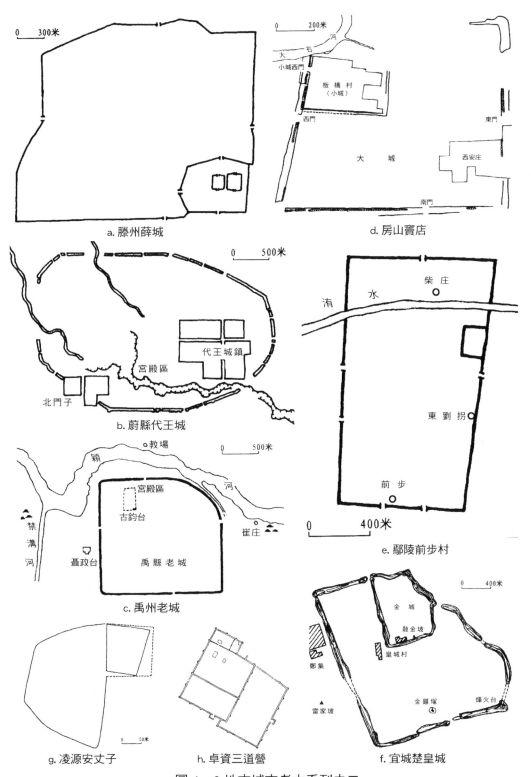

圖 4－3 地方城市考古系列之二

（2）方形或長方形外城中央設內城的回字型城址。如內蒙古呼和浩特市東郊塔布禿村古城——定襄郡武皋縣城[21]。

（3）於內城一隅設子城，如山西襄汾縣趙康古城——河東郡臨汾縣城，於大城北部居中建子城，大城南、北牆各發現 1 處門址[22]；呼和浩特市美岱二十家子的美岱古城——定襄郡安陶縣城，城內南隅為子城，東、北、南牆發現有門址[23]；呼和浩特市托克托縣的哈拉板申村東古城——雲中郡沙陵縣城，城內東北角加築一方形子城，子城西牆發現 1 個門址[24]；內蒙古奈曼旗土城子古城（圖4–2–d），城內西北一隅建一子城，發現有南、北 2 個城門[25]。

（4）子城位於大城一隅並向外凸處，如內蒙古卓資縣三道營古城的西城——定襄郡武要縣城（圖4–3–h），大城為長方形，其北側西部建長方形子城，發現城門 2 處[26]；遼寧凌源安杖子古城——右北平郡石城縣城（圖4–3–g），大城呈不規則長方形，其東側北部向外凸出建梯形子城[27]。

（5）回字型及內城一隅設子城的城址，是長城沿線最為多見的城市形式。這種邊城形式的出現與晁錯〈言守邊備塞書〉中的倡議「復為一城，其內城間百五十步」的邊城形制相符，應是文帝及其以後流行的邊城建制。由於城市的建制系統一規劃，所以秦漢城市的佈局也更趨向一致。城垣內一般包含官署、街道、里坊和商市，是普遍存在的郡縣模式。基於太倉設於京城長安城內的認識，而形成的郡縣城內當有糧倉分佈的認識未能得到考古上的證明。

考古證明，秦漢時代形成的這種等級城制也即全國性的城市網路，可以說就是由碩大無比的帝國都城、100 座郡國城市和 1000 多座縣城為構架組合而成的。西漢前期，一般諸侯王國的都城雖小於漢王朝之京城，但大於郡治縣城。

21　吳榮曾：〈內蒙古呼和浩特市東郊塔布禿村古城遺址調查〉，《考古》，1961 年第 4 期。

22　山西省文物管理委員會侯馬工作站：〈山西襄汾趙康古城附近古城址調查〉，《考古》，1963 年第 10 期。

23　內蒙古自治區文物工作隊：〈1959 年呼和浩特郊區美岱古城發掘簡報〉，《文物》，1961 年第 9 期。

24　李逸友：〈托克托城附近的秦漢代遺址〉，《內蒙古考古文集》（一），1994 年，第 348 頁。

25　李殿福：〈吉林省西南部的燕秦漢文化〉，《社會科學戰線》，1978 年第 3 期。

26　李興盛：〈內蒙古卓資縣三道營古城調查〉，《考古》，1992 年第 5 期。

27　遼寧省文物考古所：〈遼寧凌源安杖子古城址發掘報告〉，《考古學報》，1996 年第 2 期。

西漢中期，中央集權的加強，諸侯王勢力被削弱，在城市規模變化上也得到了明顯反映。這時不少諸侯王國都城或首縣已與郡治縣城大小相近。至於一般縣城規模仍然是小於郡治縣城，大於鄉邑之城。城市的首要職能仍是作為區域政治中心的職能，各級官府治所所在地作為地方行政權力中心，秉承中央政府旨意管理和控制著全國各地，是統治階級維護權力的必要工具。這一全國性城市體系的形成，最終結束了商周以來以血緣政治為主體、王朝依靠宗法分封制間接控制各地的社會格局，確立了以地緣政治為主體、中央集權政府依靠一元化的郡縣城市網路直接控制全國的社會結構。這在中國城市發展史上和中國歷史發展階段上，都是屬於本質上的變化。[28]

考古發現西漢城市對東周及秦以來舊都的使用有很明確的限制，規模巨大的列國都城一般不照舊使用，或用其原有小城，規模適中者繼續使用。一些原來規模較小的東周城在成為郡縣治所後還得以擴建，如魯國治魯縣（原魯都曲阜，圖4–2–c）；或割取原城址一部如河東郡之安邑（原魏都安邑）、故安縣（原燕下都）、九江郡治壽春（原楚都壽春），或棄置不用而於其上另建一小城如河南縣城（東周王城，圖4–3–b），或另擇址新建如鄭縣、南郡治江陵縣等。這種大型都城城址廢棄或縮小、中型城址廢棄或利用、小型城址規模擴大的情形，就應是秦漢時期在新的歷史條件下形成新的等級城制的反映。由此亦可見，西漢中央政府對城市規模是有所限制的。當然這一現象，從另一個方面來看則是，帝國都城的無限拓展與地方城市規模的縮小的一大趨勢，這既反映了新的封建等級制度的建立，也蘊含了封建時期中央與地方權力鬥爭的廣泛性。

第二節　西漢前期城市等級劃分──張家山漢簡研究

現代城市地理學中，城市規模多按照城市非農業人口的多少來確定。但漢代絕大多數城市戶口沒有戶口記錄，即使如侯國城市有始封戶數的記載，其可靠程度也值得懷疑，故而對西漢城市人口規模等級的劃分就無從下手。但是，史籍又明確記載，西漢城市有大小之分，比如，《漢書·百官公卿表序》：「縣令、長皆秦官，掌治其縣，萬戶以上為令，秩千石至六百石；減萬戶為長，秩

28　徐蘋芳：〈中國古代城市考古與古史研究〉，載《中國歷史考古學論叢》，臺北：允晨文化公司，1995 年。

五百石至三百石。」該條史料首先規定了縣令、長設置的依據依靠的是縣內人戶數量的多寡，萬戶以上則設縣令，不足萬戶者則設長；其次規定了縣令長的祿秩等級，千石至六百石為縣令之秩，五百石至三百石為縣長之秩。因此制度，研究秦漢史的學者多以此作為判斷大、小縣的依據，如高敏在〈試論尹灣漢墓出土《東海郡屬縣鄉吏員定簿》的史料價值——讀尹灣漢簡劄記之一〉中說：

> 按照漢制萬戶以上為大縣設縣令，萬戶以下為小縣設縣長的原則，海西、下邳、郯、蘭陵、朐、襄賁、戚均設縣令一人，儘管令有秩千石與秩六百石的區分，表明這些縣均為萬戶以上的大縣。自費縣以下至昌慮縣以前的諸縣，均設縣長一人，秩四百石至三百石，表明這些縣為萬戶以下的小縣。昌慮以下至都陽，均不設令或長，而設相一人代替令、長，秩四百石至三百石不等，表明這些縣屬於侯國。[29]

高先生還說「設縣長而不設縣令，知為小縣」[30]。由此可知縣令、長的設置即是大小縣的標誌，而這一點已成為共識。劉釗在〈釋兩方漢代官印〉一文中對其中之一的「方除長印」[31]，從古文音義學角度考證此「方除」當為西漢山陽之「方輿」（今山東魚台西），繼而認為「如此推斷不誤，那麼，山陽之方輿當是一小縣」[32]。很顯然，縣令、長的設置是判斷縣大、小的標誌之一。

一、歷史文獻記載西漢城市等級差異及參考標準的選取

根據漢制萬戶以上為大縣設縣令，萬戶以下為小縣設縣長的原則，西漢有明確記載的大小縣（表4–1）。

29　高敏：〈試論尹灣漢墓出土《東海郡屬縣鄉吏員定簿》的史料價值——讀尹灣漢簡劄記之一〉，《鄭州大學學報》（哲社版），1997年第2期。

30　高敏：〈試論尹灣漢墓出土《東海郡屬縣鄉吏員定簿》的史料價值——讀尹灣漢簡劄記之一〉，《鄭州大學學報》（哲社版），1997年第2期。

31　羅福頤主編的《秦漢南北朝官印征存》及王人聰《兩漢王國、侯國、郡縣官印匯考》中均列為「二漢志未見記載」之縣長印。

32　劉釗：〈釋兩方漢代官印〉，《北方文物》，1996年第2期。

表 4-1 文獻記載西漢縣令長

郡	縣	出處
京兆尹	長安令	《漢書》P2835、3385、3398、3652、3673
	杜陵令	《漢書》P2912，2914
	雲陽令	《漢書》P3058、P3398
	鄭令	《漢書》P3673
	昌陵令	《漢書》P3415
右扶風	渭城令	《漢書》P2910
	虢令	《漢書》P3226，3227
	鄠令	《漢書》P3226、3227、3481
	美陽令	《漢書》P3305
	好畤令	《漢書》P3291、3667
	栒邑令	《漢書》P3048
	茂陵令	《漢書》P3133、3289
	平陵令	《漢書》P3398、3667、3618
	鬱夷令	《漢書》P3709
	槐里長	《漢書》P1932、1948
	邰長	《後漢書》P1979，1980
左馮翊	重泉令	《漢書》P3080
	長陵令	《漢書》P3266、P3652
	頻陽令	《漢書》P3389、P3673
	粟邑令	《漢書》P3389、P3673
	櫟陽令	《漢書》P3302
	谷口令	《漢書》P3714
	夏陽令	《漢書》P3302
河南郡	河南令	《漢書》P3069
	滎陽令	《漢書》P2316
	成皋令	《漢書》P2624，2625
	緱氏令	《漢書》P2624，2625
	密令	《後漢書》P869
	原武令	《後漢書》P2555
河內郡	蕩陰令	《漢書》P3620
潁川郡	陽翟令	《漢書》P3199
汝南郡	南頓令	《後漢書》P861

	順陽長	《漢書》P3048
	上蔡長	《漢書》P3641
沛郡	蕭令	《後漢書》P558
	虹長	《漢書》P 3353
	谷陽長	《漢書》P3641
東海郡	襄賁令	《漢書》P3251
	曲陽長	《後漢書》P689
楚國	彭城令	《漢書》P3397
陳留郡	小黃令	《漢書》P3160
	濟陽令	《後漢書》P861
濟陰郡	宛句令	《漢書》P3385
	定陶令	《漢書》P3291
山陽郡	單父令（都尉治）	《漢書》P3602
魏郡	武安長	《漢書》P3293
中山國	盧奴令	《漢書》P3096
千乘郡	被陽令	《漢書》P2887
齊郡	臨淄令	《漢書》P3394、3492
涿郡	阿武令	《漢書》P3614
雁門郡	樓煩長	《漢書》P3673
上黨郡	長子令	《漢書》P4198
南郡	當陽長	《漢書》P3302
太原郡	狼孟長	《後漢書》P962，969
南陽郡	新都令	《後漢書》P872
常山郡	元氏令	《後漢書》P1496
上谷郡	沮陽令	《後漢書》P2671
漁陽郡	安樂令	《後漢書》P675
漁陽郡	狐奴令	《後漢書》P774
天水郡	清水長	《後漢書》P533
不確	高寢令	《漢書》P3107

說明：《後漢書》所載令、長均為西漢末年至更始時人。

　　據筆者不完全統計，史書明言縣令、長者共有61處，其中49令，12長。表中城市涉及27個郡（有1個不能確定），城市分佈較多的區域首先是三輔地

區，共有 23 城；再次是三河地區，多屬河南郡，有 6 城；其餘則較為分散。上述區域不但被記載的城市數量多，而且城市多為所謂的大城，僅右扶風有 2 縣長。大城市集中分佈於京畿之地的空間現象，也說明了本區域政治地位的重要。國都地區作為全國的政治經濟文化中心，不但彙聚了全國的物質財富，還是全國文化精英彙聚之地；不僅有強固根本之意，尚有限制地方豪族發展之圖。其實，從文獻上反映出來的，城市大小、地位等差的信息還與下文據《張家山漢墓簡牘》所提供各縣最高管理者秩律高低得出的結果相一致。

所以，儘管西漢時期縣令、長的設置與官員律秩的高低有相抵觸的例證，但從一般意義而言，它們顯然又具有很緊密的對應關係。閻步克在《品位與職位——秦漢魏晉南北朝官階制度研究》一書中創造性地用「職位分等」替代「職位分類」，強調「在縱向的『分等』上凸顯一個關節之點：這等級是從屬於職位的，還是另有獨立於職位而跟個人走的位階」[33]。

秦漢以「若干石」的俸祿額度來標誌官僚等級，是所謂「祿秩」。陳夢家指出：「所謂俸給或吏祿制度，其內容是秩別（秩級）、俸祿數量、官職和俸祿性質；即哪一種官職屬於哪一秩級，每年或每月應得多少俸祿（所謂歲祿或月俸），用什麼物資作為作俸祿（如錢、穀或二者各半）」[34]。楊樹藩在追述歷代「階職分立制」時，斷言「秦漢以來，文官有職而無階」[35]，這並不是無根之辭，事實等於表達了不把漢代祿秩看成「品位」的意見。

漢廷以「增秩」、「貶秩」為官員獎懲之法，有時還對一些稱職官員給予「增秩留任」待遇，而這就將造成個人的祿秩與職位的祿秩的品級不一情況。不過，無論增秩、貶秩，都是以職位的確定秩等為基準而上下浮動的，增秩者的日後升遷取決於其才績，所增之秩並沒有構成就任新職的條件，也沒有多少材料反映它可以被帶到新職上去。從尹灣漢簡所載情況來看，貶秩者不能夠繼續佔有原職，而是要降職使用的，那麼這時遵循的就仍是秩、職一致的原則。也就是說，增秩、貶秩之法仍未發展到如下程度：促使祿秩轉化為一種超越職位而獨

33　閻步克：《品位與職位——秦漢魏晉南北朝官階制度研究》，北京：中華書局，2002 年，第 12 頁。

34　陳夢家：〈漢簡所見奉例〉，《文物》，1963 年第 5 期。

35　楊樹藩：《中國文官制度史》上冊，黎明文化事業股份有限公司，民國 71 年（1982 年），第 10 頁。

立累加的「品位」序列，官員可以依此序列逐階上升。[36]

　　基於上述認識，本節選用地方官員祿秩高低作為劃分城市等級的要素，儘管這一要素與依縣令、長的設置劃分縣的大小一樣，所表示的是一個區域概念，並非城市本身，這是在帝國早期沒有更為直接的用來劃分城市等級的史料的情況下，對城市所在區域進行的一種綜合實力排比，是一種不得已而為之的做法。

　　那麼，從現有的資料中也可找出相關例證，首先，《漢書·百官公卿表序》已經把秩等與縣令、長的關係規定的很明確了；其次，《二年律令·秩律》[37]的記載也能夠證明這一點。《二年律令·秩律》記載了呂后二年（前186年）時縣、侯國、道最高管理者的秩等，其中分為5個等級，由於最後兩個等級數量特別少，所以本文合併為千石、八百石、六百石3個等級[38]，其中櫟陽、長安等十幾個千石之城，是當時比較重要的；萬年邑、黃鄉長最低。一般而言，城市所在縣的人口規模決定該縣（其實代表著城市的地位）等級地位，縣令、長的設置隱含了城市腹地人口數量的多少。但也有一些特殊情況，主要是一些城市的設置不是因為人口的增長，而出於政治統治需要，比如，都城周圍陵邑地位相對較高，這是帝國長期以來所執行的強幹弱枝政策的結果。

二、《張家山漢墓竹簡》所載城市等級差異

　　《二年律令·秩律》的記載無論是朝廷的公卿百官及其屬吏，或者地方的長吏和少吏，亦不分外朝和內官，基本上按官員的秩祿從高至低統一排列。關於漢代的秩等，據《漢書·百官公卿表》師古注，分為萬石、中二千石、二千石、比二千石、千石、比千石、六百石、比六百石、四百石、比四百石、三百石、比三百石、二百石、比二百石、一百石，計15等。又同《表》縣令、長條：「百石以下有斗食、佐史之秩」，師古注：「《漢官名秩簿》云斗食月奉十一斛，佐史月奉八斛也。一說，斗食者，歲奉不滿百石，計日而食一斗二升，故云斗

36　閻步克：《品位與職位——秦漢魏晉南北朝官階制度研究》，北京：中華書局，2002年，第27頁。

37　張家山二四七號漢墓竹簡整理小組：《張家山漢墓竹簡（二四七號墓）》，北京：文物出版社，2001年，第193–202頁。

38　周振鶴：〈《二年律令·秩律》的歷史地理意義〉，《學術月刊》，2003年第1期。關於「縣的分等」問題，他認為：「由《秩律》所載來看，會不會實際上，是以八百石與六百石分界，八百石以上者為大縣，六百石以下者為小縣。這樣也許比較合理。至少漢初如此。」

食也。」如果再加上百石以下的斗食和佐史，共 17 等。而據現存《秩律》有明確秩祿石數記載者，則僅分為二千石、千石、八百石、六百石、五百石、四百石、三百石、二百五十石、二百石、百六十石、百廿石，共 11 等，顯然與前者有較大的差別。又《漢書・成帝紀》陽朔二年（前 23 年）「夏五月，除吏八百石、五百石秩」。師古注引李奇曰：「除八百就六百，五百就四百。」和《秩律》中載有「八百石」和「五百石」，可以互相印證。

從《二年律令・秩律》對西漢城市最高管理者祿秩的記載來看，一般應當是依據城市及其所在區域情況，而非就管理者個人來確定。所以，律令所規定的城市管理者祿秩之等差就可以作為評價城市等級的依據。《二年律令》中規定的城市最高管理者之秩共有千石、八百石、六百石、五百石、三百石五個等級（表 2–45）。《二年律令》所反映的是西漢初年中央直轄區域內城市情況。表中城市所對應的郡國僅表示空間概念，而不是高后二年的實際政區情況。所以，上述城市的空間定位可以進而說明此時中央與諸侯王國的空間位置關係，同時，不同等級城市的空間組合關係也反映了西漢初年本區社會經濟、文化發展情況。《二年律令》所載 265 個城市在空間分佈上中具有以下幾個方面的特徵：

（1）高等級城市集中於京畿之地。《秩律》記載 15 個千石之城，它們是：京兆尹之長安、新豐，左馮翊之櫟陽、臨晉、頻陽、郃陽，右扶風之槐里、雍、好畤，沛郡之豐、沛，河南郡之雒陽，廣漢郡之雒，蜀郡之成都，雲中郡之雲中。其中有 9 個分佈在三輔地區，其餘除豐、沛二城之外的 4 城均是各郡治所在之城。說明，郡守尉治所一般設在該郡較大縣中之史實。三輔地區的 9 城又有幾種不同情況，長安是都城所在地，雍、櫟陽為秦代舊都，槐里（廢丘，雍國都）、臨晉（華陰，京輔都尉治所）為先秦舊城，新豐是專為太上皇所建之城、郃陽乃高祖兄之侯城、好畤為高祖所置祭祀之所，城市地位均較特殊，由此也顯示出西漢城市等級的確定體現出更多的人治因素。尤其高等級城市密集於三輔地區，不單出於保護京都安全，提高京畿政治之需要，同時，也是為了繁榮和發展地方經濟之需要。

（2）八百石之城有 54 個，主要分佈在如下郡中：京兆尹 5、左馮翊 6、右扶風 1、河東郡 5、河內郡 3、上黨郡 1、東郡 1、潁川郡 1、汝南郡 1、南陽郡 4、南郡 3、沛郡 2、漢中郡 3、廣漢郡 3、蜀郡 1、犍為郡 1、巴郡 2、隴西

郡1、安定郡1、上郡1、西河郡1、五原郡2、雲中郡3，地望不詳城市有2個。此等級城市主要分佈地區處三輔之外的河東、河內地區，南陽、南郡區，漢中、廣漢郡區以及五原、雲中北部邊境地區。

　　三輔區位之重要自不待言，河東、河內處在由關西向關東的必經之道上，軍事、交通地位非常之重要，由此西漢初年，包括河南在的三河之地是中央帝國與東部諸侯國的緩衝之地，但當帝國社會經濟穩定發展之時，帝國與東方的對峙線東移，即武帝時實行的廣關政策，將函谷關移至河南新安，將三河基本包進帝國核心區，本區地位之高低可見一斑，所以本區高等級城市分佈較多也是很自然的事情了。

　　南陽、南郡地區由上文對侯國城市的考察中可知，此兩郡是漢郡地區所封侯國城市較多的地區，現在看來它們又是漢郡區內較高等級城市分佈較多的地方，最主要原因就是其地理位置的特殊，作為漢郡與諸侯王區的緩衝地帶性質更為明朗。如果將它們和處於諸侯王區域的汝南郡與帝國各部分之間的關係打一個比方的話，則如人體內之消化系統。帝國時期頻繁興廢的侯國城市在這一區域內完成，南陽郡所封侯國城市總量在所有郡中的排名在第三，緊隨琅邪、東海之後，但至漢末其境內侯國城市並不超過10個，這就說明了本區的作用就是為解決帝國封侯難題而存在的；此外，南陽、南郡也是國都東南的交通孔道，這一交通形式早在先秦時期就已形成，在西漢時也多次利用。正因為這些原因，帝國在此兩郡中設置部分大城市監督管理本區走馬燈似的侯國城市，而至東漢時期又成為光武帝的龍興之地，地位更加特殊。

　　漢中郡與廣漢郡不僅在秦代經濟就有所發展，而且還是高祖漢王的封地，它們與關中地區合稱天府之國，佔據著全國十分之六的財富，是帝國的大糧倉。同時，本區已接近西南民族地區，區域核心城市難以完全控制本區的各個地區，設立一些較高等級的城市分擔核心城市的部分職能將更有利於區域經濟的發展。

　　五原、雲中二郡所在之區域是秦代蒙恬所置新秦中，漢初之時並沒有完全由帝國控制，高祖十一年分雲中置定襄郡時，並無五原郡[39]之建制。所以，漢初，陰山以南的黃河一帶是匈奴經常侵掠的地方，一次竟至長安城外。儘管，漢初

39　《漢書》卷28下〈地理志〉載五原郡置於武帝時期。

在這一地區沒有郡的設置，但是帝國卻在這裡設置有幾個較大的城市駐守帝國北方的安全。

從上述幾個地區高等級城市集中分佈的情況來看，是帝國政策的空間體現，在帝國各關鍵區域都有部署，對付來自不同區域、不同方面的威脅。

（3）六百石之城有190個，分佈範圍較為普遍。其中左馮翊4、右扶風6、弘農郡7、河東郡9、上黨郡10、河內郡8、河南郡14、東郡9、陳留郡3、潁川郡12、汝南郡5、南陽郡12、南郡5、江夏郡4、濟陰郡1、魏郡4、武陵郡1、漢中郡7、蜀郡2、犍為郡1、巴郡5、武都郡4、隴西郡3、天水郡4、安定郡4、北地郡8、上郡10、西河郡9、五原郡5、雲中郡2、淮陽國1、長沙國1、地望不詳之城有10。另外有4個五百石的道（廣漢郡、蜀郡各2）和2個三百石之城（萬年邑、黃鄉長），由於數量偏少，是一些特殊之城，也一併歸入此等級城市中。

三、西漢前期西漢城市等級空間結構特徵

此外，漢郡區不同等級城市及相同等級不同類型之間的城市在一些方面仍具有一定的差異，具體表現在以下幾個方面：

（1）從漢郡區城市不同等級城市的數量構成上來，大、中、小城市基本以1：4：4比例配置，每一個高等級城市周圍有4個左右的城市分佈，這一比例結構基本符合現代區域城市空間結構中依據行政原則而形成的城市空間配置。這一城市空間組織結構在發育不完善的古代城市發展過程中應當是合適的。而且，這一結構與後文東海郡城市空間結構也較接近，有可能是西漢區域城市等級組成調控原則。但就局部地區來講，則有不合理的地方，比如，三輔地區三個等級的城市數量分別為9、12、11，各等級城市均衡發展，如果不考慮京畿地區的政治條件，如此眾多的大城市密集於關中地區是很難以維持的，由此註定了關中地區在物資供應上需要其它區域的供給，主要自關東輸入，漢初每年為數十萬石，以後逐年增加，最高達六百萬石，常年也有四百萬石[40]。

（2）《二年律令》所載265座城市包含了三種不同類型，即一般縣邑城、侯國城市和少數民族聚集的道。不同類型的城市在漢初的等級地位也有所不同。

---

40 《漢書》卷24〈食貨志〉。

普通意義上縣城等級較為寬泛，是郡縣體系下城市的普存形式，從千石的大城，到最低的小縣城——黃鄉長均涵蓋其中，而與五百石的道城相比，縣城地位要高得多。

其次是邑城，這裡的邑城並非《漢志》中「公主、皇后所食之邑」，《二年律令》雖然也提及李公主、申公主、傅公主，但不知其所食之邑之名目。《張家山漢墓竹簡》中明言邑城的只有萬年邑，屬於陵邑系列（有學者認為萬年邑為准陵邑），其管理者秩位較低，僅三百石秩。但若將其他因帝陵而設的縣也作為陵邑統一來看，則有所不同，從中所列秩等就可看出其他帝陵城地位較高，但並沒有達到最高的千石秩，比如高祖長陵、惠帝安陵分別為八百石、六百石秩，這恐怕與萬年邑為太上皇之陵邑有關。而且從後世昌陵邑[41]的設置來看，所有帝陵均置有令，政治地位比較高。此類城市在西漢城市的發展中是比較特殊的，對關中地區區域人文環境的影響較大，西漢中後期諸陵邑之地的社會、文化風氣發生了很大變化，形成了特殊的文化區，陵邑之間也有所不同。

再次是道城，少數民族聚集的道城地位則比較低，秩等較低。一般來講多為六百石的普通之秩，但是，本表僅有的 4 個五百石秩城均在巴蜀之地，地位低於其他道城，可能與它們處於邊境，或與羌、氐等民族的分佈有關。道城多分佈於西漢初年的邊郡之地，從道的分佈上也可觀測出西漢初年帝國西部邊界，比如，蜀郡之嚴道、青衣道、綿虒道、湔氐道，廣漢郡之甸氐道、陰平道，隴西郡之狄道等。

最後再談侯國城市，《二年律令》中共記載了分佈於本區的 23 個侯國城市，若將沛郡二城不計，那麼從侯城構成上看則有：千石侯城有 1 個（高祖兄劉仲之郚陽城），八百石侯城 4 個（曹參之平陽、周勃之絳、惠帝子之軹，蕭何之沛），六百石侯城 17 個；在地域分配上：三輔 2 個，三河 11 個，其他郡域侯城有 9 個（以東郡、潁川為主有 6 個）。由此，西漢初年侯國城市中具有較高地位的是高祖兄弟及為漢作出巨大貢獻的功臣，而大多數侯城則為六百石城，與普通縣邑城市地位相仿，這與西漢後期侯城地位略低於縣邑城市的情況有別；此外，城市等級越高距離帝國核心越近，侯城等級基本呈從三輔、三河、週邊逐漸遞減之勢。

41　《漢書》卷 84〈翟方進傳〉「貶勳為昌陵令」。

（3）《二年律令》中所載沛郡境內的豐、沛、城父、鄲的 4 城，當為幾個較為特殊的城市。它們深入諸侯王國區域內部，本不當屬漢郡管轄，因為高祖時所封 143 侯城中屬於諸侯王地區的 100 個城市中僅有沛、鄲兩侯城，且其秩等較高，分別為千石、八百石，所以推測這幾個城市當屬特殊情況，該如何解釋，筆者目前沒有答案。

（4）經前述分析，西漢初年漢郡區城市等級關係可以簡單表述為：縣、侯國城地位相仿，而略高於陵邑城，道城則最低。

第三節　西漢後期城市等級劃分──尹灣漢簡研究

城市等級結構是指區域內不同等級城市的組合關係。《尹灣漢墓簡牘》（以下簡稱《簡牘》）記錄的西漢末年東海郡 38 個城市，不但有類型上的區別，還有等級上的差異。本文用加權法對多種要素綜合分析，得出西漢東海郡城市等級數量之比接近於 1:2:4。這一結構說明了西漢時期東海郡城市組合關係符合城市規模等級與城市數量成反比的「金字塔」模式，對認識西漢其它郡國城市的等級組合關係有借鑒作用。

1993 年 2～4 月間在江蘇省連雲港市東海縣溫泉鎮尹灣村發掘了六座漢墓，其中二號與六號墓發現了漢簡，內容非常廣泛，涉及社會的經濟、政治、文化等領域，自該漢墓群發現之日起就引起了相關學科研究漢代社會歷史的廣泛注意，尹灣漢簡也於 2002 年以其「反映當時經濟社會生活的原始記載」榮登第一冊中國檔案文獻遺產名錄 [42]。

《尹灣漢墓簡牘》共計有 17 種，包括《集簿》、《東海郡吏員簿》、《東海郡下轄長吏名集》等。時代大約為西漢成帝時期，墓主姓師，名饒，字君兄，生前曾任東海郡卒史和功曹史。其中《集簿》、《東海郡吏員簿》對東海郡所轄 38 縣的記錄是研究西漢郡縣城市地理不可多得的直接資料，《東海郡下轄長吏名集》分別記載東海郡所轄 38 個縣、邑、侯國以及鹽、鐵官的長里的官職、籍貫等信息，有助於瞭解東海郡縣級城市與周邊區域之相互關係。

42　《人民日報》（海外版），2002 年 03 月 19 日。

一、東海郡城市空間發展過程

　　西漢東海郡位於政區版圖東部的中心位置上，被稱為秦漢帝國的東大門，地理位置特殊。位處東經 117.1°～ 119.7°，北緯 33.9°～ 35.6°，瀕臨黃海，西漢時期，現代蘇北海岸線尚未形成，東海郡的朐邑（今連雲港市）依然在海邊上，海西距離大海也不過 25km。西漢末年東海郡轄縣 38 個，郡治郯城，都尉治費縣，區域面積約 21132 平方公里，全郡有 358414 戶，1559357 人（平均每戶 4.3人），人口密度為 73.8 人／ km²，在全國 103 個郡國中也是比較高的。

　　從《漢志》及諸侯者表記載來看，東海郡的形成有一個過程，即區域面積由小到大、城市數量由少到多、城市管理逐漸加強的過程。

　　《地形志》：「郯郡秦置，漢高改為東海郡」；《御覽》引《地道記》：「海州東海郡，秦為薛郡地，後分薛為郯，漢改郯為東海郡」；《水經注》沂水下：「郯，故國也。東海郡治。秦始皇以為郯郡，漢高帝二年，改從今名」；全祖望曰：「東海故秦郡，楚漢之際改名郯郡，屬楚國，高帝五年屬漢」[43]；《漢書·楚元王傳》：「漢六年，立交為楚王，王薛郡、東海、彭城三十六縣」；《漢書·高帝紀》亦記此事，只是東海改為郯郡。譚其驤說，東海治郯，楚漢之際亦稱郯郡也。《史記·吳王濞列傳》：「景帝三年冬，楚國東海支郡削屬漢。」自後東海不斷吸收城陽及魯王子侯城，成為《漢志》之規模，業以為《簡牘》所證實。

　　看上面資料，眼花繚亂，不知所云，但細審即可發現東海郡的發展脈絡。西漢東海郡源於秦薛郡，後分出郯郡，在秦末、楚漢間，郯郡、東海郡的名稱有互用現象，是長期以來學界對秦郡數目爭論的焦點之一。而西漢初年的東海郡先後屬韓信、劉交之楚，也就是在此轉換之機，東海郡境發生了很大變化。其北部仍屬楚國，其南部江淮間則屬荊國。至景帝三年（前 154 年）冬，東海郡始直屬中央，然此時東海郡所轄城市與《漢志》「東海郡」尚有很大不同，除去《漢志》中的侯國城市之外，東海郡內尚有幾個列侯之國是直屬中央朝廷的，即良成、建陵、東安侯國等，正是因為這幾個縣的原因，使得東海郡被割裂為兩大塊，其分界線基本上在今山東與江蘇兩省分界處。

　　從第二章的考證結果來看，東海郡侯國城市數量僅次於齊地琅邪郡的數量

43　全祖望：〈漢書地理志稽疑二〉，《二十五史補編》（一），北京：中華書局，1995 年。

而有 51 城，其中王子侯國就有 40 個，分別來自於城陽（19 個）和魯（15 個）兩國。從這一構成上來看，東海郡的地域構成就非常明確了。另外在東海郡從無封侯史的城市有（14 個）：郯、蘭陵、襄賁、下邳、平曲、胸邑、繒、即丘、臨沂、開陽、祝其、厚丘、曲陽、司吾。又從譚圖顯示的地形地勢來看，即丘、臨沂、開陽、祝其 4 城在東海郡所屬的城陽王子侯國之北，故應屬城陽；且因其均非侯國城市，推測諸城當在高后至文帝初年，即城陽作為魯太后奉邑及回屬齊國時劃入東海郡的。平曲侯國是以東海之地封廣陵王子侯國的，與其他王子侯城不同。因此，景帝三年（前 154 年）前東海郡只有 3 個侯城，一個是陳賀的費侯國，此侯城免後曾續封城陽王子，所以免侯後當屬城陽王地；另一個是高后時所封建陵侯城，該城在東海郡治南，但後又封魯王子，要麼為特例，要麼譚圖定點可能有誤；第三個是景帝二年（前 155 年）封蕭何後代的武陽侯城，但地望不確。另外，武帝元鼎四年（前 113 年）[44] 以三萬戶所置三萬戶的泗水王國，泗水國只有 3 城。東海郡郡域若按周先生所考：「事實上漢初東海郡南界為淮水，西南循《漢志》泗水國、臨淮界，唯北界於西北由城陽與魯王子侯國位置而定」的話，景帝三年（前 154 年）東海郡則至少有 12 城（包括武陽在內），而文獻能夠證明漢初就已存在的城市也都在其中，因而《漢志》東海郡是由三部分組成的，首先是東海郡核心區，指郯城附近諸城，其次是漢初城陽國地，約有 5 個侯城及 4 個一般縣城；再次是魯國之地，有 14 個王子侯城；除此之外尚有楚、泗水王子侯城各 1。

二、東海郡城市等級結構

　　影響城市大小的因素是比較複雜的，除地理環境、區位因素之外，還有更為複雜的人文因素。西漢是我國郡縣制逐步完善、定型的一個時代，漢承秦制，對郡縣城市的大小均有明文規定，只是現實情形要比法規法令複雜得多。〈百官表〉、《漢官儀》等史料所反映的僅是西漢城市的總體規劃，內部等差僅是一大概；而縣與道、侯國、邑之間等級關係更是無從確知。此外，西漢一代郡國領域變化頻繁，城市間變化雜亂無章，這些問題的存在嚴重影響了我們在西漢相關領域研究的深入。

44　周振鶴在〈東海郡沿革（含泗水國）〉中的兩處涉及泗水國置年各不相同，見《西漢政區地理》第 33 ～ 34 頁。本文據《史記·五宗世家》：「泗水思王商以元鼎四年用常山王子為泗水王」而定。

　　本文主要使用簡牘資料對西漢東海郡三種類型的 38 個城市的記載，選取 4 個要素對所有城市進行等級排比，最後在提取出東海郡區域核心城市──郯城之後，其餘縣級城市等級數量之比接近於 1:2:4；三類城市之間的等級關係是：縣和邑沒有明顯的等級差異，侯國城市等級地位相對較低，低於本郡多數縣邑城市。

（一）東海郡城市類型劃分

　　分類是認識複雜事物的一種常用方法。根據事物的相似性和差異性特點，把事物歸類，使每個類的內部保持高度的相似性，類間保持明顯的差異性。這是研究事物共性和個性的一種常用方法。對城市的分類依據常用的有：城市發生學、地形地貌、城市形態、人口規模、行政等級等不同的方法，在這裡採用依據城市屬性差異來劃分。《集簿》（木牘一正）記「縣邑侯國三十八，縣十八，侯國十八，邑二」，可知東海郡據城市屬性的不同可劃分為三種類型，即縣、侯國、邑；結合《吏員簿》（木牘二正、反）的內容，則可知東海郡各城市的類別（表 4–2），在這一劃分的基礎上，我們可以觀察使西漢城市數量頻繁變化的各類縣級城市之間相互關係。

表 4 - 2 西漢東海郡城市類型

類別	城 市 名 稱 及 數 量
縣城	海西、下邳、郯、蘭陵、襄賁、戚、費、即丘、厚丘、利成、開陽、繒、司吾、平曲、臨沂、曲陽、合鄉、承（18）
侯國城	昌慮、蘭祺、容丘、良成、南城、陰平、新陽、東安、平曲、建陵、山鄉、武陽、都平、郚鄉、建鄉、於鄉 *、建陽、都陽（18）
邑城	朐、祝其 *（2）

說　　明：*《尹灣漢墓簡牘・吏員簿》上「鄉」字前空一格，查《漢書・地理志》、
　　　　　　《漢書・建元以來王子侯表》及《尹灣漢墓簡牘・吏員簿》記載順序，
　　　　　　文中所缺當為西元前 41 年所封的泗水王子「于鄉」侯國。

　　　　　*《尹灣漢墓簡牘・吏員簿》中雖沒有明確提到「朐、祝其」為縣邑，但
　　　　　　在《考績簿》上提到「朐邑丞楊明…」、「祝其邑孔寬」，另有「其邑
　　　　　　左尉宗良…」，「」釋為「況」，即《漢書・地理志》之祝其。「內郡
　　　　　　為縣，三邊為道，皇后、太子、公主所食為邑。」但不知是誰的封邑。

　　此處僅將東海郡城市作一簡單的類別劃分，各類內部等差結構在下文分析全郡城市等級時還將說明。

（二）東海郡城市規模等級劃分

　　現代城市地理學中對城市規模等級的劃分普遍使用的是人口指標，世界各國依據各國內的具體情況，而有很大差別，即便是某一國內所用標準亦往往有所不同。那麼，對於西漢時期城市規模等級的劃分，我們可資利用的文獻史料較少，僅有律令方面的規定，難以看出其間的差別，東海尹灣漢簡的出土為這一頗具難度的領域研究帶來了一絲曙光。

　　《簡牘・集簿》《簡牘・吏員簿》主要記載了西漢東海郡郡級機構的吏員有太守、都尉、丞、卒吏、屬、書佐、嗇夫。丞以上為長吏，卒吏以下為少吏。其中卒吏與屬為秩百石。書佐、嗇夫不及百石。縣級長吏為令（長、相）、丞、尉，其餘為少吏。官有秩、鄉有秩以及侯國的侯家僕、行人、門大夫為百石吏。令史、獄史、官嗇夫、鄉嗇夫與遊徼為「斗食」。牢監、尉史、官佐、郵佐、鄉佐，通稱為「佐使」。佐使與亭長皆低於斗食。據漢代律令可知，長吏之中令（長、相）的秩別是判斷縣域規模等級的首要依據，尉的設置雖相對前者簡單，但同樣可依其量的多少、秩別之多寡分辨縣的大小，而屬吏總量將作為一綜合指標，同樣可以作為判斷縣大小的參考因數，西漢的亭已為許多學者證明，其與鄉是兩個不同的系統。亭的設置與距離相關，所以，亭長地位雖在斗食之下，但因其與縣域範圍有密切關係，在這裡也作為一個參考要素。下面我們依據《簡牘》記載的各要素資料分別列表。

　　（1）〈百官表〉載：「縣令、長，皆秦官，掌治其縣。萬戶以上為令，秩千石至六百石。減萬戶為長，秩五百石[45]至三百石。」可知西漢政府按照各縣所轄戶口多少來確定其長官的俸祿，反過來，也可以縣令、縣長等長官俸祿的高低說明其間等差。在此，要特別說明的是：這一點也並非是絕對的，一些地廣人稀的縣，人口數量雖少但也置令；一些經濟發達、人口稠密的縣反而置

45　《漢書》卷19〈百官公卿表〉的記載與《張家山漢墓竹簡・秩律》已得以相互印證，其時縣級長官秩位有「千石、八百石、六百石、五百石、三百石」不等，說明西漢前期的基層官秩；而〈百官公卿表〉又載：「成帝陽朔二年除八百石、五百石秩。」，其與《漢官舊儀卷下》記：「縣戶口滿萬，置六百石令，多者千石。戶口不滿萬，置四百石、三百石長。」相符，尹灣漢簡的出土更加驗證了西漢後期基層官秩情況。

長[46]；還有較為特殊的縣，縣令之秩竟達到了二千石[47]，所有這些只是特例，大多數縣令之秩則應在律令原則下制定，否則律令將等同虛設。

　　《吏員簿》所記城市管理者俸祿的高低有四個等級，我們將之與其所在城市相聯繫，則東海郡城市可據此分為四個等級（表4–3）。

表4–3 東海郡城市等級劃分之一

等級	秩別	縣邑	侯國城市
一級	千石	海西、下邳、郯、蘭陵	
二級	六百石	襄賁、戚、朐	
三級	四百石	費、即丘、厚丘、利成、祝其、開陽、繒、司吾、平曲	昌慮、蘭祺、容丘、良成
四級	三百石	臨沂、曲陽、合鄉、承	南城、陰平、新陽、東安、平曲、建陵、山鄉、武陽、都平、部鄉、建鄉、於鄉、建陽、都陽

　　綜合表4–2、表4–3，我們不難發現：所有侯國等級相對較低，至少低於郡內個別大縣，東海郡侯國城市全在第三等級或以下；「邑」的地位相對較高，如朐邑高居於第二等級，祝其為第三等級。所以，《漢志》「縣邑」連說是有一定根據的。

　　（2）《吏員簿》中記錄東海郡各縣屬員設尉情況有所不同，有的設有兩尉，有的只有一尉，有的則不設，《漢官舊儀》卷下載：「大縣兩尉，小縣一尉」[48]，據此漢縣則可簡略用大小縣分相區別開來。然《吏員簿》對這一內容還有更為詳細的記述：同設兩尉的縣，有的尉秩四百石，有的三百石，有的則只有二百石，我們將這些情況列入表4–4。

表4–4 東海郡城市等級劃分之二

等級	秩別	尉數	縣城	侯國城市
一級	四百石	二尉	海西、下邳、郯、蘭陵	

46　《漢書》卷19〈百官公卿表〉注引應劭曰：「萬戶以上為令，萬戶以下為長。三邊時孝武皇帝所開，縣戶數百而為令。」

47　宋·徐應麟：《西漢會要》：「呂后三年（前185年）增長陵縣令秩至二千石」。

48　清·孫星衍等輯，周天遊點校：《漢官六種》（漢·衛宏撰《漢官舊儀》），北京：中華書局，1990年第一版。

二級	三百石	二尉	襄賁、戚、朐	
三級	二百石	二尉	費、即丘、厚丘、利成、祝其、開陽、繒、司吾、臨沂	昌慮、蘭祺
四級	二百石	一尉	平曲、曲陽、	容丘、良成、南城、陰平、平曲
五級			合鄉、承	新陽、東安、建陵、山鄉、武陽、都平、郚鄉、建鄉、於鄉、建陽、都陽

　　在表 1 分類基礎上，對比表 4–3、表 4–4，我們亦可得知：其一，西漢大多數的王子侯國是不設尉的，設者多數僅有一尉，二尉者占極少的比例，東海郡僅昌慮、蘭祺兩侯國設兩尉；其二，從設尉的多少再次證明了邑的地位要比王子侯國高。東海郡僅有的兩個邑，不但均設尉，而且都有兩尉。除此之外，《吏員簿》雖然提供了本表所分五個等級的內容，但其中三、四等級城市間的區分不是十分明確，有等級間的交錯現象，所以五級劃分中的三、四級可以合併，而成四個等級。

　　（3）《漢官舊儀》卷下：「漢承秦郡，置太守，治民斷獄。都尉治獄，都尉治盜賊甲卒兵馬。」這一文一武兩大系統是中央王朝在地方上的翻版，擔任武職的都尉，其職責是負責本郡的治安及防禦工作，在隸屬關係上應接受太守的指揮。這一組成結構在基層縣級單位亦得以複製。由各縣地位、地域範圍不同而造成的縣內屬員、安全防禦設施（亭）數量的差異，亦可作為考察縣級城市大小的依據。這裡先按各縣屬吏的多寡，進行劃分城市的等級（表 4–5）。

表 4-5 東海郡城市等級劃分之三

等級	吏員數	縣城	侯國城市
一級	90 人以上	海西、下邳、郯	
二級	80 ~ 90 人	蘭陵、費、朐	
三級	50 ~ 70* 人	即丘、厚丘、臨沂、利成、襄賁、戚、祝其、開陽、繒	昌慮、蘭祺、南城、陰平、容丘、良成
四級	50 人以下	司吾、平曲、曲陽、合鄉、承	平曲、新陽、東安、建陵、山鄉、武陽、都平、郚鄉、建鄉、於鄉、建陽、都陽

說　　明：*《尹灣漢墓簡牘·吏員簿》記載東海郡內各縣隸員總數 70 ~ 80 為空檔，表五中各縣亭數 13 ~ 18 本為空檔。

（4）〈百官表〉云：「大率十里一亭，亭有長」；《漢官儀》、《漢舊儀》亦有「設十里一亭，亭長、亭候；五里一郵，郵間相去二里半，司奸盜」的記載，很顯然這裡的「里」是里程的「里」。因而，據各縣亭的多少可知縣域範圍的廣袤。把《吏員簿》所記各縣亭長數，分為四個等級，則有表4-6。

表 4 - 6 東海郡城市等級劃分之四

等級	亭數區間	縣城	侯國城市
一級	40 亭以上	海西、朐、下邳、費、郯	
二級	30～40 亭	厚丘、臨沂、蘭陵、即丘、利成	
三級	18～30 亭	戚、祝其、繒、襄賁、開陽	昌慮、南城、
四級	13 亭以下	司吾、平曲、曲陽、容丘、合鄉、承	蘭祺、良成、陰平、平曲（侯國）、新陽、東安、建陵、山鄉、武陽、都平、郚鄉、建鄉、於鄉、建陽、都陽

本表與前三表中最顯著的變化，是「費城」等級的變化，由原來的2個第三等、1個二等一躍而為第一等級的城市，從而也驗證了亭長的職能屬性，它屬於軍事、治安系列，與郡都尉共同構成了郡國治安系統。而費作為東海郡的都尉治所，其重要性得以首次體現，其根源已了然於紙間。

（三）東海郡城市等級結構

上面我們不厭其煩地、按不同要素分別劃分了城市等級，所得到的印象還是片面的，還不能產生一個很明確的認識。確定城市的等級要綜合衡量各種要素，上述諸要素分別作為參考標準之一，對城市的影響力各不相同，所以，我們給各要素所加權重亦有所區別。具體而言，表4-3、表4-4代表中央劃分、設置城市的律令制度，是新城市產生時首要考慮的內容，在綜合打分時所給權重相對大一些，滿分為1，依級遞減為0.75、0.50、0.25；（表4-5、表4-6）屬員、亭長的多少相對於前兩種因素（令、相）隨機性大些，更多依賴於表4-3、表4-4的情況，因此所給權重略小，滿分為0.8，同樣依級遞減為0.6、0.4、0.2、0；綜合上述諸因素，東海郡城市可劃分為三個級別，如表4-7所示：

表 4–7 西漢東海郡城市等級結構

等級	縣城	侯國城市
一級	海西、下邳、郯、蘭陵、朐	
二級	費、襄賁、戚、厚丘、即丘、利成、祝其、開陽、繒、臨沂	昌慮、蘭祺
三級	司吾、陰平、平曲、曲陽、合鄉、承	容丘、良成、南城、平曲、新陽、東安、建陵、山鄉、武陽、都平、邵鄉、建鄉、於鄉、建陽、都陽

補充說明一點，經過對以上諸要素的分析，就侯國城市而言，其等級相差不是很大。觀表 4–7 可知，在三級城市劃分中，僅有昌慮、蘭祺兩侯國處於第二等級，其餘地位均相當低。包括蘭祺侯國在內有 7 個侯國城市地望無考[49]，譚圖東安、都陽侯國定點似有不妥，容另撰文再作說明。鑒於種種情況侯國再細分等級已無實際意義，而縣、邑則稍有不同。上述內容可以說是對縣邑連用最好的詮釋。東海郡所屬兩邑融於各縣中從上述考察要素上分辨不出等級差異。所以，這裡我們就把 18 個縣和 2 個邑放在一起，繼續使用加權分析法，以 3.0、2.0 兩個得分點把東海郡的縣邑城市分為三個等級（表 4–8）。

表 4–7、表 4–8 的形式與結果相近，但結構不同。表 4–7 中城市等級近似於積差關係，表 4–8 中城市等級近似於等差關係。這一現象說明東海郡的縣邑城市在地域組合上的不合理，城市間的聯繫還比較單一，主要是政治隸屬關係，各城市間經濟往來比較鬆散。所以，從長遠的角度來看，其中部分城市將被逐漸淘汰或消失，這一點已為西漢以後的史實發展所證明。

表 4–8 西漢東海郡縣邑城市等級結構

等級	城市名稱及數量
一級	海西、下邳、郯、蘭陵（4）
二級	朐、費、襄賁、戚、厚丘、即丘、利成（7）
三級	祝其、開陽、繒、臨沂、司吾、平曲、曲陽、合鄉、承（9）

《簡牘》從上述幾個方面反映了縣級城市之間的等級差異，但唯獨沒有明載郡太守、都尉的治所。由於「漢承秦郡，置太守，治民斷獄。都尉治獄，

49　譚其驤主編：《中國歷史地圖集》第二冊，北京：中國地圖出版社，1992 年，第 20 頁背面。

都尉治盜賊甲卒兵馬」，且西漢郡國、都尉治所均不單獨建城，一般設在郡國中某城市之內。查《漢書・地理志》東海郡治郯縣，都尉治費，而上文僅就縣級城市作了劃分，沒有考慮郡守、都尉治所問題，此兩縣應由秩比二千石的太守[50]、都尉分治，當與其餘諸縣在地位上有所不同，故應區別對待。對表 4–7 進行修正，郯城作為一郡的治所，是區域的中心城市，考慮到費城的特殊性，將其等級提高一級，則縣級城市各級數量之比為 5:11:21，接近於 1:2:4，那麼，東海郡城市等級結構如圖 4–4 所示：

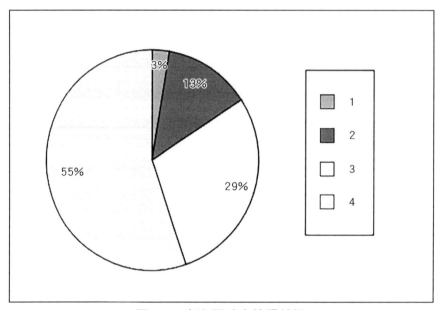

圖 4-4 東海郡城市等級結構

由以上圖表可知，東海郡郡治郯城是本區域的中心城市，在其周圍有 5 個與其規模相近的次級區域中心城市，與現代城市地理在研究城市體系空間網路結構所得模數基本接近。不過，西漢東海郡內縣級城市各等級之間的關係則有

50　《尹灣漢墓簡牘・吏員簿》（木牘二正）：「大守一人，秩□□□□……都尉一人，秩真二千石。」據〈百官表〉：「郡守，秦官，掌治其郡，秩二千石。景帝中二年更名太守」、《張家山漢墓竹簡・二年律令・秩律》：「……郡守、尉……秩各二千石。」由此可見，太守與都尉的秩相同，均為「二千石」之官。然木牘釋文在太守後有四字空格，由都尉秩「真二千石」，逆推太守秩當為「真二千石」。但查《史記》、《漢書》載西漢「二千石秩」，依次有中二千石、真二千石、二千石、比二千石四個等級，且所有太守秩的記載又都不超過「二千石」，若「掌佐守典武職」的都尉之秩為「真二千石」，那麼郡守之秩該為多少？由此，筆者大膽推測《尹灣漢墓簡牘》中都尉秩應為「比二千石」，太守秩與此相同。此與《漢表》所載郡守秩律與實際運行中還是有些許不同的，而非高敏〈讀尹灣漢簡劄記之一〉中「均完全一致」的認識。

很大出入，5 個次級區域中心城市（現代意義上的地區），其周圍依次有 11 個一般縣級城市和 21 個重要的鄉鎮組成。縣級城市之間的結構關係接近於每 1 個高級城市只有 2 個低一級的城市為其服務，這一點是無法與現代城市網路結構相對比。

上述比例結構，目前雖然無法判斷在當時其是否達到最優組合狀態，但有一點是很明確的，即該結構符合城市等級結構中「城市規模越大的等級，城市的數量越少，而規模小的城市等級，城市的數量越多」[51] 的金字塔模式。

東海郡城市等級結構的這一特點可能會因為區域地理環境間的差異，降低其與其它郡國城市之間的可比性，可能還不能作為衡量其它郡國縣級城市的結構關係的座標，但在其它郡國沒有更多的地下資料面世之前，其作為一般範例的功能也還是不能夠完全抹煞的，尤其對於東部原諸侯王國地區的漢郡城市來說更是如此。

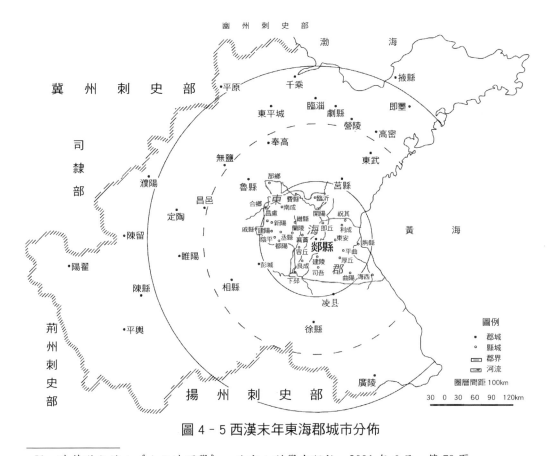

圖 4－5 西漢末年東海郡城市分佈

51　陳慧琳主編：《人文地理學》，北京：科學出版社，2001 年 6 月，第 79 頁。

　　東海郡城市的組成結構，西漢時期地方長官品秩高低僅能部分地反映該區域大小、人口情況及其行政地位的高低。《漢官儀》：「大縣設令，小縣設長」的記載只能說明西漢城市等級之間的關係，除此之外，各郡國城市之間尚有其他經濟、文化往來。根據《簡牘·吏員簿》的記載結合上文的統計結果將東海郡各城城市繪於地圖上即可顯示該區域城市之間的相互關係特徵（圖 4-5）。該圖首先對上文分析結果進行展示，西漢末年東海郡城市等級結構情況；其次圖中顯示的另一個最重要內容就是東海郡各級城市與周邊郡縣城市之間的關係，一些重要部門的管理者受影響區域。該信息源自於對《吏員簿》所載官員的籍貫的整理，出於對各級城市管理者所具有的管理、教化等功能認識基礎之上的，所以從東海郡各城市與周邊郡縣城市間的人員往來情況，反映東海與其他郡縣的聯繫，以此來說明東海郡的影響範圍及文化融合的條件。

　　西漢時期受選官制度的限制（回避本籍），地方郡國城市間多有往來。《吏員簿》共記錄了本郡 124 名官員的籍貫（另有 3 人無籍貫）涉及到郡國有 28 個，各郡國分佈情況如下：山陽郡 20、沛郡 18、琅邪郡 11、汝南郡 10、潁川郡 8、臨淮郡 7、陳留郡 6、魯國 6、京兆尹 4、梁國 3、淮陽國 3、六安國 2、楚國 2、丹陽郡 2、東郡 2、南陽郡 2、定陶國 2、左馮翊 2、河南郡 2、泰山郡 2、信都郡 1、廬江郡 1、巨鹿郡 1、清河郡 1、濟南郡 1、東海郡 1、廣陵郡 1、北海郡 1、膠東國 1、右扶風 1。

　　由此，首先可以推知東海郡影響和被影響空間距離在東海郡治城至首都長安直線距離 850km 的範圍內，但其主要影響區在 100 ～ 300km 的區域範圍內，為鄰近的幾個郡，如山陽、沛、琅邪、汝南、潁川、臨淮等郡。

　　其次，從東海郡郡縣城市管理者籍貫似可看出，東海郡與周圍諸郡國的關係中以漢初梁國、淮陽國、楚國為主，且最為鄰近的城陽國無有一人任職於東海郡。這一點是否因其與城陽國的關係有關呢？因為從第二章對楚地侯國城市的考察一部分內容中可知，東海郡在西漢一代共吸納了齊地城陽王子侯國 19 個，且另有 4 城以地理位置看亦當屬城陽之地，由此可以得知西漢東海郡的組成中除源自楚國舊東陽郡的部分城市外，更多地來源於齊地城陽國區，由此出現了東海郡縣城市官員無來自城陽國的現象。

第五章　西漢城市空間發展模式研究

　　漢初總結秦亡經驗，認為「外無藩輔」是其最主要原因。因而，漢初又部分地恢復了先秦時期的封國制度，但最初為了迅速取得與西楚戰爭的勝利，分封了一批異姓諸侯王，同時為了劉家的天下，漢高祖劉邦在他去世前（前195年）最終完成了由異姓諸侯王向同姓諸侯王（除長沙王吳芮外）過渡。先秦東方六國之地建立起來的諸侯王國地區（含 9 個同姓和 1 個異姓）與西漢中央直轄的漢郡是兩種極為不同的行政管理區，即諸侯王國和漢郡區，形成了諸侯王國與中央漢郡相對峙的局面。與此同時，帝國週邊的西北、西南、南方以及東南沿海等地區尚不在中國政權直接管轄之下，虎視眈眈的少數民族政權同樣威脅著新生政權的穩定。為此，自帝國經過空間權衡定都關中之後就對不同類型區採取了不同的管理方式，城市作為一種區域空間地理現象在不同管理方式下呈現出不同的發展模式。區域管理方式差異奠定了區域城市發展模式的不同，下文以齊地、關中地區、新拓區城市空間發展作個案研究，分別探討諸侯王國區、漢郡區及拓展區城市空間發展軌跡，以揭示西漢城市空間發展的一般規律。

第一節　諸侯王國區城市發展模式探索──以齊地為例

　　由第二章對西漢城市發展的時空特徵的考察可知，西漢時期的齊地是東部諸侯王國區域城市變化最為劇烈的一個區域，對本區城市發展模式的探討將更

有助於對諸侯王國區城市發展模式的研究。

一、齊地城市的發展與分佈

　　城市是兼有經濟、行政和自然性質的一種綜合性區域，城市作為地球表面的一種地理現象具有發生和發展的歷史過程，反映一個國家、民族或一個區域的社會經濟狀況，因而，區域城市的發展與分佈具有一定的時空特徵。

　　西元前 221 年，齊滅於秦。秦最後統一了東方六國，建立起中國歷史上第一個封建王朝。秦於齊故地先後設了四郡（臨淄、琅邪、濟北、膠東）；至秦楚之際，西楚霸王項羽三分齊地：膠東國[1]、齊國[2]、濟北國[3]。楚漢交兵，漢高祖四年（前 203 年）先封韓信為齊王，都臨淄。高祖六年（前 201 年），立皇子肥為齊王，仍都臨淄，轄 70 餘城。此時的齊國與戰國之齊國境域一致。即如《漢志》所載：「齊地，……東有甾川、東萊、琅邪、高密、膠東，南有泰山、城陽，北有千乘，清河以南，勃海之高樂、高城、重合、陽信，西有濟南、平原，皆齊分也。」

　　此處從政區名稱上上漏掉了北海郡和齊郡，或許因為它們處於齊地核心區所致；另從空間範圍上還應包含東海郡部分城市[4]。從政區概念上來看西漢初年的劉肥齊國對應於《漢志》則包有 12 個郡國的政區：自齊都臨淄順時針有齊郡、淄川國、北海郡、膠東國、高密國、東萊郡、琅邪郡、城陽國、泰山郡、濟南郡、平原郡、千乘郡，此即為漢初劉肥齊國之範圍。

　　《漢志》齊地 12 郡國共有 198 城，這與西漢初年的 70 餘座城市相比，城市數量則是大規模增長，不惟如此，隨著區域行政區劃的演變，較高行政等級的城市數量也隨之而增長，這就是西漢齊地城市發展的基本特徵。

（一）城市總量的大規模增長

　　要論述西漢齊國城市發展的時段特徵，僅有初年城市總量和末年的資料顯

1　《史記》卷 16〈秦楚之際月表〉：「齊王田市為膠東王，都即墨。」《史記》卷 7〈項羽本紀〉：「徙齊王田市為膠東王。」

2　《史記》卷 7〈項羽本紀〉：「齊將田都從共救趙，因從入關，故立為齊王。都臨淄。」

3　《史記》卷 7〈項羽本紀〉：「田安……引其兵降項羽，故立安為濟北王，都博陽。」

4　在對東海郡侯國城市統計時，發現有 19 個城陽王子侯國城市，另有 4 個城市分佈於王子侯城以北，故推測，它們應均屬漢初城陽之地。

然是不充分的。比如，西漢初年齊地城市有 70 餘座[5]，西漢末年近 200 座[6]，如何給二者建立對應關係是本節的難點。

西漢建國初期，社會經濟凋弊，戶口銳減，為迅速恢復發展生產，穩定社會秩序，漢中央政府給予了侯國「自置吏，得賦斂」[7]的特權。侯國直屬於中央，列侯多功臣宿將，正是由於列侯可以「不之國」，得以憑藉其在中央的權力而獲得封國內的政治、經濟特權。相反，就國之後，列侯由於失去了在中央的權力作支撐，反而為地方郡守尉所限制，周勃「免相就國。歲餘，每河東守尉行縣至絳，絳侯自畏恐誅，常披甲，令家人持兵以見」[8]。武帝時，改侯國令長為相後，從根本上剝奪了高祖以來賦予列侯的部分行政及財政特權。在中央政策的轉變和侯國政治權力削弱的情況下，西漢前後期侯國城市數量呈現出明顯的階段性特徵。

首先假定西漢 200 年間齊地城市的增長全賴於侯國城市的設置，這樣齊地 200 年間所有的侯國城市都是新產生的城市。查《史記》、《漢書》各侯者表及《漢志》，西漢一代 200 年間齊地共約分封了 183 個侯國城市（其中不包括無法確知屬何郡國且為齊地所封侯國，如菑川懿王子劉高遂的懷昌侯國、高密頃王子劉都的卑梁侯國及膠東共王子劉恢的堂鄉侯國等），其中有 50 個侯國城市被省並（表 2–13），前後相繼者僅計算一次，有 22 城次[9]，剩餘 111 座城市延續到西漢末年。延續至西漢末年（前 7 年）的 111 座城市中有 83 座仍然是侯

5　《史記》卷 80〈樂毅列傳〉載：「下齊七十餘城，皆為郡縣以屬燕，唯獨莒、即墨未服」；《史記》卷 54〈曹相國世家〉：「斬龍且，虜其將周蘭，定齊，凡得七十餘縣」；《史記》卷 97〈酈食其傳〉：「淮陰侯聞酈生伏軾下齊七十餘城」；《漢書》卷 1〈高祖紀〉六年春正月：「以膠東、膠西、臨淄、濟北、博陽、城陽七十三縣立子肥為齊王」。

6　《漢書・地理志》與齊地相對應的 12 個郡國共轄有 198 座城市：平原郡 19 座、千乘郡 15 座、濟南郡 14 座、齊郡 12 座、北海郡 26 座、東萊郡 17 座、淄川國 3、膠東國 8 座、高密國 5、城陽國 4 座、琅邪郡 51 座、泰山郡 24 座。需要補充說明的是，西漢末年齊地城市本應將渤海郡 4 個齊孝王子侯國城市計算在內，但應減去泰山郡的 4 個魯、東平王子侯國，兩地區侯國城市數量相同，此外應將《漢志》東海郡曾經作為城陽王子封地的 5 個侯城（利成、南城、費、都平、都陽）及其北 4 城，即即丘、臨沂、開陽、祝其加進來。為方便起見，後文僅以西漢末年郡級政區為據統計的。

7　《漢書》卷 1〈高帝紀〉「十二年詔」。

8　《漢書》卷 40〈周勃傳〉。

9　平原郡：朸、樂陵、樓虛、龍頟 3；北海郡：營陵、膠陽；城陽國：陽都；琅邪郡：昌、祓、鈰、安丘、高陵 3、魏其 3；東萊郡：曲成 3；濟南郡：朝陽、宜城；泰山郡：式、富陽。其中有 4 城 3 次重複。

國城市（表2–43），另有28座侯國城市[10]在國除之後作為一般縣城存在於《漢志》中。用《漢志》齊地12個郡國所轄有的實際城市數量減去曾作為侯國城市的數量，所得應是西漢初年齊地的城市數量為87座，但這一資料顯然多於西漢初年齊地的70餘城之規模，由此得出兩個推論：其一，不是所有的侯國城市都是西漢一代新增的城市；其二，西漢新增城市除新拓展區外，不全是侯國城市，特別是在諸侯地區還存在著一些因經濟發展或其他原因增長的城市。齊地城市的發展與分佈情況見第二章。

但是，對上述111個侯國城市進行檢索，發現其中一些侯國城市早在漢初就一直存在著，即封為侯國的城市也未必都是西漢新建城市。據文獻記載，得到西漢之前齊地就已存在的城市僅有16座：平原[11]、鬲[12]、漯陰[13]、厭次城[14]、

10　平原郡：祝阿、漯陰、朸；北海郡：瓡、益、都昌、營陵；城陽國：陽都；琅邪郡：東武、不其、朱虛、平昌、東莞、昌；東萊郡：睡、東牟、曲成；泰山郡：博、柴、牟；膠東國：昌武、壯武；濟南郡：台、梁鄒、於陵、陽丘；千乘郡：樂安、高宛。

11　清・吳卓信《漢書地理志補注二十八》曰：「平原……秦始置縣，屬齊郡；漢為平原郡治。……其為故平原郡治無疑。」

12　《漢書》卷39〈蕭何曹參傳〉：「收著漯陰平原鬲盧」。《正義》引《括地志》云：「故鬲城，在德州安德縣西北十五里」。《清一統志》163：「鬲縣故城在（濟南府）德州北。」

13　《史記》卷54〈曹相國世家〉：「攻著漯陰」；《清一統志》163：「漯陰故城在（濟南府）臨邑縣西。」

14　《讀史方輿紀要》卷31〈山東二〉：厭次廢縣，「相傳秦始皇東游厭氣於此因置厭次縣」，先於高祖六年封爰類，尋為富平縣，後徙封張安世孫為富平侯，屬平原郡。上海書店出版社，1998年，第233頁。

千乘[15]、狄[16]、著[17]、博陽[18]、盧[19]、臨淄[20]、腄[21]、黃[22]、琅邪[23]、東安平[24]、高密[25]、莒[26]。除以上16城之外，劉肥齊國城市中還應包括西漢初年新增的嬴城[27]、東平陽城[28]，齊地高祖六年（前201年）春正月[29]及其之前所分封侯國城市有：廣嚴[30]、東武、梁鄒、陽都[31]。以上22城中有侯國城市8個，分別是漯陰、厭次（富平）、腄、博、廣嚴、東武、梁鄒、陽都。從8個侯國城市分封時間來看：高祖時5個、高后時1個、武帝時2個，主要集中于高祖時期；從存在

15　《史記》卷82〈田儋列傳〉：「灌嬰破殺齊將田吸於千乘」。《正義》：「千乘古城在淄州高苑縣北二十五里。」

16　《史記》卷48〈陳涉世家〉：「周市北徇地至狄，狄人田儋殺狄令，自立為齊王，以齊反擊周市。」師古注《漢書》曰：（狄），「縣名也，後漢安帝時更名臨濟」；《讀史方輿紀要》卷35〈山東六〉：「秦置狄縣」，第251頁。

17　《史記》卷54〈曹相國世家〉：「曹參戰濟北郡攻著。」

18　《史記》卷7〈項羽本紀〉：「田安……引其兵降項羽，故立安為濟北王，都博陽」。「橫走博」；全祖望曰：「前志泰山郡治之博縣即博陽也」，〈漢書地理志稽疑二〉，《二十五史補編》本。

19　《史記》卷54〈曹相國世家〉：「灌嬰收著、漯陰、平原、鬲、盧」。

20　《史記》卷7〈項羽本紀〉：「齊將田都從共救趙，因從入關，故立為齊王。都臨淄」。

21　《史記》卷112〈平津侯主父偃列傳〉：「又使天下飛芻挽粟，起于黃、腄、琅邪負海之郡，轉輸北河」，《集解》引徐廣曰：「腄在東萊」；《清一統志》173：「腄縣舊城在文登縣西，秦置。」

22　《史記》卷6〈秦始皇本紀〉引《括地志》：「黃縣故城在萊州城以東南二十五里」；《清一統志》173：「黃縣舊城在黃縣東南……，秦置黃縣。」

23　《讀史方輿紀要》卷35〈山東六〉：「秦琅邪郡治琅邪城，《輿地廣紀》：漢琅邪縣屬琅邪在諸城」，第252頁。

24　《史記》卷82〈田儋列傳〉：「燕師長驅平齊，而田儋走安平」，《集解》引徐廣曰：「古紀之鄑邑，其改為安平，秦滅齊，改為東安平縣，屬齊郡，以定州有安平，故加『東』字。」

25　《史記》卷8〈高祖本紀〉：「齊王烹酈生，東走高密」，《水經·濰水注》：「濰水自堰北經高密縣故城西」。

26　《水經》：「（沭水）又東南走莒縣東。」《注》：「秦始皇縣之。」

27　《讀史方輿紀要》卷31〈山東二〉：「（嬴城）漢初，灌嬰敗田橫之師於嬴下，尋置嬴縣屬泰山郡」，第232頁。

28　《讀史方輿紀要》卷31〈山東二〉：「漢初，灌嬰下下邳擊破楚騎於平陽是也，尋置東平陽縣，以河東有平陽縣故此加東」，第232頁。

29　《漢書》卷1〈高祖紀〉：六年春正月「以膠東、膠西、臨淄、濟北、博陽、城陽七十三縣立子肥為齊王。」

30　該城不存於《漢書·地理志》。

31　東武、梁鄒、陽都侯城見附表2–A。

時間的長短上來看，惟有厭次（富平）侯存在時間比較長[32]，且保存於《漢志》中，其餘存在時間均比較短，有的僅存在了 2 年；另從侯國城市構成上來看，有 6 個功臣、1 個外戚，1 個王子侯國城市；從 8 侯國城市分佈的地域上看，分別屬於：琅邪郡、平原郡各 2，東萊、城陽、泰山、濟南郡各 1，相對於整個齊地來看均位於其邊緣地區（圖 5–1）。

綜上所述，漢初齊地 73 城中可以確定名目的只有 22 城，其中 8 個曾經是侯國城市，14 個從無侯城經歷。儘管文獻資料提供的證據相對薄弱了一點，但卻也能夠說明把侯國城市全部作為西漢以來新建城市的說法也是不妥當的。但是，由於大部分文獻記載的秦縣城市中絕大多數都沒有封為侯國城市，也可以推斷：西漢齊地城市增長的主要來源就是侯國城市的分封。比如，琅邪郡初屬漢時僅十餘城[33]，與《漢志》琅邪郡城市數量減去所有曾封為侯國城市的數量相當。

由此推測，西漢初年齊地 73 城之 22 城之外的 51 城的主要來源：首先是所剩餘的 73 座從未封為侯國的城市；其次是高祖年間所封的其餘 17 城；再次是齊地的功臣侯城。

對比漢初與漢末齊地城市數量變化，自漢初齊地的 70 餘座城市，至《漢志》的 198 座，平均每年約增長 0.6 座城市；若加上其間省並的諸多城市，每年將有 1 個城市出現。另外，剔除所有曾經是侯國的城市，非侯國城市有 87 座，加上上文已確定為漢初已存的侯國城市大約有 95 座，與漢初齊地 73 座城市的數量相比，還差 22 座（與確定為漢初已存的城市數量巧合）。假設這 22 座城市純屬於自然生長起來的（指因經濟發展的需要而興建的，而非如侯國城市那樣由人為原因而起），將之平均在 200 年的時間裡，每 10 年才增加 1 個，這一增長速度與侯國城市的增長相比是非常緩慢的，何況東海郡中尚有 9 個原本屬於齊地的城市。因而，200 年間的齊地城市數量增長的主要根源就在於大批侯國城市的興起，侯國城市的興廢又與西漢帝國的統治政策有很密切之關係[34]，是中央與地方權力鬥爭的結果。所以，西漢齊地城市數量的增長則可表現為中央

32　加上其前身厭次侯嬰類在內的時段則更長。

33　《漢書》卷 38〈高五王傳〉引田生語曰：「裂十餘縣王之」。

34　西漢時期中央對東方諸侯國的空間政策可表現為文帝時「眾建諸侯少其力」、景帝時的「削藩」和武帝時期的「推恩策」。

皇權在空間上的滲透，是權力主體與客體相互鬥爭的結果。

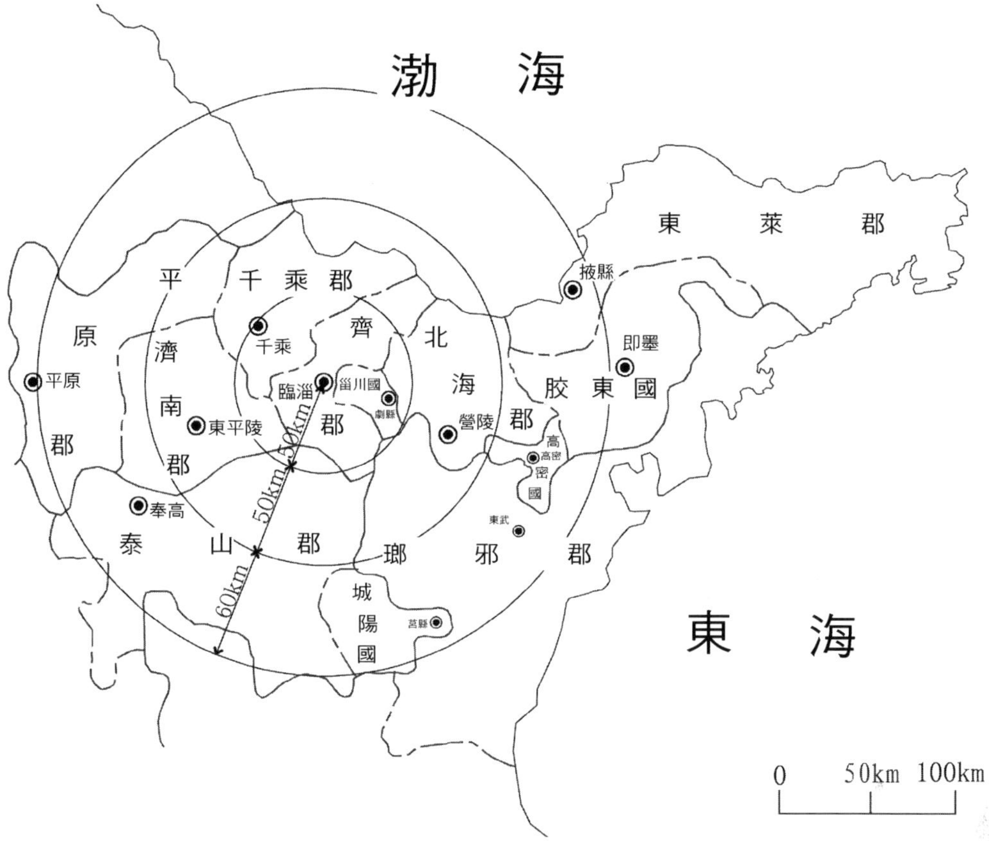

圖 5－1 齊地各郡國位置關係

（二）城市等級的完善──郡級城市的大量出現

　　根據前文對城市的定義，城市等級由其所在政區的行政等級來決定，因此高等級城市也就隨著一級政區數量的增多而不斷增長。文獻資料證明，西漢齊地政區演變經過了一個複雜的發展過程，200 年內齊地政區由一個統一的諸侯王國演變成為了 12 個行政地位平等、各自為政的郡國組成的區域。這 12 個郡國治所城市組成了西漢全國三級城市體系之第二級，改變了春秋戰國、秦及西漢初期以來齊地城市空間單一中心的區域結構特徵，向多中心發展，即由原來一個核心（臨淄）逐漸發展成為 12 區域中心城市，高祖六年時僅有齊都臨淄 1 城、文帝二年（前 178 年）有 3 城（臨淄、博陽、莒）、文帝十六年（前 164 年）有 8 城（臨淄、劇、東平陵、盧、莒、東武、高密、即墨）、武帝末年（前 87

年）有 12 城，平原（今山東平原縣南）、千乘（今山東高青縣東）、臨淄（今
山東淄博市臨淄區）、營陵（今山東昌樂縣東南）、掖（今山東萊州市）、莒（今
山東莒縣）、東平陵（今山東章丘市西北）、即墨（今山東平度市古峴鎮）、
東武（今山東諸城市）、奉高（今山東泰安市與萊蕪市之間）、劇（今山東壽
光市南）、高密（今山東高密市西）。在本區城市發展中，盧隨著濟北國的消
失地位隨之下降，成為泰山郡的一個普通城市；另外濟南國都博陽在區域行政
演化中地位也有所下降，泰山郡的設立使之最終被奉高所替代，推測與武帝泰
山封禪活動有關，該級城市簡稱為郡級城市。

　　西漢時期齊地郡級城市的不斷增長，完善了區域城市等級結構，平衡了齊
地區域經濟發展的差異，奠定了現代山東省城市網的基本空間格局。

（三）齊地城市數量變化的時空特徵

　　論述區域城市發展的階段性特徵，不能僅僅就始終時段分析，還必須劃分
更多的時間剖面，這樣才能得到關於一定區域城市連續發展的全貌。儘管上文
得出的西漢初年齊地城市的數量還有一定的假想成分，但左右齊地城市數量變
化的主導因素是侯國城市數量的變化卻是不爭的事實，故而這裡仍以分析侯國
城市數量變化作為對齊地城市發展特徵的切入點。

　　由上文可知，西漢齊地曾存在過的侯國城市有 183 座（可確知的），其中
有 111 座城市到西漢末年仍在，另有 50 座城市不存於《漢志》之中，被省並掉
了，因而在《漢志》的城市統計時無法得到。雖然這批城市曇花一現，很快又
消失在聚落群中，然由於其數目較大，也應當成為研究齊地城市發展變化的一
個重要組成部分。那麼，我們在時段分析中要將這批城市加入進來。除此之外，
在所有侯者表中，還有個別無法確知所屬郡國的侯國城市，比如上面提到的懷
昌、卑梁、堂鄉三王子侯國，因不知當屬何郡，故不參與計算。

　　西漢初期，國家經濟處於復甦、發展、繁榮階段，自然生長的城市不是沒
有可能的。其時整個齊地城市數量比較稀疏，城市有足夠的生長空間。截止於
武帝頒佈「推恩令」，齊地共分封了 42 座侯國城市，分別分封於高祖 22 城、
高后 5 城、文帝 11 城、景帝 4 城（表 2–11）；其間有部分侯國城市被廢除，
所以至高祖末年（前 195 年）尚有 22 城，高后末年（前 180 年）有 26 城，文
帝末年（前 157 年）有 22 城，武帝即位（前 140 年）前只有 11 城（表 2–12），

此時武帝之前所封大多數侯國被廢除。自高祖之後，高后至武帝之間，集中分封於高后六年至孝文四年（前 180 至前 176 年）的六、七年間，共產生 11 個侯國城市，而此後至前 127 年推恩令頒佈之前的近 50 年中，僅有 6 個侯國城市興起。所以，這一階段侯國城市增長相對來講是非常緩慢的，應當與本地社會經濟發展基本一致。我們再來看一下西漢中後期齊地侯國分封的情況。

考諸《史記》、《漢書》相關侯者表，推恩令頒佈之後齊地共分封產生了 141 座侯國城市，其中武帝時 71 城、昭帝 2 城、宣帝 21 城、元帝 19 城、成帝 28 城（表 2–11）；綜合前半段，那麼在下列時間點上齊地存在的侯國城市分別有：西元前 112 年 48 城、前 87 年 34 城、前 74 年 31 城、前 49 年 41 城、前 33 年 59 城、前 7 年 83 城（表 2–12）。由此可以看出，武帝之後齊地侯城的分封數量基本呈上升趨勢，各時間點存在的侯國城市與之相一致。

綜上所述，西漢時期侯國城市數量的大規模增長是齊地城市發展的一個顯著特徵，並具有一定的時段特徵：其一，齊地侯國城市不論是從分封，還是從保存於西漢末年侯國城市數量上來說，均以西漢中後期為主要階段。具體而言，西漢前期侯國城市能夠存續到西漢末年的寥寥無幾，如果不是後期的紹封，根本就沒有 1 座侯國能夠延至漢末。那麼，後期則有很大不同，一是分封侯國城市數量規模較為龐大，一是相距漢末更為晚近，因而延至漢末的城市就非常之多。其二，不同帝王時期產生的侯國城市不同。183 座侯國城市中，武帝時期分封了 71 座（武帝在位時間長，分封的最多）幾乎占齊地所封侯國城市總量的三分之一；高祖時次之，有 22 座侯國城市；成帝、宣、元時再次之。其三，從產生侯國城市的頻率上來講，各帝時期也各有不同。如，因高祖為開國皇帝，其所封侯國的頻率最高，平均每年封 2 座，其次是武帝和元帝時期，每年有 1 座侯國城市產生。其四，若以武帝為分水嶺將西漢歷史劃分為前、中、後三個時段，齊地侯國城市則主要產生於中後期。

齊地侯國城市的區域差異表現為：其一，西漢諸侯王國所分封的王子侯由附近漢郡管轄，不屬諸侯國所有。齊地至西漢末年有 4 個諸侯王國，其中膠東國和城陽國內有 3 個侯國城市，而這 3 個侯國城市分封於「推恩令」頒佈之前，2 個置於高帝年間，1 個置於文帝初年，當時侯國城市直接受中央領導。其二，齊地各郡國間侯國城市數量不平衡。琅邪郡侯國城市的數量最多，高達 50 個，

北海郡 22 個，平原郡 18 個，泰山郡 14 個，齊郡、濟南、千乘、東萊再次之。
該順序基本與下文齊地地緣政治結構演變趨勢一致，最先屬漢中央直轄的郡內
侯國城市數量最多。如，文帝十五年（前 165 年）琅邪郡屬漢，景帝二年（前
155 年）置北海郡，景帝四年（前 153 年）分置東萊郡、平原郡，武帝元狩元年（前
122 年）置泰山郡，武帝元封元年（前 110 年）置千乘郡。專制皇權就是通過
將侯國城市逐漸劃入漢郡的方式，實現佔有諸侯王國空間目的的。

表 5-1 西漢各典型時段齊地與全國侯國城市數量分析

年代	齊地侯國城市數	全國侯國城市數	齊地占全國侯國城市數的（％）	齊地面積占全國面積（％）	齊地城市占全國城市（％）
西元前 195 年	22	140	16	2	12
西元前 180 年	26	168	15		
西元前 164 年	29	146	20		
西元前 157 年	22	131	17		
西元前 140 年	11	106	10		
西元前 112 年	48	200	24		
西元前 87 年	34	96	35		
西元前 74 年	31	97	32		
西元前 49 年	41	147	28		
西元前 33 年	59	187	32		
西元前 7 年 3 月	83	241	34		

資料來源：據《史記》、《漢書》各侯者表及《漢書·地理志》統計。

　　另外，分別將不同時間點上齊地侯國城市及全國侯國城市數量列入表 5-1，
依據表 5-1 資料繪出圖 5-2 及圖 5-3 即可發現齊地侯國城市發展特徵。

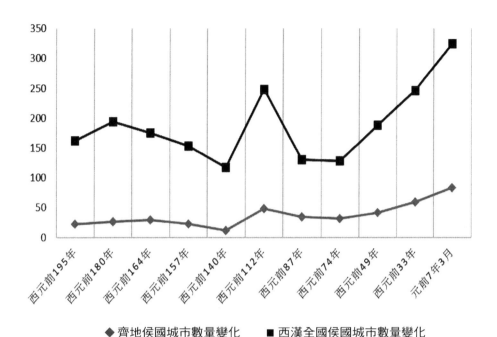

◆ 齊地侯國城市數量變化　■ 西漢全國侯國城市數量變化

圖 5－2 西漢齊地與全國侯國城市數量對比

　　與全國侯國城市增長曲線相比，齊地侯國城市發展具有如下特徵：其一，齊地侯國數量變化趨勢與全國變化基本一致，僅元帝末年，全國侯國城市總量上升，而齊地侯國城市數量相對下降；然在最後一階段，齊地城市增長顯然比較迅速，占西漢末年侯國城市總量的三分之一以上；其二，齊地侯國城市總量在全國侯國城市總量中呈上升趨勢。齊地侯國城市占全國侯國城市總量的比率在漢初時徘徊在 16%左右，經過景帝末侯國城市發展的低谷之後（此時齊地侯國城市數量最少，所占全國侯國城市的比率也最少，僅有 10%），西漢後期增長速度相當之快，以至於超過了全國總量的 30%；其三，相對於全國侯國城市增長速度而言，齊地侯國城市的增長相對緩和得多，基本上沒有明顯的大起大落現象。最顯著的時間段就是武帝時期，全國侯國城市總量在武帝初年、中期、末年三個時間點上分別創造了最高與最低的歷史記錄，而齊地侯國城市的數量起伏特徵不是那麼突出。其四，西漢一代齊地侯國城市數量占全國總量的比率呈平穩上升趨勢，武帝前後，齊地侯國城市的份額有五分之一，上升為四分之一，最後發展之三分之一。而且自宣帝起，在齊地與全國侯國城市數量急劇增長的形勢下，齊地與全國侯國城市總量比率也是穩中有升。

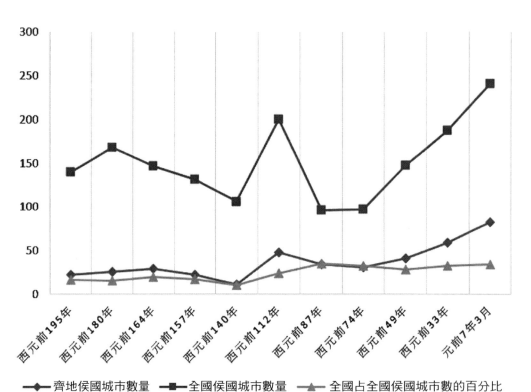

圖 5‑3 齊地與全國侯國城市數量變化

　　假如我們將西漢齊地所有侯國城市的產生作為新增城市進行計算，齊地在西漢初年則有 87 座城市，武帝初年有 97 座，武帝末年有 148 座，成帝末年有 198 座城市。從這一組資料的變化來看，西漢齊地城市數量呈直線增長趨勢，與社會經濟、人口的週期性變化很不一致。如此迅速增長的城市是很難在有限的資源條件下供養的。即使是按照現代社會經濟的發展速度，200 年內在 9.24 萬 km^2 的範圍內新生長 100 多座城市也是難以置信的，何況在生產力水準、經濟基礎非常之低下的帝國早期？由此就可以認為，政治權力因素是城市低水準生長的關鍵因素。

表 5‑2 西漢初年、武帝初年、武帝末年、西漢末年齊地郡國城市數量

	平原	千乘	濟南	齊郡	北海	東萊	高密國	膠東國	淄川國	琅邪	城陽國	泰山	合計
西漢初年	8	8	7	4	6	8	5	6	3	14	3	15	87

武帝初年	8	10	10	4	6	8	5	7	3	17	3	16	97
武帝末年	16	12	14	8	14	13	5	8	3	32	4	19	148
西漢末年	19	15	14	12	26	17	5	8	3	51	4	24	198

資料來源：據《史記》、《漢書》各侯者表資料統計。

說　　　明：濟南郡在文帝十六年時存在的 13 個城市中，有 2 個城市分別於景帝四年、武帝元鼎五年省並。

千乘郡、濟南郡中各有 1 座城市分別於武帝元鼎、元狩年間省並。

結合前文對齊地侯國城市發展趨勢的分析，對比表 5–2，齊地城市發展的時空特徵如：

其一，從齊地城市的發展史來看，各郡國城市數量除四個漢末的諸侯國之外均呈增長趨勢，以武帝末年分為前後兩期，城市增長數量基本一致；前期至文帝初年新增城市已達前期新增城市總量的一半。但是，不同郡國城市增長階段亦有所不同。除高密、淄川國城市數量前、後期毫無變化之外，濟南、膠東國、城陽國城市至前期已達到末年之數量，其餘郡內侯國城市的增長前後階段相當，這與侯國城市增長的時段特徵稍有不同。

其二，從各郡國城市增長頻率來看，前期以平原、琅邪、北海、濟南諸郡增長較快，後期則以北海、琅邪、齊諸郡的增長較快。齊地城市增長較快的諸郡恰好是侯國城市較多的各郡。

其三，齊地城市在地理空間分佈上的不平衡性特徵。儘管從侯國城市的分封數量來看是齊地周邊郡域較多，但是至西漢末年齊地 12 個郡國的城市密度仍表現為另一種情境，即在距離衰減原理的作用之下，城市分佈在空間上表現為以齊都臨淄為核心，由密至疏的圈層結構特徵。第一圈層以臨淄為核心，大約以 50km（各郡國治所城市到臨淄城的直線距離）為半徑的圈層內，其餘郡國分佈於其治所城市在距臨淄城約 160km 的範圍內。第一層由齊郡、北海、菑川、千乘郡組成，第二圈層為平原、濟南、泰山、琅邪、東萊、膠東、城陽等郡國組成。

其四，相對於全國城市來講，齊地是城市分佈密集區。西漢末年在約 9.24 萬 km² 的齊地有 198 座城市，城市分佈密度為 21.43 個／萬 km²，每座城市的城市腹地（即每個城市需要服務範圍）約 467km²，是全國範圍內城市最為密集的

地區，遠遠高出全國平均數（全國城市平均密度為 3.82 座／萬 km²，城市腹地為 2616.67km²）。從另一組資料也可證明齊地城市的聚集性。齊地城市總量占全國城市總量的 12%，而區域面積僅占西漢政區總面積的 2%。

　　其五，齊地城市發展與西漢社會經濟、人口的發展趨勢有一定的相關性。西漢經濟發展情況可分為三個階段：漢初至武帝初（前 202～前 134 年）社會經濟大發展時期 [35]；武帝中、後期（前 133 年～前 87 年）社會經濟衰落期 [36]；昭帝初至平帝元始二年（前 86 年～西元 2 年）經濟緩慢恢復發展時期 [37]，但沒有達到西漢初期的增長水準。根據葛劍雄研究，西漢人口發展大致如：「從西漢初（前 202 年）至元始二年（西元 2 年），在西漢末年的版圖範圍內，總人口由一千五百萬至一千八百萬增加到約六千萬，平均每年自然增長率為 6～7‰」。對應於經濟發展的三階段，西漢人口發展情況是：「第一階段是高增長年份，平均年增長率約 10～12‰，至該階段末的元光元年（前 134 年），總人口約為三千六百萬。第二階段是停滯、減少年份，多年出現零增長或負增長，該階段末的武帝後元二年（前 87 年），總人口降至約三千二百萬。第三階段是一般增長年份，平均年增長率約 7‰。該階段的初期近二十年間人口增長率高達 12‰，至宣帝地節元年（前 67 年）總人口達到約四千萬。此後直至元始二年（西元 2 年），平均年增長率略低於 6‰。」[38] 因而，齊地城市直線增長趨勢與西漢社會經濟、人口發展的時段特徵稍有差異，但拋開武帝時期經濟與人口衰落，則三者發展具有很強的一致性，由此可以認為西漢前期齊地城市增長與經濟、人口的增長同步；後期城市增長更主要與中央政策有關，是中央與地方諸侯王國空間爭奪的延續，專制皇權通過將諸侯王周邊城市逐漸劃入漢郡的途徑，最終實現了權力與空間的結合。然而，權力控制下的空間具有不穩定性，當強權不在的時候，權力控制下的空間也就失去了存在的價值。隨後，東漢乃至現代 [39] 齊地城市數量的發展變化證明西漢後期脫離經濟發展而出現的城市畸形發

35　《漢書》卷 24 上〈食貨志〉：「至武帝之初七十年間，國家亡事，非遇水旱，則民人給家足，都鄙廩庾盡滿，而府庫餘財。」

36　《漢書》卷 7〈昭帝紀〉：「師旅之後，海內虛耗，戶口減半。」

37　《漢書》卷 24 上〈食貨志〉：「至昭帝時，流民稍還，田野益辟，頗有畜積」；《漢書》卷 7〈昭帝紀〉：「始元、元鳳之間，匈奴和親，百姓充實」；《漢書》卷 24 上〈食貨志〉：到哀帝時「百姓訾富雖不及文景，然天下戶口最盛矣」。

38　葛劍雄：《西漢人口地理》，北京：人民出版社，1986 年，第 83 頁。

39　東漢齊地有 95 座城市，現代整個山東省也只有 155 座縣級及其以上的城市。

展的不合理性。

二、齊地城市發展機制分析

任何城市不可能脫離區域而獨立存在，城市與區域存在著相互作用、整體協調發展的內在關係。區域是城市形成發展的基礎，城市是區域的中心，區域哺育城市、城市反哺區域是被人們廣泛接受的具有哲學意義的城市與區域相互關係原理。因而，西漢時期齊地政治地緣結構、區域自然環境與人文環境決定和影響著本地城市的發展方向。

（一）齊地地緣政治結構的變化

地緣政治結構指的是受政治制度、政治環境等政治要素制約而形成的地理空間結構。對於中國古代來說，地緣政治結構主要指的是地方行政制度約束下所形成的地方行政區層級結構，政治環境造就的行政區地理空間結構，以及監察區劃的地理空間結構等等 [40]。從中國歷史上來看，影響「地緣政治結構」最主要的政治因素就是中央集權與地方分權的矛盾。漢五年（前 202 年），高祖在荷水之濱的定陶繼帝位，正式建立漢王朝。隨著空間權力結構的變化，經濟格局的調整也悄然進行。西漢初期的諸侯王直屬中央管轄，區域範圍相當廣大，佔據了西漢政權控制下一半以上的領土。不惟如此，西漢初年高祖在完成了異姓諸侯王向同姓諸侯王的轉換之後，還賦予了地方藩王相當的政治經濟特權。諸侯王有各自的官僚體系（中央僅派諸侯相監督治理），境內山澤湖海之利由諸侯王支配，且享有鑄幣、煮鹽等經濟特權。加之東方六國均為開發較早之區域，生產技術條件先進及物質經濟基礎較好，諸侯國所在的區域經濟恢復增長比較迅速，諸侯王國逐漸成為威脅中央的強大勢力，他們不但與中央爭奪經濟利益，還搶佔人口，由此產生了中央皇權與地方權力的爭奪與對峙。「七國之亂」之後，中央不但對參與謀反及試圖參與謀反者的政區進行了重新劃定，還對王國地區進行了全面重新調整，正是在不經意間中央完成了對地方權力的重新分割，區域城市空間結構在新的空間權力格局與新經濟格局的影響下也漸趨形成了。

先秦齊地就是經濟繁榮，國力強盛的重要區域之一。縱觀西漢時期的劉肥

40　成一農：〈唐代的地緣政治結構〉，李孝聰主編《唐代地域結構與運作空間》，上海：上海辭書出版社，2003 年 8 月，第 8 頁。

齊國政區演變過程，大致劃分為如下幾個階段：高祖六年至高后七年，政區邊
界逐步確定階段；高后八年至文帝十五年，政區輕微調整階段；文帝十六年之
後齊地政區結構發生重大改變階段，齊一分為八至宣帝本始元年遂形成《漢志》
之狀態。

　　高祖六年（前 201 年），「立肥為齊王，食七十城，諸民能齊言者皆予齊
王」[41]；六年春正月「以膠東、膠西、臨淄、濟北、博陽、城陽七十三縣立子
肥為齊王」[42]；至高后七年（前 181 年），城陽、濟南、琅邪三郡脫離了齊國的
管轄，或另設為新的諸侯國[43]，或成為其他諸侯國的一個支郡[44]，向割裂齊地邁
出了第一步。

　　文帝元年（前 179 年），齊地在前一時期失去的 3 郡之地，至此又恢復到
原來的狀態[45]。然不久，新的大規模調整就開始了，孝文二年（前 178 年）三月，
齊地又分為 3 國——齊國、城陽國、濟北國[46]。文帝三年（前 177 年），濟北王
謀反誅，國除，地入於漢。文帝十五年（前 165 年），齊文王無後國除，地入
於漢。而此時城陽王已徙淮南，故齊屬漢為 7 郡，即：臨淄，濟北、濟南、膠東、
膠西、城陽、琅邪。自此之後的西漢時期，齊地再也沒能連接成為統一的政區
整體。

　　文帝十六年（前 164 年），楊虛侯劉將閭紹封齊王，奉齊悼惠王后，是為
齊孝王，同時以前 5 郡分置 6 國：齊、淄川（以臨淄郡分置）、濟北、濟南，
膠東、膠西，復徙淮南王喜王城陽，即《史記·諸侯王表》所言「齊分為七」[47]。
至此，齊地已分為 8 個行政地位平等的郡國，諸侯國與漢郡的數量之比為 7:1。
此後，齊地政區演化相對於前期較為複雜，下面對 8 郡國的沿革過程略作簡述，
通過復原關鍵點齊地政區情況，系統反映齊地空間權力結構的演化特徵。

41　《史記》卷 52〈齊悼惠王世家〉。

42　《漢書》卷 1〈高祖紀〉。

43　《漢書》卷 38〈高五王傳〉：「呂太后稱制，元年，……割齊之濟南郡為呂王奉邑。……
　　七年，割齊琅邪郡，立營陵侯劉澤為琅邪王。」

44　《漢書》卷 2〈惠帝紀〉：「二年冬十月，齊悼惠王來朝，獻城陽郡以魯元公主邑。」

45　《史記》卷 52〈齊悼惠王世家〉載文帝元年：「盡以高后時所割齊之城陽、琅邪、濟
　　南郡復與齊，而徙琅邪王王燕。」

46　《史記》卷 10〈孝文本紀〉：「以齊劇郡立朱虛侯為城陽王，立東牟侯為濟北王。」

47　不包括琅邪郡，已屬漢郡。

（1）文帝十六年（前 164 年），分臨淄郡臨淄以西置齊國。武帝元朔二年（前 127 年），齊國除為郡；元狩六年（前 117 年），以齊郡復置齊國，立子閎為齊懷王；元封元年（前 110 年），齊王薨無後，齊國除，分為齊、千乘[48]二郡。

（2）文帝十六年（前 164 年），分臨淄郡東部置淄川國。景帝三年（前 154 年），淄川王賢反，誅，濟北王徙為淄川懿王；此後，菑川國陸續分封王子侯國 21 及削縣 4，至《漢志》淄川國僅餘三縣。

（3）文帝十六年（前 164 年），置濟北國。景帝四年（前 153 年），徙衡山王勃王濟北，乘機分濟北置平原郡屬漢[49]；武帝元狩元年（前 122 年），濟北王「獻泰山及其旁邑，天子以他縣償之」[50]，武帝以是割濟南郡南部置泰山郡；武帝後元二年（前 87 年），濟北王寬謀反自殺，「國除」[51]。

（4）文帝十六年（前 164 年），以濟南郡置國。景帝三年（前 154 年），濟南王反，國除為郡；武帝元狩元年（前 122 年），割濟南郡南部置泰山郡；此後之濟南郡領域未曾變動。

（5）文帝十六年（前 164 年），以膠西郡置國，封齊悼惠王子印。《史表》記此事云「分為膠西，都宛」[52]。景帝二年（前 155 年），「膠西王印以賣爵有奸，削其六縣」[53]，周振鶴考以其置為北海郡；武帝元封三年（前 108 年），膠西國除為郡；宣帝本始元年（前 73 年），以膠西郡置高密國。

（6）文帝十六年（前 164 年），置膠東國。景帝三年（前 154 年），膠東王反，國除為膠東郡；四年（前 153 年），分膠東置東萊郡，並以新膠東郡復置國，立子徹為膠東王；景帝七年（前 150 年），膠東王為太子，國除；中元

48　《漢書・地理志》云高帝置，王國維已辨其妄。元狩六年武帝同時分封三子為王，燕王、廣陵王皆不得整郡之地，唯齊王閎是愛子，故全有齊郡。時千乘必尚未分置，否則齊王之封名義上兼有二郡之地，相形之下，毋乃太過。故頗疑千乘置於元封元年齊國已除之後。載周振鶴：《西漢政區地理》，北京：人民出版社，1987 年，第 101 頁。

49　周振鶴：《西漢政區地理》，北京：人民出版社，1987 年，第 105 頁。

50　《史記》卷 28〈封禪書〉係此事於元狩間，《資治通鑑》係以元狩元年。

51　《漢書》卷 38〈高五王傳〉。

52　「宛為密之訛，即《漢書》卷 28 下〈地理志〉高密。這點已由梁玉繩的《史記志疑》指出。但王國維不察，以為宛即高宛，乃在千乘，從而匯出千乘郡地本屬膠西國的錯誤結論」。見周振鶴：《西漢政區地理》，北京：人民出版社，1987 年，第 112 頁。

53　《史記》卷 106〈吳王濞傳〉。

二年（前 148 年）復置膠東國，以子寄為膠東康王。

（7）文帝十六年（前 164 年），淮南王喜復王城陽。至漢末城陽國共分封了 54 個王子侯城，是所有封侯國中最多的一個。

（8）文帝十六年（前 164 年）之後的琅邪郡陸續接納了周邊諸侯王國的王子侯城、漢廷功臣侯城，最終形成了《漢志》琅邪郡之規模。

綜上所述，齊地政區沿革特徵如下：

其一，郡國數量逐漸增多。齊地地緣政治結構的演化過程可表示為如下結構：高祖六年（前 201 年）統一的齊國　高后八年（前 180 年）三國一郡　文帝十四年（前 164 年）七國一郡　景帝四年（前 153 年）五國六郡　武帝元封三年（前 108 年）三國九郡　宣帝本始元年（前 73 年）四國八郡。這一結構模式，首先說明齊地高等級政區的不斷增長態勢，其次，齊地政區增長集中於西漢前期的文、景、武三個時期，主要體現在文帝十六年（前 164 年）、景帝二至四年間（前 155～前 153 年）、武帝元狩至元封間（前 122～前 108 年），而後期的九十年間政區數量非常穩定，不增不減，僅發生了一次國與郡的調整。

其二，郡國數量雖共同增長，然其增長內容有很大不同。一般而言，區域面積確定的情況下，區域單元越多，每個單元所占面積就越小；區域面積及區域單元一定時，區域單元之間的調整則表現為個單元之區域範圍的伸縮。伴隨著西漢齊地郡國數量的大幅度增長，各郡國區域境域的縮小是一必然現象。結合各郡國沿革可知，諸侯王國的區域面積越來越小，而中央所轄漢郡的區域範圍則是不斷膨脹。比如琅邪郡在文帝十五年（前 165 年）時僅轄十餘城，至西漢末年轄有 51 城；相反膠東國、城陽國在析置、分封之後僅餘 3、5 城。

其三，齊地在由單一諸侯王國向 12 個郡國並存局面過渡的過程中，空間上表現為由齊地邊緣向核心區逐漸發展的軌跡。這一發展軌跡的直接表現形式就是齊地部分區域逐漸成為由漢中央政權直接管轄的程式上，比如，文帝十五年（前 165 年）琅邪郡屬漢，景帝二年（前 155 年）置北海郡，景帝四年（前 153 年）分置東萊郡、平原郡，武帝元狩元年（前 122 年）置泰山郡，武帝元封元年（前 110 年）置千乘郡，從上述諸郡與齊地中心臨淄城空間位置關係上來看就是邊緣與都市核心的關係。專制皇權就是通過對諸侯王國邊緣的逐漸蠶食，最終達到其對諸侯空間的佔有。

　　西漢齊地政區數量增長的一個顯著結果就是中央對地方控制的加強，其實質就是中央政治權力在空間上的滲透與擴展。通過這種權力的再分配，改變了中央與地方勢力的空間關係，削弱了地方實力。從漢中央與地方諸侯國的關係看，「地方有較大自主權的地緣政治結構」演變為「中央對地方控制的地緣政治結構」，而非成一農所謂的「中央與地方權力均衡的地緣政治結構」[54] 類型；從齊地內部來看，齊地由「中央對地方控制的地緣政治結構」演變為「中央與地方權力均衡的地緣政治結構」類型。

(二)齊地自然與經濟地理環境奠定了齊地城市發展的地理基礎

　　區域地理條件是城市形成發展的基礎和背景，不同的區域為那裡的城市發展提供了不同的舞臺，形成了城市分佈的宏觀差異。區域自然地理條件包括自然地理條件和經濟地理條件。

　　自然地理條件通指存在於人類社會周圍的自然界。包括作為生產資料和勞動對象的各自然要素，如地質、地貌、氣候、水、土壤、礦藏和生物等。它們是社會存在和發展的必要條件，通過影響人口分佈而影響城市的形成發展。地理環境的差異，是勞動地域分工的自然基礎，對人類生活亦有一定影響，並影響著區域城市分佈的基本結構。

　　1.山、原、海組成的地貌特徵

　　齊地範圍比較廣闊，覆蓋了今天大半個山東省，以今地區來說，則包含有濟南市、泰安市、萊蕪市、日照市、青島市、威海市、煙臺市、濰坊市、東營市、淄博市及部分臨沂市、德州市、濱州市域。齊地自然地貌特徵表現為山、原、海三位一體的綜合性特點。

54　成一農：〈唐代的地緣政治結構〉，李孝聰主編《唐代地域結構與運作空間》，上海：上海辭書出版社，2003年8月，第8頁。

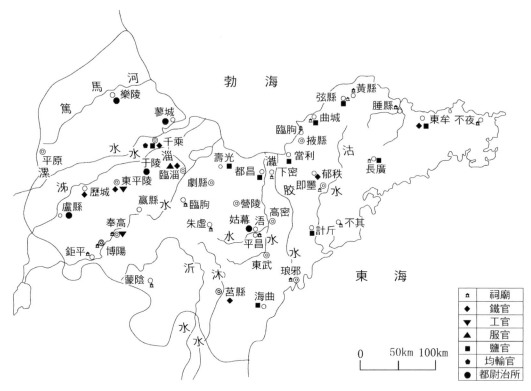

圖 5－4 西漢齊地職能城市分佈

　　齊地之山以丘陵為主，地勢起伏極小，最高峰海拔不超過 1600m，屬殘丘地形。齊境內自西向東橫臥著由泰山、魯山、蒙山、沂山組成的泰沂山脈。泰山為斷塊山體，氣勢磅礴，景色秀麗，是最為重要的山峰之一。泰山，海拔1545m，是境內第一高峰。武帝時郊祀泰山，設置了奉高縣及泰山郡。蒙山，位於泰沂山脈南部，主峰龜蒙頂海拔 1155m，是齊地的南部邊沿，沂、泗等河流谷地是溝通齊地與東海及東南諸郡的通道。魯山，位於泰沂山脈的北部，橫亙於今淄博市博山區與沂源縣的交界處，主峰海拔 1108m，是境內第三高山。沂山，位於今沂水縣與臨朐縣的交界處，主峰海拔 1032m，居境內高山中的第四位。上述各山自成峰巒，基本不相連結，加上河谷、盆地錯落其中，平原、大海環列其外，交通往來極為方便，促進了齊地與周邊地區的經濟、文化交流。丘陵主要分佈在膠東半島上，即今煙臺市、青島市轄區。該區丘陵基本由火成岩組成，除少數山峰海拔在 700m 以上外，大部分海拔在 200 ～ 300m。

　　齊地海岱之間錯落有致地分佈著比較廣闊的平原。主要有山麓堆積平原、

膠萊平原、魯西北平原和黃河三角洲沖積扇。山麓堆積平原分佈在泰沂山脈丘陵北部外緣，是華北平原的組成部分，一般海拔在 40 ～ 70m。該區河流均源於山谷丘嶺，呈輻射狀向四周分流，形成眾多寬窄不等的河谷地帶。姚鼐在《登泰山記》中說：「泰山之陽，汶水西流，其陰，濟水東流。陽谷皆入汶，陰谷皆入濟。[55]」正是對這一地區河流地理的描寫。膠萊平原介於魯中山地丘陵區與膠東丘陵區之間，係濰水等河流沖積而成。海拔多在 50m 左右。魯西北平原由黃河氾濫沖積而成，位於今運河湖帶以西，膠濟鐵路以北，東與膠萊平原相接，形成一個半圓形，環抱著魯中南山地丘陵，該平原是華北平原的組成部分。海拔大多在 50m 以下。黃河三角洲沖積扇係由黃河入海口及周圍地區組成。上述諸平原地表稍傾而平坦，土層深厚，蘊水豐富，且有眾多的河流湖泊交錯其間，因而是齊文化發祥的理想地域。

齊地背山抱海，綿長的海岸線是齊地理形勢的第三個特點。齊地三面環海，北有渤海，東、南有黃海，大陸海岸線全長約有 3000 餘 km。近海海域中，散佈著眾多島嶼。浩渺的大海為齊文化的發展提供了取之不盡、用之不竭的海產資源。濱海文化的形成及煮鹽業的繁盛與之有密不可分的聯繫。西漢齊地有琅邪、東萊、北海、千乘諸郡臨海，均有鹽官設置（圖 5-4）。

2. 溫暖濕潤的季風氣候特徵

1961 年，竺可楨得出：「秦漢時代黃河流域氣候與今相似」[56] 的結論，繼而在 1972 年又進行了修正，他認為：「在戰國時期，氣候比現在溫暖得多。」「到了秦朝和前漢（前 221 ～ 23 年）氣候繼續溫和。」「司馬遷時亞熱帶植物的北界比現時推向北方」。[57] 據竺先生所繪〈五千年來中國溫度變遷圖〉，秦及西漢時，平均氣溫較現今大約高 1.5℃左右，齊地平均氣溫當為 13.5 ～ 15.5℃。

齊地位於北緯 35 ～ 38 度，受海陸位置、大氣環流等因素的影響，溫帶季風氣候顯著。氣候溫暖濕潤，四季分明。年降水量為 550 ～ 950mm，並且由東南向北、向西遞減，魯東年降雨量在 800mm 左右，魯西北和黃河三角洲在

55　王榮初、蔡一平：《清代散文選注》，上海：上海古籍出版社，1983 年，第 134 頁。

56　竺可楨：〈歷史時代世界氣候的波動〉（1961 年），《竺可楨文集》，科學出版社，1979 年。

57　竺可楨：〈中國近五千年來氣候變遷的初步研究〉，《竺可楨文集》，科學出版社，1979 年。

600mm 以下，降雨集中於夏季，春秋兩季比較乾旱。全年無霜期由東北沿海向西南遞減，光照一般在 180 天左右，可滿足農作物一年兩作的溫度要求。戰國直到秦漢時期，齊地繼續溫暖濕潤的氣候特徵上有文獻上的證明。比如，關於竹子分佈的記載：《左傳》、《史記‧齊太公世家》[58] 等文獻中有竹子在齊地分佈的記載；關於稻穀的記載：《周禮‧職方氏》載：「青州，其穀宜稻麥」；關於蠶桑的記載：《史記‧貨殖列傳》載：「齊魯千畝桑麻。」蠶的生育宜高溫濕潤多雨之區，桑亦須氣候較暖之地。桑蠶業的發達為織造也提供了充足的原料。由上述三方面的文獻記載，可以印證根據考古發現研究所得出的結論：先秦齊地的氣候比較溫暖，雨水比較充沛，屬於暖濕氣候。

　　3. 河流密佈的地理環境特徵

　　齊地較為濕潤的氣候特徵對齊地的河流水系有很大影響。據《漢志》記載，齊地境內大小河流共有 38 條，其中過郡大水有四條：沭水、沂水、濰水、治水，《漢志》分別記於琅邪、泰山郡下。沭水、沂水、治水向南流經沂蒙山區，至東海郡下邳入泗，入海；濰水則經琅邪、高密、北海郡入海。另外，時水和淄水亦應是兩條大水[59]。據《漢志》記載：時水自濟南郡般陽，經千乘郡博昌，至齊郡鉅定入馬車瀆；淄水則出泰山郡萊蕪，至千乘郡博昌入沭水；另外，沭水、河水雖記在其他郡縣名下，流經齊地是沒有問題的[60]。與過郡大水相比，更加密集分佈的是短小河流，齊地約有 28 條這種小河。至此，齊地共有過郡大水 8 條，一般河流 28 條，另有郡內大水 1 條（平原郡的篤馬河），澤藪 1（琅邪郡長廣下的奚養澤，秦地圖曰劇清池），分別記在 38 縣之下。這裡需要注意的是，並非一城臨一河，或每條河附近只有一城。密集的河流使齊地城市沿河流分佈成為一個重要特徵。

　　區域經濟地理條件的內容更加豐富多樣。有的是自然地理條件的衍生轉化，有的是區域經濟開發的歷史積累，還有的是未來的發展可能性。城市與區

58　《左傳‧襄公十八年》載：「晉帥諸侯之師圍齊，減申池之竹木」；《史記》卷32〈齊太公世家〉：「謀與公遊竹中，二人弒懿公車上，棄竹中而亡去」；《晏子春秋》載：「齊景公樹竹，令吏謹守之」；《孟子‧告子》載：「牛山之木嘗美矣」。

59　《周禮‧職方氏》記此二水為幽州浸。浸，師古曰：「謂引以灌溉者」。

60　《漢書》卷28上〈地理志〉泰山郡萊蕪下載：「原山，淄水所出，東至博昌入沭。幽州浸。」河水記在《漢書》卷28下〈地理志〉金城郡河關下，「過郡十六」，流經齊地的平原和千乘兩郡。

域經濟地理條件之間具有密切關係的基本原理就在於城市在任何時候都是一個複雜的開放系統。城市要從區域獲取發展所需要的食物、原料、燃料和勞動力，又要為區域提供產品和各種服務。城市和區域之間的這種雙向聯繫無時無刻不在進行。它們互相交融、互相滲透。

　　獨特的自然地理特徵與優越的自然資源條件，為齊地城市的產生與發展提供了商品生產和發展所必需的原料。其一，在齊地中南部、東部綿延起伏的山地丘陵上，生長著茂密的森林，森林中生活著眾多的飛禽和走獸，地下蘊藏著豐富的礦產資源，凡此為齊地的採礦業、冶鑄業提供了有利的條件，從而大大地促進了該地區物質文化的發達。《漢志》記載齊地設有鐵官十處。其二，綿長的海岸線即廣袤的沿海灘塗，奠定了齊地鹽業的發展基礎，促進了齊地經濟的發展。設鹽官十一處。其三，齊地有著豐富的礦產資源。據《管子・地數》載：「上有丹沙者下有黃金，上有磁石者下有銅金，上有陵石者下有鉛、錫、赤銅，上有赭者下有鐵。」又載：「出銅之山四百六十七山，出鐵之山三千六百九山。」可見，當時齊國的礦產資源，不僅品類多，儲量大，且已被齊人加以開發和利用，齊國的冶鑄業，尤其是冶鐵業遠遠地走在時代的前列，齊地經濟管理型城市分佈見圖 5-4。

　　另外一種區域經濟地理要素就是土地。馬克思說：「撇開社會生產的不同發展程度不說，勞動生產率是同自然條件相聯繫的，……外界自然條件在經濟上可以分為兩大類：生活資料的自然富源，例如土壤的肥力，魚產豐富的水等等；勞動資料的自然富源，如奔騰的瀑布、可以航行的河流、森林、金屬、煤炭等等。在文化初期，第一類自然富源具有決定性的意義；在較高的發展階段，第二類自然富源具有決定性的意義。」[61] 齊地的土地在太公初立國時不但非常狹小，且很貧瘠，直到齊桓公時也不過「方五百里」[62]，正如《漢書・地理志下》所描述的：「齊地負海舄鹵，少五穀而人民寡」。經過戰國時期的擴展齊地達「方二千里」[63]，或「齊地方數千里」[64]，至太史公時代齊地則是「膏壤二千里」[65]；

61　中共中央文獻編譯局：《馬克思恩格斯全集》第23卷，北京：人民出版社，1972年，第60頁。

62　《管子・輕重》。

63　《戰國策・齊策一》。

64　《戰國策・齊策六》。

65　《史記》卷32〈齊太公世家〉。

《史記‧貨殖列傳》亦載：「齊帶山海，膏壤千里，宜桑麻」。很顯然，西漢時期的齊地土壤是肥沃的。

馬克思還說：「不是土壤的絕對肥力，而是它的差異性和它的自然產品的多樣性，形成社會分工的自然基礎，並且通過人所處的自然環境的變化，促使他們自己的需要、能力、勞動資料和勞動方式趨於多樣化」。《管子‧地員》根據土質的各異及距離泉水的深淺，把齊地的土壤分為五大類，即河川沃土、赤墟土、黃唐土、斥埴土和黑埴土。另外還有海邊灘塗和山地，山地又可分為山崗之地、丘陵之地、狹谷之地等等。同理，肥沃豐厚的土地資源，使齊國至晚在桓管以降便開始了發達的古代農業文明，而多樣化的土質又為齊國經濟的繁榮奠定了基礎，為齊地城市的發展提供了必要的物質保障。

三、齊地城市發展對區域核心城市人文環境的影響
——以臨淄城市戶口發展為例

西漢以來中央集權發展的結果就是地方的衰落，集權的表現形式即是以大量城市的興起，急劇地改變了區域自然與人文環境。東方六國所處之核心華北平原中南部地區，直到西周和春秋之間，這裡的人口密度仍然較小[66]，天然植被相當完好。戰國時代，華北平原便成為全國人口較多的地區[67]，加速了森林和草原的開拓，因而出現了「宋無長木」[68]的情況。到了西元前 2 世紀末，緊鄰華北平原的山東丘陵西麓，已經「頗有桑麻之業，無林澤之饒」，並出現了「地小人眾」的局面[69]。說明森林砍伐，草原開墾，天然植被已經大量為栽培植被所代替了。這裡筆者無意於論述城市發展對區域自然環境的影響，而欲就其對城市人文環境影響作一論述。

春秋戰國以來，各諸侯王國之間相互混戰，其最主要目的就是要掠奪人口、土地和資源，尤其人口的多少反映該國的經濟和軍事實力，因此，對戶籍的重視也就可想而知了。我國自西周建國以來就有了戶籍，所以春秋戰國游說之士，

66　童書業：《春秋史》，濟南：山東大學出版社，1987 年，第 82 頁。

67　勞榦：〈兩漢戶籍與地理之關係〉、兩漢各郡人口數增減數目之推測〈兩漢郡國面積之估計及口數增減之推測〉均見《中央研究院歷史語言研究所集刊》第 5 本 2 分，1935年。

68　《戰國策‧宋策》。

69　《史記》卷 129〈貨殖列傳〉。

對各國形勢才能有較為客觀的認識和評價。因此，歷史上就有部分城市的戶口資料被保留了下來，甚至形成系列，通過城市戶口數量的排比可以反映出該城市社會經濟發展進程，甚或推測部分缺失資料的時間點上的人口發展水準。臨淄戶口數是先秦唯一保存下來的城市人口資料，歷春秋、戰國以至西漢武帝中期而不斷。但是，記載西漢末年戶口的《漢志》在記載西漢全國 103 個郡國的戶口數的同時，還以 4 萬戶為底線特別記載了全國 10 個大城市的戶口數量（表 3–2），這之中竟沒有臨淄城的戶口資料，頗令人費解。是班氏的遺漏，還是臨淄戶口真的大幅度減少了？歷來治城市人口研究的專家無一涉及此問題，筆者不揣簡陋，試對這一問題進行解釋，不妥之處敬請專家批評指正。

1. 西漢中期之前臨淄城市戶口

對臨淄城市戶口作系統研究的以韓光輝為最，〈齊都臨淄戶口考辨〉[70] 一文對西漢中期之前臨淄城戶口進行的考證，是比較可信的。

根據《國語‧齊語》「制國以為二十一鄉；工商之鄉六、士鄉十五。公帥五鄉焉，國子帥五鄉焉，高子帥五鄉」記載的城鄉社會行政管理系統及《管子‧小匡》「五家為軌，軌為之長；十軌為里，里有司；四里為連，連有長，十連為鄉，鄉有良人」的管理系統編制，韓先生推斷出西元前 680 年臨淄城有 21 鄉，每鄉編戶 2000 戶，共計 4.2 萬戶，21.8 萬人的結論。

戰國時期，蘇秦為合縱六國擊秦，說齊威王曰：「臨淄之中七萬戶，臣竊度之，不下戶三男子，三七二十一萬，不待發於遠縣，而臨淄之卒固已二十一萬矣。」[71] 韓光輝認為「蘇秦所謂臨淄城市七萬戶是可信的」，而對於「不下戶三男子」，則認為「當係指平均每戶男子數而言。按照歷史的和現實的戶口統計及男女性比例，每戶三男子，平均每戶則應該擁有 6 口以上的人口。考慮到國都城市成年男性比重相對較高的事實，可確定每戶 6.4 人」。因此即可認定，「西元前 333 年臨淄城市擁有七萬戶，44.8 萬人」。

關於臨淄戶口的再一次明確記載就是《漢書‧齊悼惠王世家》引主父偃語：「齊臨淄十萬戶，市租千金，人眾殷富，巨于長安，此非天子親弟愛子不得王此。」按此記載，漢初臨淄是一個人口眾多，商業發展，比國都長安規模宏大

70　韓光輝：〈齊都臨淄戶口考辨〉，《管子學刊》1996 年第 4 期。

71　《史記》卷 69〈蘇秦列傳〉。

的城市。韓先生認為這十萬戶大體上應該是漢武帝元朔初年，即西元前 128 年至前 125 年的戶口。並根據秦漢家庭規模和戶口比的變動情況及當時社會經濟環境，以為漢初臨淄戶口比確定為每戶 4.4 人更接近社會實際，故元朔初臨淄擁有 10 萬戶，44 萬人。

根據上述考證探索，提供了分屬春秋、戰國及西漢前期三個不同年代臨淄城市戶口規模，西元前 680 年，4.2 萬戶，21.8 萬人；西元前 333 年，7 萬戶，44.8 萬人；西元前 125 年，10 萬戶，44 萬人；從而顯示春秋至西漢前期臨淄戶口增長軌跡。這一結果從秦統一齊國及秦漢政權等導致戰亂的事實、不同年份臨淄城市人口分佈密度、臨淄城市戶口變動過程和城市及區域社會經濟發展演變的同步性等方面證實了各有關時期臨淄城市戶口規模的可靠性。

目前，對春秋戰國時期臨淄城市戶口數量尚無提出異議者，但對西漢中期的戶口資料則有不同認識。張繼海主要依據是主父偃個人經歷及對《史記‧三王世家》「齊東負海而城郭大，古時獨臨淄中十萬戶，天下膏腴地莫盛於齊者矣」中的「古時」的判斷，認為「《史記》和《漢書》中出現的『齊臨淄十萬戶』和『臨淄中十萬戶』的『十萬戶』皆是『七萬戶』之訛，皆本自蘇秦之言。」並由此得出「很多學者認為臨淄的人口由戰國時的七萬戶增至漢武帝時的十萬戶，恐怕不妥。」的結論[72]。筆者認為這一結論亦有不妥。首先，張說僅從文獻用語角度分析西漢中期臨淄城市戶口的真偽，證據顯然不足；其次，而且如果說戰國時臨淄有十萬戶，或者七萬戶可以成立的話，那麼，即使在戰國及秦末的戰亂中流失掉部分人口，不在漢初編戶之內，然而在西漢初年五六十年社會穩定，人民休養生息，社會經濟不斷穩步發展的大環境之下，在全國人口普遍成數倍增長的情況下[73]，臨淄戶口的增長應是再自然不過的事情了。不過能否就此認為「到武帝中期時已由戰國時期的七萬戶增長到了十萬戶」尚須辨識。依筆者愚見，至文帝十六年或者景帝四年前後，主父偃所言臨淄十萬戶的情況就已實現，而不會遲至指武帝時。其主要原因就是人口增殖依賴於經濟與社會發展形成的複雜支援系統，其中以安定的社會環境和富足的物資經濟條件為基

72　張繼海：《漢代城市社會研究》，北京：社會科學文獻出版社，2006 年。

73　《漢書》卷 16〈高惠高后文功臣表〉載，高帝十二年，「侯者百四十三人。時大城名都民人散亡。戶口可得而數裁什二三，是以大侯不過萬家，小者五、六百戶。」而逮文景四五世之間，「流民既歸，戶口亦息。列侯大者三四萬戶，小國自倍，富厚如之。」

本內容。人口數量的增長與社會穩定和經濟發展密切相關；其次，《史記·三王世家》褚先生補載武帝對王夫人曰：「齊東負海而城郭大，古時獨臨淄中十萬戶，天下膏腴地莫盛於齊者矣。」張繼海認為此處「古時」當理解為戰國時期[74]，但若以「古時」理解為文景時期，距武帝元狩六年（前117年）也有近四十年的時間了，稱之為「古時」也還可以接受。再者，劉閎之母王夫人因受寵於武帝因而希望將其子封到洛陽，武帝卻以洛陽自高祖之時從未分封過侯王為由拒絕了她，同時答應將劉閎封到東方洛陽之外最為繁榮的城市臨淄為王，而且為了說明臨淄的經濟發展情況，就用了「古時」之語來描述[75]。試想臨淄古時就一直就很繁盛，現在也就可想而知了，至少王夫人是這麼認為的。但是，此「古時」既可指戰國時期，也可指文景時期，況且文景時期距離王夫人更近，也更有說服力。

2. 西漢末年臨淄戶口問題

根據城市發展與佈局的區域背景及區域供給能力，確定區域城市的數量和進行城市區位的選擇。這一趨勢的變化結果是實現區域的城市化。但是，城市數量的增加必須與區域社會經濟發展水準相一致，脫離區域發展水準的城市數量迅速增加則是消極型城市化的表現，難以發揮出城市在區域發展中的帶動作用，反而帶來巨大的區域壓力。

西漢中期之後，臨淄再無戶口記載，《漢志》也僅記載了齊郡的戶口數。對這一現象，張繼海認為：「目前沒有關於西漢時臨淄人口的可靠數字……平帝時臨淄的戶口可能不足4萬戶……西漢後期，臨淄的戶口已排不進全國前10名。」並進一步分析臨淄戶口減少的原因「可能與高帝到宣帝時大規模地徙民實陵有關。所謂齊地諸田，原來主要住在臨淄，頻繁徙民使臨淄失去了大量人口。」[76]

據《漢志》記載西漢全國城市戶口數量（表3–2），確以4萬戶為限記錄

74　張繼海：《漢代城市社會研究》，北京：社會科學文獻出版社，2006年。

75　《史記》卷60〈三王世家〉：王夫人曰：「願置之雒陽。」武帝曰：「雒陽有武庫敖倉，天下嚥阨，漢國之大都也。先帝以來，無子王于雒陽者。去雒陽，餘盡可。」王夫人不應。武帝曰：「關東之國無大於齊者。齊東負海而城郭大，古時獨臨淄中十萬戶，天下膏腴地莫盛于齊者矣。」王夫人以手擊頭，謝曰：「幸甚。」

76　張繼海：《漢代城市社會研究》，北京：社會科學文獻出版社，2006年。

了 10 個城市的戶數，其中 5 個城市還有口數，臨淄城並不在其中，以臨淄長期以來的社會經濟發展情況來看顯然也不應是班氏的遺漏，因而推斷臨淄戶口減少了是沒有問題的，然而將臨淄戶口的減少認為是由於人口遷徙造成的，則有些想當然。查《史記》、《漢書》明確記載大規模徙齊諸田的只有一次。《漢書·高帝紀》載高祖九年（前 198 年）十一月，「徙齊楚大族昭氏、屈氏、景氏、懷氏、田氏五姓關中」，遷入的人口中，「以齊國諸田數量最多，勢力最大」[77]。因「諸田徙陵園者多」，諸田遷入關中時間早，經濟上也佔優勢，因而「關中富商大賈，大抵盡諸田」[78]。結合西漢中期臨淄戶口數量的分析，筆者認為張繼海對西漢後期臨淄戶口減少原因的分析是很不充分的。

那麼，對於西漢後期臨淄戶口情況，西漢人口研究專家葛劍雄雖然予以定性論述，但在分析其中原因時亦有些模糊。葛先生認為「元始二年……臨淄和齊郡的人口在此期間非但無增長，反而減少了。」其原因是「隨著第二、三階段經濟的破壞與衰退，臨淄的人口減少或靜止也是很自然的。」[79]

筆者非常贊同葛先生西漢後期臨淄城戶口減少的觀點，但對臨淄戶口的減少是由於「第二、三階段經濟的破壞與衰退」的解釋稍嫌不足，而且對葛文中沒有就《漢志》無臨淄戶口的史實沒有給予解釋，也感到很遺憾。

3. 齊地城市空間結構演化對城市人口的影響

現代城市地理學雖然對經濟、人口與城市三者的關係沒有系統研究，但確定城市或判定其等級則往往用人口數量、經濟指標來劃分。例如我國目前劃分城市的標準是以常住人口 10 萬人為限，其中非農業人口占 80%[80]。另外，人口數量的多少也是確定城市等級標準的一個依據，我國特大城市、大城市、城市的劃分即是；經濟發展是城市和人口的發展提供必要的物質基礎，如城市 GDP 等經濟指標是我國衡量城市經濟發展程度的判斷依據，近年來五百強、百強縣的評比多依此。由此可見，三者關係之密切。而在古代城市發展中三者之間也當存在類似的關係，儘管沒有直接可供量化的資料作為衡量三者關係的指標，

77　葛劍雄：《西漢人口地理》，北京：人民出版社，1986 年，第 133 頁。

78　《漢書》卷 91〈貨殖傳〉。

79　葛劍雄：《西漢人口地理》，北京：人民出版社，1986 年，第 30 頁。

80　于光遠主編：《經濟大辭典》下冊，上海辭書出版社，1992 年，第 1654 頁。

但相關的定性描述亦可補其不足。韓光輝在〈齊都臨淄戶口考辨〉一文中認為：「春秋、戰國至漢代初期臨淄城市戶口的變動過程與城市及區域社會經濟的發展變化過程保持了良好的同步性，即社會安定，經濟繁榮，城市戶口不斷增長；相反，則城市戶口增長過程即發生逆轉。」這裡他提出了城市戶口與城市及其所在區域的社會經濟發展的相關性論斷，是很有道理的。城市作為區域社會經濟發展的產物、人口聚集之地，在社會經濟、人口普遍增長時，城市繁榮、人口增長應當是比較自然的事情；當然，城市人口減少，城市社會經濟衰落也是很自然的事。

上文研究結果表明，齊地城市直線增長趨勢與西漢社會經濟、人口發展的時段特徵稍有差異，但拋開武帝時期經濟與人口衰落[81]，可以認為西漢前期齊地城市增長與社會經濟發展水準、人口增長趨勢是基本一致的。在西漢社會經濟、人口發展的大形勢下，作為當時經濟富庶之地——關東地區重要組成部分的齊地發展至少應當與全國是同步的，然事實並非如此。長期以來齊地最為繁盛的經濟大都會臨淄戶口到西漢後期與整個社會經濟、人口增長大勢相左，大幅度跌落了，究其原因可能與齊地區域城市空間組織結構的發展有關。

當單體城市發展與經濟、人口、城市三者關係不相一致時，讓我們把目光轉向區域城市的發展。西漢齊地作為一個區域整體有一個從統一走向分裂的過程，臨淄在此過程中也由統一的齊國都城演變為部分區域的中心，供養腹地的縮減應當成為解釋西漢末年臨淄戶口銳減的關鍵因素。

西漢建國之初，總結秦亡之教訓，實行郡國並行制，通過分封諸侯的方式來拱衛帝國的安全。但此時諸侯王不但擁有任命相國以下官員的政治特權及鑄幣、開採區內山海澤陂等經濟權力，還與漢廷爭奪人口[82]，中央與諸侯王國的權力衝突是西漢社會的主要矛盾之一。也正是因為諸侯國的存在嚴重威脅著中央皇權的安危，因此才有了賈誼「眾建諸侯少其力」及晁錯「削藩」的建議，對諸侯王國領域進行了更大規模的調整，漢初諸侯領域「大者跨州兼郡，連城

81　據葛劍雄研究：武帝初年之前全國人口增長較快，年平均自然增長率約為10‰～12‰，遠高於西漢全國人口年平均增長率6～7‰，而武帝末年人口的最低點約為三千二百萬。（《西漢人口地理》，第76頁）。所以，武帝時期人口總數不僅沒有隨政區拓展而增長，反而有所下降。

82　《史記》卷106〈吳王劉濞傳〉。

數十」，至西漢後期的諸侯王域僅相當於一般漢郡，或者僅有 3、5 城 [83] 之規模，齊地區域行政區劃的發展是最直接的例證。

《漢志》西漢齊地「東有甾川、東萊、琅邪、高密、膠東，南有泰山、城陽，北有千乘，清河以南，勃海之高樂、高城、重合、陽信，西有濟南、平原，皆齊分也」[84]。然而，西漢初期（高祖六年，前 201 年）的齊地並非就由 12 個郡國構成，而只有一個諸侯國——齊國 [85]，區域中心城市也就只有齊都臨淄一個。《史記‧諸侯王表》載文帝十六年（前 164 年）：「齊分為七」。此後，齊地各郡國政區繼續發展，又新增和改置了部分郡國，發展到西漢末年，齊地演變成為 12 個郡國政區組成的聯合體。

地緣政治結構的演變決定了由行政等級確定的區域城市空間構成。西漢初年，齊地中心城市僅臨淄一城，至文帝十六年（前 164 年）時齊地則分為八郡國，其中心城市分別是：齊都臨淄（今山東淄博市臨淄區）、淄川國都劇（今山東壽光市南）、濟北都盧（山東長清縣南）、濟南都東平陵（今山東章丘市西北）、膠西國都高密（今山東高密市西）、膠東國都即墨（今山東平度市古峴鎮）、城陽國都莒（今山東莒縣）、琅邪郡治東武（今山東諸城市）。景帝三年之後則又增加了營陵（山東昌樂縣東南）、平原（山東平原縣南）、掖（山東萊州市）三個郡國級城市；武帝中期，奉高（山東泰安市與萊蕪市之間）上升為泰山郡郡治城市，武帝末年濟北國除之後，盧城行政地位下降為一般縣城；另齊國除後又增千乘（山東高青縣東）為千乘郡治城，很顯然高等級城市獲得了大幅度增長，極大地改變了齊地城市空間組成結構，區域郡級城市數量的增長勢必嚴重地分散了區域中心城市臨淄發展的綜合實力。

西漢齊地城市的增長不但表現在高等級郡國城市數量的增長上，縣級城市數量的增長也非常顯著。中央削弱諸侯實力的措施除以上方式外，打擊更為慘重的則是「推恩令」的頒佈，即通過在諸侯王領域分封王子侯城、功臣侯城等

83　西漢末年，淄川國 3 城、城陽國 4 城、高密國 5 城。

84　尚有齊郡、北海郡沒有列入。

85　《史記》卷 52〈齊悼惠王世家〉：高祖六年，「立肥為齊王，食七十城，諸民能齊言者皆予齊王」。《漢書‧高祖紀》：六年春正月「以膠東、膠西、臨淄、濟北、博陽、城陽七十三縣立子肥為齊王。」

入漢郡的方式，將諸侯國越劃越小[86]，形成漢末僅有3、5座城市的形勢。

正是在區域地緣政治結構的演變中，臨淄城的區位優勢喪失了。臨淄城由一個「方圓兩千里」（約9.24萬 km^2）齊國的政治、經濟、文化中心城市，最終演變為只有0.52萬 km^2 齊郡的郡治城市。原來集中於臨淄城的人口也當隨著新的諸侯王國的建立被分割到幾個相同行政等級的區域之中，各諸侯王都成為新的區域經濟中心城市。齊地城市興衰所依的自然地理環境條件與社會經濟地理條件現在要平均供養與臨淄城相同行政級別的12座城市，行政區域的條塊分割，社會財富的分散，區域人口很難集中分佈。此外，較為密集的小城市的大量存在也對集聚區域財力和人力於大城市形成了很大阻力。

區域城市數量的普遍增長促使區域城市經濟、人口的分散，原區域中心城市的人力、物力向周邊城市分流，最終使臨淄城戶口在西漢末年不但沒有增長，反而更加減少，以至於被排除在西漢末年的十大城市之後。另外，考古資料證明，現在保存的臨淄故城主要屬於東周時期，而秦漢時的臨淄城，似乎完全沿用了齊故城。這從故城特別是大城內豐富的漢代遺跡和遺物可以得到證明。魏晉以後主要沿用小城，大城已廢棄不用[87]，臨淄城的興衰變化從另一層面證明了臨淄城戶口衰減的事實。但是由於臨淄城的經濟發展的歷史傳統，所以在王莽時期仍然是五大經濟都會之一也就不足為奇了。

綜上所述，西漢齊地城市發展的空間模式表現為邊緣－核心發展特徵。主要表現在漢初齊國在由單一諸侯王國向12個郡國並存局面過渡的過程中，空間上表現為由齊地邊緣向核心區逐漸發展的軌跡。這一發展軌跡的直接表現形式就是齊地部分區域逐漸成為由漢中央政權直接管轄的程式上，比如，文帝十五年（前165年）琅邪郡屬漢，景帝二年（前155年）置北海郡，景帝四年（前153年）分置東萊郡、平原郡，武帝元狩元年（前122年）置泰山郡，武帝元封元年（前110年）置千乘郡，而各郡治城市由此也從齊地城市的母體中分離

86　《漢書》卷53〈景十三王・中山靖王勝傳〉記載：「其後更用主父偃謀，令諸侯以私恩自裂地，分其子弟，而漢為定制封號，輒別屬漢郡。漢有厚恩，而諸侯地稍自分析弱小云。」

87　張學海：〈臨淄齊國故城〉，《中國大百科全書・文物博物館》，北京：中國大百科全書出版社，1993年，第318、319頁；群力：〈臨淄齊國故城勘探紀要〉，《文物》，1972年5期；臨淄區齊國故城遺址博物館：〈臨淄齊國故城的排水系統〉，《考古》，1988年9期。

出來，這一點從漢中央政府的角度來說，最先歸屬漢中央的郡治城市與齊地中心臨淄城的關係在空間位置上表現為邊緣－都市核心的相對關係，而該關係模式的建立是在本地地緣政治結構演變基礎之上完成的，其標誌是齊地城市由王國、侯國城市向郡縣城市的過渡，中央集權制下的郡縣制城市體系最終確立。

此外，作為諸侯王國區的核心區域，齊地侯國城市的發展尤其是王子侯國城市的時空特徵也顯示了這一結構模式。西漢一代齊地共有侯國城市 183 個，而武帝推恩令頒佈之後，分封了大批王子侯國，形成了支庶畢侯的局面[88]，其中齊地分封了 80 餘個王子侯城（不包括劃入東海郡的城陽王子侯國 19 個及非本區諸侯王子的侯城）。各諸侯國王子侯城的分佈情況如：城陽王子侯城 30 個、膠東王子侯城 19 個、齊王子侯城 17 個、淄川王子侯城 15 個、濟北王子侯城 7 個、高密王子侯城 6 個。王子封侯的一個顯著特徵就是，在廣親親的表像之下，王子侯城成為原來與王國相鄰的漢郡內的一個組成部分，而分封之後的王子侯城歸屬漢郡的這一特徵要求王子侯城的空間位置應處於原諸侯國的邊緣地帶，按時間先後由王國邊緣地區向王國的中心地區推進。

所以，西漢齊地不同等級城市的空間發展變化反映了中央權力的強制性，在強權壓制之下，齊地的地緣政治結構、區域城市空間結構以及城市內部人文環境均發生了巨大變化，齊地中心城市臨淄的衰落及城市戶口的減少，正與漢帝國長期以來所執行的削弱地方諸侯王勢力的措施一脈相承。

因而，西漢初年形成的諸侯王國與漢郡相對峙局面，到西漢後期伴隨著中央集權的建立，代之以諸侯王國與漢郡犬牙相錯的空間格局。

第二節　漢郡區城市發展模式探析——以關中地區城市為例

與東部諸侯王國地區城市數量大幅度增長情況相反，中部漢郡區城市發展表現為相對穩定態勢，拋開本區部分漢郡侯國城市變化不計，《漢志》記載的各種形式的城市增長，合起來也不過 30 餘城（表 2-46）。城市數量的穩定發

88　《漢書》卷 15 上〈王子侯表〉：「大哉，聖祖之建業也！後嗣承序，以廣親親。至於孝武，以諸侯王疆土過制，或替差失軌，而子弟為匹夫，輕重不相准，於是制詔御史：『諸侯王或欲推私恩分子弟邑者，令各條上，朕且臨定其號名』。自是支庶畢侯矣。」

展與國家管理目標的穩定宗旨[89]緊密結合，形成了中部漢郡區城市發展的基本特徵。中部漢郡區城市的發展前面章節有所涉及，這裡就以國都所在的關中地區為例進一步探討本區城市發展方式。

　　自古以來，不論是選址新建還是在舊址上重建國都都是一件非常重要的事情，不但要「相其陰陽」，「辨方正位」，還要從當時全國形勢尤其是國內權力鬥爭形式以及周邊民族關係等進行綜合觀察，將國都定位「看作是一種區域空間現象」，以高祖劉邦為首的帝國領導集團在經過了區域空間權衡之後，在「對內安全指向」和「對外發展指向」的思想指導下，將國都選定在具有優越的區位優勢的關中盆地[90]。然而，定都於關中的西漢帝國很顯然將自己放在了與阻礙中央集權建立、危及和限制國家安全與發展的東方諸侯國對立的一面。因而，為強化中央權力，鞏固帝國安全，西漢帝國自建國伊始就採取了「強幹弱枝」的策略，通過遷徙東部諸侯王國地區的舊貴族，二千石高官以及郡國豪傑等逐漸充實京師，同時為了拱衛京師安全，不惜改變都城內部空間構成，將宮廟一體的都城歸制轉變為以宮為主的都城結構，而將歷代帝王陵廟建於渭北高原之上，形成了拱衛都城安全的陵邑地帶，使關中地區成為當時全國較為密集的城市地區。

　　關中地區社會經濟的發展由來已久，經過西周至秦漢的開發和利用，秦漢時期這裡就已經成為經濟富庶地區[91]，成為京畿之地的關中地區在西漢時期又獲得了長足的發展。經濟的發展、人口的增長使本區城市不論在數量上，還是在內涵上均獲得很大的發展。其中都城內涵的發展已經放在城市等級結構一章中論述，這裡僅從區域角度展開對本區城市發展規律及特徵的探索。

一、關中地區城市時空發展過程

　　關中地區對應於《漢志》相當於京兆尹、左馮翊、右扶風所在的三輔地區，但在西漢歷史發展中，從空間範圍上說，漢末三輔地區並非西漢初年的關中的

89　錢茂偉著：《國家、科舉與社會——以明代為中心的考察》，北京：北京圖書館出版社，2004年，第179頁。

90　侯甬堅著：《區域歷史地理的空間發展過程》，西安：陝西人民出版社，1995年，第161–171頁。

91　《史記》卷129〈貨殖列傳〉：「故關中之地，於天下三分之一，而人眾不過什三；然量其富，什居其六。」

全部，還應包括《漢志》弘農郡西部弘農[92]、上洛、商 3 縣之地，這在考察本區城市時空演進過程中是要注意的。

《漢志》三輔共轄有 57 城，京兆尹 12 城、左馮翊 24 城、右扶風 21 城，這是本地在西漢一代社會政治、經濟、文化共同發展的結果，也是西漢政治權力運動的結果。

春秋戰國時期是中國歷史上城市發展的第一次飛躍時期，表現為城的數量空前增多。經過「並諸小鄉聚，集為大縣」的統一規劃和調整，秦在關中設置了 36 個縣[93]由內史統一管轄。因而，秦在關中的城市建設除上述提及的舊都之外，還應有一些縣級政區治所以上的城市。《史記·秦本紀》載：武公十一年（前 687 年）「初縣杜、鄭」；康公二年（前 619 年）「取武城」；厲公十六年（前 461 年），「以兵二萬伐大荔，取其王城；二十一年，初縣頻陽」；靈公六年（前 419 年）「晉城少梁，秦擊之；十三年城籍姑」；簡公六年（前 409 年）「城重泉」等等。另尚有秦代新興城市麗邑、雲陽等。據考古發掘，秦縣治地皆有城，縣城面積約 1 平方公里。它們既是縣級政治中心，又是軍事據點和商業城市。

漢承秦制繼續在全國推行郡縣制度，形成了中國封建社會前期又一次築城高潮，高祖六年冬十月「令天下縣邑城」。伴隨這次築城運動，中國古代城市獲得了一次大的發展。關中地區作為京畿之地城市建設表現在：都城日漸龐大、環都陵邑及京畿區域城市的增長。

陵縣是西漢的特制，劃長安附近一定地域設置，徙天下富豪居之，以供奉帝、後陵園。漢代先後設置過九個陵縣：高帝長陵、惠帝安陵、文帝灞陵、景帝陽陵、（文帝母）薄太后南陵、武帝茂陵、（昭帝母）趙婕妤雲陵、昭帝平陵、宣帝杜陵。另有兩個准陵縣是高帝為其父太上皇陵所置萬年縣和宣帝為其父史皇孫陵所置之奉明縣。上述諸陵縣並不是林木茂盛、環境優雅之處，而是人煙稠密、聲色喧囂的「城市地帶」[94]。陵縣屬於太常管轄，「元帝永光元年分諸

92　周振鶴：「弘農郡、弘農縣均置於武帝元鼎三年」，《西漢政區地理》，北京：人民出版社，1987 年，第 248 頁。

93　馬正林：〈論中國的城牆與城市〉，《歷史地理》第十三輯，上海：上海人民出版社，1996 年。

94　鄒逸麟主編：《中國歷史人文地理》，北京：科學出版社，2001 年，第 316 頁。

陵邑屬三輔」[95]。

　　京畿區域城市表現為在漢代白渠、六輔渠、漕渠等附近新興了大批城市。比如，池陽、瀋陽、新豐、華縣、武城、船司空等。漢代城市數量比秦代大大地增加了，以至在當時的渭河沿岸，人煙稠密，居邑毗鄰。翦伯贊曾形象地說：「當時的關中……特別是陝西中部渭水流域一帶，是周秦以來，中國古代文明的搖籃之地。有著許多古代都市的存在。……到西漢時代，假如我們駕著小舟逆渭水而上，一定可以看到，在渭水沿岸，有著無數大大小小的都市。」[96]

　　查表 2–43 文獻記載的秦代縣城可知，三輔地區共有 33 城，當然這部分城市既有沿用先秦舊城，也有秦代新增長的部分。結合表 2–45，又知本區至少有8 城在西漢初年（高后二年）之前就已興起了，它們是：京兆尹之長安、新豐；左馮翊之翟道、池陽、萬年、長陵；右扶風之槐里、安陵。再據《漢志》記載，本區西漢一代出現的所有更名、新置城市是 20 個，減去更名及高后二年已經存在的部分城市，高后二年之後產生的城市有9 個：京兆尹之霸陵、船司空、南陵、奉明；左馮翊之徵祤、雲陵；右扶風之渭城、茂陵、平陵。至此，將上述已考城市與《漢志》三輔地區城市相對照，發現有 7 個城市不知建於何時，有左馮翊之瀋陽、谷口[97]、粟邑、蓮勺、芮鄉；右扶風之漆、俞麋。該部分城市增長的原因一個是與上文所提到的水利工程的興修有關；另外還當與關中地區人口的普遍增長有關。補充一點，高后二年所存城市中的翟道既沒有出現於文獻記載的秦城之中，也不在《漢志》新置城市中，《讀史方輿紀要》載翟道城「漢縣治」[98]，當是《漢志》漏載。

　　綜上所述，西漢初年的高祖六年（前 201 年）時，關中三輔地區至少有 33城（不包括弘農郡之上洛、商、弘農），十二年（前 195 年）時有 39 城（暫定翟道置於高祖時），高后八年（前 180 年）時有 41 城，文帝末年（前 157 年）有 43 城，景帝末（前 140 年）有 44 城，武帝末年（前 87 年）有 47 城，昭帝末（前 74 年）有 49 城，宣帝末有 50 城，至《漢志》三輔 57 城，其中有 7 城

95　《漢書》卷 19 上〈百官公卿表〉。

96　翦伯贊：《秦漢史》，北京：北京大學出版社，1999 年，第 212 頁。

97　《讀史方輿紀要》卷 53〈陝西二〉：「漢縣」，第 381 頁。按谷口至遲於文帝六年已存，《漢書》卷 38〈高五王傳〉：「（文帝）六年……（淮南王長）以輦車四十乘反谷口。」

98　《讀史方輿紀要》卷 53〈陝西六〉，第 402 頁。

不知建於何時，推測當出現於高后二年之後的某年。另據文獻記載，成帝曾設昌陵令[99]，但隨後又廢。西漢關中地區城市發展單從數量增長來看，相對於東部諸侯王國地區城市的發展速度是極其緩慢的，而這一發展特徵與關中地區所處的獨特的自然與人文環境是密不可分的。

二、關中城市形成和發展的自然環境基礎

城市是社會生產力發展到一定歷史階段的產物，是人類文明進步的結晶。同時，城市與鄉村相對立，是一種特殊的地理空間。不同等級的城市是一個地區，甚或是全國的政治、經濟、文化中心。而且，城市的發展不是孤立的，既有腹地，又與周圍城市相聯繫，形成具有等級規模、職能差異的地域城市結構。關中地區早期城市群正是在關中地區優越的地理環境下形成與發展起來，進而不斷影響改變著區域環境。

關中平原也叫渭河下游平原，是中華民族及其燦爛文化的發祥地，也是孕育西安城的「搖籃」。關中平原西起寶雞，東抵黃河，西窄東寬，西部寬僅 1 公里左右，東部寬在 80 公里以上，東西長約 360 公里，號稱「八百里秦川」，面積約 34000 平方公里。平原東低西高，海拔 325 ～ 750m，它是在華北地台渭河地塹的基礎上因地殼不斷下沉並接受泥沙堆積而形成的。現在平原上看到的一、二、三級河流階地以及河漫灘、山麓洪積–沖積扇、沖積平原等，就是渭河及其支流泥沙沉積和沙礫石堆積的產物，土地特別肥美，農業開發較早，為關中平原精華之所在。

關中地區河流特別密集，有渭、涇、洛、汧、灞、滻、潏、滈、灃、澇、黑等河流。尤其是西安地區，自古就有「八水繞長安」的俗諺。所謂八水就是涇、渭、灞、滻、灃、滈、潏、潦。其中的潦水就是現在的澇水；滈水的源頭是現在的洨水。上述河流除渭水是主流外，其餘均是渭水的支流。古時渭河水路交通發達，秦都咸陽城和漢、唐長安城的興起和發展，與渭河有著密切的關係。西周文王建於灃水之西，稱豐京，武王遷居滈水之濱，稱鎬京。秦咸陽城也正是因為在渭水之北、北山之南，山水俱陽而得名。後來咸陽城曾有過「渭城」之稱。西漢長安城就在渭河南岸正對咸陽城的地方。關中地區眾多的河流構成

99　《漢書》卷84〈翟方進傳〉「貶勳為昌陵令」。據《漢書‧成帝紀》載昌陵邑從籌建到廢棄約有六年的時間。但從其設令一點，就說明西漢社會權力高於一切的特徵。

一個縱橫交錯的水系網，除增益河山險固之外，還在灌溉農田、方便運輸及為城市人口提供生活用水等方面具有重大作用。

在諸河流之間分佈著的面積大小不一的黃土台原也為遠古人類進行生產、生活活動提供了良好的基礎，所以遠自一百萬年前，中華民族的祖先就在這裡勞動生息，過著狩獵和採集野生植物果實為生的生活。著名的藍田猿人繁衍生息於灞河中游秦嶺北麓的台原區，距今六千年前的半坡遺址即位於灞河與滻河之間白鹿原的西北邊緣。而且，由於黃土台原區地勢高爽，視野遼闊，排水條件好，地質基礎牢固，利於大型建築物的佈設，周、秦、漢、唐的宮殿建築差不多都坐落在台原上，如周代的豐、鎬京位於紀陽原上，秦代的咸陽宮位於畢原上，漢代的長樂宮、未央宮、建章宮和唐代大明宮建在今西安城區西北和北面的龍首原上。樂游原和少陵原是歷代西安城區的遊覽地。

關中平原屬暖溫帶半濕潤季風氣候。氣候特點是溫暖濕潤，雨量適中。1月份最冷，平均氣溫為 –1.3℃；7 月份最熱，平均氣溫為 26.7℃，無霜期 207 天。年平均降水量為 604.2mm。「自古長安多秋雨」，降水主要集中在 7、8、9 三個月。秦、西漢前期關中平原為暖潤氣候，年平均溫度高於現在 1 ～ 2℃，年降水量也多於現在，並有竹類等亞熱帶植物大面積地生長；至西漢後期趨於涼乾型氣候，較今天偏冷。但總的來講氣候條件還是有利於農作物生長發育的，加之這裡屬黃土地帶，土壤以褐土和壤土為主，肥力較高，易於耕作，農業發達，使關中成為陝西省最重要的糧食與經濟作物產地。

關中地區自然植被在漫長的地質及人類歷史時期發生了很大的變化，栽培植被歷史相當悠久。新石器時期，全球氣候明顯回暖，關中地區之氣候較今溫暖濕潤，為亞熱帶氣候，地帶性植被為北亞熱帶落葉闊葉林與常綠闊葉混交林。又因地貌差異，區內植被類型有所不同。秦嶺山地為暖溫性針闊葉混交林；渭北之黃土原區為北亞熱帶落葉闊葉林與灌草叢；秦嶺與驪山北麓之洪積平原和渭河及其支流的沖積平原上為北亞熱帶落葉闊葉林與常綠闊葉混交林，同時還分佈有大片竹林。此外，在洪積沖積扇前緣與一些河流兩岸低窪積水處以及一些大的湖泊區，生長有水生與沼澤植被；在渭河北岸今閻良區往東北至富平縣與蒲城縣南部一帶，係一鹽沼區，今名鹵泊灘，分佈有鹽生草甸。由於當時已出現原始農業，因此在河流階地與黃土台原上的氏族聚落附近，已有零星不固

定的農田分佈。如半坡遺址已發現穀子（Setariaitalica）和蔬菜（芥菜和白菜一類的十字花科），證明六、七千年前西安地區已出現以粟類作物為主體的農業栽培植被。但當時生產力低下，人口又少，所以人類活動對自然植被影響不大，不論山區、平原，基本上保持著自然植被的原始狀態。

新石器時代後期，即龍山文化時期，農業栽培植被有了明顯的增加，分佈地區也較為穩定，在黃土台原上分佈著黍、稷為主的旱作農業栽培植被，在渭河及其支流的沖積平原上，則分佈著黍、稷與局部稻作農業栽培植被，秦、西漢時期關中地區已成為我國農業發達地區。同時，由於秦與西漢統治者在都城附近大力興修水利，墾闢農田，廣建行宮園囿，培植異花奇木，因此農業栽培植被及園林等人工植被，在黃土台原及河谷平原地區有大面積的增加。西漢以降，除秦嶺山區外，關中平原地區的原始植被多為小麥、黍、稷以及宋元以後引入的棉花、玉米等為主的栽培植被逐漸代替，改變了它原來的面貌。而秦嶺山地北坡的森林，則因城市建設、居民生活需用木材以及山民開墾農田，進行林特產品生產而遭受到嚴重破壞，原始森林面積大為減少，林相也有很大變化。

三、關中早期城市發展的人文環境條件及特點

關中地區不僅自然環境優越，而且農業開發很早，從物質上為城市的誕生提供了保證。在距今三千年前的西周時期，關中作為西周都城豐、鎬京的王畿之地，推動了關中地區城市的迅速發展。之後，秦、西漢中央集權制國家先後建都於此，隨著郡縣制度的推行，關中地區城市數量大增，秦王朝在這裡設置了由內史管轄的 36 個縣；西漢「承秦制」，尤其是令天下「縣邑城」後，漢代城市數量更是猛增，關中地區設有由三輔（京兆尹、左馮翊、右扶風）分別管轄的 57 個縣級城市。這樣在關中地區逐漸形成了以國都為中心，以郡城、縣城為梯次的我國封建社會早期的城市群形態。同時，由於早期關中地區獨特的環境特徵與區位優勢使得該地區城市發展具有一定的政治與時代特徵，主要表現在以下幾個方面：

（1）該區域是周代、秦國發展、建國、立都之地，秦、西漢時期的許多城市是由周秦舊都城發展而來的。比如邰、汧、雍、池陽（涇陽）、櫟陽、咸陽等均作過周、秦的都城，建城基礎較好，得以沿用下來，並在後繼王朝中依舊發揮著影響作用。

（2）秦、西漢城市多沿河流、管道、交通幹線分佈。據統計本區有85%以上的城市分佈於河流、交通、管道附近，並呈現出從渭河支流向渭河沿岸發展的特點（圖5–5）。因而，關中地區諸城市間的交通與貿易關係較為便捷與緊密。

（3）漢都長安城周圍出現了陵邑。陵邑的出現，猶如眾星拱月，也即如當今大城市周圍的衛星城，很顯然是出於拱衛京都、安定局勢的需要，是由有目的的朝廷行為所造成的。茂陵、平陵、安陵、長陵、陽陵、霸陵、奉明、南陵、杜陵等自西向東、南依次排列，散佈於長安城周圍，只有萬年、雲陵兩個縣與長安城的距離相對較遠。大量陵邑的出現使得漢代在長安周圍形成了一個城市密集區，方圓50公里範圍之內密佈著本區城市總量的三分之一。

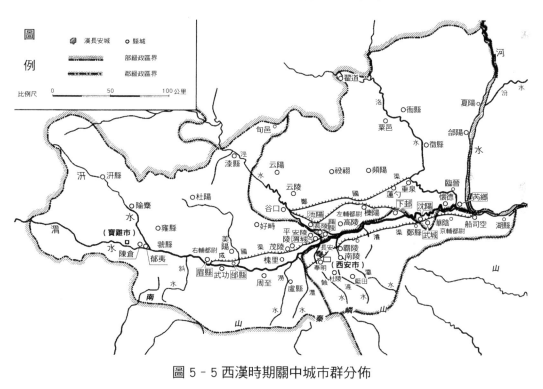

圖5－5 西漢時期關中城市群分佈

（4）關中地區城市發展趨勢是由西向東推展。周代都城由邰、岐邑遷至豐、鎬二京是如此，秦自建國至統一過程中依次出現的9個都城[100]亦是如此。9都之中除西陲（西犬丘）、秦邑在甘肅境內之外，其餘7個都城均在關中地區，

_____

100　徐衛民：《秦都城研究》，西安：陝西人民教育出版社，2000年，第8頁。

按時間順序依次由西向東為汧、汧渭之會、平陽、雍、涇陽、櫟陽、咸陽。至於西漢，關中城市的這一發展特徵則體現在左馮翊、右扶風新建城市數量上的不同。據上述考證，左馮翊所轄 24 縣中有新建城市 11 個、右扶風所轄 21 縣中有新建城市 8 個，分別約占各郡城市總量的 47%、38%，東部新增城市數量、幅度明顯多於西部。這也就說明了西漢統治者在京畿之地的關中地區不只是恢復周、秦舊城，而且更傾向於在關中東部的發展，增設大批新城。產生這一現象的重要原因，應與關中東部地區能夠為城市發展提供更為廣闊的空間以及關中與關東的對峙局面等有很大關係。

四、關中早期城市發展與環境之關係

關中早期城市在優越的區域環境上興起並發展起來，相反地區域城市的發展也急劇的改變著關中地區的自然與人文特徵。因而，關中地區的城市發展與區域自然地理環境及社會經濟發展的具體情況有密不可分的聯繫。

其一，優越的自然地理環境是城市形成與發展的基礎。

關中平原上河網稠密，渭河及其支流橫貫其間，為區域城市的產生提供了優越的自然條件。渭河北岸自西向東依次為汧水、杜水、涇水、洛水等支流，渭河南岸有斜、澇、灃、潏、滻、灞諸水。岐邑、豐、鎬、汧、雍、好畤、池陽、櫟陽、臨晉、霸陵、藍田、虢、郿、槐里、渭城（秦咸陽）、長安、懷德等分佈於上述河流谷地之間。春秋至西漢前期本區年平均氣溫高於現在 1 ～ 2℃，年降水量多於現在，並有竹類等亞熱帶植物大面積地生長 [101]。較為暖濕的氣候條件利於先民居住與發展農業生產，從而也為城市的產生與發展提供了物質上的保障。

周人把國都遷到灃水流域的豐、鎬，是與這裡優越的自然條件分不開的。灃水是渭水的重要支流，它流經關中平原中央地區，恰好也是關中平原渭河南岸最開闊的地帶。既可控制東來西往的水陸交通要道，又便於發展農業生產，是理想的農業定居場所和立國建都之地。秦都咸陽處於渭河的渡口上，是東西交通的咽喉，物產豐富，具有發展手工業與商業的有利條件，所以咸陽逐漸發展成為一個工商業大都會。雍城是當時中原地區通往西南、西北的樞紐。櫟陽

101　朱士光、王元林、呼林貴：〈歷史時期關中地區氣候變化的初步研究〉，《第四紀研究》1998 年第 1 期。

是關中通往三晉大道上的一個重要的城市，在秦、西漢王朝的統一戰爭中曾發揮過舉足輕重的作用，城內出土的秦代銅釜、金餅、秦漢瓦當、陶水道、陶井、陶甕等秦、西漢遺物說明了櫟陽商業的繁榮。漢長安城以原野開闊、水源充沛、交通方便等優於周、秦舊都的自然條件，成為當時最為繁盛宏偉的大都城，而「八水繞長安」正是其自然地理環境的生動寫照。

其二，特殊的政治環境是區域城市得以發展的契機。

優越的自然環境為關中地區城市的誕生提供了基礎，最終促使秦、西漢建都於此。相應地處於京師之地的區位優勢則帶動了本區城市的進一步發展。具體表現在以下幾個方面：

首先是京畿地區政區之增置。秦代的內史「掌治京師」，至漢代由於都城人口的膨脹、陵邑的出現等，內史一郡很顯然無法維護京師的正常治理。因而先於景帝二年（前 155 年）分置左、右內史，又於武帝太初元年（前 104 年）更置京兆尹、左馮翊、右扶風，是為三輔。京兆尹因京城是「大眾所在」而置，左馮翊為輔助治理之義，右扶風為輔助教化之義（因扶風地近隴西還是畜牧之所），很顯然三輔是各司其職，各有分工。故然如此，這裡尚需補充說明的是三輔由於在地域上等同於秦內史轄區，三輔郡治沿秦制仍設於京都長安城中，只在相應的轄區內別置機構——都尉（其職責本就是協助郡守維護地方安全）以維護地方治安，即京輔都尉治在華陰、左輔都尉治在高陵、右輔都尉治在郿縣。

其次是陵縣的建置。漢代的陵及其附屬的園、寢、廟規模很大，元帝以前，每起一陵，就要在陵側置縣，役使縣民供奉園陵，叫做「陵縣」，亦稱「陵邑」。諸縣名義上為供奉陵園而置，實際上是漢政府的「強幹弱枝」之策，其結果是這裡形成了特殊的城邑地帶。主要表現在以下幾個方面：（1）人口的增加。當這些地方被確定為陵區後，政府為加強防禦，屢次大規模強迫各地大官僚、大富人、大土豪移家陵縣。漢高祖初年聽從婁敬的建議，一次就將關東六國舊貴、豪傑名家 10 餘萬口移至關中；武帝時又遷資產在 300 萬以上的富戶至此，之後的昭帝、宣帝、成帝也都有類似的行為。陵城的人口數量比較多，尤以茂陵為最，號稱 27 萬有餘，長陵有口近 18 萬，其他陵縣也都有幾萬或十餘萬[102]。（2）

102　葛劍雄：《西漢人口地理》，北京：人民出版社，1986 年，第 151 頁。

城市商業的繁榮。這裡從外地遷來的大量人口大多是富商大賈，因此陵邑商業活躍，形成為消費性城市，與長安城共同形成城邑地帶。其中在渭水北岸的長陵、陽陵、安陵、茂陵、平陵所徙官僚、富豪最多，風俗奢縱，時人比於長安。正如班固在〈西都賦〉中所言「南望杜灞，北眺五陵，名都對郭，邑居象承」，從而強化了京師的都會氣氛。（3）不同於區域傳統文化的環都文化的產生。這裡廣聚天下英俊，集會四方豪傑，又能夠較為顯著地打破傳統的地域文化界限，能夠毫無成見地吸取來自不同區域的文化營養。正如武伯綸《五陵人物志》中總結五陵人物的文化貢獻時曾經指出的，「它們都以遷徙的原因而列於漢帝諸陵。他們從漢代各個地區（包括民族）流動而來，造成了帝陵附近人口的增殖及人才的匯合，形成一個特殊的區域文化」。〈關中記〉載一次「徙關東倡優樂人五千戶」於安陵，形成了歌舞昇平的新氣象。西漢一代出身於關中的名人，見於《漢書》的有 42 人，出身於諸陵邑的計 30 人，占 71.43%；其中班固單為立傳的 34 人中，出身於諸陵邑的計 22 人，占 68.75%。可見，西漢時期五陵薈萃英俊之士的說法，的確是歷史的真實。張衡在〈西京賦〉中說「五縣遊麗辯論之士，街談巷議，彈射臧否，剖析毫釐，擘肌分理，所好生毛羽，所惡成創痏」，說明這裡已成為具有強有力影響的社會輿論中心。

　　再次是河渠沿岸城市的大發展。國都的給養問題是統治者們始終要考慮的重要問題之一。解決給養問題的途徑大致有兩種，一種是靠京師附郭、近縣提供，另一種是由經濟富庶之地轉運。第一種途徑僅僅靠天收糧是難以解決的，必須借助於灌溉工程，促進當地農業經濟的發展來彌補。為此，秦、西漢在關中地區修鑿了鄭國渠、靈軹渠、成國渠、六輔渠（前 111 年鑿）、白渠（前 95年鑿），漢諺稱「鄭國在前，白渠在後。……且溉且糞，長我禾黍。衣食京師，億萬之口」[103]。這些灌溉工程及原有河流的利用不但推動了關中地區農業生產的發展，而且促動了本區城市的產生與發展，如谷口、蓮勺、重泉、池陽、櫟陽、下邽等。第二種是通過水運轉輸來解決都城給養不足的問題。西漢渭河南岸的漕渠（前 131 年鑿）就是為此而修建的。國都長安而外，奉明、霸陵、新豐、瀋陽等均在漕渠附近，船司空的設置尤其與漕運有關。

五、關中地區城市群發展特徵分析

目前，學術界對於城市群的定義有許多不同的說法。其中較具代表性的有：「以大城市為核心的城市群狀布點的形式」；「在特定的地域範圍內具有相當數量的不同性質、類型和等級規模的城市」；「通常是指在一定地域範圍內集聚若干大、中、小相結合的城市群體的區域空間結構」。以上城市群的定義雖不同，但仍含有許多共同特徵：（1）城市群由一定地區內相當數量的城市組成；（2）這些城市具有一定的規模等級結構，在空間上呈集聚態分佈；（3）城市群內具有一定的核心城市（中心城市），該城市往往是大城市或特大城市。[104]根據現代城市群的定義與特徵，結合本區城市的發展，不難發現西漢時期關中地區已具有了城市群的基本特點，或至少可以說明它已產生了城市群的雛形。

首先，表現為城市數量的增多。從上文敘述中可知，秦在《漢志》關中設有33縣，漢代新增24個，漢末達到57縣，僅從數量上即可說明這一點。

其次，關中地區城市中已出現了等級上的差別。西漢關中地區的城市發展立足於秦代城市，在本區由於社會經濟發展與鞏固過程中產生的一系列城市因所起的作用、管轄範圍不同而形成了等級差別。形成了國都——郡城——縣城三級城邑。國都既是全國的政治、經濟、文化中心，同時更是關中地區的中樞，三輔郡治同治都城之中，使得區域城市的首位度比較高，三輔都尉治所因有職責協助郡守處理郡內事務，成為本區的次級政治軍事中心，都城周圍的陵邑因地位特殊也是區域經濟文化發展的重點區域，不同級別的城市相互作用相互影響共同改變著區域環境，對當時關中城市群發展有很大影響。此外，由於本區京畿之地的重要性，關係到國家的穩定，整個區域的地位就非常之高，這一點在前文張家山漢簡研究中有很明確的論述，可以說京畿地區的城市等級相對較高是不可否認的事實。再者，從上圖中也不難發現在都城周圍、渭河沿岸形成了本區城市的密集帶。

再次，城市有了功能分工。關中地區作為京畿之地受首都城市政治、經濟、文化等職能的影響是顯而易見的。西漢三輔均與都城同治一處，增強了都城的輻射強度。隨著區域社會經濟的發展，都城周圍形成了次級職能中心。（1）作

104　趙榮、楊新軍等著：《西北地方城市發展研究》，西安：陝西人民出版社，2001年，第103–104頁。

為國家大事的祭祀活動，西漢時期同樣得到重視。他們除在都城內及近郊設置宗廟及陵墓之外，還有較為集中的祭祀中心——雍城。雍城因建都時間較長，有很多先王祠廟，因而歷代王公都必須前往祭祀。就連秦始皇二十二歲行冠禮時，也必須到此。筆者據《漢志》整理：雍縣有祠廟303所，占全國402所祠廟的近80%。因而，漢代最高統治者到雍地祭祀的頻率也較高。據《漢書・郊祀志》統計：高祖5次，文帝26次，武帝75次，宣帝25次，初元元年（前48年）至成帝3年（前30年）有20次，共有151次。由此可見，西漢時期的雍城當是都城宗廟祭祀之外的又一祭祀中心；（2）諸陵縣集中了大量的舊貴族、大商人，形成了獨特的環都城經濟、文化中心區；（3）在華陰、高陵、鄠分設為都尉治地以拱衛京師安全，成為軍事次中心；（4）船司空本來是主管船運的官員，因漕運日益重要，遂設為一縣，成為都城東方的漕運樞紐。

最後，在城市人口規模上也產生了等級差別。比如，《漢志》載京兆尹長安縣有戶80800，口246200；左馮翊長陵縣有戶50057，口179469；右扶風茂陵縣有戶61087，口277277。上述諸縣戶、口約占各郡戶、口數的三至五分之一，相對應地其餘各縣的戶、口數量則要少得多，形成了人口規模上的等級差，由此決定了城市的等級區別。同時，人口數量差異在一定程度上反映了地區經濟發展水準的不平衡性。

綜上所述，西漢時期關中地區出現了以都城為中心，以眾多的縣級城市為梯度組成的城市群結構，這一結構特徵除對鞏固西漢中央政治統治發揮了重大作用外，還成為後代關中地區城市及城市群發展的基本框架，進而制約著現代關中地區城市發展的空間形態。

作為京畿之地的關中平原優越的自然與人文環境特徵為本區城市的發展奠定了基礎，城市緩慢發展的歷史特徵正顯示了國家發展的需要。而作為漢郡中心，乃至全國的政治經濟文化中心區域，三輔地區承擔著重要角色，是漢郡處於與東部諸侯王國地區對峙局面下的基本統治區，實行與東部諸侯國區不同的行政管理方式，承襲了秦代的郡縣制，實行郡縣二級管理體制。因此，本區城市發展的最基本方向是在穩定的社會環境中建立郡縣體系下的空間等級秩序，西漢末年關中地區三級城市體系的建立就是漢郡區城市發展模式的直接反映。

第三節　新拓展區城市的空間推進方式

　　新拓展地區，是指武帝時期在對外戰爭與貿易之中，以設立郡縣形式在帝國周圍三個主要方向上所逐漸佔領的區域。相對於東部諸侯王國區、中部漢郡區，本區城市發展則有不同的方式。

　　高祖七年（前200年）白登山戰敗之後，接受婁敬與匈奴和親的建議，使得北邊地區獲得了暫時穩定，獲得了社會經濟恢復發展的有利時機。西漢帝國與匈奴在「和親」政策下維持了六七十年的相對和平環境。其間匈奴不僅從中國得到了漢家公主，獲取經濟利益，還經常南下，甚至危及國都的安危，為此，漢武帝即位之後就開始對包括匈奴在內的周邊展開了軍事攻勢，並取得了一系列的勝利。《漢書・食貨志上》載：「武帝因文、景之蓄，忿胡、粵之害，即位數年，嚴助、朱買臣等招徠東甌，事兩粵，……唐蒙、司馬相如始開西南夷，鑿山通道千餘里，以廣巴、蜀，……彭吳穿穢貊、朝鮮，置滄海郡，……及王恢謀馬邑，匈奴絕和親，侵擾北邊，兵連而不解，天下共其勞。」隨著戰爭的勝利，西漢帝國在上述區域設置了一批郡縣城市進行管理，對應於《漢志》則包有朔方刺史部的朔方郡；涼州刺史部的金城、武威、張掖、酒泉、敦煌5郡；交州刺史部的南海、郁林、蒼梧、交趾、合浦、九真、日南7郡；益州刺史部的犍為、越巂、益州、牂柯、武都5郡；荊州刺史部的桂陽、武陵、零陵3郡；幽州刺史部的玄菟、樂浪2郡，共219個城市。

　　西漢中國與周邊民族政權的關係，影響著邊疆地帶社會經的發展，尤其對區域城市發展影響更大。區域環境差異使得新佔有區域城市發展方式與諸侯王國和漢郡區城市發展存在著很大不同，但是，相對於區域經濟發達地區的落後性又使得本區域內部城市發展有很多相似性。新拓展地區環繞於西漢帝國初期版圖之外，區域面積占西漢末年總面積的五分之二，空間範圍非常廣泛，地貌類型複雜，自然環境差異顯著。本區根據其所對應的民族政權又可細分為幾個亞區，如西北地方、西南夷地區、南越與朝鮮地區等，本節主要以考察區域的不同級別城市設置順序為線索，探討區域城市發展道路及模式問題。

一、西北地方城市的空間發展及其方式

　　本文西北地方是指《漢志》朔方及河西諸郡，是武帝及昭、宣二朝長期

對匈奴作戰的直接結果。根據之前部分章節的考證，西漢初年帝國西北部邊界內縮，秦大片疆域落入匈奴等少數民族政權手中，秦九原郡、安定郡、隴西郡的一些地區落入匈奴之手，帝國北部邊境全被匈奴包圍[105]。武帝之前幾位帝王在位之期間，匈奴常常不受「和親」政策的束縛，騷擾邊地漢民[106]，故此武帝才因文、景之蓄，忿胡、粵之害[107]，向匈奴等族發起反擊。經過元光二年（前133年）夏六月的馬邑行動[108]、元光六年（前129年）冬[109]、元朔元年（前128年）秋[110]、元朔二年（前127年）[111]、元朔四年（前125年）[112]、元朔六年（前123年）[113]、元狩二年（前121年）[114]、元狩四年（前119年）[115]等一系列戰鬥，尤其是最後一次戰役，衛青向北追趕單于直到闐顏山趙信城才回兵；霍去病到

105　首先徹底擊敗東胡、打敗月支、奪回鄂爾多斯地區。

106　《漢書》卷49〈爰盎晁錯傳〉：「臣聞漢興以來，胡虜數入邊地，小入則小利，大入則大利；高后時再入隴西，攻城屠邑，毆略畜產；其後復入隴西，殺吏卒，大寇盜。」

107　據余英時先生研究，從西元前198年到前135年，漢朝和匈奴一共達成了不下十次「和親」協定，見於記載的有前198、前192、前179、前174（兩次）、前162、前161、前156、前155、前135。對於漢朝來說，「和親」協定已經變成一項永無休止而且日益增長的財政負擔。余英時，鄔文玲等譯：《漢代貿易與擴張》，上海：上海古籍出版社，2005年，第241頁。

108　《漢書》卷6〈武帝紀〉：「（元光二年）夏六月，御史大夫韓安國為護軍將軍，衛尉李廣為驍騎將軍，太僕公孫賀為輕車將軍，大行王恢為將屯將軍，太中大夫李息為材官將軍，將三十萬眾屯馬邑谷中，誘致單于，欲襲擊之。」

109　《漢書》卷6〈武帝紀〉：「匈奴入上谷，殺略吏民。遣車騎將軍衛青出上谷，騎將軍公孫敖出代，輕車將軍公孫賀出雲中，驍騎將軍李廣出雁門。青至龍城，獲首虜七百級。」

110　《漢書》卷6〈武帝紀〉：「（元朔元年）秋，匈奴入遼西，殺太守；入漁陽、雁門，敗都尉，殺略三千餘人。遣將軍衛青出雁門，將軍李息出代，獲首虜數千級。」

111　《漢書》卷6〈武帝紀〉：「（元朔二年）匈奴入上谷、漁陽、殺略吏民千餘人。遣將軍衛青、李息出雲中，至高闕，遂西至符離，獲首虜數千級。收河南地，置朔方、五原郡。」

112　《漢書》卷6〈武帝紀〉：「（元朔）五年春，大旱。大將軍衛青將六將軍兵十餘萬人出朔方、高闕，獲首虜萬五千級。」

113　《漢書》卷6〈武帝紀〉：「（元朔）六年春二月，大將軍衛青將六將軍兵十餘萬騎出定襄，斬首三千餘級。還，休士馬於定襄、雲中、鴈門。」

114　《漢書》卷6〈武帝紀〉：（元狩二年）「遣驃騎將軍霍去病出隴西，至皋蘭」、「將軍去病、公孫敖出北地二千餘里，過居延，斬首虜三萬餘級」、「匈奴入雁門，殺略數百人。遣衛尉張騫、郎中令李廣皆出右北平」。

115　《漢書》卷6〈武帝紀〉：「（元狩四年）大將軍衛青將四將軍出定襄，將軍去病出代，各將五萬騎。步兵踵軍後數十萬人。青至幕北圍單于，斬首萬九千級，至闐顏山乃還。去病與左賢王戰，斬獲首虜七萬餘級，封狼居胥山乃還。」

達翰海（今貝加爾湖）附近，在狼居胥山（在賀蘭山和陰山之間）和姑衍分別舉行了「封」、「禪」大典，這些戰役迫使匈奴將戈壁以南靠近漢地的王庭遷移到大漠以北。

西元前 121 年和前 119 年的兩次戰役至少給匈奴人的生活造成了兩個深遠的影響。一個是祁連山和焉支山的喪失，多年來它們一直是匈奴珍愛的故土和牧場。《漢書・匈奴傳》中一首匈奴歌謠是這樣哀歎他們的損失的：亡我祁連山，使我六畜不蕃息；失我焉支山，使我婦女無顏色。另一個變化是其丟失了從甘肅走廊西至羅布泊的土地。還在戰爭過程中，帝國就在已佔領的土地上設置了郡縣[116]，構築城市[117]。酒泉郡的設置，正好將匈奴與南面的羌人分隔開來，第一次打開了通往西域的入口，匈奴獨霸西域的時代結束了。[118]

隨後從西元前 115 年到前 60 年的半個世紀，是漢帝國與匈奴爭奪西域控制權的時期。武帝初期就曾派遣張騫出使西域，11 年後帶回了有關西域的第一手資料，為武帝元朔六年（前 123 年）衛青擊敗匈奴右賢王做好了鋪墊。武帝太初四年（前 101 年）貳師將軍李廣利對大宛的征服是漢朝奪取西域控制權的又一重要戰役。配合軍事行動，漢廷運用政治方式，如從樓蘭帶走人質；努力建立反匈奴聯盟，如武帝元封六年（前 105 年）與烏孫的聯姻；當然最主要還是依賴戰爭，武帝元封三年（前 108 年）趙破奴將軍取得了對車師戰爭的勝利是聯姻能夠成功的前因。宣帝神爵二年（前 60 年），西域都護府建立，標誌著漢朝對西域的控制權的建立。

在與匈奴爭奪西域的過程中，漢帝國在沿途陸續設置了部分郡縣城市，是本區域接受帝國控制的標誌。如，武帝元鼎六年（前 111 年）以酒泉郡西部、東部分置敦煌郡、張掖郡，之後酒泉、敦煌境域沒變，《漢志》酒泉郡有 9 城、敦煌郡 6 城。張掖郡則於昭帝始元五年（前 81 年）分令居、枝陽 2 城，和來自天水郡的金城、榆中以及隴西郡之枹罕、白石組成了金城郡。宣帝地節三年（前 67 年）又分張掖郡東部置武威郡。這一地區在分置新郡的同時，還有新城的設

116　《漢書》卷 28 下〈地理志〉載元朔二年（前 127 年）在鄂爾多斯地區設置了朔方和五原郡；元狩二年（前 121 年）在河西地區設置了酒泉郡。

117　《漢書》卷 28 下〈地理志〉載元朔三年（前 126 年）築朔方城、元朔五年（前 124 年）築臨戎城、元狩三年（前 120 年）築三封、沃野城。

118　余英時，鄔文玲等譯：《漢代貿易與擴張》，上海：上海古籍出版社，2005 年，第 246 頁。

置，如太初間置居延、休屠 2 城，宣帝神爵元年（前 61 年）置浩門、臨羌城，神爵二年置允街、破羌、河關 3 城 [119]。

漢廷在西域取得了對匈戰爭勝利後，於宣帝神爵二年（前 60 年）設西域都護府於烏壘城（今新疆輪台縣東北），統轄天山以南蔥嶺以東 36 國；至元帝初（前 48 年）又置戊己校尉，屯田於車師前部之高昌壁（今新疆吐魯番市東）；轄境擴展至包有天山以北烏孫，蔥嶺以西大宛。都凡 48 國。其後又有增析，哀、平間都凡 50 國。西域諸國面積遼闊，因其民族多馬背之族，並不重視城市的築造，據周偉洲研究，西域廣袤的空間範圍內僅有城市 24 個 [120]，由於本區亦非西漢帝國直接管轄區，本研究並不包括該區域。

史念海認為，西漢一代在鄂爾多斯高原所設的縣多達 20 多個，這個數字尚不包括一些未知確地的縣城。當時的縣址，有 1 處已經在沙漠之中，有 7 處已經接近沙漠。「應當有理由說，在西漢初在這裡設縣時，還沒有庫布齊沙漠。至於毛烏素沙漠，暫置其南部不論，其北部若烏審旗和伊金霍旗在當時也應該是沒有沙漠的。」[121] 土壤大面積沙化的情形儘管各有具體原因，但本區農、林、牧土地利用方式的演變應當是一個非常重要因素。除了可以防風防沙的森林遭到破壞之外，大片草原因戰馬的踐踏更是遭到毀壞，加之，西漢推行的移民實邊政策外地移民因採用不同於本區原有的生產方式也對區域環境造成了長遠而深刻的破壞。所以，西漢王朝對西北地方的開發活動，修築了城市，先進的城市文明改變了本區人文環境特徵，與此同時也對這裡的自然環境造成了更大影響。

秦漢時期，溝通西北地方與中原聯繫的是秦始皇時代修築的弛道。基本路線就是：自長安城達雍（今陝西鳳翔縣）經上邽（今甘肅天水市）過狄道（今甘肅臨洮縣）經刪丹（今甘肅山丹縣）到張掖西行；另有一條秦漢時期的較早的驛道——回中道：從長安出發，沿渭河，過西漢虢縣（今陝西寶雞市），再沿汧河，過西漢汧縣（今陝西隴縣），沿隴山東麓北上，與涇河流域的絲綢之路幹線相接。西元前 220 年秦始皇出巡，過回中宮（今隴縣西北六盤山東麓），

119　周振鶴：《西漢政區地理》，北京：人民出版社，1987 年，第 157–174 頁。

120　周偉洲：〈兩漢時期新疆的經濟開發〉，《中國邊疆史地研究》，2005 年第 1 期。

121　史念海：「兩千三百年來鄂爾多斯高原和河套平原農林牧地區的分佈及其變遷」，《河山集》三集，人民出版社，1988 年。

上機頭山（今甘肅平涼縣西北小崆峒山）到北地郡（今甘肅慶陽市西峰鎮一帶）。這條道路因途經秦回中宮，故稱回中道。這在《史記‧貨殖列傳》中也有記載：「天水、隴西、北地、上郡與關中同俗，然西有羌中之利，北有戎翟之畜，畜牧為天下饒。然地亦窮險，唯京師要其道。」正是說明西部各郡因在京師西出大道上，地位逾顯重要。

河西走廊以南受南部祁連山脈發源的石羊河、黑河、疏勒河三大河流水系的滋潤，發育了連綿的綠洲，其自然和交通條件較之走廊以北的荒漠，無疑要優越得多。河西走廊北部深入沙漠中的石羊河、黑河下游的民勤綠洲和居延澤（今額濟納旗）是通往寧夏、河套以至蒙古草原的捷徑，南部穿越祁連山脈諸山口又可通往青藏高原。西漢設立武威、張掖、酒泉、敦煌四郡，原本欲「以隔絕胡與羌通之路」，卻發展成「胡漢交往」繁榮一時的國際性都會城市。

對河西走廊影響最大的自然因素是水系的演變。《漢志》記載本區渠澤 10 處。河西走廊是西北乾旱區域的一部分，各河流均發源於河西走廊南面的祁連山地。上游是高山冰川融雪，中游為深切的河谷，大多數河流迅速消失在山前堆積的衝擊、洪積扇的戈壁灘內，形成潛流。下游在不同時期常有不同位置和不同範圍的一個或數個終端湖，湖泊位置容易遊移、變小或消失。河流出山後，很少常年有水，多為季節性河流。每條河流在走廊南北山麓，均有大量礫石及砂土的扇形堆積物，河流逾大，洪積、沖積扇也愈大，扇緣時常是古代城池選址所在。敦煌地區古代城址的廢棄和重建，往往受上述河流改道、綠洲遷移的影響，漢代玉門關恰好位於兩條河流西支故道上。

西北地方城市的發展與軍事活動有很大關係，戰爭作為政治權力的客觀構成要素在西漢帝國的權力運作中發揮了極為重要的作用。西北地方城市的空間發展首先表現為沿河流綠洲分佈的地理特徵；在新佔領區，較高等級的城市區域的形成往往是以原統治區的部分城市為依託組合部分新區構成。如，上文提到的敦煌、張掖、金城、武威等。

二、西南地區城市的空間推進及其方式

本文「西南」是指漢武帝開拓西南夷之後的「西南地區」，用今天的政區來描述就是指四川西南部、貴州、雲南等地區。《史記》所說「西南夷」就是生活在巴蜀以西、以南地區的所有少數民族的統稱。西南地區地貌形態多樣，

有盆地、平原、丘陵、山地和高原等五種地貌類型。概括而言，西南地區的地貌最為突出的特徵就是眾多的山地和盆地。山地阻礙了本地區人們的交通和交流，它們將西南地區圍合成一個個相對封閉的地理單元和文化單元。

　　西南地區郡縣城市的設置，從附錄1西漢政區圖示「西南諸郡沿革」上看來是比較複雜的，其主要原因在於地形、地理上的原因及地緣政治結構問題。在這裡，我們僅對西南各郡設置時間進行考察。

圖5－6武帝後期西南版圖

圖片來源：張傳璽 楊濟安《中國古代史教學參考地圖集》，北京大學出版社1982年
　　　　8月，第17頁。

　　漢朝對西南地區的活動同樣始於武帝時期，但並非由民族矛盾而起，卻是因為貿易問題，直接說是因「枸醬」而起[122]。武帝建元六年（前135年），在唐蒙的唆使下開始了在西南地區設置郡縣的活動。唐蒙從巴蜀筰關入夜郎境內，

122　《史記》卷116〈西南夷列傳〉。

對夜郎旁小邑採取「厚賜，喻以威德，約為置吏，使其子為令」的引誘方式，而夜郎地方「以為漢道險，終不能有也，乃且聽蒙約。」結果得以在在這個地區設置了犍為郡。並徵發巴蜀老百姓開發道路，自僰道指牂柯江。隨後，漢武帝又在蜀人司馬相如的蠱惑下，在西夷設置了「一都尉，十餘縣，屬蜀」。但經過多年的勞作通往西南夷的道路仍不能夠暢通，「上患之」，乃罷西夷，只剩下南夷夜郎兩縣一都尉[123]，「稍令犍為自葆就」[124]，是否可以說明此時西南夷地區尚無城池建設？

武帝元鼎六年（前111年）西南地區設置4個初郡，以廣漢郡西部白馬氏建武都郡，以蜀郡北部的冉駹置汶山郡，以蜀郡西南部設沈黎郡，更在沈黎以南設越嶲郡。元封二年（前107年）以滇地合牂柯郡西部置益州郡。後數年，又開昆明地，廣益州[125]，西南夷進入西漢版圖。

對於漢朝在西南地區的的活動大體上採用了逐步推進方式，即以已置之舊郡部分地為基礎，合以新開地設置新郡。如從廣漢分犍為[126]，從犍為分牂柯，從牂柯分益州等。至於武都由隴西、漢中郡地置，沈黎和越嶲則利用舊時屬蜀十餘城加以擴大，這一推進方式與其他地區稍有不同。[127]

西南地區的地理特徵對於西南地區古代的政治、經濟、文化的發展和民族分佈狀況產生了較為深遠的影響。西南地區城市推進方式緣自於本區特殊的地理形勢，深山峽谷是本區最顯著的地理特徵，蜀通往身毒的間道與絲綢之路有互補之能效，這也是武帝最為看重的地方。因此漢朝在雲南的設治地點非常的深入，最西南達到今保山和騰衝一帶，這是西南去今緬甸再往印度的最直接的道路。漢朝在雲南設置的郡縣，非常明顯地反映出尋找商道的目的。朝廷前往雲南多是由成都出發，進入雲南東部再轉往其西部，後來更是直接從青藏高原的邊緣南下，直接到達雲南西部。這種交通佈局促使雲南的發展重心逐漸西移。到唐朝時，由於南詔的興起，雲南的重心完全偏到西部的大理，而不再是最初的昆明。儘管此後昆明也有所發展，但這一重心的重新回歸卻是元朝時候的事

123　《史記‧集解》徐廣曰：「元光六年，南夷始置郵亭。」

124　《史記‧正義》：「令犍為自葆守，而漸修成其郡縣也。」

125　《後漢書》卷86〈南蠻西南夷傳〉。

126　《漢書》卷28下〈地理志〉犍為郡「江陽、武陽」2城在《張家山漢墓竹簡‧二年律令》中有所記載，而犍為郡所置甚晚，高后時當屬廣漢郡。

127　周振鶴：《西漢政區地理》，北京：人民出版社，1987年，第140頁。

了。[128]

三、南越、閩粵、朝鮮地區城市的發展

　　南越泛指嶺南地區，本區在秦始皇三十三年（前 214 年）置為南海、桂林、象郡。西漢初年，南海尉趙佗自立為南越國[129]，高后時，佗又自尊為南武帝，發兵攻打長沙邊郡，敗數縣。由於漢帝國兵卒不適應南方氣候、水土，至高后末年時，南越已是「東西萬餘里」，並「乘黃屋左纛，稱制」與中國相對抗。直至武帝元鼎五年（前 112 年）秋，伏波將軍路博德出桂陽，下湟水；樓船將軍主爵都尉楊僕出豫章，下橫浦；故歸義粵侯二人為戈船、下瀨將軍，出零陵，或下離水，或抵蒼梧；使馳義侯因巴、蜀罪人，發夜郎兵，下牂柯江；咸會番禺。元鼎六年（前 111 年）南粵已平。遂以其地為儋耳、珠崖、南海、蒼梧、郁林、合浦、交趾、九真、日南九郡，到西漢末年南越地區並存的有南海、郁林、蒼梧、合浦、交趾、九真、日南七郡，共有 55 城。

　　閩粵地區在西漢初年為外諸侯，有閩越國和東海國[130]，分別據有今福建全部和浙江南部。建元三年（前 138 年），東粵請舉國徙中國，乃悉與眾處江、淮之間。後閩越反，上遣橫海將軍韓說出句章，浮海從東方往；樓船將軍僕出武林，中尉王溫舒出梅領，粵侯為戈船、下瀨將軍出如邪、白沙，於元封元年（前 110 年）冬，各路軍入東粵，「其民徙處江、淮之間」，東粵地遂虛。後在此地分別置回浦和冶兩縣，均屬會稽郡。

　　朝鮮半島，秦時屬遼東外徼；西漢初年「為其遠難守，復修遼東故塞，至浿水為界，屬燕」；孝惠、高后時天下初定，燕人衛滿以「兵威財物侵降其旁小邑，真番、臨屯皆來服屬，方數千里」；元封二年（前 109 年），漢使涉何譙諭衛右渠（保塞外蠻夷長），終不肯奉詔，「何去至界上，臨浿水，使馭刺殺送何者」，武帝不但沒有追究涉何殺蠻夷長者的罪過，反而拜何為遼東東部都尉[131]。由此引起朝鮮怨恨，發兵襲攻殺涉何。武帝於當年秋發兵擊朝鮮，至

128　　李孝聰：《中國區域歷史地理》，北京：北京大學出版社，2004 年，第 89 頁。

129　　《漢書》卷 43〈酈陸朱劉叔孫傳〉：「賈卒拜佗為南越王，令稱臣奉漢約。」

130　　《漢書》卷 95〈西南夷兩粵朝鮮傳〉：「漢五年，復立無諸為閩粵王，王閩中故地，都冶。孝惠三年……立搖為東海王，都東甌，世號曰東甌王。」

131　　《史記》正義引〈地理志〉云遼東郡武次縣，東部都尉所理也。

元封三年（前 108 年）滅朝鮮及其屬國，置樂浪、玄菟、真番、臨屯四郡 [132]。
昭帝始元五年（前 82 年）罷真番、臨屯入樂浪，內徙玄菟，縮小其領域。[133]

　　西漢疆域變化最為顯著的時段是在武帝時期，因武帝朝對西北、西南、南
方及朝鮮半島的戰爭，西漢版圖達到空前水平。由對匈奴戰爭勝利而設置的朔
方、五原郡開始，到南方 17 初郡的設置，西漢領域內淨增國土面積 160 多萬平
方公里，此區域內設置的縣級及其以上的行政機構治所成為西漢城市增長的一
個重要組成部分。

　　西漢初年帝國與周邊民族政權的關係註定了帝國在將之所在區域納入帝國
統治體系時表現在去辱、發展邊貿、宣揚國威等複雜因素下進行的。拓展區城
市空間推進則是借助於戰爭等暴力形式實現的。由於本區各亞區自然地理環境、
民族生活方式等人文環境的差異，各區城市發展道路稍有不同，但一個共同的
特點就是基本上均是沿線發展，即不論是河流沿線、還是交通線，依託已建立
的據點城市採取逐步推進的發展模式。

132　《史記》卷 115〈朝鮮列傳〉。

133　周振鶴：《西漢政區地理》，北京：人民出版社，1987 年，第 206 頁。

第六章　西漢時期空間認識與國家控制——西漢城市發展演變機制[1]

　　城市既是人類文明的產物，也是孕育和創造文明的社會空間。城市的發展從未離開過社會演進的步伐，從起源時代開始，城市的興起、發展和演變就受到自然、經濟、社會和人類等多方面的影響，呈現出一種複雜的動態現象。不同歷史時期，不同地區、不同的社會形態、經濟發展水準和發展速度等對城市發展的速度、性質、規模和空間組織等產生了較為重要的影響。西漢時期是中國社會轉型的重要階段，在由血緣社會向地緣社會轉變的過程中，以城市代表的空間區域作為推行國家政治權力的工具發揮了重要作用。與此同時，西漢城市的發展演變及全國性等級城市體系的形成也反映了人們對自然、區域社會認識能力的提高，是西漢統治上層處理中央與地方權力關係的成功案例，遏制了春秋戰國以來分裂現象的延續，促進了中華民族的形成。

　　西漢一代城市時空發展特徵與主流社會對區域空間認識和國家穩定發展的宗旨緊密相關，在這一前提下提出了一系列具有連貫性的、瓦解地方權力的措施，也是導致西漢城市發展演變的根本原因。受先秦縱橫家思想影響，西漢社會仍有一批長於評論國家空間形勢的能臣謀士，如婁敬、賈誼、晁錯、主父偃等，他們在總結周秦滅亡經驗教訓的基礎上，基於對西漢社會空間形勢特點提出了頗具代表性的空間認識思想，並圍繞帝國強本弱末的基本國策，協助統治

　　1　該部分內容發表在《陝西師範大學學報》（哲社版），2010 年第 6 期，有刪減。

者制定了一系列加強中央集權、解決中央與地方關係的政策。本文認為西漢城市發展變化之過程反映了時人空間認識水準和帝國對空間控制之目的，西漢城市發展之根本原因就是中央權力對地方空間控制和佔有的結果，也是區域空間理論與國家控制實踐的統一。

第一節　西漢時期的空間認識及國家控制思想

西漢時期，廣泛流行的區域觀念有這樣幾種：〈禹貢〉及〈職方氏〉的「九州觀」、春秋戰國以來形成的傳統文化區、司馬遷的「經濟區」、西漢中央政府的「監察區」、朱贛的「風俗區」、楊雄的「方言區」等。

西漢時期兩種九州觀念依然存在，即夏九州與周九州。「夏九州」指《尚書》「禹貢九州」：冀、兗、青、揚、荊、豫、雍、徐、梁；「周九州」指《周禮》「職方九州」：冀、兗、青、揚、荊、豫、雍、幽、並，西漢則以兩種稍異的九州作為十四州部劃分的基礎。此外，司馬遷經濟區（或物產區）的劃分以及對齊、楚、趙、魏等地風俗的描述亦可知其所生活的時代尚未邁出戰國的大門。朱、揚的「風俗區」、「方言區」同樣深受春秋戰國格局的影響。秦漢王朝政治、軍事上的統一，只能從政治上結束了戰國時代，卻不能消弭各諸侯國之間文化的差異，戰國縱橫家之餘風也必然對西漢社會思想產生重要影響。

秦始皇總結周代失國之因，以為「起於處士橫議，諸侯力爭，四夷交侵」[2]，遂實行郡縣制，但仍二世而亡。高祖總結秦亡教訓，認為「子弟為匹夫，內亡骨肉本根之輔，外亡尺土藩翼之衛」，是其速亡的根本原因，為此「懲戒亡秦孤立之敗」「剖裂疆土，立二等之爵。功臣侯者百有餘邑，尊王子弟，大啟九國。」[3]高祖時分封了143個侯國，9個同姓諸侯王，另有1異姓諸侯王，且諸侯王主要分佈於先秦諸侯國區域空間之上。西漢初年出現郡國並行的空間格局，而此恰恰是戰國時期諸國空間格局的延續，它也是西漢朝廷長期面臨的難題。所以說，戰國時期不惟是一個時代概念，也是一個區域劃分的空間概念，二千多年之後區域空間差異依然存在，具有明確的指代意義。由合縱連橫思想形成促生的東西對立、南北對峙等概念，在中國歷史發展中也具有區域空間劃分的

2　《漢書》卷13〈異姓諸侯王表〉。

3　《漢書》卷14〈諸侯王表〉。

歷史地理學意義。

　　面對西漢中央與異姓、同姓諸侯王國之間以及新舊貴族間的種種矛盾，中央權力層出現了一批能言善辯的能臣謀士，即如婁敬（即劉敬）、賈誼、晁錯、主父偃等立足於當時空間形勢認識，提出了一系列實現國家控制的思想策略。

　　（一）婁敬，齊國人。 戍卒出身，先後向劉邦提出定都關中、和親匈奴及移民實關中三策。[4]

　　1. 西漢定都關中。 婁敬通過洛陽與關中形勢之比較，結合當時空間形勢發展，向高祖劉邦提出了「都雒陽，豈欲與周室比隆斯」的疑問，其原因是洛陽「有德則易以王，無德則易以亡」。關中之地「被山帶河，四塞以為固，卒然有急，百萬之眾可具」；且秦之故地「資甚美膏腴」，為天府之國；此外，都關中還可以「搤天下之亢而拊其背也」。最終促使高祖最終定都關中，建立了400餘年的漢家基業。

　　2. 與匈奴和親。 高祖劉邦從平城戰敗歸來，面對匈奴「冒頓單于兵強，控弦四十萬騎」強大兵力的威脅，婁敬提出的應對辦法就是和親。他立足於當時中原及匈奴的社會現實，提出「可以計久遠子孫為臣耳」的長遠計畫，具體則「以適長公主妻單于，厚奉遺之，彼知漢女送厚，蠻夷必慕，以為閼氏，生子必為太子，代單于。何者？貪漢重幣。陛下以歲時漢余彼所鮮數問遺，使辯士風喻以禮節。冒頓在，固為子婿；死，外孫為單于。豈曾聞孫敢與大父亢禮哉？」最終實現「毋戰以漸臣」的目的。通過這一方式，使帝國在百廢待興之時獲得穩定發展的時機，對於中央集權的鞏固和加強有較為重要的作用。

　　3. 移民實關中——強本弱末之術。 婁敬從匈奴和親歸來，就匈奴「河南白羊、樓煩王，去長安近者七百里，輕騎一日一夕可以至。」和「都關中，實少人。北近胡冠，東有六國強族，一日有變，陛下亦未得安枕而臥也。」的實情，提出了「徙齊諸田，楚昭、屈、景、燕、趙、韓、魏後，及豪傑名家，且實關中。」的政策，這一政策既可以「備胡」又可以在諸侯叛亂之時用之「東伐」，所以「此強本弱末之術也。」，結果向關中移民十餘萬口。

　　（二）賈誼，雒陽人，文帝時重要謀臣。 面對匈奴侵邊、諸侯王僭擬，地

4　《漢書》卷 43〈酈陸朱劉叔孫傳〉。

過古制的現象，得出「疏者必危，親者必亂」以及「功少而最完，勢疏而最忠」認識，提出「欲天下之治安，莫若眾建諸侯而少其力」的建議。[5]

　　1. 眾建諸侯而少其力。面對諸侯王勢力的膨脹以及對中央朝廷造成的困擾，賈誼提出「欲天下之治安，莫若眾建諸侯而少其力」的建議，此建議即源於對長沙王國的認識，長沙國是唯一一個異姓諸侯王國，此地偏處南邊之地，自然環境較差，地瘠民貧，且區域面積狹小，因此長沙王才能最終得以保存下來，實非長沙王忠附之故。其進一步的解釋是「力少則易使以義，國小則亡邪心」。若「今海內之勢如身之使臂，臂之使指，莫不制從，諸侯之君不敢有異心，輻湊並進而歸命天子」還必須「割地定制，令齊、趙、楚各為若干國，使悼惠王、幽王、元王之子孫畢以次各受祖之分地，地盡而止，及燕、梁它國皆然」。而對「其分地眾而子孫少者」則「建以為國，空而置之，須其子孫生者，舉使君之」。其間「諸侯之地其削頗入漢者，為徙其侯國及封其子孫也，所以數償之；一寸之地，一人之眾，天子亡所利焉，誠以定治而已」。這樣做的結果是：「宗室子孫莫慮不王，下無倍畔之心，上無誅伐之志」，最終實現「天下不亂，當時大治，後世誦聖」的結果。

　　2. 以親制疏。配合「重建諸侯少其力」他又提出「以親制疏」的策略，即「舉淮南地以益淮陽，而為梁王立後，割淮陽北邊二三列城與東郡以益梁；不可者，可徙代王而都睢陽。梁起於新郪以北著之河，淮陽包陳以南揵之江，則大諸侯之有異心者，破膽而不敢謀。梁足以扞齊、趙，淮陽足以禁吳、楚，陛下高枕，終亡山東之憂矣，此二世之利也」，實即以文帝三子（梁王、代王、淮陽王）監控其他諸侯王國，實現藩屏中央之目的。

　　（三）晁錯，潁川人，任職於文景之際。學申、商刑名於軹張恢生所。以文學為太常掌故。先後提出了移民實邊、削藩等策略。[6]

　　1. 移民實邊。文帝時匈奴更加強大，多次侵擾邊境，多次派兵抵抗但效果不佳。為此，晁錯提出徙民實邊之策。「選常居者，家室田作，且以備之」，「皆賜高爵，復其家。予冬夏衣，廩食，能自給而止」，如是，則「邑里相救助，赴胡不避死」，最終「使遠方亡屯戍之事，塞下之民父子相保，亡係虜之患，

5　《史記》卷 48〈賈誼傳〉。

6　《史記》卷 49〈爰盎晁錯傳〉。

利施後世」。

2. 削藩。景帝時晁錯擔任御史大夫，此時諸侯國勢力已強大到不能夠控制的局面，晁錯提出「請諸侯之罪過，削其支郡」的建議，其目的是「以尊京師，萬世之利」，否則「天子不尊，宗廟不安」。然此舉侵犯了諸侯王的利益，該政策還沒來得及實施就爆發了「吳楚七國之亂」，晁錯亦因此喪命。但這一政策在武帝時得以改進和落實。

（四）主父偃，齊國臨淄人也。學長短從橫術，晚乃學《易》、《春秋》、百家之言。武帝時提出推恩、實茂陵之策。[7]

1. 推恩令。主父偃總結前代故事，認為晁錯直接削藩引起了諸侯的叛亂，又不能不削，因為當時「諸侯或連城數十，地方千里。緩則驕奢易為淫亂；急則阻其強而合從以朔京師」為此，主父偃進一步分析當前「諸侯子弟或十數，而適嗣代立，餘雖骨肉，無尺地之封，則仁孝之道不宣」，提出如果陛下「令諸侯得推恩分子弟，以地侯之」，則「人人喜得所願，上以德施，實分其國。必稍自銷弱矣」。武帝乃制詔御史：「諸侯王或欲推恩分子弟邑者，令各條上，朕且臨定其名號」[8]元朔二年春正月，詔曰：「梁王、城陽王親慈同生，願以邑分弟，其許之。諸侯王請與子弟邑者，朕將親覽，使有列位焉」。於是「藩國始分，而子弟畢侯矣」[9]。武帝時「用主父偃謀，令諸侯以私恩裂地，分其子弟，而漢為定制封號，輒別屬漢郡。漢有厚恩，而諸侯地稍自分析弱小云。」[10]。

2. 實茂陵——關中。「茂陵初立，天下豪桀兼併之家，亂眾民，皆可徙茂陵，內實京師，外銷奸猾，此所謂不誅而害除。」上又從之。[11]

西漢時期對於當時形勢之論述尚有他人[12]，以上四人重點圍繞如何加強中

7　《史記》卷64上〈嚴朱吾丘主父徐嚴終王〉。

8　《漢書》卷22〈建元以來王子侯者年表〉。

9　《史記》卷6〈武帝紀〉。

10　《史記》卷53〈景十三王傳〉。

11　《漢書》卷112〈平津侯主父列傳〉。

12　如酈食其，《漢書》卷43〈酈陸朱劉叔孫傳〉載：漢三年秋，項羽擊漢，拔滎陽，漢兵遁保鞏。楚人聞韓信破趙，彭越數反梁地，則分兵救之。韓信方東擊齊，漢王數困滎陽、成皋，計欲捐成皋以東，屯鞏、雒以距楚。酈食其對高祖說：「夫敖倉，天下轉輸久矣，臣聞其下乃有藏粟甚多。楚人拔滎陽，不堅守敖倉，乃引而東，令適卒分守成皋，此乃天所以資漢。……願足下急復進兵，收取滎陽，據敖庚之粟，塞成皋之險，杜太行之道，距飛狐之口，守白馬之津，以示諸侯形制之勢，則天下知所歸矣。」

央集權、削減諸侯王國實力、穩定邊疆等問題提出的具體措施，得到西漢幾代帝王認可並付諸實踐，伴隨著漢武帝廣親親之名義下實行的「推恩令」，終使西漢諸侯王的政治經濟勢力大為削弱，以至於哀、平之際，諸侯王「皆繼體苗裔，親屬疏遠」「不為士民所尊」。完成了由郡國並行向郡縣地方行政制度的轉變，社會政治結構完成了由血緣政治向地緣政治的過渡。

第二節　西漢時期國家控制實踐及結果

　　歷史文獻和已有的研究成果表明，經過兩百年的曲折發展，西漢城市發展為三個等級、七種類型。第一等級也是第一種類型是指都城長安。第二等級是指103個郡國級城市，其中由於三輔治城與都城合而為一，故該級城市有100個；本級城市包括兩種類型，即郡守治所（郡治）和諸侯國都城（王都）。第三個等級是指縣級城市，《漢志》記載1587個，包括了所有縣級及其以上的城市，減去以上兩個等級則西漢末年縣級城市當有1486個；該等級城市包括四種類型，即縣、邑、侯國、道治城市。不同等級、同類型的城市在西漢200年發展中又有著複雜的變化過程。

　　高祖繼帝位之後，就有定都長安與洛陽的爭議，即上文婁敬與高祖的一番對話，後經張良點撥最終定都長安，就是空間權衡的典型案例，長安及其所在關中平原成為國家政治統治的中心。關於這一點已有諸多論述，這裡重點以郡國級和縣級城市發展為例，分析帝國是如何圍繞加強中央集權、削弱東方六國和周邊地區勢力，加強對東部諸侯國及周邊區域空間控制的。

一、劃除異己——構建同姓諸侯王屏藩之勢

　　楚漢相爭過程中，劉邦在推行郡縣制的同時，實行封國制。在漢軍攻佔的一些地區恢復和開置了部分秦郡，如：高祖元年（前206年），置渭南、河上和上郡；高祖二年，置河南、河內、中地、北地、隴西、河東、上黨和太原郡；高祖三年，置常山和代郡。豫章分自秦廬江郡，武陵分自秦黔中郡。雲中、雁門、代郡三郡直至高祖六年封劉喜為代王時仍為遙領。與此同時高祖為取得戰爭的最終勝利，還分封了7個異姓諸侯王：楚王韓信、梁王彭越、韓王信、長沙王吳芮、淮南王英布、燕王盧綰、趙王張耳。

　　然而異姓諸王掌握著兵權和佔有相當的空間範圍，他們的存在嚴重危及了西漢中央王朝的統治。西漢統治層在總結秦亡教訓之中，逐一剷除異姓諸王成為既定國策。高祖前後用了七年時間，基本消除了異姓諸侯王國，又在對相應地區調整的基礎上分封同姓王作為屏藩捍衛邊境之安全的地方勢力。「尊王子弟，大啟九國」，加上長沙王吳芮，至高祖末年（前 195 年），出現了十個諸侯王國與十五漢郡並存的局面。[13] 這就是所謂的郡國並行制，即在戰國六國舊地推行封國制，在漢中央直接控制的地區實行郡縣制。西漢帝國於高祖十二年（前 195 年）時形成了兩個均質區域，即在諸侯國區內沒有漢郡的存在，同樣在漢郡內也沒有諸侯國的存在，兩大分區的界線北起雲中與定襄郡界向南沿今山陝黃河河谷至太原郡與河東郡界東下，經上黨郡北界，穿魏郡涉、內黃縣北，東郡東北聊城、荏平、東阿、甄城，過陳留之酸棗、陳留、尉氏東，再經汝南中部至南陽郡南下，穿江夏郡郡治東向南一線，該線以東至大海為諸侯王國區，以西為漢郡區。此時漢郡區的西北、西南、南方、東南部以及諸侯國的東北地區均不在西漢版圖內，秦的部分郡縣也落入其他民族政權手中。此時西部邊界北起漢五原西北境向南經上郡、北地、安定、天水、隴西西部、武都、廣漢經嚴道西部達蜀郡至南安沿青弋江水至犍為郡治僰道順江而下達巴郡南部過南郡界南部東下與郡國界相接，該線以東以北地區為漢郡區，而以西以南地區則為西漢武帝時武力征伐的區域，形成武帝之後的拓展區（圖 6–1）。

13　《漢書》卷 17〈漢興以來諸侯王年表〉。

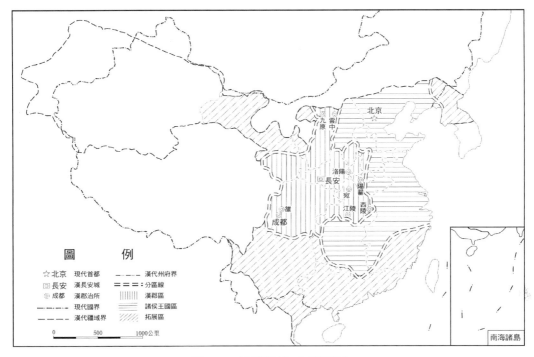

圖 6-1 西漢初年空間形勢

諸侯王國大者「跨州兼郡，連城數十」，與秦郡相比，則有些「矯枉過正」。漢初諸侯王雖受中央節制，但相對獨立。王國百官設置如同中央朝廷，諸侯王擁有相當大的特權，不僅可以「自置吏」，自行任命二千石以下官員；還可以「得賦斂」，向本王國臣民收取賦稅。在以親制疏的政策下，諸侯國地位高於一般漢郡成為於中央分庭抗禮的地方勢力，形成了新的隱患。

二、削藩、眾建諸侯——諸侯國數量大長

這一變化表現在兩個方面：其一是單一的諸侯王國區域的消失，其二是諸侯王國數量的增加和轄區的縮小。

均質的諸侯王國區並沒有維持多久，隨著高后的掌權，諸呂相繼為王以及文帝即位之後政治力量的改變，受賈誼「重建諸侯少其力」理論的影響，諸侯國區空間形勢發生了變化，僅在齊地就分封了齊孝惠王諸子為王，一分為七：齊、濟北、濟南、淄川、膠東、膠西、城陽，分解齊王勢力。到文帝十六年（前164 年）時諸侯國總量增加到 17 個。

　　景帝即位之後，為消除東方諸侯的實力，採取了與文帝不同的「削藩」之策，用直接削地的辦法奪取諸侯王的封地。然而這一措施直接觸犯了諸侯土的根本利益，引發了以吳楚為首的趙、濟南、淄川、膠西、膠東 7 個諸侯王的叛亂。叛亂平息後，景帝乘勢大幅度削減諸侯王國轄域，在諸侯國區域析置了大量新的諸侯國和直屬中央的漢郡，到西元前 153 年底諸侯王國區內共有 19 個諸侯王國和 43 個漢郡，徹底改變了這一地區的空間構成，使得各諸侯王國的轄區越來越小。隨後又於景中六年（前 144 年）分梁為 5 國。所以，景帝期間，曾先後分封親子 17 人次為王，是西漢分封諸侯王最多的一位帝王。

　　至漢武帝時期，中央權力中樞對諸侯王國的削弱繼續進行，幾乎與發動對匈奴戰爭的同時，推行推恩之策，中央在「親親」的表象下實現其削弱地方勢力的目的，最終使「大國不過十餘城，小侯不過十餘里」。元狩年間又罷郡國鹽鐵，悉禁郡國毋鑄錢，使諸侯財政收入銳減；後又頒左官律和設附益之法，貶低王國地位，諸侯王不得參與政事，經濟來源僅有田租一項，逐步走向衰微，不復為中央朝廷之患。武帝後元二年（前 87 年）時東部諸侯國區域之諸侯國總量與景帝時相同，仍有 19 個，並未減少，但本區漢郡數量卻大幅度增加，由景帝四年的 29 個增加到 41 個，並形成了漢郡與諸侯國犬牙交錯的局面，這一局面延續至漢末未有改變。

三、消弭邊患，擴大版圖──漢郡城市數量大增

　　西漢時期最大的邊患無過於匈奴的侵擾，要解決這一問題，除採用「和親」「移民」政策外，就是對其地進行控制和佔領，設立新的郡縣，使帝國版圖在西北、西南、東南、東北方向得以拓展。

　　西漢初年帝國與周邊民族政權的關係註定了帝國在將之所在區域納入帝國統治體系時表現在去辱、發展邊貿、宣揚國威等複雜因素下進行的。自對匈奴戰爭勝利設置的朔方、五原郡開始，到南方 17 初郡的設置，西漢國土面積淨增加 160 多萬平方公里，所以，在此設置的縣級及其以上的行政機構治所成為西漢城市增長的一個重要組成部分。城市沿河流、交通線依託已建立的據點城市採取了逐步推進的發展模式（第五章第三節）。

　　綜上所述，各區域城市發展差異顯著。東部諸侯王國區郡國城市數量變化較大，由西漢初年 10 個郡國城市發展到西漢末年的 60 多個；中部漢郡區，郡

級城市增長非常之緩慢，西漢 200 年間，僅增長了 7 個郡級城市，而且均發生在武帝時期；拓展地區自武帝建元五年（前 135 年）開闢犍為郡始，至武帝太初元年（前 104 年）共析置郡國 35 個（表 2-9）。由此證明，西漢中央完全實現了對地方空間的控制。

上述變化反映了中央權力與地方權力的關係，實際上是社會公共權力在其權力主體內部不同層次之間的縱向關係，同時，它又是全社會整體利益與特定政治社區的局部利益之關係在權力關係上的體現。所以，當地方權力過於強大時，中央權力將採取壓制與削弱措施。那麼，西漢時期東部地區大量興起的郡級城市與兩者之間的權力關係配置有很直接的關係。東部諸侯王國區迅速增加的漢郡和版圖日漸縮小的諸侯王國成為鮮明的對比，預示著中央集權的加強和諸侯王勢力的衰弱，諸侯不再是中央集權的威脅。東部地區縣級城市的增長這也正是帝國這一政策在深化的表現，武帝時期推恩令的頒佈，使帝國得以通過分封侯城的途徑，徹底地從實體上削弱了諸侯王國。

四、推恩之法——諸侯子弟畢侯

西漢時期縣級城市數量增長幅度較大，創造了城市迅速增長的奇跡。由西漢初年八九百之數增長到一千五百餘，減去新拓展區域部分仍有一千二三，其間究竟如何變化的呢？

經系統整理古籍、簡牘及相關文獻，可以發現漢郡區和西部拓展區的縣邑、道城在西漢的變化並不大。就縣邑城市而言，《漢志》記載的西漢新增城市僅有 40 個，其中華陰、湖、渭城、槐里、陽陵、真定 6 個只是更換名稱，聞喜、獲嘉城則是在更名的同時又設置了縣的行政機關，其餘所謂置、開、城則表示完全是新增的。新增城市只是西漢城市增長的一個組成部分，而且是很少的一部分。關於道城，《張家山漢墓竹簡》中記載有 22 處，比《漢志》記載的 30 個含有「道」字的城市少了幾個。經考證西漢末年道城有 32 個，除上述 22 城之外，新增 10 個，即零陵郡之營道、冷道，廣漢郡之剛氐道，犍為郡之㛟道，越巂郡之靈關道，武都郡之嘉陵道、循成道，隴西郡之羌道，安定郡之月支道，長沙國之連道。因此，大量增長的城市應當源於侯國城市的增長。

侯國城市是西漢各類城市發展中變化最大的，經過對《史記》、《漢書》中諸王子侯、功臣侯、外戚侯表的系統整理：西漢 200 餘年間共有侯國城市

791 個,成帝元綏二年時僅有 241 個。侯國城市發展的空間特徵:(1)西漢侯國城市在諸侯王國及漢郡兩大區之間的數量分佈很不均衡,侯國城市數量比為 591:124(不明歸屬者不計),諸侯王國地區占絕對優勢。(2)諸侯王國地區內部,侯國城市分佈以齊、趙、楚、燕、荊吳、淮陽、梁較為集中,齊、趙、楚又是其中最為密集之地,這當與西漢中央政府對此區的空間認識有很大關係[14]。而長沙、代等地的侯國城市數量非常少,共有侯國城市 29 個(表 2–38)。(3)西漢時期各區域內侯國城市分封越多,省並者也相對地多,各區域前後相繼分封、廢棄的城市數量也是以齊、趙、楚三個區域最多。出現了分封—廢棄—繼封相繼的現象(表 2–40)。(4)漢郡區的侯國城市主要集中於南陽、南郡等與諸侯國區相鄰區域(表 2–34)。

　　西漢中部漢郡區新增城市數量多集中於京畿近郊的三輔地區(有 20 個之多),關中地區成為西漢時期城市最為密集的地區之一,這與京畿地區特殊的政治、經濟、文化有很直接的關係,其中強固根本是西漢帝國統治的一貫措施,也是帝國處理中央與地方權力關係的重要環節。通過增強帝國核心的社會經濟勢力、增加人口數量以達充實之目的,一方面可以抵禦北部匈奴族的入侵,另一方面可以抑制東部舊貴族。國都區域城市的增長不單是區域自然地理環境與社會經濟條件的反應,反過來又要影響區域社會、環境的發展,繼而改變一個地區的自然與人文面貌。

　　在對西漢時期東部及部分西部地區侯國城市時空發展特徵考察的基礎上,可以發現,帝國在武帝元朔二年(前 127 年)採納了中大夫主父偃的建議,頒佈「推恩令」之後,諸侯王除由嫡長子繼承王位外,其他諸子都可以在諸侯王領土範圍內得到封地,「於是藩國始分,而子弟畢侯矣」[15]。以西漢初年諸侯王區域來說,分封侯城最多的是齊地,其次趙地,再次楚地。諸侯國越分越小,諸侯國勢力大為削弱。這樣看起來是中央給予諸王子弟的特殊恩寵,實際上卻分割了王國疆土,不需明令削奪而自然成為由漢王朝郡縣直接管理的區域。「推恩令」的推行,使中央通過和平手段實現了賈誼、晁錯以來尊崇皇權裁抑地方

14　《史記》卷 48〈賈誼傳〉:「願舉淮南地以益淮陽,而為梁王立後,割淮陽北邊二、三城與東郡以益梁;不可者,可徙代王而都睢陽,梁起於新郪以北著之河,淮陽包陳以南揵之江,則……梁足以扞齊趙,淮陽足以禁吳楚。」

15　《史記》卷 12〈孝武本紀〉。

王國的夙願，是中央權力與地方權力配置上比較成功的措施之一，西漢帝國由此也成為成功地處理中央與地方關係的典範，它把由裁權帶來的劇痛降到最低，在眉目傳情之間完成了中央權力在諸侯國空間上的滲透，使中央在地方上的統治得以鞏固，這也正是這一政策的高明之處，中央帝國最終實現了對整個國家的空間控制。

第三節　漢初國家空間戰略部署實例分析

　　中央王朝依據當時空間形勢採取了一系列措施不僅實現了強根固本，還使西漢版圖大大增加，然限於史料的不足，能夠反映國家戰略部署實例的非常之少，目前僅能從《張家山漢墓竹簡》所載高后二年城市情況做一簡單梳理，據本書第四章第二節分析，此時城市空間分佈特徵如下：

　　（1）高等級城市集中於京畿之地。《張家山漢墓竹簡》中記載了 15 個一千石的城市，分佈於西漢三輔地區的 9 個：長安是都城所在地，雍、櫟陽為秦代舊都，槐里（廢丘，雍國都）、臨晉（華陰，京輔都尉治所）為先秦舊城，新豐是專為太上皇所建之城，郃陽乃高祖兄之侯國城市；好畤為高祖祭祀之所以及頻陽，加上作為高祖龍興之地的豐、沛，地位均較特殊，說明西漢初年城市等級規定中的人為因素。相比較而言，高等城市中的河南郡之雒陽、廣漢郡之雒，蜀郡之成都，雲中郡之雲中更突出了區位之重要。

　　（2）較高等級的城市集中於三輔及其他重要區域。《張家山漢墓竹簡》中記載的 54 個八百石的城市，主要分佈地區處三輔及其附近的河南、河東、河內地區，南陽、南郡區、漢中、廣漢以及五原、雲中北部邊境地區都是都城之外及其重要的郡區，與高等級城市空間分佈特徵有非常高的一致性。

　　（3）普通城市數量大，分佈範圍較為廣泛，是帝國統治基石，190 個六百石之城，廣布於西漢初年中央直轄的各郡及諸侯王國與漢郡接壤地區，從這類城市的空間分佈特徵亦可看出西漢城市在空間上的差異。如京畿之地的三輔僅有此類城市 17 個，僅次於三輔政治區位的三河之地，此類城市數量要多得多，達 31 城。僅有的 4 個道成均分佈於西南少數民族地區。

　　（4）《張家山漢墓竹簡》中明確記載了分佈於本區的 23 個侯國城市，若

將沛郡二侯城不計，從等級上看：千石侯城有 1 個（高祖兄劉仲之郜陽城），八百石侯城 4 個（曹參之平陽、周勃之絳、惠帝子之軹，蕭何之沛），六百石侯城 17 個；在地域分配上：三輔 2 個，三河 11 個，其他郡域侯城有 9 個（以東郡、潁川為主有 6 個）。西漢初年侯國城市等級越高距離帝國核心越近，侯城等級基本呈從三輔、三河、週邊逐漸遞減之勢。

從西漢初年不同等級城市空間分佈上的差異可以看出，此時帝國戰略部署特點，在具有戰略地位的區域設置一些較高等級的城市，比如三輔、三河、中央與諸侯國區接壤地帶以及民族交錯區；同時，具有特殊區位條件的區域不僅佈設高等級城市，而且城市數量也比較大，這自然與其區域自然環境條件有很大關係。結合本章第一節內容，可以看出西漢初年城市空間分佈特徵正是該時期統治上層對空間形勢認識基礎上的戰略部署，也是帝國空間權衡的產物。

都城所在的三輔地區區位最為重要，千石之城就有 9 個，河南、河東、河內是關西、關東之間必經之交通孔道，也是西漢初年中央帝國與東部諸侯國的緩衝之地，經濟、交通地位非常重要，所以到西漢中期，隨著西漢社會經濟的發展，帝國與東方對峙線的東移，漢武帝便將三河地區納入帝國的基本核心區，足顯其空間位置的關鍵性，正因為如此，洛陽從未有成為任何一個諸侯王的國都，或王子侯城的所在地，本區高等級城市分佈較多也成為很自然的事了。

其次，在中央漢郡與東部諸侯國接壤地區也是西漢初年高等級城市分佈較多的區域，如南陽、潁川、河內、東郡等，主要原因就是其地理位置特殊，是中央與諸侯王區域的緩衝區。且從之後本區域侯國城市頻繁興廢情況來看，它們是漢郡所封侯國城市較多的地區（表 2–33），南陽郡所封侯國城市總量在所有郡中的排名在第三，緊隨琅邪、東海之後（表 2–41），但至漢末其境內侯國城市又不超過 10 個，這就說明了該區域之作用就是為解決帝國封侯難題而存在的。

再次，漢中郡、廣漢郡、五原、雲中郡處於西漢初年帝國邊境，關係著國家穩定。漢中郡、廣漢郡早在秦代經濟就得到了發展，西漢初年作為高祖漢王的封地，它們與關中地區合稱天府之國，佔據著全國十分之六的財富，是帝國的大糧倉。同時，本區接近西南民族地區，設立一些較高等級的城市分擔核心城市的部分職能將更有利於區域經濟的發展。五原、雲中二郡所在之區域是秦

代蒙恬所置新秦中，漢初不完全在帝國控制之下，如高祖十一年分雲中置定襄郡時，並無五原郡之建制。儘管如此，漢初仍在這一地區設置有幾個較高等級的城市，以確保帝國北方的安全。

綜上所述，西漢初年城市空間分佈特徵是國家控制空間政策的體現，各節點區域都有較高等級城市分佈是帝國依據漢初形勢的戰略部署展示，目的是為了應對來自不同區域、不同方面的威脅，以確保國家的穩定發展。

面對內憂外患，西漢初年國家戰略部署空間特徵非常明確，隨著社會經濟的復甦、國家的鞏固和穩定，早期憂患經過漢初半個世紀之後已難以對帝國安全構成威脅，國家戰略方針也逐漸由內守轉為外拓，開始積極消滅地方及周邊民族勢力。西漢武帝時期的拓邊活動以及推恩瓦解東方諸侯國勢力的活動成為這一時期的主要內容，之前章節均有所涉及，茲不贅述。

第四節　結語

城市作為一種空間現象，它是一個特殊的地域綜合體。城市既具有外觀形態，又具有一定的內部結構。城市也是一種區域現象，是兼有經濟、行政和自然性質的一種綜合性區域。雖然各個城市的規模大小不同，但它作為人類活動的中心，同周圍廣大地區保持著密切的聯繫，幾乎每個城市都是一個地區的經濟、政治或文化的中心，都有自己的影響區域（腹地或集散地）。城市作為地球表面的一種地理現象具有區域性和綜合性的特點，本文沒有局限於單體城市描述，而是以西漢直接管轄內所有城市作為研究對象，在論述過程中分別就不同區域內城市空間格局形成的原因及演化過程進行了系統分析，剖析區域中心城市城址選擇與城市成長的自然地理條件和社會歷史背景。

由於研究對象處於兩千年前的西漢時期，史料上的欠缺以及研究區域範圍的廣闊，本研究沒有採取面面俱到的研究模式，而是圍繞歷史城市地理核心問題展開，屬於專題性研究。然考慮到歷史城市地理學的學科體系以及基本研究內容，本研究儘管沒有就歷史城市地理學的所有問題設專門章節論述，但在文中一些章節的設計中儘量把一些問題納進來，比如，對歷史城市形成與發展的地理基礎以及城市發展對環境的影響方面，在文章第五章以齊地、關中為例的

城市發展模式研究中作了個案分析；城市內部空間結構問題在論述郡縣制下的城市等級差異中所提及。總而言之，本文立足於歷史城市地理學的研究對象及主要內容，在歷史城市地理學的框架體系內，抓住歷史城市地理學研究核心問題展開的，基於研究對象所具有的特殊性，引入了政治學的權力概念作為研究的突破口，論證影響西漢城市發展的自然地理與人文地理基礎之上的權力要素，探索影響中國古代城市發展及空間佈局的機制和規律。

　　合縱連橫是戰國縱橫家的主張，不管是合縱對付齊秦，還是連橫對付晉楚，都是對戰國空間形勢權衡的結果，這一空間權衡意識影響了西漢初年國都的選址、中央與地方的關係，左右了都於關中之地的秦漢帝國與東方六國舊地權力關係的變化。西漢初年在六國舊地上實行分封制，相繼分封了一批諸侯王，他們享有較高的政治經濟特權。儘管諸侯國是為藩輔漢室而建，然西漢初期的諸侯王國均擁有「跨州兼郡」的區域範圍，控制著區域內山澤陂池的發展，經濟實力比較雄厚；且在諸侯王國區域內，諸侯王們握有至高無上的政治特權，諸侯王國實力的壯大嚴重地威脅著中央集權的建立。由此，在行使公共政治權力的中央帝國與擁有一定政治經濟特權的地方諸侯王國之間形成了權力梯度差，而這種空間權力梯度差正是西漢初期中央與地方之間的權力關係形成的基礎。

　　政治權力的形成，是政治權力主體動員和凝聚有效政治資源的能動過程，也是政治權力主體主觀條件與客觀條件有機結合的過程。作為一種實際的力量，政治權力中包含著主客觀兩個方面的構成要素（本文僅指客觀要素）。政治權力的客觀構成要素是指政治權力形成過程中，外在於政治權力主體的促成因素和條件。就其內容來說，它主要是指政治資源，但又不僅限於政治資源。就其構成來說，包括：生產資料、物質財富、暴力。生產資料是人類勞動得以進行的必要條件，誰佔有生產資料，誰就可以獲得支配社會生存和發展的能力。物質財富一般是指勞動形成的物質產品。作為政治權力構成要素的暴力包含三方面的基本內容，即暴力執行者、暴力組織和暴力工具。除此以外，政治權力的客觀構成要素還包括所擁有的自然資源、所處的地理條件、有益的文化傳統、有利的形勢和時機以及政治權力客體的服從心理等等。西漢時期具有不同職能類型的城市逐漸被中央管理和控制過程就是權力構成要素完善及權力滲透的反映。

　　中央與地方的權力關係，實際上是社會公共權力在其權力主體內部不同層

次之間的縱向關係，同時，它又是全社會整體利益與特定政治社區的局部利益在權力關係上的體現。因此，與縱向利益關係一樣，中央權力與地方權力的關係包含著兩個方面的問題，一是兩者之間的關係狀況，二是兩者之間的權力配置或者分割。表現在城市上就是城市等級、規模以及綜合實力的差異和演變。

　　權力作用方式有多種，主要形式有：暴力方式，當根本對立的政治力量之間矛盾激化時，暴力方式可能出現。如戰爭、武裝謀反（起義）、武力征伐、暴力鎮壓等流血事件；壓力或規範方式，主體做出一定的強硬態勢，使客體意識到如果不按照主體的意志行為可能帶來嚴重的後果。如景帝時對淮南王的詔書，政治警告、政治恐怖、政治戒嚴、政治壓力集團活動；處罰方式，主體對不服從的客體或客體發生違反主體意志的行為時，主體對客體進行一定方式的處罰。既可以是物質上的，也可以是精神、生理上的。如，西漢時期中央對諸侯王一貫使用的奪郡削縣即是對諸侯王採取的一種處罰的方式；而對列侯、大臣等用言辭譴責令其自殺的形式，一度成為西漢定制；另外唐蒙在夜郎置郡活動也具有這一特徵。《史記·西南夷列傳》：「蒙厚賜，喻以威德，約為置吏，使其子為令」。總體而言，中央權力在諸侯王國地區上的運行方式表現為以武力為後盾，以施恩為外在形式，逐步蠶食諸侯王國領域的過程；中央漢郡區是帝國統治的核心，城市增長相對分散，中央權力在本區的運行方式是在保持穩定局勢之下的滲透與鞏固；中央權力在拓展區的運行表現為借助於武力，以經濟利益為誘餌，逐步佔領的方式。

　　政治權力具有壟斷性、制約性、工具性、動態性等特徵。在政治權力的壟斷性中隱含著普遍性、至高無上以及排他性三個層面的內容，而制約性是一切政治權力的基本特性。權力主體只有擁有對客體的制約能力，並存在制約關係才會產生權力現象。在全社會範圍內，公共權力對一切客體都有制約性，這是一種不對稱的關係。當這種制約性受到挑戰時，公共權力就式微。公共政治權力本質是實現特定目標的工具，權力的目標是實現特定的利益。權力又不是一個靜態的概念，作為主體與客體互動關係中產生的現象，它是隨著社會的發展變化，而不斷變動的。一方面，政治權力有內在擴張性與自我維護性，有意識地調整權力的作用範圍、方式和強度。另一方面，政治權力得以構成的基礎也在不斷地發生變化。本文在地方空間對權力的反作用方面著墨較少，是今後努力的方向。

主要參考文獻

一、歷史文獻

1. 西漢・司馬遷：《史記》，中華書局，1959 年。

2. 東漢・班固：《漢書》，中華書局，1962 年。

3. 北魏・酈道元著，楊守敬、熊會貞疏：《水經注疏》，江蘇古籍出版社，1989 年。

4. 北魏・酈道元著，王先謙校：《水經注》，巴蜀出版社，1985 年。

5. 南朝宋・范曄：《後漢書》，中華書局，1965 年。

8. 唐・李泰等著，賀次君輯校：《括地志》，中華書局，1980 年。

9. 唐・李吉甫撰，賀次君點校：《元和郡縣圖志》，中華書局，1983 年。

10. 宋・徐天麟撰：《西漢會要》，中華書局，1955 年。

11. 宋・樂史：《太平寰宇記》，清朝光緒八年五月，金陵書局刊行。

12. 宋・司馬光撰，胡三省注，《資治通鑑》，中華書局，1957 年。

13. 清・孫星衍等輯，周天遊點校，《漢官六種》，北京中華局，1990 年。

14. 清・顧祖禹：《讀史方輿紀要》，上海書店出版社，1998 年。

15. 清・顧炎武：《歷代宅京記》，中華書局，1984 年。

16. 清・趙翼著，王樹民校正：《廿二史劄記校正》，中華書局，1971 年。

17. 清·王先謙撰，呂蘇生補釋：《鮮虞中山國事表、疆域圖說補釋》，上海古籍出版社，1993 年。

18. 清·王先謙：《漢書補注》，光緒二十六年（1900）刊行本。

19. 清·穆彰阿，潘錫恩等纂修：《嘉慶重修清一統志》，商務印書館，民國 23 年影印本。

20. 陳直：《三輔黃圖校證》，陝西人民出版社，1980 年。

21.《二十五史補編》（第一冊）引用史籍：

A. 史記部分

清·汪越撰，徐克範補：《讀史記十表》10 卷，原刊本。

清·吳非撰：《楚漢帝月表》1 卷，劉氏唐石簃刻貴池先哲遺書本。

清·王元啟撰：《史記月表正訛》1 卷，廣雅書局刊本。

清·盧文弨撰：《史記惠景間侯者年表》，抱經堂刊群書拾補本。

清·劉文淇撰：《楚漢諸侯疆域志》3 卷，廣雅書局刊本。

B. 漢書部分

清·夏燮撰：《校漢書八表》8 卷，光緒庚寅刊本。

清·萬斯同撰：《漢將相大臣年表》1 卷，四明馮氏伏跗室藏萬氏未刊稿本。

清·梁玉繩撰：《八表考》9 卷，清白氏集本。

清·蔡雲撰：《八表考校補》1 卷附校部 1 卷，聚學軒叢書本。

清·汪遠孫撰：《漢書地理志校本》2 卷，道光刊振綺堂本。

清·楊守敬撰：《漢書地理志補校》2 卷，光緒二十五年觀海堂刊本。

清·王紹蘭撰：《漢書地理志校注》2 卷，光緒二十二年蕭山陳氏遺經樓刊本。

清·吳卓信撰：《漢書地理志補注》103 卷，光緒二十八年涇縣包氏刻本。

清·錢坫撰，徐松集釋：《新斠注地理志集釋》16 卷，會稽章氏刊咫進齋藏本。

清·汪士鐸撰：《漢志釋地略》1 卷，水經注圖附刻本。

清·全祖望撰：《漢書地理志稽疑》6 卷，漸江得諼草堂本。

清·汪士鐸撰：《漢志志疑》1 卷，水經注圖附刻本。

清·洪頤煊撰：《漢志水道疏證》4 卷，長洲蔣氏心矩齋叢書本。

清‧陳澧撰：《漢書地理志水道圖說》7卷，東塾遺書本。

清‧吳承志撰：《漢書地理志水道圖說補正》，吳興劉氏求恕齋刊本。

清‧黃大華撰：《漢志郡國沿革考》，稿本。

二、今人論著

1. 安作璋、熊鐵基：《秦漢官制史稿》，齊魯書社，1985年。

2. 安作璋：《兩漢與西域關係》，齊魯書社，1979年。

3. 陳代光：《中國歷史地理》，廣東高等教育出版社，2004年。

4. 陳慧琳主編：《人文地理學》，科學出版社，2001年。

5. 陳夢家：《漢簡綴述》，中華書局，1980年。

6. 陳寅恪：〈天師道與濱海地域之關係〉，《中央研究院歷史語言研究所集刊》第3本第4分，收入《金明館叢稿初編》，上海古籍出版社，1980年。

7. 陳直：〈西漢齊魯人在學術上的貢獻〉，《文史考古論叢》，天津古籍出版社，1988年。

8. 〔英〕崔瑞德，魯唯一編：《劍橋中國秦漢史（西元前221～西元220年）》，中國社會科學出版社，1992年。

9. 杜瑜：〈漢唐河西城市初探〉，《歷史地理》第7輯，1990年。

10. 段瑜：〈秦漢時代四川的開發與城市體系〉，《社會科學研究》2000年第6期。

11. 段瑜：〈先秦秦漢成都的市及市府職能的演變〉，《華西考古研究》（一），成都出版社，1991年。

12. 高敏：《秦漢史探討》，中州古籍出版社，1998年。

13. 葛劍雄：《西漢人口地理》，人民出版社，1986年第1版。

14. 顧朝林：《中國城鎮體系——歷史‧現狀‧展望》，商務印書館，1996年。

15. 顧朝林等：《中國城市地理》，商務印書館，2002年。

16. 郭湖生：〈中華古都〉，《中國古代城市史論文集》，空間出版社，2003年再版。

17. 韓淵豐：《中國區域地理》，廣東高等教育出版社，2000年。

18. 何雙全：〈《漢簡‧鄉里志》及其研究〉，《秦漢簡牘論文集》，甘肅人民出版社，1989年。

19. 賀業鉅：〈論長安城市規劃〉，載《建築歷史研究》，中國建築出版社，1992年。

20. 侯甬堅：《歷史地理學探索》，中國社會科學出版社，2004年。

21. 侯甬堅：《區域歷史地理的空間發展過程》，陝西人民教育出版社，1995年。

22. 華林甫：《中國地名學史考論》，社會科學文獻出版社，2002年。

23. 黃今言：《秦漢賦役制度研究》，江西教育出版社，1988年。

24. 黃今言：《秦漢江南經濟述略》，江西人民出版社，1999年。

25. 黃今言：《秦漢軍制史論》，江西出版社，1993年。

26. 紀曉嵐：《論城市本質》，中國社會科學出版社，2002年。

27. 姜波：《漢唐都城禮制建築研究》，文物出版社，2003年。

28. 〔美〕凱文‧林奇著，林慶怡等譯：《城市形態》，華夏出版社，2001年。

29. 勞榦：〈兩漢戶籍與地理之關係〉，《中央研究院歷史語言研究所集刊》，第5冊第2分。

30. 李根蟠：〈漢代的「大市」和「獄市」──對陳直《漢書新證》兩則論述的商榷〉，載《中國經濟史研究》2002年第1期。

31. 李開元著：《漢帝國的建立與劉邦集團：軍功收益階層研究》，三聯書店，2000年。

32. 李小波：〈從天文到人文──漢唐長安城規劃思想的演變〉，載《北京大學學報》2000年第2期。

33. 李孝聰：《中國區域歷史地理》，北京大學出版社，2004年。

34. 李孝聰主編：《唐代地域結構與運作空間》，上海辭書出版社，2003年。

35. 李子魁：〈漢百三郡國守相治所考〉，《禹貢》第6卷第6期，1936年。

36. 連雲港市博物館等：《尹灣漢墓簡牘》，中華書局，1997年。

37. 林甘泉主編：《中國經濟通史‧秦漢經濟卷》，經濟日報出版社，1999年。

38. 林劍鳴等：《秦漢社會文明》，西北大學出版社，1985年。

39. 劉景純：《清代黃土高原地區城鎮地理研究》，中華書局，2005年。

40. 劉俊文主編：《日本青年學者論中國史》（上古秦漢卷），上海古籍出版社，1995 年。

41. 劉慶柱，李毓芳著：《漢長安城》，文物出版社，2003 年。

42. 劉慶柱：《古代都城與帝陵考古學研究》，科學出版社，2000 年。

43. 柳春藩：《秦漢封國食邑賜爵制》，遼寧人民出版社，1984 年。

44. 魯西奇：《區域歷史地理研究：對象與方法——對漢水流域的個案考察》，廣西人民出版社，2000 年。

45. 呂思勉：《中國制度史》，上海教育出版社，1985 年。

46. 馬世之：《中國史前古城》，湖北教育出版社，2003 年。

47. 馬正林：〈漢長安城總體佈局的地理特徵〉，《陝西師範大學學報》1994 年第 4 期。

48. 馬正林：〈漢長安形狀辨析〉，《考古與文物》1992 年第 5 期。

49. 馬正林編著：《中國城市歷史地理》，山東教育出版社，1998 年。

50. 彭衛著：《漢代社會風尚研究》，三秦出版社，1998 年。

51. 錢劍夫：《秦漢賦役制度考略》，湖北人民出版社，1984 年。

52. 錢穆：《古史地理論叢》，生活‧讀書‧新知三聯書店，2004 年。

53. 錢穆：《秦漢史》，生活‧讀書‧新知三聯書店，2004 年。

54. 錢耀鵬：《中國史前城址與文明起源研究》，西北大學出版社，2001 年。

55. 曲英傑：《齊都臨淄城》，（「齊文化」叢書之第十八種，齊魯書社，1996 年）第 5、6 章。

56. 曲英傑：《先秦都城復原研究》，黑龍江人民出版社，1991 年。

57. 曲英傑：《古代城市》，文物出版社，2003 年。

58. 陝西省考古研究所：《西漢京師倉》，文物出版社，1990 年。

59. 沈頌金：《二十世紀簡帛學研究》，學苑出版社，2003 年。

60. 〔美〕施堅雅主編，葉廣庭等譯，陳橋驛校：《中華帝國晚期的城市》，中華書局，2000 年。

61. 史念海：《河山集》第 1–7 集。

62. 史念海：《中國古都和文化》，中華書局，1998 年。

63. 孫毓棠：〈漢代的交通〉，《中國經濟史集刊》第 7 卷第 2 期，收入《孫毓棠學術論文集》，中華書局，1995 年。

64. 譚其驤：《長水集》，人民出版社，1987 年。

65. 王恢：《漢王國與侯國之演變》，中華書局，國立編譯館中華叢書編
　　審委員會，1984 年。

66. 王建文主編：《政治與權力》，中國大百科全書出版社，2005 年。

67. 王文楚：〈關於譚圖二冊幾個西漢郡治所——答香港劉福注先生〉，《歷
　　史地理》第 5 輯，上海人民出版社，1987 年。

68. 王文楚：〈再談西漢合浦郡治與朱盧縣〉，《歷史地理》第 8 輯，上
　　海人民出版社，1990 年。

69. 王庸：《中國地理學史》，商務印書館，1938 年。

70. 王仲殊著：《漢代考古學概說》，中華書局，1984 年。

71. 王子今：《秦漢交通史稿》，中共中央黨校出版社，1994 年。

72. 王子今：《秦漢區域文化研究》，四川人民出版社，1998 年。

73. 文物出版社編：《新中國考古五十年》，文物出版社，1999 年。

74. 〔日〕五井弘直著，姜鎮慶、李德龍譯：《中國古代史論稿》，北京大
　　學出版社，2001 年。

75. 〔日〕西嶋定生著，武尚清譯：《中國古代帝國的形成與結構——二十
　　等爵制研究》，中華書局，2004 年。

76. 辛德勇：〈漢唐期間長安附近的水路交通〉，《中國歷史地理論叢》
　　1989 年第 1 輯。

77. 辛德勇：〈西漢至北周時期長安附近的陸路交通〉，《中國歷史地理
　　論叢》1988 年第 3 輯。

78. 辛德勇：〈長安城興起與發展的交通基礎〉，《中國歷史地理論叢》
　　1989 年第 2 輯。

79. 徐衛民：〈論秦、西漢都城的面向〉，《秦文化論叢》第 6 輯，西北
　　大學出版社，1998 年。

80. 徐衛民：《秦都城研究》，「秦俑·秦文化」叢書，陝西人民教育出版社，
　　2000 年。

81. 許宏：《先秦城市考古學研究》，北京燕山出版社，2000 年。

82. 許倬雲：《漢代農業——中國農業經濟的起源及特性》，廣西師範大
　　學出版社，2005 年。

83. 許倬雲：《許倬雲自選集》，上海教育出版社，2002 年。

84. 宣兆琦、李金海主編：《齊文化通論》（上、下），新華出版社，2000 年。

85. 嚴耕望：〈漢書地志縣名首書者即郡國治所辨〉，載《中央研究院院刊》
　　第 1 輯，1954 年。

86. 楊鴻年：《漢魏制度從考》，武漢大學出版社，2005 年。

87. 楊寬著：《中國古代都城制度史研究》，上海人民出版社，2003 年。

88. 楊平林：《歷史時期河西地區城市地理初探》，《歷史地理》第 8 輯，
　　1990 年。

89. 楊吾揚等：〈商業地理學——理論基礎與中國商業地理〉，甘肅人民
　　出版社，1987 年。

90. 葉文憲：〈西漢帝陵的朝向分佈及其相關問題〉，《文博》1988 年第 4 期。

91. 于希賢：〈中國古代都城規劃的文化透視〉，《中國歷史地理論叢》
　　2000 年第 3 輯。

92. 余英時著，鄔文玲譯：《漢代貿易與擴張》，上海古籍出版社，2005 年。

93. 張光直：《中國青銅時代》，三聯書店，1983 年。

94. 張鴻雁：《春秋戰國城市經濟發展史論》，遼寧大學出版社，1988 年。

95. 張繼海：《漢代城市社會研究》，社會科學文獻出版社，2006 年。

96. 張家山二四七號漢墓竹簡整理小組：《張家山漢墓竹簡（二四七號
　　墓）》，文物出版社，2001 年。

97. 張維華：〈漢河西四郡建置年代考疑〉，原載《中國文化研究彙刊》
　　第二卷，後收入《史漢論集》，齊魯書社，1980 年。

98. 趙化成，高崇文等著：《秦漢考古》，文物出版社，2002 年。

99.〔日〕中村圭爾，辛德勇編：《中日古代城市研究》，中國社會科學出
　　版社，2004 年。

100. 中國社會科學院考古研究所編：《新中國考古發現與研究》，1984 年。

101. 周一星，陳彥光等編著：《城市與城市地理》，人民出版社，2003 年。

102. 周一星：《城市地理學》，商務印書館，1995 年。

103. 周長山：《漢代城市研究》，人民出版社，2001 年。

104. 周振鶴：《西漢政區地理》，人民出版社，1987 年。

105. 朱玲玲著：《文物與地理》，東方出版社，2000 年。

106.朱士光：〈漢唐長安城興衰對黃土高原地區社會經濟環境的影響〉，《陝西師範大學學報》1998年第1期。

107.朱士光：〈漢唐長安地區的宏觀地理形勢與微觀地理特徵〉，《中國古都研究》第2輯，1987年。

108.朱士光：〈西漢關中地區生態環境特徵與都城長安相互影響之關係〉，《陝西師範大學學報》2000年第3期。

109.鄒逸麟主編：《中國歷史人文地理》，科學出版社，2001年。

三、考古報告

1. 以「中文刊名」檢索「城市」中與西漢有關的期刊文獻資料1994～2004年。

2. 以「中文刊名」檢索「文物」中與西漢、城市有關的期刊文獻資料1994～2004年。

3. 以「中文刊名」檢索「考古」中與西漢、城市有關的期刊文獻資料1994～2004年。

4. 以「中文刊名」檢索「學報」中與西漢、城市有關的核心期刊文獻資料1994～2004年。

5. 以「中文刊名」檢索「歷史研究」中與西漢、城市有關的期刊文獻資料1994～2004年。

6. 以「中文刊名」檢索「中國史研究」中與西漢、城市有關的期刊文獻資料1994～2004年。

7. 以「中文刊名」檢索「民族研究」中與西漢、城市有關的期刊文獻資料1994～2004年。

8. 以「中文刊名」檢索「地理研究」中與西漢、城市有關的期刊文獻資料1994～2004年。

四、工具書

1. 譚其驤主編：《簡明中國歷史地圖集》，中國地圖出版社，1991年。

2. 譚其驤主編：《中國歷史地圖集》，中國地圖出版社，1982年。

3. 中國大百科全書出版社編輯部編：《中國大百科全書‧地理學》，中國
大百科全書出版社，1990 年。

4. 中國大百科全書出版社編輯部編：《中國大百科全書‧政治學》，中國
大百科全書出版社，1992 年。

5. 方詩銘：《中國歷史紀年表》，上海辭書出版社，1980 年。

6. 劉緯毅：《漢唐方志輯佚》，北京圖書館出版社，1997 年。

7. 中國地圖出版社編制：《分省中國地圖集》，中國地圖出版社，2004 年。

8. 成都地圖出版社編著：《中國分省地圖冊》，成都地圖出版社，2003 年。

9. 西安地圖出版社編：《中國城鄉交通網地圖集》，西安地圖出版社，
2004 年。

附錄 1　西漢政區圖示

　　歷史政區沿革是研究區域城市空間結構特徵演化的主要因素，為此本文在展開對西漢城市地理研究之前首先是對西漢政區地理的認識，這方面最權威的研究成果就是周振鶴的《西漢政區地理》。為節省篇幅，將周先生研究成果轉化成圖示格式附於文末以便查對，也希望得到周先生的批評指正。這裡對圖示內容作簡要說明：

（1）圖示排列順序以周文為據，即由諸侯國到漢郡；

（2）圖中各部分內容時間順序是按照歷史發展順序，即自漢初至漢末，而非周先生之推理過程；圖示的最後年代為《漢志》記載郡縣的「成帝綏和末年」；

（3）圖中用箭頭方向指示郡縣的歸屬，比如，析置的郡縣，「箭頭」遠離原郡國圖框或時間發展軸。相反，某郡縣合併入另一郡國，則箭頭指向該郡國圖框或時間發展軸；

（4）部分郡縣置了又罷，圖中的顯示方式為（3）中兩種箭頭的組合；

（5）圖內方框中的「年代」是指該郡國初置之年；

（6）圖內郡中析置縣，仍在本郡者用「 ⟷ 」表示。

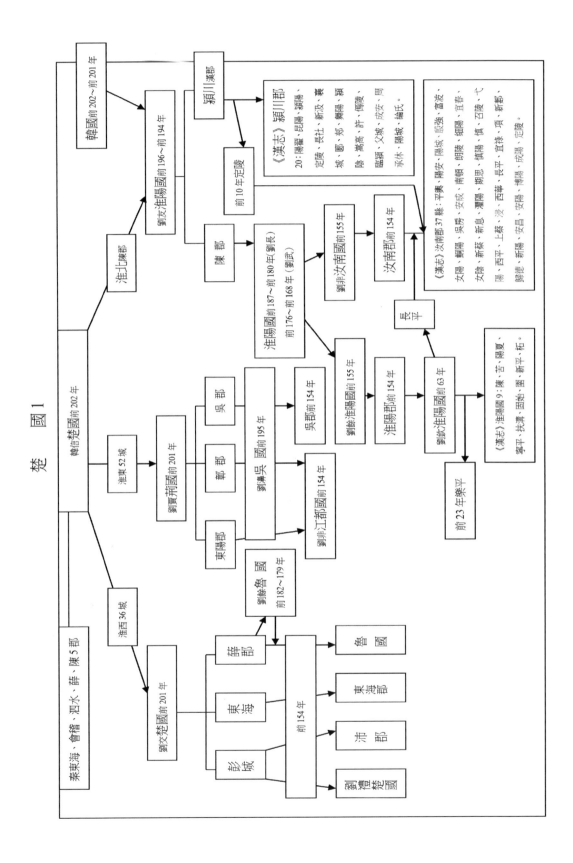

圖　１

楚　國 2

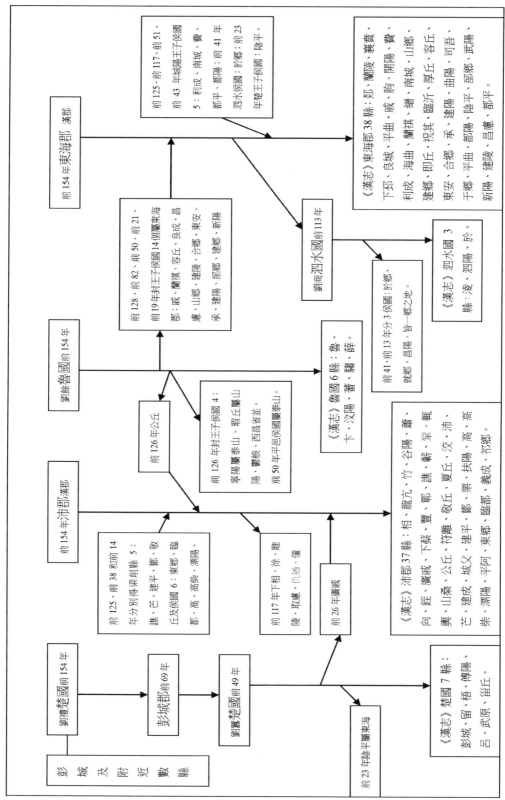

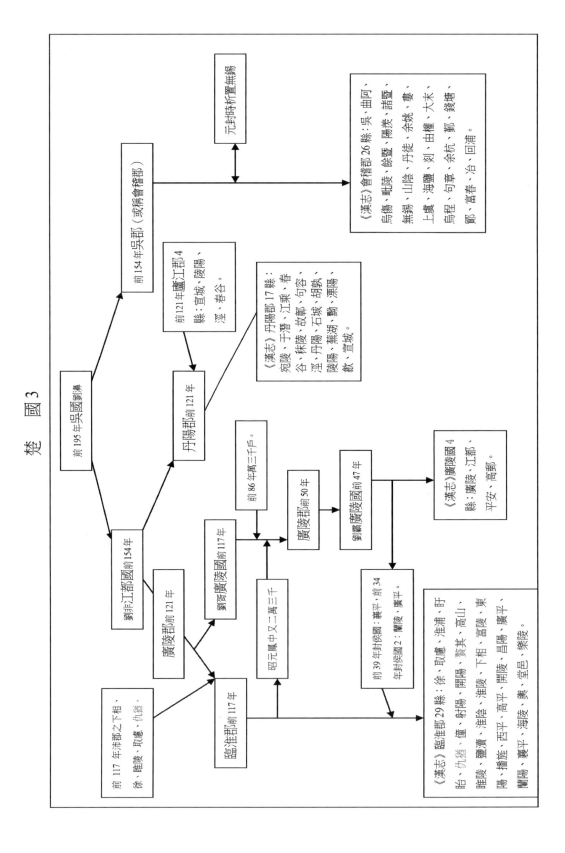

楚　國 3

前 195 年吳國劉濞

前 154 年吳郡（或稱稽郡）

劉非江都國前 154 年

廣陵郡前 121 年

劉胥廣陵國前 117 年

臨淮郡前 117 年

前 117 年沛郡之下相、徐、睢陵、取慮、九嬻、

元封時析置無錫

前 121 年廬江郡 4 縣：宣城、陵陽、春谷、涇。

前 86 年萬三千戶。

昭元鳳中又二萬三千。

廣陵郡前 50 年

劉霸廣陵國前 47 年

前 39 年封侯國：襄平、前 34 年封侯國 2：蘭陽、廣平。

《漢志》會稽郡 26 縣：吳、曲阿、烏傷、毗陵、餘暨、陽羨、諸暨、無錫、山陰、丹徒、余姚、婁、上虞、海鹽、剡、由拳、大末、烏程、句章、余杭、鄞、錢塘、鄮、富春、冶、回浦。

《漢志》丹陽郡 17 縣：宛陵、于潛、江乘、春谷、秣陵、故鄣、句容、涇、丹陽、石城、胡孰、陵陽、蕪湖、黝、溧陽、歙、宣城。

《漢志》廣陵國 4 縣：廣陵、江都、平安、高郵。

《漢志》臨淮郡 29 縣：徐、取慮、淮浦、盱眙、九嬻、僮、射陽、開陽、贅其、高山、睢陵、鹽瀆、淮陰、淮陵、下相、富陵、東陽、播旌、西平、高平、開陵、昌陽、廣平、蘭陽、襄平、海陵、輿、堂邑、樂陵。

淮南國

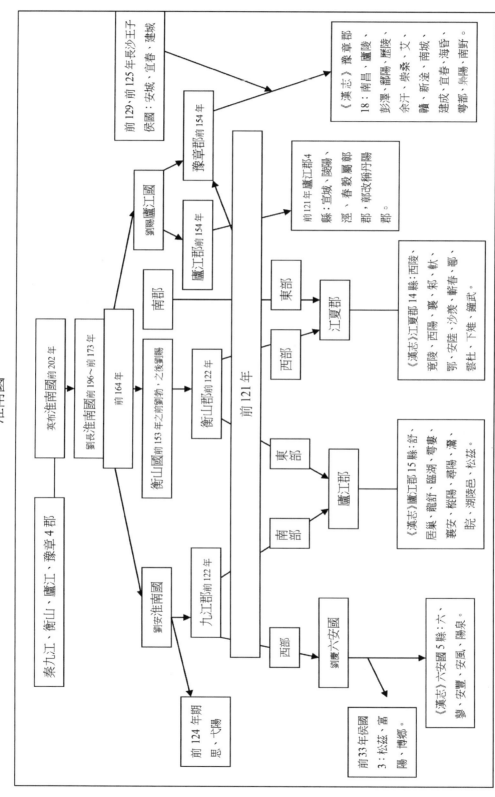

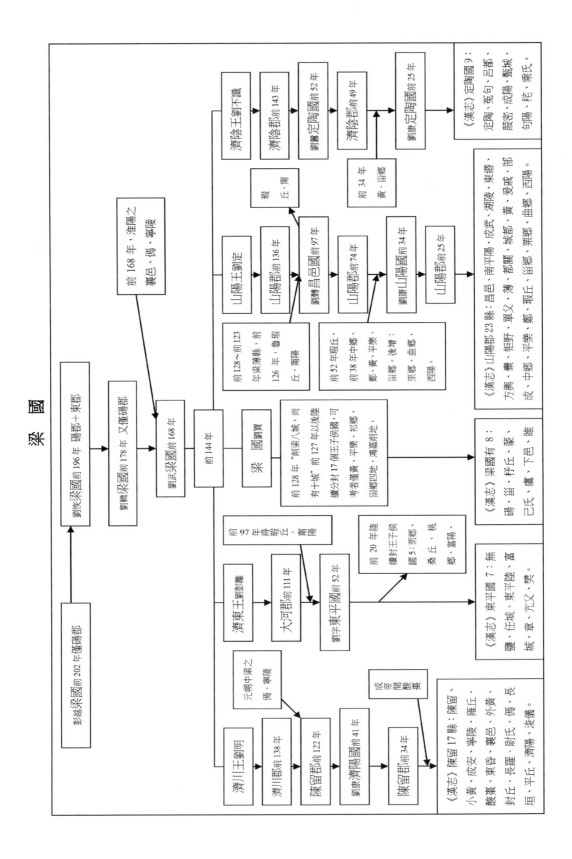

梁　國

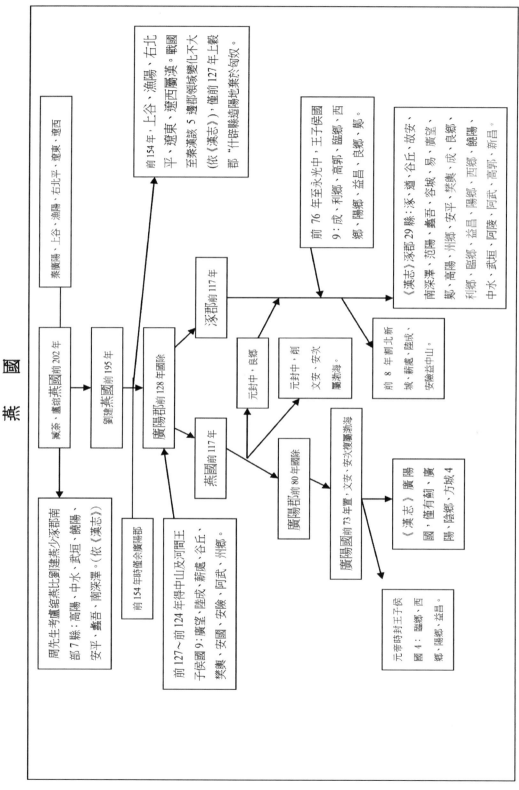

燕　國

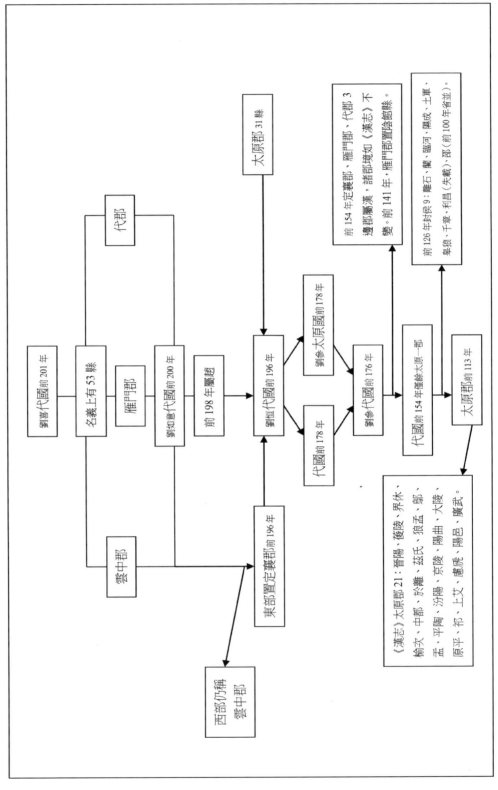

代 國

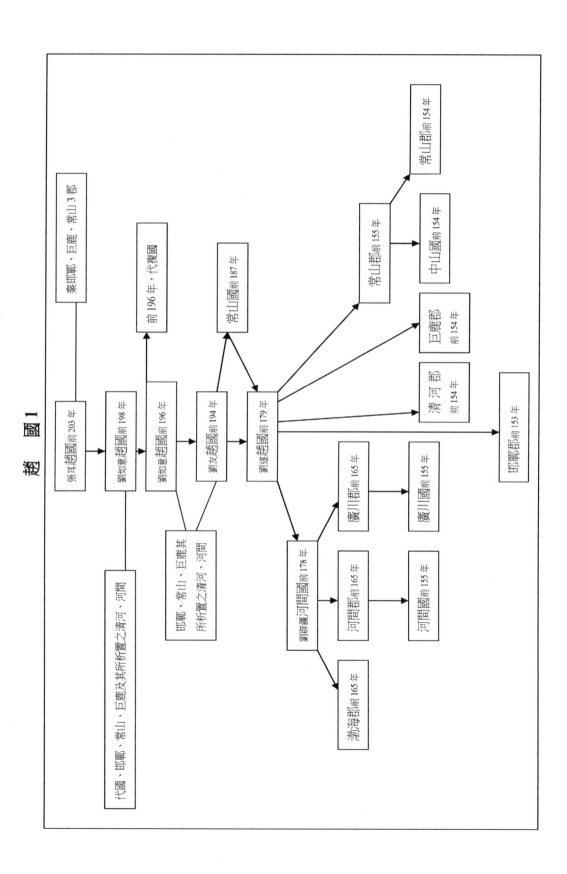

趙　國 1

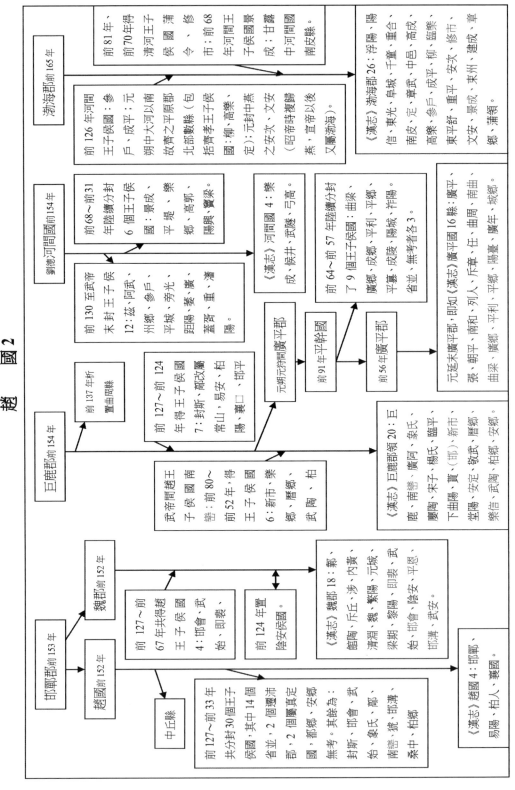

趙　國 2

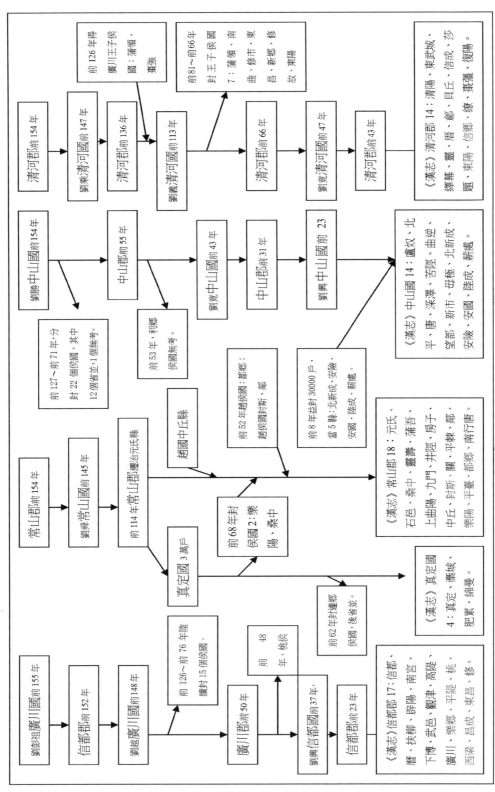

趙　國 3

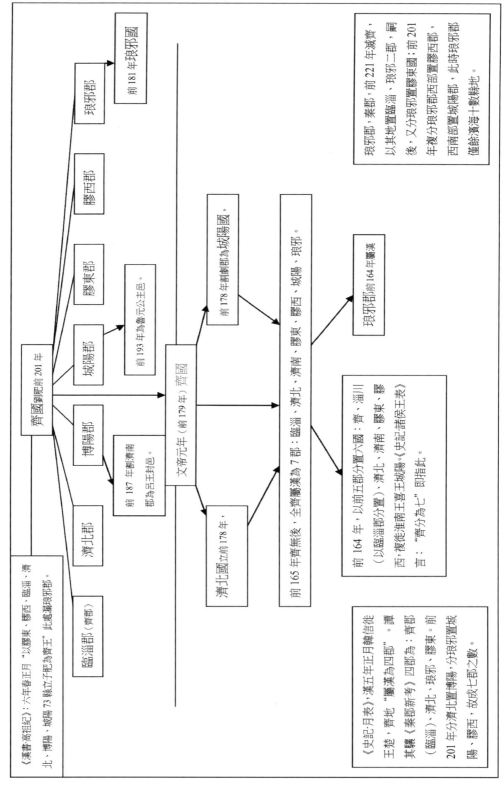

齊　國 1

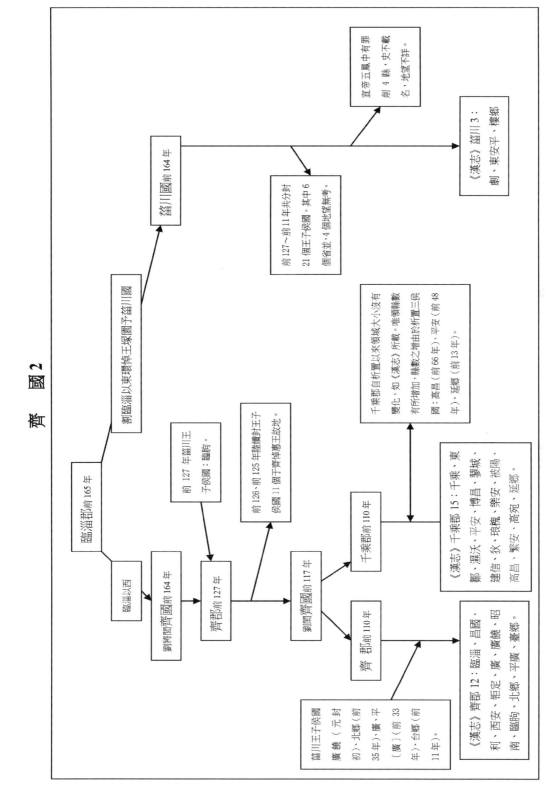

齊　國 2

臨淄郡前165年

臨淄以西

割臨淄以東環悼王塚圖子菑川國

菑川國前164年

劉將閭齊國前164年

前127年菑川王子侯國：臨朐。

齊郡前127年

前126、前125年陸續封王子侯國11個子齊悼惠王故地。

劉閎齊國前117年

菑川王子侯國廣饒（元封初）、北鄉（前35年）、廣、平〔廣〕（前33年）、台鄉（前11年）。

前127～前11年共分封21個王子侯國。其中6個並、4個地望無考。

宣帝立鳳中有罪削4縣，史不載名。地望不詳。

《漢志》菑川 3：劇、東安平、樓鄉

齊郡前110年

千乘郡前110年

千乘郡自析置以來領域大小沒有變化，如《漢志》所載。唯領縣數有所增加。縣數之增由於析置三侯國：高昌（前66年）、平安（前48年）、延鄉（前13年）。

《漢志》千乘郡 15：千乘、東鄒、濕沃、平安、博昌、蓼城、建信、狄、琅槐、樂安、被陽、高昌、繁安、高苑、延鄉。

《漢志》齊郡 12：臨淄、昌國、利、西安、鉅定、廣、廣饒、昭南、臨朐、北鄉、平廣、臺鄉。

齊　國 3

前127年,得淄川王子俞侯國:平度;前31年,得膠東侯國、陽、陽樂;前17年、前12年,得膠東侯國陽石及徐鄉。

《漢志》東萊郡17:掖、睡、平度、臨朐、曲成、牟平、東牟、惤、昌陽、不夜、當利、盧鄉、陽樂、陽石、徐鄉、黃、育。

前154年以前的膠東國及前164年以前的膠東郡,則為前110年的東萊國和前127年膠東領域之和。《漢志》琅邪郡長廣縣疑為膠東侯國免侯後國名、或數侯國免侯後合成一樣。

東萊郡 前153年

劉雄渠膠東國前164年 → 膠東郡前154年 → 劉徹膠東國 前153~前150年 → 膠東國劉寄前148年

前110~前12年陸續分封王子侯國 21個,其中3個省並,11個無考。

《漢志》膠東國8:即墨、昌武、下密、壯武、鬱秩、挺。

前122年,得濟北郡所獻之泰山及其旁邑。

移給菑川平陵,遂改名濟南郡

呂國前187年 → 濟川國前181年 → 濟南郡前179年

濟南郡 → 濟南國前164年 → 濟南郡前154年

南部

《漢志》濟南郡14:東平陵、鄒、平臺、梁鄒、土鼓、於陵、陽丘、般陽、菅、朝陽、歷城、猇、著、宜成。

案濟北部

田安濟北國前206年 → 濟北郡前202年 → 博陽郡前201年

濟北郡前201年 → 劉興居濟北國前178年 → 濟北郡前177年

濟北國前164年

《漢志》平原郡19:平原、高唐、重丘、樂陵、般、鬲、祝阿、瑗、阿陽、漯陰、朸、富平、安德、合陽、平昌、羽、樓虛、龍額、安。

平原郡 前153年

前126~前87年分封11個王子侯國,6個省並,1個無考。前87年國除為北安縣。

《漢志》泰山郡24:奉高、博、茌、盧、肥城、蛇(虵)丘、剛、柴、梁父、東平陽、南武陽、萊蕪、鉅平、嬴、牟、蒙陰、華、富陽、桀(乘 or 桑)丘、桃鄉、式。

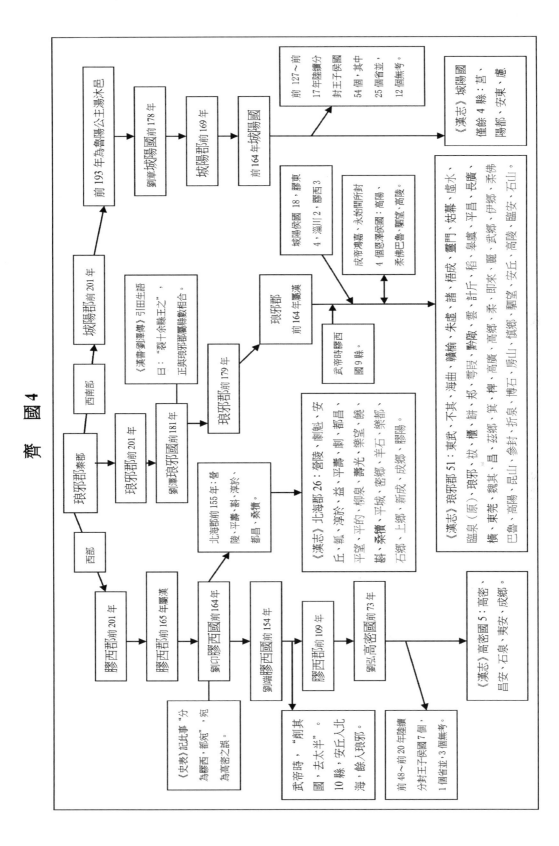

齊　國 4

長沙國

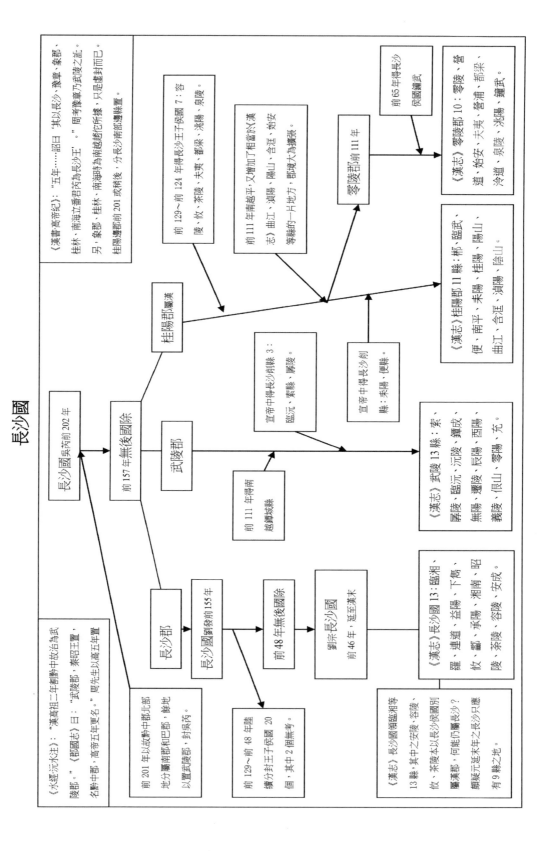

內史沿革

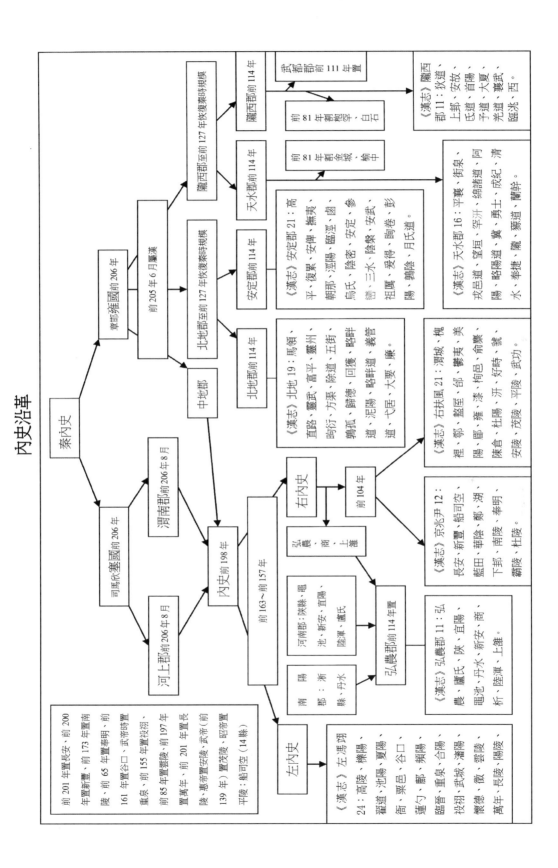

案內史

章邯雍國前 206 年

前 205 年 6 月屬漢

隴西郡至前 127 年恢復秦時規模

北地郡至前 127 年恢復秦時規模

中地郡

武都郡前 111 年置

隴西郡前 114 年

前 81 年割梂罕、白石

《漢志》隴西郡 11：狄道、安故、首陽、大夏、襄武、上邽、氐道、予道、羌道、荒道、臨洮、西。

天水郡前 114 年

前 81 年割金城、榆中

《漢志》天水郡 16：平襄、街泉、戎邑道、望垣、罕汧、綿諸道、阿陽、略陽道、冀、勇士、成紀、清水、奉捷、隴、豲道、蘭道、蘭幹。

安定郡前 114 年

《漢志》安定郡 21：高平、復累、安俾、撫夷、朝那、涇陽、臨涇、鹵、烏氏、陰密、安定、參、爰得、眴卷、彭陽、三水、陰槃、祖厲、鶉陰、月氏道、陽。

北地郡前 114 年

《漢志》北地 19：馬領、直路、靈武、富平、靈州、眴衍、方渠、除道、五街、鶉孤、歸德、回獲、略畔、義渠道、泥陽、略畔道、昫衍、弋居、大䨠、廉。

《漢志》右扶風 21：渭城、槐裡、鄠、盩厔、鬱夷、美陽、郿、雍、漆、栒邑、俞麋、陳倉、杜陽、汧、好畤、虢、安陵、茂陵、平陵、武功。

司馬欣塞國前 206 年

渭南郡前 206 年 8 月

河上郡前 206 年 8 月

內史前 198 年

前 163～前 157 年

右內史

前 104 年

弘農、商、上雒

《漢志》京兆尹 12：長安、新豐、船司空、藍田、華陰、鄭、湖、下邽、南陵、奉明、霸陵、杜陵。

河南郡：陝縣、黽池、新安、宜陽、陸渾、盧氏

南陽郡：淅縣、丹水

弘農郡前 114 年置

《漢志》弘農郡 11：弘農、盧氏、陝、宜陽、黽池、丹水、新安、商、析、陸渾、上雒。

左內史

《漢志》左馮翊 24：高陵、池陽、夏陽、衙道、栗邑、谷口、蓮勺、鄜、重泉、合陽、臨晉、徵、武城、沈陽、褱德、氂、徵、郃陽、萬年、長陵、陽陵、雲陵、船司空（14 縣）

前 201 年置長安、前 200 年置新豐、前 173 年置南陵、前 65 年置奉明、前 161 年置谷口、武帝時置重泉、前 155 年置栒邑、前 85 年置雲陵、前 197 年置萬年、惠帝前 201 年置長陵、武帝前陵安陵、武帝昭帝置雲陵、陽陵、平陵、昭帝置茂陵、陽陵

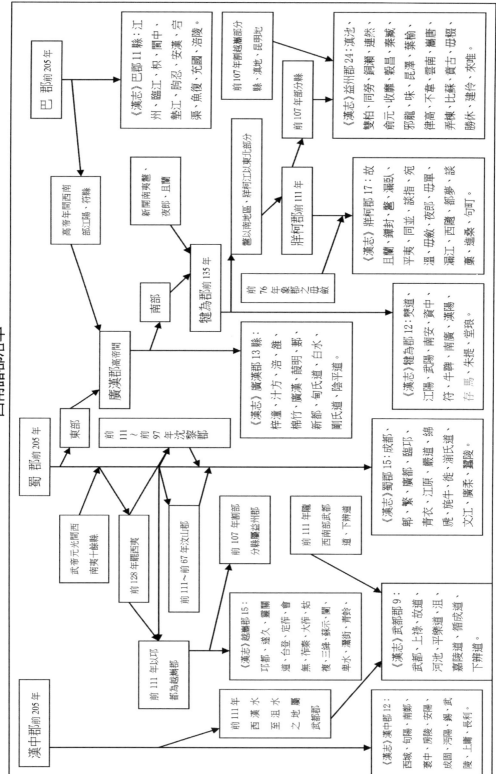

西南諸郡沿革

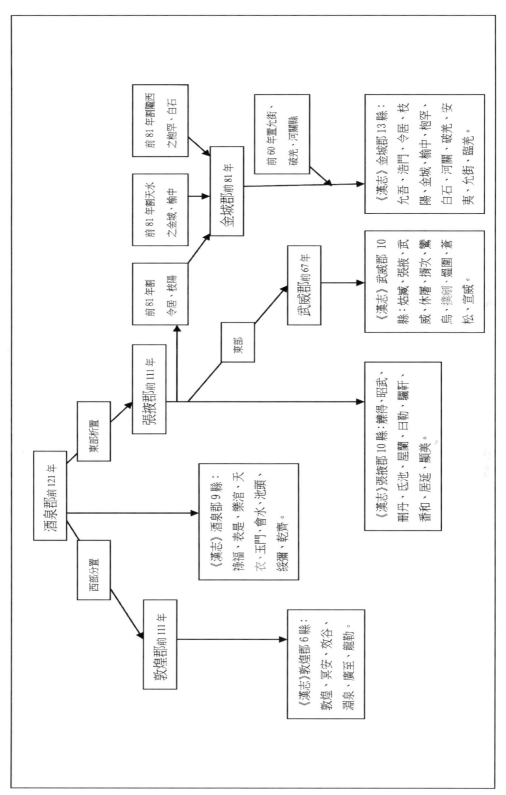

河西四郡

西域都護府與諸城郡國

宣帝 36 城郡國：鄯善、且末、精絕、扞彌、渠勒、于闐、皮山、莎車、姑墨、小宛、戎盧、烏托、西夜、子合、蒲犁、依耐、無雷、捐毒、疏勒、尉頭、烏壘、溫宿、渠犁、尉犁、危須、焉耆、烏貪訾離、卑陸後國、車師前國、車師後國、西且彌、蒲類後國、東且彌。

↓

元帝 48 國：烏孫、大宛、郁立、日末、精絕、扞彌、渠勒、于闐、皮山、莎車、姑墨、小宛、戎盧、西夜、子合、蒲犁、依耐、無雷、捐毒、桃槐、休循、烏貪訾離、卑陸、卑陸後國、單桓、蒲類、車師前國、車師後國、車師都尉國、車師後長城國、西且彌、烏壘、西夜、尉犁、尉頭、溫宿、姑墨、蒲類、蒲類後國、西且彌、東且彌、日末、劫國、狐胡、山國、孤胡、...

元帝末以後西域都護所領 "督錄總領" 的屬國有 50 個左右。

五原、朔方郡

- 雲中以西至高闕地
- 秦九原郡
- 五原郡前 127 年
- 朔方郡前 127 年
- 前 126 年築朔方城、前 124 年築臨戎城、前 120 年築三封、沃野城。
- 《漢志》五原郡 16 縣：九原、固陵、臨沃、文國、河陰、蒲澤、南興、武都、宜梁、曼柏、成宜、稒陽、莫黑、西安陽、河目。
- 《漢志》朔方郡 10 縣：三封、朔方、修都、臨河、呼遒、窳渾、渠搜、沃壄、廣牧、臨戎。

嶺南諸國

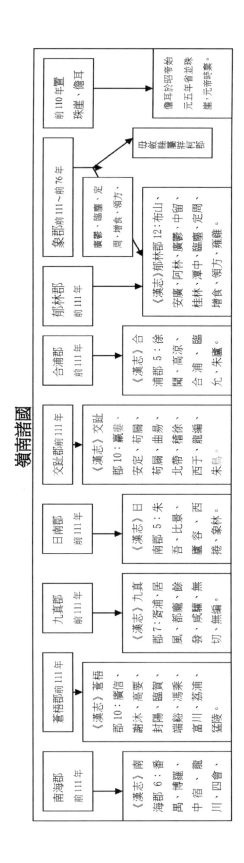

- 南海郡前 111 年 → 《漢志》南海郡 6：番禺、博羅、中宿、龍川、四會、揭陽。
- 蒼梧郡前 111 年 → 《漢志》蒼梧郡 10：廣信、謝沐、高要、封陽、臨賀、端溪、馮乘、富川、荔浦、猛陵。
- 九真郡前 111 年 → 《漢志》九真郡 7：胥浦、居風、都龐、餘發、咸驩、無切、無編。
- 日南郡前 111 年 → 《漢志》日南郡 5：朱吾、比景、盧容、西捲、象林。
- 交趾郡前 111 年 → 《漢志》交趾郡 10：羸婁、安定、苟屚、麊泠、曲昜、北帶、稽徐、西于、龍編、朱鳶。
- 合浦郡前 111 年 → 《漢志》合浦郡 5：徐聞、高涼、合浦、臨允、朱盧。
- 郁林郡前 111 年 → 《漢志》郁林郡 12：布山、安廣、阿林、廣鬱、中留、桂林、潭中、臨塵、定周、增食、領方、雍雞。
- 象郡前 111~前 76 年 → 廣鬱、臨塵、定周、增食、領方；母斂、鐔封、夕句。
- 前 110 年置 儋耳、珠崖 → 儋耳於昭帝始元五年省並珠崖，元帝時棄。

附錄 2　西漢侯國城市統計（一組）

說明：

1. 所在郡國以《漢書·地理志》區劃為准（以下各表均同），無考者缺。

2. 某些侯國城市的名稱或所在郡國，《史記》、《漢書》不同或有異說，選取其中之一；若另有結論則以註腳形式說明，詳考過程從略。

3. 本表納入了《漢書》「王子侯表」、「外戚侯表」中的部分內容（王子侯4——羹頡侯劉信、合陽侯劉仲、沛侯劉濞、德侯劉廣（高祖兄子）；外戚侯2——周呂侯呂澤、建成侯呂釋之），突出時段特徵。

2－A 高祖時期侯國城市統計

編號	郡國/縣	侯名	侯者	位次	始封戶數	始封年	月	侯除之年	失侯之因	備註
1	河東	平陽	曹參	2	10600	高祖六年（前201年）	12	武征和二年（前91年）	坐淫亂城旦，人財完為，23000戶	宣元康四年（前62年）以「杜陵公乘」復家
2		信武	靳歙	11	5300	高祖六年（前201年）	12	文後三年（前161年）	坐事國人過律，23000戶	宣元康四年（前62年）以「長安上造」復家
3	清河	清陽	王吸	14	3100	高祖六年（前201年）	12	武元光二年（前133年）	無後	宣元康四年（前62年）以「長安大夫」復家
4	汝南	汝陰	夏侯嬰	8	6900	高祖六年（前201年）	12	武元鼎二年（前115年）	淫亂，自殺	宣元康四年（前62年）以「長陵大夫」復家
5	九江	陽陵[1]	傅寬	10	2600	高祖六年（前201年）	12	武元狩元年（前122年）	謀反	宣元康四年（前62年）以「長陵士伍」復家
6	琅邪/東莞	廣嚴	昭歐	28	2200	高祖六年（前201年）	12	文後元七年（前157年）	無後	宣元康四年（前62年）以「安陵大夫」復，後封菑川孝王子劉便
7	臨淮／常山	廣平／平棘	薛歐／薛澤	15	4500	高祖六年（前201年）／景中五年（前145年）	12	景中二年（前148年）／武元狩元年（前122年）	有罪／受賕，詔問謾罪	景中三年（前147年）有罪／宣元康四年（前62年）以「長安大夫」復家
8	汝南	博陽	陳濞	19		高祖六年（前201年）	12	景後元元年（前143年）	有罪	宣元康四年（前62年）復家
9	中山	曲逆	陳平	47	5000	高祖六年（前201年）	12	武元光五年（前130年）	略人妻、巢市，16000戶	宣元康四年（前62年）以「長安簪褭」復家

1 清．王先謙曰：「『索引』陽陵縣屬馮翊，《楚漢春秋》作陰陵，錢大昭云『陽陵景帝更名，漢初未有也，陰陵九江縣』」，《漢書補注》，書目文獻出版社，1995年，第208頁。《張家山漢簡·二年律令·秩律》中亦無陽陵之名，若陽陵侯傅寬在左馮翊，秩律中當有記載。

序號	郡	縣	侯		戶數	封年		除年	罪狀	備註
10	臨淮	堂邑	陳嬰	86	1800	高祖六年（前201年）	12	武元鼎元年（前116年）	淫亂，爭財，自殺	隆慮，景中五年（前145年）陳融矦，15000戶。宣元康四年（前62年）以「霸陵公士」復家
11	濟陰	周呂（呂都）	呂澤			高祖六年（前201年）	1	高后八年（前180年）	謀反，謀	
12	楚國／彭城	留	張良	62	10000	高祖六年（前201年）	1	文五年（前175年）	坐及聞大夫殺故楚內史，贖爲城旦	宣元康四年（前62年）以「陽陵公乘」復家
13	臨淮	射陽	項纏			高祖六年（前201年）	1	惠三年（前192年）	有罪	
14	沛	酇²	蕭何	1	8000	高祖六年（前201年）	1	文元年（前179年）	有罪	
	南陽	築陽	蕭延			文元年（前179年）		文三年（前177年）	有罪	
	東海	武陽	蕭嘉		2400	景前二年（前155年）		武元朔二年（前127年）	坐不敬，26000戶	
	南陽	酇	蕭慶			武元狩三年（前120年）		武元封四年（前105年）	爲大常犧牲不如令	
15	廣平	曲周	酈商	6	4800	高祖六年（前201年）	1	文九年（前171年）	有罪18000戶	18000戶，
		繆	酈堅			景中三年（前147年）		武后元二年（前87年）	坐兒詛，謀	宣元康四年（前62年）以「長安公士」復家
16	河東	絳	周勃	4	8100	高祖六年（前201年）	1	景七年（前150年）	有罪	
	東海	平曲	周堅			景後元年（前143年）		武元鼎五年（前112年）	坐酎金	宣元康四年（前62年）以「槐里公乘」復家
17	潁川	舞陽	樊噲	5	5000	高祖六年（前201年）	1	景中六年（前144年）	非其子	宣元康四年（前62年）以「長陵不更」復家

2　南陽酇縣，師古曰：「即蕭何所封」。王先謙以爲蕭何所封爲沛郡酇縣，至其曾孫慶所封地音別，《漢書補注》，書目文獻出版社，1995年，第210頁。

序	郡	縣	侯名	位次	戶數	始封	代	國除	原因	元康四年復家
18	潁川 / 汝南	潁陰 / 臨汝	灌嬰 / 灌賢	9	5000	高祖六年（前201年）/ 武元光二年（前133年）	1	景中三年（前147年）/ 武元朔五年（前124年）	有罪，絕，8400戶 / 行睞罪	宣元康四年（前62年）以「長安」復家 / 官首
19	河東 / 汝南	汾陰 / 安陽	周昌 / 周左車	16	2800	高祖六年（前201年）/ 景中二年（前148年）	1	文帝五年（前175年）/ 武建元元年（前140年）	行睞，髡為城旦 / 有罪	宣元康四年（前62年）以「沃侯國土伍」復家，先封淮南萬王子劉勃，後封淮南劉眷
20	濟南	梁鄒	武儒	20	2800	高祖六年（前201年）	1	武元鼎五年（前112年）	坐酎金	宣元康四年（前62年）以「夫夷侯國公乘」復家
21	涿	成 / 節氏	董渫 / 董赤	25	2800	高祖六年（前201年）/ 景中五年（前145年）	1	景六年（前151年）/ 武元狩三年（前120年）	有罪，5600戶 / 坐濟南太守與城陽王女通，彤為鬼薪	宣元康四年（前62年）以「平陵公乘」復家
22	六安	蓼	孔藂	30		高祖六年（前201年）	1	武元朔三年（前126年）	坐為太常，南陵橋壞，衣冠車不得度。	宣元康四年（前62年）以「長安公士」復家
23	東海 / 廬江	費 / 巢	陳賀 / 陳嚴	31	2800	高祖六年（前201年）/ 景中六年（前144年）	1	景中二年（前148年）/ 景後三年（前141年）	有罪 / 無後	宣元康四年（前62年）以「茂陵上造」復家
24	淮陽	陽夏	陳豨			高祖六年（前201年）	1	高祖十年（前197年）	謀反	
25	河內	林（隆）慮	周竈	34		高祖六年（前201年）	1	景中元年（前149年）	有罪	宣元康四年（前62年）以「陽陵公乘」復家
26	城陽	陽都	丁復	17	7800	高祖六年（前201年）	1	景二年（前155年）	有罪，17000戶	宣元康四年（前62年）以「臨沂公士」復家
27	汝南	新陽	呂清	87	1000	高祖六年（前201年）	1	武元鼎五年（前112年）	坐酎金	宣元康四年（前62年）以「長陵大夫」復家
28	琅邪	東武	郭蒙	41	3000	高祖六年（前201年）	1	景六年（前151年）	棄市，10100戶	宣元康四年（前62年）以「茂陵公士」復家

序號	郡	侯國	侯	位次	戶數	封年	世	除年	原因	備註
29	廣漢	汁方（什邡）	雍齒	57	2500	高祖六年（前201年）	3	武元鼎五年（前112年）	坐酎金	宣元康四年（前62年）以「長安」官首」復家
30		郲蒲	陳武	13		高祖六年（前201年）	3	景後元元年（前143年）	子反不得置國	宣元康四年（前62年）以「雲陽」上造」復家
31	北海	都昌	朱軫	23		高祖六年（前201年）	3	景中元年（前149年）	無後	宣元康四年（前62年）以「昌侯國公士」復家
32		武彊	莊不識	33		高祖六年（前201年）	3	武元鼎二年（前115年）	坐為與朱買臣逮御史大夫湯不直	宣元康四年（前62年）以「長安」公乘」復家
33	巨鹿	賈	傅胡害	36	1600	高祖六年（前201年）	3	武元鼎元年（前116年）	殺人棄市	宣元康四年（前62年）以「茂陵」公士」復家
34	遼西	海陽	搖毋餘	37	1800	高祖六年（前201年）	3	景中六年（前144年）	無後	宣元康四年（前62年）以「未央」不更」復家
35	犍為	南安	宣虎	63	900	高祖六年（前201年）	3	景中元年（前149年）	傷人，2100戶	宣元康四年（前62年）以「南安」簪裊」復家
36	遼西	肥如	蔡寅	66	1000	高祖六年（前201年）	3	景帝元年（前156年）	無後	宣元康四年（前62年）以「肥如」大夫」復家
37	東萊	曲城	蠱達 蠱捷 蠱捷	18	4000	高祖六年（前201年） 文十四年（前166年） 景中五年（前145年）	3	文八年（前172年） 文後三年（前161年） 武元鼎三年（前114年）	有罪 有罪絕，9300戶 為汝南太守知民不用赤側錢	
38	河內	河陽	陳涓	29		高祖六年（前201年）	3	文三年（前177年）	不實人賣滴	宣元康四年（前62年）以「即丘」公士」復家
39	臨淮	淮陰	韓信			高祖六年（前201年）	4	高祖十一年（前196年）	謀反	
40	沛	芒	耏跖			高祖六年（前201年）	4	高祖九年（前198年）	有罪	先封毛釋之，後封耏頃王子劉嵩
	廣平	張	耏跖			景三年（前154年） 武元朔六年（前123年）			尚南宮公主不敬	

	郡	侯國	侯名		戶數	封年		免年	有罪	元康四年復家
41	沛郡	建成　湖陵	呂釋之　呂祿			高祖六年（前201年）　高后元年（前187年）	4	惠三年（前192年）　高后七年（前181年）	有罪　誅	
42	河南	故市	閻澤	55	1000	高祖六年（前201年）	4	武元鼎五年（前112年）	坐酎金	宣元康四年（前62年）以「長安上造」復家
43	渤海	柳丘	戎賜	39	1000	高祖六年（前201年）	6	景後元年（前143年）	有罪，3000戶	宣元康四年（前62年）以「長安公士」復家
44	琅邪	魏其	周定	44	1000	高祖六年（前201年）	6	景三年（前154年）	謀反誅，3000戶	宣元康四年（前62年）以「長陵不更」復家，後封竇嬰
45	太原	祁（䣜）	繒賀	51	1400	高祖六年（前201年）	6	武元光二年（前133年）	從射擅罷，不敬	宣元康四年（前62年）以「茂陵公大夫」復家
46	河南	平	沛嘉（工師喜）	32	1300	高祖六年（前201年）	6	景中五年（前145年）	坐匿死罪，會赦，3300戶	後封濟北式王王子劉遙
47	魯　渤海	魯　重平	奚涓　毋底	7	4800	高祖六年（前201年）　景中六年（前144年）	缺	高后五年（前183年）　文後元年（前163年）	無後廢	
48	沛	故城	尹恢	26	2000	高祖六年（前201年）	缺	高后三年（前185年）	奪爵為關內侯	宣元康四年（前62年）以「新豐簪裊」復家
49	廣平	任	張越		750	高祖六年（前201年）	缺	高后三年（前185年）	坐匿死罪，750戶	
50		蕲丘	襄		980	高祖六年（前201年）	缺	高后四年（前184年）	奪侯為士伍，970戶	
51	涿	阿陵　南	郭亭　郭延居	27		高祖六年（前201年）　景中六年（前144年）	7	景二年（前155年）　武元鼎五年（前112年）	有罪免　坐酎金	宣元康四年（前62年）以「茂陵公乘」復家
52	膠東	昌武	單寧	45	980	高祖六年（前201年）	7	武元朔三年（前126年）	坐傷二人一旬內死，棄市。600戶	宣元康四年（前62年）以「陽陵公乘」復家

序號	郡	侯國	侯名	位次	食邑	始封	代	免年	免因	復家
53	千乘	高苑	丙倩	41	1600	高祖六年（前201年）	7	武建元三年（前138年）	坐出入屬車間，奪侯。3200	宣元康四年（前62年）以「高苑大夫」復家
54		宣曲	丁義	43	670	高祖六年（前201年）	7	景四年（前153年）	有罪，赦為鬼薪	
		發婁	丁通			武建元五年　景中五年（前145年）　武建元六年（前135年）			有罪，赦為鬼薪1100戶　有罪	宣元康四年（前62年）以「陽安公士」復家
55	濟南	絳陽（陵）	華無害	46	740	高祖六年（前201年）	7	景四年（前153年）	坐出界有罪，刑為司寇，1500戶	宣元康四年（前62年）以「於陵大夫」復家
56	山陽	東茅	劉釗	48	1000	高祖六年（前201年）	8	文十六年（前164年）	坐事國人過員　有罪	宣元康四年（前62年）以「銅陽公乘」復家
57	魏	斥丘	唐厲	40	1000	高祖六年（前201年）	8	武元鼎五年（前112年）	坐酎金	宣元康四年（前62年）以「長安公士」復家
58	濟南	台	戴野	35		高祖六年（前201年）	8	景三年（前154年）	坐謀反謀	宣元康四年（前62年）以「長陵公士」復家
59	中山	安國	王陵／定	12	5000	高祖六年（前201年）	8	武元鼎五年（前112年）	坐酎金	宣元康四年（前62年）以「長安上造」復家、後封趙共王子吉
60	河間	樂成	丁禮		1000	高祖六年（前201年）	8	武元鼎五年（前112年）	坐言五利侯不道，棄市。2400戶	宣元康四年（前62年）以「長陵公士」復家
61	信都	辟陽	審食其			高祖六年（前201年）	8	景三年（前154年）	坐謀反，自殺	宣元康四年（前62年）以「長安公士」復家
62	涿	安平	諤千秋		2000	高祖六年（前201年）	8	武元狩元年（前122年）	坐與淮南王女通，稱臣盡力，棄市	宣元康四年（前62年）以「茂陵公乘」復家
63	北地	鉗戍	周緤		3300	高祖六年（前201年）	8	文五年（前175年）	有罪	宣元康四年（前62年）以「陽陵公乘」復家
	沛	鄲	周應			景中元年（前149年）	8	武元鼎三年（前114年）	坐為大常收赤側金不收，完為城旦	宣元康四年（前62年）以「長安公士」復家
64	中山	北平	張蒼		1300	高祖六年（前201年）	8	武建元五年（前136年）	坐臨諸侯喪，後不敬	宣元康四年（前62年）以「長安公乘」復家
65		高胡	陳夫乞		1000	高祖六年（前201年）	缺	文五年（前175年）	無後	宣元康四年（前62年）以「長功公乘」復家

	平原/富平	厲次	爱頰				缺		坐誅反	
66	平原/富平					高祖六年（前201年）	缺	文五年（前175年）		宣元康四年（前62年）以「陽陵公士」復家
67	河內	平皋	劉它	121	580	高祖七年（前200年）	10	武元鼎五年（前112年）	坐酎金	宣元康四年（前62年）以「長安簪裊」復家
68	清河	復陽	陳胥	49	1000	高祖七年（前200年）	10	武元狩二年（前121年）	坐其父非祖子	宣元康四年（前62年）以「雲陽簪裊」復家
69	上黨	陽河	其石	83	500	高祖七年（前200年）	11	武征和二年（前91年）	坐祝詛，大逆無道，腰斬	宣元康四年（前62年）以「長安官大夫」復家
70	濟南	朝陽	華寄	69	1000	高祖七年（前200年）	3	武元朔二年（前127年）	坐教人上書枉法，髡為鬼薪5000戶	宣元康四年（前62年）以「奉明大夫」復家、後封廣陵王自劉聖
71	南陽	棘陽	杜得臣	81	1000	高祖七年（前200年）	7	武元朔五年（前124年）	無後	
72	南陽	涅陽	呂勝	104	1500	高祖七年（前200年）	缺	文五年（前175年）	坐非子	宣元康四年（前62年）以「涅陽不更」復家
73	常山	平棘	林摯	64	1000	高祖七年（前200年）	缺	文六年（前174年）	有罪為鬼薪	宣元康四年（前62年）以「襄國大夫」復家
74		羹頡	劉信			高祖七年（前200年）	缺	高后元年（前187年）	有罪削爵一級，為關內侯	
75	中山	深澤 臾 夷胡侯	趙將夕	98	700	高祖八年（前199年）景中五年（前145年）	10	景中二年（前148年）武元朔五年（前124年）	有罪刑為司寇 上造	宣元康四年（前62年）以「平陵上造」復家
76		柏至	許盎	58	1000	高祖七年（前200年）	10	武元鼎二年（前115年）	坐為姦為鬼薪	宣元康四年（前62年）以「長安公士」復家
77	涿	中水	呂馬童	101	1500	高祖七年（前200年）	1	武元鼎五年（前112年）	坐酎金	宣元康四年（前62年）以「長安公士」復家
78	南陽	杜衍	王翳	102	1700	高祖七年（前200年）景後元元年（前143年）	1	文十二年（前168年）武元狩四年（前119年）	有罪，為鬼薪3400戶 有罪	宣元康四年（前62年）以「長安大夫」復家

序號	郡	侯國	侯			始封年				宣元康四年（前 62 年）復家
79	豫章 / 臨汝	赤泉	楊喜 / 楊無害	103	1900	高祖七年（前 200 年）景中五年（前 145 年）	1	景四年（前 153 年）武元光二年（前 133 年）	坐詐給人臧 600 免 有罪	宣元康四年（前 62 年）以「茂陵」不更「簪裒」復家
80	扶風	枸	溫疥	91	1900	高祖八年（前 199 年）	10	景中四年（前 146 年）	有罪	宣元康四年（前 62 年）以「長安」「簪裒」復家
81	楚國	武原	衛胠	93	2800	高祖八年（前 199 年）	12	景後二年（前 142 年）	坐葬過律	宣元康四年（前 62 年）以「郭公乘」復家，後封代共王子劉罷軍
82	信都	歷	程黑	29	1000	高祖八年（前 199 年）	10	景中元年（前 149 年）	有罪	宣元康四年（前 62 年）以「長安」「簪裒」復家
83	山陽	蕀	陳錯	124	600	高祖八年（前 199 年）	12	武元鼎五年（前 112 年）	坐酎金	宣元康四年（前 62 年）以「茂陵公乘」復家
84	巨鹿	宋子	許瘛	99	536	高祖八年（前 199 年）	3	景中二年（前 148 年）	坐買塞外禁物罪	宣元康四年（前 62 年）以「宋子大夫」復家
85	河東	猗氏	陳速	50	1100	高祖八年（前 199 年）	3	景三年（前 154 年）	無後	宣元康四年（前 62 年）以「猗氏大夫」復家
86	東郡	清	空中同	71	1000	高祖八年（前 199 年）	3	武元鼎五年（前 112 年）	坐酎金	宣元康四年（前 62 年）以「高苑簪裒」復家
87	涿 / 襄強	強	留勝	72	1000	高祖八年（前 199 年）	3	文十三年（前 167 年）	有罪	宣元康四年（前 62 年）以「長安大夫」復家
88	琅邪	彭（柀）	秦同	70	1000	高祖八年（前 199 年）	3	景後元元年（前 143 年）	有罪	宣元康四年（前 62 年）以「費公士」復家
89	汝南	吳房	楊武	94	700	高祖八年（前 199 年）	3	景後元元年（前 143 年）	有罪	宣元康四年（前 62 年）以「霸陵公乘」復家
90	濟南	寧	魏遬	78	1000	高祖八年（前 199 年）	4	景四年（前 153 年）	坐出國界，有罪	宣元康四年（前 62 年）以「長安公士」復家
91	琅邪	昌	盧卿	109	1000	高祖八年（前 199 年）	6	景三年（前 154 年）	謀反	宣元康四年（前 62 年）以「昌上造」復家
92	河內	共	盧罷師	114	1200	高祖八年（前 199 年）	6	文後元四年（前 160 年）	無後	宣元康四年（前 62 年）以「霸陵簪裒」復家

#	郡	侯國	人名	位次	户数	始封年	世	除／薨年	除國原因	備註
93	安定	閼氏	馮解敢	100	1000	高祖八年（前199年）	6	武元鼎五年（前112年）	坐酎金	宣元康四年（前62年）以「陽陵上造」復家，後封高密頃王子劉常
94	琅邪	安丘	張說	67	3000	高祖八年（前199年）	7	武元鼎四年（前113年）	坐人上林謀盜鹿	
95	馮翊	合陽	劉仲			高祖八年（前199年）	9	惠二年（前193年）	薨（封頃王）	
96	臨淮	襄平	紀通	66		高祖八年（前199年）	9	武元封元年（前110年）	無後	宣元康四年（前62年）以「長安箐篋」復家，後封贛陵屬王子劉興
97	廬江	龍（舒）	陳署	84	1000	高祖八年（前199年）	9	景後元年（前143年）	有罪	
98		繁（平）	強瞻	95	1500	高祖九年（前198年）	12	武元狩元年（前122年）	為人所殺	宣元康四年（前62年）以「敏上造慇城」復家
99	長沙	陸梁（重）	須毋	137		高祖九年（前198年）	3	武元鼎五年（前112年）	坐酎金	宣元康四年（前62年）以「酈陽乘鐸」復家
100		高京	周成	60		高祖九年（前198年）	4	文後五年（前159年）	坐謀反系死	宣元康四年（前62年）以「長安公大夫」復家
		繩	周隱			景中元年（前149年）		武元狩四年（前119年）	坐為太常不善治園陵，不敬	
101		離	鄧弱			高祖九年（前198年）	4	失載		
102	武陵	義陵	吳程（郢）	134	1500	高祖九年（前198年）	9	高后七年（前181年）	無後	
103		宣平	張敖	3		高祖九年（前198年）	9	高后二年（前186年）	改封魯王	
	信都	信平	張偃			高后二年（前186年）		文元年（前179年）	復為為（南宮侯）	
		南宮	張偃			文元年（前179年）		武元光元年（前134年）	有罪	
	臨淮	睢陵	張廣國			武元光三年（前132年）		武太初二年（前103年）	坐為太常乏祠（張元康二年（前103年）…昌）	宣元康四年（前62年）以「長陵公乘」復家

序號	郡	侯國	侯			始封年		國除年	有罪	備註
104		江邑	趙堯		600	高祖十一年（前196年）	11	高后元年（前187年）	有罪	
105	北海	營陵	劉澤	88	2000	高祖十一年（前196年）	11	高后六年（前182年）	為琅邪王	
106	清河	東陽	張相如	118	1300	高祖十一年（前196年）	12	武建元元年（前140年）	無後	宣元康四年（前62年）以「茂陵公乘」，後封清河綱王子劉宏
107	河南	開封	陶舍	115	2000	高祖十一年（前196年）	12	武元鼎五年（前112年）	坐酎金	宣元康四年（前62年）以「長安公士」復家
108	沛	沛	劉濞			高祖十一年（前196年）	12	高祖十二年（前195年）	為吳王	
109	汝南	慎陽	樂說	131	2000	高祖十一年（前196年）	12	武元狩五年（前118年）	坐鑄白金棄市	宣元康四年（前62年）以「長安公士」復家
110	巨鹿	禾成	孫耳（昔）	117	1900	高祖十一年（前196年）	1	文十四年（前166年）	無後	宣元康四年（前62年）以「霸陵公乘」復家
111	巨鹿	堂陽	孫赤	77	800	高祖十一年（前196年）	1	景中六年（前144年）	有罪	宣元康四年（前62年）以「霸陵公乘」復家
112	平原	祝阿	高邑（色）	74	800	高祖十一年（前196年）	1	文後元三年（前161年）	坐事國人過律	宣元康四年（前62年）以「長陵上造」復家
113	西河	土軍	宣義	122	1200	高祖十一年（前196年）	2	武元朔二年（前127年）	坐與人妻姦	宣元康四年（前62年）以「武不更」復家，後封代共王子劉郢客
114	巨鹿	廣阿	任敖	89	1800	高祖十一年（前196年）	2	武元鼎二年（前115年）	坐為太常廟酒酸不敬	宣元康四年（前62年）以「廣阿簪裊」復家
115	東	須昌	趙衍	107	1400	高祖十一年（前196年）	2	景五年（前152年）	有罪	宣元康四年（前62年）以「長安簪裊」復家
116		臨轅	戚䚡	116	500	高祖十一年（前196年）	2	武元鼎五年（前112年）	坐酎金	宣元康四年（前62年）以「梁郎大夫」復家
117	河內	汲	公上不害	123	1200	高祖十一年（前196年）	2	武元光五年（前130年）	坐其妻姜大逆、牽連、棄市	宣元康四年（前62年）以「安陵五大夫」復家

	郡	侯國	侯			受封年		免年	有罪	
118	河東 東郡	長修 陽平	杜恬 杜相夫	108	1900	高祖十一年（前196年）景中五年（前145年）	3	景中元年（前149年）武元封三年（前108年）	坐為大常與大樂令上造當鄭舞人可當中，由，鬥出人關 有罪	宣元康四年（前62年）以「雲陽」上造復家
119	陳留	寧陵	呂臣	73	1000	高祖十一年（前196年）	3	武建元五年（前136年）	無後	宣元康四年（前62年）以「南大夫」公大夫復家
120	太原	汾陽	靳彊	96		高祖十一年（前196年）	3	武太始四年（前93年）	坐為大常行幸雍宮，行馳道橋苦惡，治大僕事，治當夫可年，益縱年	宣元康四年（前62年）以「長安」公乘復家
121	梁／留	戴	祕彭祖	126	1200	高祖十一年（前196年）	3	武帝後元年（前88年）	坐祝詛，無道	宣元康四年（前62年）以「陽陵」大夫復家
122	陳留／封丘	衍	翟盱	130	900	高祖十一年（前196年）	7	武元朔元年（前128年）	坐挾詔書	宣元康四年（前62年）以「陽陵」公乘復家
123	泰山／牟縣	平州	昭涉掉尾	110	1000	高祖十一年（前196年）	8	武元狩五年（前118年）	坐行馳道中更呵馳去罪	宣元康四年（前62年）以「浩不更」更復家
124	南郡	邔	黃極忠	113	1000	高祖十二年（前195年）	10	武元鼎元年（前116年）	坐賣宅縣官故貴（坐掩搏公主，髡為城旦 4000戶）	宣元康四年（前62年）以「邔公乘」復家
125	楚國	傅陽	周聚	53	1400	高祖十二年（前195年）	10	景中五年（前145年）	奪爵一級，為關內侯	宣元康四年（前62年）以「長陵」公乘復家
126	會稽	陽義（羨）	靈常	119	2000	高祖十二年（前195年）	10	文十二年（前168年）	無後	宣元康四年（前62年）以「南和」大夫復家
127	臨淮	下相	冷耳	85	2000	高祖十二年（前195年）	10	景三年（前154年）	坐謀反	宣元康四年（前62年）以「長安」公士復家
128	濟南	德	劉廣			高祖十二年（前195年）	11	武元鼎五年（前112年）	坐酎金	
129	琅邪	高陵	王周（慶人）	29	800	高祖十二年（前195年）	11	景三年（前154年）	坐酎金	
130	河南	中牟	單父聖（右軍）	125	2300	高祖十二年（前195年）	12	武元鼎五年（前112年）	坐酎金	宣元康四年（前62年）以「陽陵」不更復家

131	汝南	期思	賈赫	132	2000	高祖十二年（前195年）	12	文十四年（前166年）	無後	宣元康四年（前62年）以「壽春大夫」復家
132	東郡／觀	戚	季必	90	1000	高祖十二年（前195年）	12	武元狩五年（前118年）	坐為大常縱丞相侵神道，不敬	宣元康四年（前62年）以「長安公士」復家
133	潁川	鄢（焉）陵	朱濞	52	700	高祖十二年（前195年）	12	文七年（前173年）	無後	宣元康四年（前62年）以「陽陵公士」復家
134	安定	菌（國）平	張平	48	2700	高祖十二年（前195年）	12	文四年（前176年）	有罪	宣元康四年（前62年）以「長安公士」復家
135	沛	谷陵（陽）	馮谿	105		高祖十二年（前195年）	1			宣元康四年（前62年）以「合陽不更」復家
136		莊	許倩（猜）	112	600	高祖十二年（前195年）	1	武元鼎元年（前116年）	坐酎金	宣元康四年（前62年）以「平壽公士」復家
137	汝南	成陽	奚意	110	600	高祖十二年（前195年）	1	武建元元年（前140年）	有罪為鬼薪	宣元康四年（前62年）以「陽陵公乘」復家，後封趙臨
138	信都	桃	劉襄	135	1000	高祖十二年（前195年）	2	武元鼎五年（前112年）	坐酎金	宣元康四年（前62年）以「長安上造」復家，後封廣川繆王子劉良
139	河東／楊縣	高梁	酈疥	66	900	高祖十二年（前195年）	2	武元狩元年（前122年）	坐詐詔常山王取金 當死，病死	宣元康四年（前62年）以「陽陵公乘」復家
140		紀信	陳倉	80	700	高祖十二年（前195年）	6	景三年（前154年）	謀反	宣元康四年（前62年）以「長安公士」復家
141		甘泉	王竟（竟）	106	500	高祖十二年（前195年）	6	景中三年（前147年）	有罪	宣元康四年（前62年）以「長安公士」復家
142	濟陰／冤朐	煮棗	赤（棘朱）	75	900	高祖十二年（前195年）	6	景中四年（前146年）	有罪	宣元康四年（前62年）以「長安大夫」復家
143	廣平	張	毛釋之	79	700	高祖十二年（前195年）	6	景中六年（前144年）	有罪	宣元康四年（前62年）以「長安公士」復家，後封蒯昭

資料來源：《史記》卷18〈高祖功臣侯者年表第六〉；《漢書》卷16〈高惠高后文功臣年表第四〉；王先謙：《漢書補注》；吳越、徐克範：《讀史記十表》，《二十五史補編》第一冊；錢大昕《二十四史考異》；夏燮《校漢書八表》；周振鶴《西漢政區地理》。

2－B 惠景時期侯國城市統計

編號	郡國/縣	侯名	侯者（位次）	始封戶數	封侯之因	始封年	月	侯除之年	失侯之因	備註
1	桂陽	便	吳淺（133）	2000	長沙王子	惠元年（前194年）	9	武元鼎五年（前112年）	坐酎金	前62年以「長安公乘」復家
2	江夏	軑	利倉（朱蒼120）	700	長沙相	惠二年（前193年）	4	武元封元年（前110年）	行過不請・擅發卒兵為衛	前62年以「長陵簪褭」復家
3	東海	平都	劉到（110）	1000	齊將	惠五年（前190年）	6	景後元年（142年）	有罪	前62年以「長安公乘」復家
4	信都	扶柳	呂平		高后姊子	高后元年（前187年）	4	高后八年（前180年）	呂氏事誅	
5	沛郡	郊（汶）	呂產		高后兄子	高后元年（前187年）	4	高后八年（前180年）	呂氏事誅	
6	信都	南宮	張買		中大夫	高后元年（前187年）	4	高后八年（前180年）	呂氏事誅 6600戶	下注「北海」，
7	楚國/彭城	梧	陽城延（76）	500	軍匠從其郟	高后元年（前187年）	4	武元狩五年（前118年）	謀殺季父・棄市，3300戶	前62年以「梧公士」復家
8	西河	平定	齊受（54）		齊丞相	高后元年（前187年）	4	武元鼎四年（前113年）	有罪	前62年以「安平大夫」復家
9		博成	馮無擇		力戰	高后元年（前187年）	4	高后八年（前180年）	呂氏事誅	
10	琅邪	不其	呂種		奉呂宣王寢園	高后元年（前187年）	4	高后八年（前180年）	呂氏事誅	
11	潁川	襄成（城）	劉義		孝惠子	高后元年（前187年）	4	高后二年（前186年）	為常山王	
12	河內	軹	劉朝		孝惠子	高后元年（前187年）	4	高后四年（前184年）	為常山王	
13	上黨	壺關	劉武		孝惠子	高后元年（前187年）	4	高后五年（前183年）	為淮陽王	
14	武陵	沅陵	吳陽（136）		長沙成王子	高后元年（前187年）	7	景後元二年（前141年）	無後	前62年以「長安公乘」復家
15	犍為	漢陽	呂綠		呂元王子	高后元年（前187年）	9	高后八年（前180年）	9月反・謀	
16	魯/薛	上邳	劉郢客（128）		楚元王子	高后二年（前186年）	5	文二年（前178年）	為楚王	

17	琅邪	朱虛	劉章（129）		齊悼惠王子	高后二年（前186年）	5	文二年（前178年）	為城陽王
18	上谷	昌平	劉大（太）		孝惠子	高后四年（前184年）	2	高后七年（181年）	為呂王
16	臨淮	贅其	呂勝		高后昆弟子，淮陽丞相	高后四年（前184年）	4	高后八年（前180年）	呂氏事誅
20	渤海	中邑	朱通（進）	600	呂相	高后四年（前184年）	4	景後三年（前141年）	有罪
21	南陽	樂平（成）	衛無擇	600	衛尉	高后四年（前184年）	4	武建元六年（前135年）	以買田宅不法及請賕吏罪
22	南陽	山都	王恬開（啟）		梁相	高后四年（前184年）	4	武元封元年（前110年）	與奴鬪入上林苑
23	廬江	松（祝）玆	徐厲		常山丞相	高后四年（前184年）	4	武建元六年（前135年）	有罪
24		成陶（陰）	周信	500	河南守	高后四年（前184年）	4	文十五年（前165年）	有罪
25	清河	鄃	呂它		父功	高后四年（前184年）	4	高后八年（前180年）	呂氏事誅
26	沛郡	滕	呂更始		楚相	高后四年（前184年）	4	高后八年（前180年）	呂氏事誅
27	長沙	醴陵	越	600	長沙相	高后四年（前184年）	4	文四年（前176年）	有罪
28	楚國	呂	呂忿		高后昆弟子	高后四年（前184年）	4	高后八年（前180年）	呂氏事誅
29	東萊	東牟	劉興居		齊悼惠王子	高后六年（前182年）	4	文二年（前178年）	為濟北王
30	東萊	睢	呂通		呂肅王子	高后六年（前182年）	4	高后八年（前180年）	呂氏事誅
31	信都	信都	張侈		魯元太后子	高后八年（前180年）	4	文元年（前179年）	有罪
32	東郡	樂昌	張受		魯元太后子	高后八年（前180年）	4	文元年（前179年）	有罪
33	琅邪	祝玆	呂榮（縈）		高后昆弟子	高后八年（前180年）	4	高后八年（前180年）	呂氏事誅
34	東海	建陵	張釋（釋）		大謁者，多奇計	高后八年（前180年）	4	高后八年（前180年）	呂氏事誅
35	東平	東平	呂莊		燕王弟	高后八年（前180年）	5	高后八年（前180年）	呂氏事誅

序號	郡	侯國	封者	戶	身份	封年		除年	原因	備註
36	渤海	陽信	劉揭	2000	尊孝文	文元年（前179年）	11	景六年（前151年）	有罪	後為武帝姊長公主邑，後封氏鄭樂
37	河內	軹	薄昭	10000	尊孝文、太后弟	文元年（前179年）	1			
38	膠東	壯武	宋昌	1400	尊孝文	文元年（前179年）	4	景中四年（前146年）	有罪，奪爵一級，為關內侯	
39	齊	清郭（都）	駟鈞		齊王舅	文元年（前179年）	4	文六年（前174年）	有罪	
40	上郡	周陽	趙兼		淮南王舅	文元年（前179年）	4	文六年（前174年）	有罪	後封田勝
41	東平	樊	蔡兼	1200	常山相	文元年（前179年）	6	武元鼎四年（前113年）	搏掉完為城旦	
42	河南／滎陽	管	劉罷軍		齊悼惠王子	文四年（前176年）	5	景三年（前154年）	反	
43	魏郡	瓜（斤）丘	劉寧國		齊悼惠王子	文四年（前176年）	5	景三年（前154年）	反	
44	北海	營（陵）	劉信都		齊悼惠王子	文四年（前176年）	5	景三年（前154年）	反	
45	平原	楊（樓）虛	劉將閭		齊悼惠王子	文四年（前176年）	5	文十六年（前164年）	為齊王	
46	濟南	楊（陽）丘	劉安		齊悼惠王子	文四年（前176年）	5	景四年（前153年）	出國界，形為司寇	
47	平原	杚	劉辟光		齊悼惠王子	文四年（前176年）	5	文十六年（前164年）	為濟南王	後封城頃王子劉讓
48	琅邪／高陽	安都	劉志		齊悼惠王子	文四年（前176年）	5	文十六年（前164年）	為濟北王	
49	琅邪	平昌	劉印		齊悼惠王子	文四年（前176年）	5	文十六年（前164年）	為膠西王	
50	東海	武城（成）	劉賢		齊悼惠王子	文四年（前176年）	5	文十六年（前164年）	為菑川王	
51	平原／安德	白石	劉雄渠		齊悼惠王子	文四年（前176年）	5	文十六年（前164年）	為膠東王	
52	河內	泜（波）陵	魏駟		陽陵君	文七年（前173年）	3	文十二年（前168年）	無後	

序號	郡	南貟B	起		信平君	文七年（前173年）	2	文帝時	後父，故削爵一級，為關內侯	
54	九江	阜陵	劉安		淮南厲王子	文八年（前172年）	5	文十六年（前164年）	為淮南王	
55	汝南	安陽	劉勃		淮南厲王子	文八年（前172年）	5	文十六年（前164年）	為衡山王	
56	上郡	陽周	劉賜		淮南厲王子	文八年（前172年）	5	文十六年（前164年）	為廬江王	後封周左車
57	九江	東城	劉良（民）		淮南厲王子	文八年（前172年）	5	文十五年（前165年）	無後	
58	東郡	犁（黎）	呂奴	1410	齊相	文十年（前170年）	4	武元封六年（前105年）	不出持馬，腰斬 1800戶	
59	琅邪	餅	孫單		父功	文十四年（前166年）	3	景三年（前154年）	謀反	後封菑川靖王子劉成
60	河間	弓高	韓頹當（頹）	1237	匈奴相國韓王信子	文十六年（前164年）	6	武元朔五年（前124年）	無後	
61	潁川	襄成	韓嬰	1432	韓王信太子之子	文十六年（前164年）	6	武元朔四年（前125年）	詐病不起，不敬	
62	涿郡	故安	申屠嘉	1712	丞相侯	文後三年（前161年）	4	武元鼎元年（前116年）	坐為九江太守，故宮送	前120年更為清河
63	勃海	章武	竇廣國	11869	竇后弟	文後七年（前157年）	6	武元狩元年（前122年）	謀殺人，未殺罪	
64	勃海	南皮	竇彭祖	6460	竇后兄子	文後七年（前157年）	6	武元鼎五年（前112年）	坐酎金	孝文29
65	陳留／尉氏	平陸	劉禮	3267	楚元王子	景元年（前156年）	4	景三年（前154年）	為楚王	後封淮揚憲王孫劉崇
66	沛郡	休 紅（虹）	劉富	1750	楚元王子	景元年（前156年）景三年（前154年）	4	景三年（前154年）武元朔五年（前124年）	更為紅侯 無後	
67	千乘／高苑	沈猶	劉戚（錢）	1380	楚元王子	景元年（前156年）	4	武元狩五年（前118年）	為故宗正聽謁不具宗室，不敬	
68	濟陰	宛（冤）昫	劉執		楚元王子	景元年（前156年）	4	景三年（前154年）	謀反	

序號	郡	侯國	侯者	戶數	功	封年	年數	除年	除因	備註
69	琅邪	魏其	竇嬰	3350	平吳楚亂	景三年（前154年）	6	武元光四年（前131年）	矯制害·罷市·有罪	
70	清河	櫟樂	劉調	1213	楚元王子	景三年（前154年）	8	武元鼎五年（前112年）	坐酎金	
71		俞	欒布	1800	都尉	景六年（前151年）	4	武元狩六年（前117年）	為大常·廟犧牲不如令·有罪	先封魯孝王子它
72	東海	建陵	衛綰	1310	將軍擊吳楚及中尉	景六年（前151年）	4	武元鼎五年（前112年）	坐酎金	後封魯孝王子劉邈
73	沛郡	建平	程嘉	3150	將軍擊吳楚及江都相	景六年（前151年）	4	武元光四年（前131年）	無後	先封周開方·後封杜延年
74	東海	平曲	公孫昆邪	3220	將軍擊吳楚及隴西大守	景六年（前151年）	4	景中四年（前146年）	有罪	後封周堅
75	南郡	江陽（陵）	蘇嘉	2541	將軍擊吳楚·趙相	景六年（前151年）	4	武元鼎五年（前112年）	坐酎金	
76	常山	鄡	橫	1970	父功	景中二年（前148年）	4	景後元二年（前142年）	有罪	
77	巨鹿	新市	王康（棄之）	1014	父功	景中二年（前148年）	4	武元光四年（前131年）	為人所殺	後封廣川繆王子劉吉
78	琅邪	高陵	趙周	1045	父功	景中二年（前148年）	4	武元鼎五年（前112年）	為丞相知列侯酎金輕下廷尉自殺	高陵侯王衍國除祠後封
79	河內	山陽	張當居	1124	父功	景中二年（前148年）	4	武元朔五年（前124年）	為大常程博士弟子故不以實罪	
80	汝南	安陵	子（於）軍	1517	匈奴王降	景中三年（前147年）	11	武建元六年（前135年）	無後	
81	河東	桓（柜）	賜		匈奴王降	景中三年（前147年）	12	景中六年（前144年）	不得及嗣	
82	涿郡	遒	隆（陸）	1570	匈奴王降	景中三年（前147年）	12	武元后元年（前88年）	使巫齊少君祠祝詛·大逆無道	
83	涿郡	容成	（唯）徐廬	700	匈奴王降	景中三年（前147年）	12	武后二年（前87年）	坐祠祝詛	

序號	郡	侯邑	人名	緣由	戶數	始封	年數	終	結局
84	涿郡	易（瓛）	僕黥	匈奴王降	1110	景中三年（前 147 年）	12	景後元二年（前 142 年）	無後
85	涿郡	范陽	代	匈奴王降	1197	景中三年（前 147 年）	12	武元光四年（前 131 年）	無後
86	魏／內黃	襄彊	邯鄲	匈奴王降		景中三年（前 147 年）	12	武元光四年（前 131 年）	行來不請長信，不敬
87	河內	亞穀	盧它之	匈奴東胡王降、盧綰子	1500	景中五年（前 145 年）	4	武征和二年（前 87 年）	坐太子事
88	河內	隆慮	蛟	長公主嫖子	4126	景中五年（前 145 年）	5	武元鼎元年（前 116 年）	母竇未除服，姦，禽獸行當死自殺
89	濟陰	乘氏	劉買	梁孝王子		景中五年（前 145 年）	5	景中六年（前 144 年）	為梁王
90		桓邑	劉明	梁孝王子		景中五年（前 145 年）	5	景中六年（前 144 年）	為濟川王
91	渤海	蓋	王信	景後兄子	1890	景中五年（前 145 年）	5	武元鼎五年（前 112 年）	坐酎金
92		塞	直不疑	御史大夫擊吳楚	1046	景後元元年（前 143 年）	8	武元鼎五年（前 112 年）	坐酎金
93	魏郡	武安	田蚡	孝景後同母弟	8214	景後元三年（前 141 年）	3	武元朔三年（前 126 年）	衣襜褕入宮廷中，不敬
94	上郡	周陽	田勝	孝景後同母弟	6026	景後元三年（前 141 年）	3	武元狩二年（前 121 年）	當歸章侯宅不與，罪

資料來源：《史記》卷 19〈惠景間侯者年表第七〉；《漢書》卷 16〈高惠高后文功臣表第四〉、卷 17〈景武昭宣元成功臣年表第五〉相應表；王先謙《漢書補注》；夏燮《校漢書八表》、吳越、徐克範《讀史記十表》史考異》；周振鶴《西漢政區地理》。

2－C 武成時期王子侯城統計

編號	部國/縣	侯名	侯者	封侯之因	始封 年	月	侯除之年	失侯之因	備註
1	豫章	茲	劉明	河間獻王子	武元光五年（前130年）	1	武元朔三年（前126年）	殺人棄市	省
2	豫章	安成（城）	劉蒼	長沙定王子	武元光六年（前129年）	7	宣五鳳二年（前56年）	坐與姊亂，下獄，病死	
3	豫章	宜春	劉成	長沙定王子	武元光六年（前129年）	7	武元鼎五年（前112年）	坐酎金	
4	丹陽	句容	劉黨	長沙定王子	武元光六年（前129年）	7	武元朔元年（前128年）	無後	
5	長沙	容陵	劉福	長沙定王子	武元光六年（前129年）	7	武元鼎五年（前112年）	坐酎金	
6	楚	杏山	劉成	楚安王子	武元光六年（前129年）	後9	武元鼎五年（前112年）	坐酎金	省，後封楚思王子燿
7	沛	浮丘	劉不害（害）	楚安王子	武元光六年（前129年）	後9	武元鼎五年（前112年）	坐酎金	省，後封楚孝王子勳
8	東海	廣戚	劉擇	魯恭王子	武元朔元年（前128年）	10	武元鼎五年（前112年）	坐酎金	
9	丹陽/無湖	丹陽	劉敢	江都易王子	武元朔元年（前128年）	12	武元狩元年（前122年）	無後	
10	臨淮	盱台	劉象（蒙）之	江都易王子	武元朔元年（前128年）	12	武元鼎五年（前112年）	坐酎金	
11	丹陽	湖（胡）孰	劉胥	江都易王子	武元朔元年（前128年）	1	武元鼎五年（前112年）	坐知人脫亡名數，以為保，殺人	
12	丹陽	秩（秫）陽（陵）	劉連（運）	江都易王子	武元朔元年（前128年）	1	武元鼎四年（前113年）	無後	
13	臨淮	睢陵	劉定國	江都易王子	武元朔元年（前128年）	1	武元鼎五年（前112年）	坐酎金	
14	琅邪	龍丘	劉代	江都易王子	武元朔二年（前127年）	5	武元鼎五年（前112年）	坐酎金	省
15	丹陽	張梁	劉仁	江都易王子	武元朔二年（前127年）	5	武元征和三年（前90年）	為奴所殺	省
16	北海	劇	劉錯	菑川懿王子	武元朔二年（前127年）	5			省
17		壤（懷昌）	劉高遂	菑川懿王子	武元朔二年（前127年）	5			

序號	郡	侯國名	侯名	封者	封年	代	除年	原因	備註
18	北海	平望	劉賞	菑川懿王子	武元朔二年（前127年）	5			
19	琅邪	臨原（眾）	劉始昌	菑川懿王子	武元朔二年（前127年）	5			
20		葛魁	劉寬	菑川懿王子	武元朔二年（前127年）	5	元鼎三年（前114年）	坐殺人棄市	省
21	北海	益都	劉胡	菑川懿王子	武元朔二年（前127年）	5	昭元鳳三年（前78年）	坐非子子免	省，併入益縣
22	北海	平酌	劉彊	菑川懿王子	武元朔二年（前127年）	5			
23	北海	劇魁	劉墨（黑）	菑川懿王子	武元朔二年（前127年）	5			
24	東郡/壽良	壽梁	劉守	菑川懿王子	武元朔二年（前127年）	5	武元鼎五年（前112年）	坐酎金	省，如北海壽光縣
25	東萊	平度	劉衍（行）	菑川懿王子	武元朔二年（前127年）	5			
26	濟南	宜成	劉偃	菑川懿王子	武元朔二年（前127年）	5			
27	齊郡	臨朐	劉奴	菑川懿王子	武元朔二年（前127年）	5			
28	東海	雷	劉稀	城陽共王子	武元朔二年（前127年）	5	武太初元年（前104年）	坐殺弟，棄市	省
29	琅邪	東莞	劉吉	城陽共王子	武元朔二年（前127年）	5	武元鼎五年（前112年）	坐酎金	省
30	東海	辟（土）	劉壯	城陽共王子	武元朔二年（前127年）	5	武元朔五年（前124年）	有痼疾不朝，陵	
31		尉文	劉丙	趙敬肅王子	武元朔二年（前127年）	6	武元鼎五年（前112年）	坐酎金	省
32	常山	封斯	劉胡陽（傷）	趙敬肅王子	武元朔二年（前127年）	6	武元鼎五年（前112年）	坐酎金	省
33		榆丘	劉壽（受）福	趙敬肅王子	武元朔二年（前127年）	6	武元鼎五年（前112年）	坐酎金	省
34	廣平	襄嚵	劉建	趙敬肅王子	武元朔二年（前127年）	6	武元鼎五年（前112年）	坐酎金	省
35	魏郡	邯會	劉仁	趙敬肅王子	武元朔二年（前127年）	6	武元鼎五年（前112年）	坐酎金	省
36	東郡	朝	劉義	趙敬肅王子	武元朔二年（前127年）	6	宣五鳳四年（前54年）	坐酎金少四兩，免	省
37	九江	東城	劉遺	趙敬肅王子	武元朔二年（前127年）	6	武元鼎元年（前116年）	有罪	省
38		陰城	劉蒼	趙敬肅王子	武元朔二年（前127年）	6	武元鼎元年（前116年）	有罪	省
39	涿郡	廣望	劉安中（忠）	中山靖王子	武元朔二年（前127年）	6	武元鼎元年（前116年）	有罪	省

序號	郡	侯國名	封者	封王	始封年	戶數	除年	除因	備註
40	涿郡	將梁	劉朝平	中山靖王子	武元朔二年（前127年）	6	武元鼎五年（前112年）	坐酎金	省·併入廣望
41	涿郡	新館（薪）	劉未央	中山靖王子	武元朔二年（前127年）	6	武元鼎五年（前112年）	坐酎金	省
42	中山	新處（薪）	劉嘉	中山靖王子	武元朔二年（前127年）	6	武元鼎五年（前112年）	坐酎金	
43	中山	陘城（陘）	劉貞	中山靖王子	武元朔二年（前127年）	6	武元鼎五年（前112年）	坐酎金	後封清河綱王子綽
44	渤海	蒲領	劉嘉	廣川惠王子	武元朔三年（前126年）	10	不久絕	有罪	
45		西熊	劉明	廣川惠王子	武元朔三年（前126年）	10	廢	無後	省
46	清河	襄嚵	劉晏	廣川惠王子	武元朔三年（前126年）	10	武元封四年（前107年）	首匿罪人為鬼薪	省
47	魏郡	畢梁	劉嬰	廣川惠王子	武元朔三年（前126年）	10	武元狩元年（前122年）	有罪	省
48	魏郡	房（旁）光	劉殷	河間獻王子	武元朔三年（前126年）	10	武元鼎五年（前112年）	坐酎金	省
49		距陽	劉匄	河間獻王子	武元朔三年（前126年）	10	武元鼎五年（前112年）	坐酎金	《漢志》不見
50	涿郡/饒陽	蔞	劉邈（退）	河間獻王子	武元朔三年（前126年）	10	成建始四年（前29年）	無後	《漢志》不見
51	涿郡	阿武	劉豫	河間獻王子	武元朔三年（前126年）	10			
52	渤海	參戶	劉勉	河間獻王子	武元朔三年（前126年）	10			
53	涿郡	州鄉	劉禁	河間獻王子	武元朔三年（前126年）	10			
54	渤海/南皮（平城）	成平	劉禮	河間獻王子	武元朔三年（前126年）	10	武元狩三年（前120年）	有罪	
55	渤海	廣	劉順	河間獻王子	武元朔三年（前126年）	10	武元鼎五年（前112年）	坐酎金	
56	魏郡	蓋胥	劉讓	河間獻王子	武元朔三年（前126年）	10	武元鼎五年（前112年）	坐酎金	省·《漢志》不見
57	魏郡	陪（陰）安	劉不害	濟北貞王子	武元朔三年（前126年）	10	武元鼎三年（前114年）	無後	
58	東郡/茌平（關）	榮簡	劉驤	濟北貞王子	武元朔三年（前126年）	10	武元狩三年（前120年）	謀殺人·曾赦免	
59		周堅（望）	劉向	濟北貞王子	武元朔三年（前126年）	10	武元鼎五年（前112年）	坐酎金	省

序號	郡	侯國	封者	身份	始封年	戶	改除年/變遷	原因	備注
60	平原	安陽	劉桀（樂）	濟北貞王子	武元朔三年（前 126 年）	10			
61	平原	陪	劉明（則）	濟北貞王子	武元朔三年（前 126 年）	10	武元鼎五年（前 112 年）	坐酎金	省
62	平原	叢（前）	劉信	濟北貞王子	武元朔三年（前 126 年）	10	武元鼎五年（前 112 年）	坐酎金	省
63	泰山	五據	劉隤丘	濟北武王子	武元朔三年（前 126 年）	10	武元鼎五年（前 112 年）	坐酎金	省
64	泰山	富	劉襲	濟北武王子	武元朔三年（前 126 年）	10	宣元康元年（前 65 年）	坐使奴殺人，下獄瘐死	
65	河南	平	劉遂	濟北武王子	武元朔三年（前 126 年）	10	武元狩元年（前 122 年）	有罪	省，先封工師喜
66	平原	羽	劉成	濟北武王子	武元朔三年（前 126 年）	10			
67	泰山	胡母	劉楚	濟北武王子	武元朔三年（前 126 年）	2	武元鼎五年（前 112 年）	坐酎金	省
68	西河	離石	劉綰	代共王子	武元朔三年（前 126 年）	1	後更為涅侯	坐上書譔，耐為鬼薪	
69	西河	邵（鄗）	劉慎（順）	代共王子	武元朔三年（前 126 年）	1	武天漢元年（前 100 年）	坐殺人及奴凡 16 人，以捕匈奴千騎免	
70	齊郡	利昌 [1]	劉嘉	代共王子	武元朔三年（前 126 年）	1			
71	西河	蘭	劉㠭（罷軍）	代共王子	武元朔三年（前 126 年）	1	後更為武原侯	作盜賊免	
72	西河	臨河（水）	劉賢	代共王子	武元朔三年（前 126 年）	1	武元鼎間，更為高俞侯	坐酎金	
73	西河	隰成	劉忠	代共王子	武元朔三年（前 126 年）	1	不久，更為端氏侯（河東縣）	薨無後	
74	西河	土軍	劉郢客	代共王子	武元朔三年（前 126 年）	1	武元鼎間，更為距乘侯	坐與人妻姦，坐酎金	
75	西河	臬狼（琅）	劉遷（還）	代共王子	武元朔三年（前 126 年）	1	（不久）薨	無後	

1　清·王先謙曰：「利昌，齊郡縣」，《漢書補注》，書目文獻出版社，1995 年，第 159 頁。

編號	郡	侯邑	姓名	來源	封年	序	除年	原因	備註
76	西河	千章	劉遇	代共王子	武元朔三年（前126年）	1	武元鼎間，更為夏丘侯（沛郡縣）	坐酎金	
77	泰山[2]	博陽	劉就	齊孝王子	武元朔三年（前126年）	3	武元鼎五年（前112年）	坐酎金	
78	泰山	寧陽	劉恢（恬）	魯共王子	武元朔三年（前126年）	3			省
79	沛	瑕（敬）丘	劉貞（政）	魯共王子	武元朔三年（前126年）	3			省
80	沛郡	公丘	劉順	魯共王子	武元朔三年（前126年）	3			省
81	魯	鬱狼（良）	劉騎（騎）	魯共王子	武元朔三年（前126年）	3	武元鼎五年（前112年）	坐酎金	
82		西昌	劉敬	魯共王子	武元朔三年（前126年）	3	武元鼎五年（前112年）	坐酎金	
83	中山／新慶	隆（陸）城	劉義	中山靖王子	武元朔三年（前126年）	3	武元鼎五年（前112年）	坐酎金	
84	魏郡	邯平	劉順	趙敬肅王子	武元朔三年（前126年）	3	武元鼎五年（前112年）	坐酎金	
85	魏郡	武始	劉昌	趙敬肅王子	武元朔三年（前126年）	4	武征和元年（前90年）	為趙王	
86	巨鹿	象氏	劉賀	趙敬肅王子	武元朔三年（前126年）	4			省
87	涿郡／高邑	易安	劉平	趙敬肅王子	武元朔三年（前126年）	4	昭始元元年（前86年）	坐殺人免	
88	長沙	洛（路，昭）陵	劉章（童）	長沙定王子	武元朔四年（前125年）	3	武元狩二年（前121年）	有罪	
89	長沙	攸（輿）陵	劉則	長沙定王子	武元朔四年（前125年）	3	武太初元年（前104年）	簒死罪囚，棄市	
90	長沙	茶陵	劉欣（訢）	長沙定王子	武元朔四年（前125年）	3	武太初元年（前104年）	無後	
91	豫章	建成	劉拾	長沙定王子	武元朔四年（前125年）	3	武元狩六年（前117年）	坐不朝，不敬	
92	南陽	安眾	劉丹	長沙定王子	武元朔四年（前125年）	3			省
93	南陽	葉平（康）	劉嘉（喜）	長沙定王子	武元朔四年（前125年）	3	武元鼎五年（前112年）	坐酎金	
94	東海／利成	利鄉	劉嬰	城陽共王子	武元朔四年（前125年）	3	武元狩三年（前120年）	有罪	

2　劉就初封時，博陽尚屬濟南郡，王國維以西元前122年濟南郡得濟北郡所置泰山及其旁邑之時以其南部置泰山郡，故博陽《漢書·地理志》屬泰山郡。

序號	郡	侯國	侯	王子	封年	數	除年	原因	備註
95	東海	有利	劉釘	城陽共王子	武元朔四年（前125年）	3	武元狩元年（前122年）	坐遺淮南王書稱臣，棄市	省
96	東海	東平	劉慶	城陽共王子	武元朔四年（前125年）	3	武元狩三年（前120年）	坐與姊妹姦，有罪	省
97	東海	運（連）平	劉訢（記）	城陽共王子	武元朔四年（前125年）	3	武元鼎五年（前112年）	坐酎金	省
98		山州	劉齒	城陽共王子	武元朔四年（前125年）	3	武元鼎五年（前112年）	坐酎金免，前111年擊東越民憚誅	省
99	琅邪	海常	劉福	城陽共王子	武元朔四年（前125年）	3	武元鼎五年（前112年）	坐酎金	省，後擊南越有功入功臣表
100		鈞（騶）丘	劉憲（寬）	城陽共王子	武元朔四年（前125年）	3	宣本始二年（前72年）	坐使人殺兄，棄市	省
101	東海	南城（戌）	劉貞	城陽共王子	武元朔四年（前125年）	3			
102		廣陵	劉表（裘）	城陽共王子	武元朔四年（前125年）	3	武元鼎五年（前112年）	坐酎金	省
103		莊（杜）原	劉皋	城陽共王子	武元朔四年（前125年）	3	武元鼎五年（前112年）	坐酎金	省
104	渤海	臨樂	劉光	中山靖王子	武元朔四年（前125年）	4	武太初四年（前101年）	無後	省
105		東野	劉章	中山靖王子	武元朔四年（前125年）	4	武元鼎五年（前112年）	坐酎金	省
106	平原	高平	劉嘉	中山靖王子	武元朔四年（前125年）	4	武元鼎五年（前112年）	坐酎金	省，前76年封中山康王子喜
107	信都	廣川	劉頗	中山靖王子	武元朔四年（前125年）	4	武元鼎五年（前112年）	坐酎金	省
108	渤海	千鍾（重丘）	劉搖（擔）	河間獻王子	武元朔四年（前125年）	4	武元狩二年（前121年）	不使人為秋請，有罪	省
109	千乘	披（被）陽	劉燕	齊孝王子	武元朔四年（前125年）	4			
110	渤海	定	劉越	齊孝王子	武元朔四年（前125年）	4			
111	琅邪	稻	劉定	齊孝王子	武元朔四年（前125年）	4			

112	渤海	山	劉國	齊孝王子	武元朔四年（前125年）	4	建昭四年（前35年）		省
113	千乘	繁安	劉忠	齊孝王子	武元朔四年（前125年）	4			
114	渤海	柳	劉陽（巳）	齊孝王子	武元朔四年（前125年）	4			
115	琅邪	雲	劉信	齊孝王子	武元朔四年（前125年）	4			
116	東萊	牟平	劉渫	齊孝王子	武元朔四年（前125年）	4			
117	泰山	柴	劉代	齊孝王子	武元朔四年（前125年）	4	約在宣帝間	無後	
118	中山	柏陽（暢）	劉終古	趙敬肅王子	武元朔五年（前124年）	11	昭始元三年（前84年）	無後	省
119	巨鹿	鄗hao	劉延年	趙敬肅王子	武元朔五年（前124年）	11	武元鼎五年（前112年）	坐酎金	
120	中山/深澤	棗丘	劉洋（鄣）	中山靖王子	武元朔五年（前124年）	3	宣元康四年（前61年）	坐為人子時與後母亂，免	省，併入北新城
121		高丘	劉破胡	中山靖王子	武元朔五年（前124年）	3	武元鼎元年（前116年）	無後	省
122	涿郡	柳宿	劉蓋	中山靖王子	武元朔五年（前124年）	3	武元鼎五年（前112年）	坐酎金	省
123	涿郡	戎丘	劉讓	中山靖王子	武元朔五年（前124年）	3	武元鼎五年（前112年）	坐酎金	省
124	涿郡	樊輿（脩）	劉條（脩）	中山靖王子	武元朔五年（前124年）	3			
125	涿郡	曲成	劉萬歲	中山靖王子	武元朔五年（前124年）	3	武元鼎五年（前112年）	坐酎金	省
126	涿郡	安郭	劉博（傅）	中山靖王子	武元朔五年（前124年）	3	宣元康元年（前65年）	坐首匿死罪免	後併入中山國稱
127	中山	安險	劉應	中山靖王子	武元朔五年（前124年）	3	武元鼎五年（前112年）	坐酎金	省
128		安遒	劉恢（定）	中山靖王子	武元朔五年（前124年）	3	武元鼎五年（前112年）	坐酎金	
129	零陵	夫夷	劉義	長沙定王子	武元朔五年（前124年）	3	武元鼎五年（前112年）	坐酎金	省
130	零陵	舂陵[3]	劉買	長沙定王子	武元朔五年（前124年）	6	宣元康元年（前65年）		
	南陽	舂陵	劉仁	劉買孫嗣	宣元康元年（前65年）				
131	零陵	都梁	劉遂	長沙定王子	武元朔五年（前124年）	6			省

3　清·王先謙：長沙定王子買封於零陵郡舂陵鄉，而其孫仁則封於南陽白水鄉，仍以舂陵為名。《漢書補注》，書目文獻出版社，1995年，第168頁。

132	零陵	泲陽	劉狗彘（將燕）	長沙定王子	武元朔五年（前124年）	6	武元狩六年（前117年）	無後	
133	零陵	泉陵（眾）	劉賢	長沙定王子	武元朔五年（前124年）	6			
134	汝南	終弋	劉廣置	衡山王子	武元朔六年（前123年）	4	武元鼎五年（前112年）	坐酎金	
135	琅邪	麥	劉昌	城陽頃王子	武元鼎元年（前116年）	4	武元鼎五年（前112年）	坐酎金	省
136	平原	鉅合	劉發	城陽頃王子	武元鼎元年（前116年）	4	武元鼎五年（前112年）	坐酎金	省
137	琅邪	昌	劉差（芜）	城陽頃王子	武元鼎元年（前116年）	4	武元鼎五年（前112年）	坐酎金	先封張鄉卿
138	東海	費（賁）	劉方（萬）	城陽頃王子	武元鼎元年（前116年）	4	武元鼎五年（前112年）	坐酎金	
139	琅邪	雩（摩叚）	劉澤	城陽頃王子	武元鼎元年（前116年）	4			
140	琅邪	石（原）洛	劉敬（敢）	城陽頃王子	武元鼎元年（前116年）	4	武征和三年（前90年）	坐殺人、棄市	省
141	琅邪	扶淯（挾術）	劉昆吾	城陽頃王子	武元鼎元年（前116年）	4	武天漢元年（前100年）	無後	省
142	琅邪？	挍（扐）	劉霸	城陽頃王子	武元鼎元年（前116年）	4		曾孫嗣，甍無後	
143	平原	扐（初）	劉讓	城陽頃王子	武元鼎元年（前116年）	4	昭始元五年（前82年）？	為人所殺	先封齊悼惠王子辟光
144	東海	父（文）城	劉光	城陽頃王子	武元鼎元年（前116年）	4	武元鼎五年（前112年）	坐酎金	省
145		挍	劉雲	城陽頃王子	武元鼎元年（前116年）	4	武元鼎五年（前112年）	坐酎金	
146	琅邪	庸	劉譚（餘）	城陽頃王子	武元鼎元年（前116年）	4	不久	有死罪	省
147	東海	翟	劉壽	城陽頃王子	武元鼎元年（前116年）	4	武元鼎五年（前112年）	坐酎金	省
148	東海/襄賁	鐘zhan	劉應	城陽頃王子	武元鼎元年（前116年）	4	武元鼎五年（前112年）	坐酎金	省，入襄賁
149	東海	彭-費	劉偃（強）	城陽頃王子	武元鼎元年（前116年）	4	武元鼎五年（前112年）	坐酎金	省，入費

序號	郡	侯國	侯	封自	始封年	年數	廢免年	原因	省
150	北海	瓡[4]	劉息	城陽頃王子	武元鼎元年（前116年）	4	宣五鳳二年（前56年）	薨	
151	琅邪	虛水	劉禹	城陽頃王子	武元鼎元年（前116年）	4	武元鼎五年（前112年）	坐酎金	省
152	東海	東淮	劉類	城陽頃王子	武元鼎元年（前116年）	4	武元鼎五年（前112年）	坐酎金	省
153	東海	枸（拘）	劉賢（賢）	城陽頃王子	武元鼎元年（前116年）	4	武元鼎五年（前112年）	坐酎金	省
154	東海	洍	劉不疑	城陽頃王子	武元鼎元年（前116年）	4	武元鼎五年（前112年）	坐酎金	省
155	北海/壽光	陸	劉賢	菑川靖王子	武元鼎元年（前116年）	7	宣五鳳三年（前55年）	坐知其妹夫有菅二百罪，亡命首匿	省，併入壽光
156	齊郡	廣饒	劉國	菑川靖王子	武元鼎元年（前116年）	7			
157	琅邪	餅	劉成	菑川靖王子	武元鼎元年（前116年）	7			
158		俞閭	劉不母（毋）	菑川靖王子	武元鼎元年（前116年）	7	元初元年（前48年）	無後	省
159	巨鹿	甘井	劉元（光）	廣川穆王子	武元鼎元年（前116年）	7	武征和二年（前91年）	坐殺人，棄市	省
160	巨鹿	襄隄（隄）	劉聖	廣川穆王子	武元鼎元年（前116年）	7	宣地節四年（前66年）	坐酎金少四兩免	省
161	琅邪	崇慶	劉建	膠東康王子	武元封元年（前110年）	5			先封竇嬰
162	琅邪	魏其	劉昌	膠東康王子	武元封元年（前110年）	5			
163	琅邪	祝茲（延）	劉延（年）	膠東康王子	武元封元年（前110年）	5	武元封五年（前106年）	坐棄印綬出國，不敬	省
164	渤海	高樂	失名	齊孝王子	不得封年		遲至宣帝間免	薨，無後[5]	
165	濟陰[6]	參鄲	劉則	廣川惠王子	不得封年		遲至宣帝間免	坐酎金	省
166	東海	沂陵	劉喜	廣川惠王子	不得封年		遲至宣帝間免	坐酎金	省

4　《漢書·王子侯表三》：「瓡節侯息，……元康四年質嬰守嗣，七年薨」後無記，但《漢書·地理志》北海郡屬縣瓡下記為侯國，不知何據。

5　高樂侯薨，無繼嗣，國當除。後於平帝元始元年（西元1年）二月封東平思王子修，故成帝末年高樂城不為侯國城市。

6　《漢書·地理志》屬東海郡；清·王先謙《漢書補注》引錢大昕曰：「《郡國志》濟陰郡定陶有三㙂亭，即此三㙂」。故改屬濟陰。

167	渤海	沈（浮）陽	劉自為	河間獻王子	不得封年			為奴所殺	
168	魏郡	漳北	劉覆	趙敬肅王子	不得封年		昭元鳳三年（前78年）	坐酎金	省
169	巨鹿	南䜌	劉佗	趙敬肅王子	不得封年		武征和二年（前91年）	坐酎金	
170	臨淮	南陵	劉慶	趙敬肅王子	不得封年		武后元二年（前87年）[7]	坐為沛郡太守橫恣罔上，下獄瘐死	省
171	常山	蓋	劉苟	趙敬肅王子	不得封年		武征和四年（前89年）	坐祝詛上，腰斬	
172	魏郡	安檀	劉福	趙敬肅王子	不得封年		武后元二年（前87年）	坐為常山太守祝詛上，訊未竟病死	省
173	山陽	爰戚	劉當	趙敬肅王子	不得封年		武后元二年（前87年）	坐與兄廖謀反，自殺	省，後封趙長年
174	沛	栗	劉樂	趙敬肅王子	武征和元年（前92年）				
175	沛	汶	劉周舍	趙敬肅王子	武征和元年（前92年）				先封呂產
176	濟南	猇	劉起	趙敬肅王子	武征和元年（前92年）				
177	魏	即裴	劉道	趙敬肅王子	武征和元年（前92年）				
178	東海	逯／彭	劉屈氂	中山靖王子	武征和二年（前91年）	3	武后元元年（前88年）	坐為丞相祝詛，腰斬	省，先封案同及城陽頃王子強
179	廬江	松茲	劉霸	六安共王子	昭始元五年（前82年）	6			
180		溫水	劉安國	膠東哀王子	昭始元五年（前82年）	6	宣本始二年（前72年）	坐上書為妖言，曾赦免	省
181	東海	蘭旗	劉臨朝	魯安王子	昭始元五年（前82年）	6		曾孫絕嗣	
182	東海	容丘	劉方山	魯安王子	昭始元五年（前82年）	6		孫絕嗣	
183	東海	良成	劉文德	魯安王子	昭始元五年（前82年）	6		玄孫絕嗣	
184	渤海	蒲領	劉祿	清河綱王子	昭始元六年（前81年）	5		孫嗣免	先封廣川惠王嘉

7　因為武帝之後諸帝沒再有以「後元」為紀年的，而武帝後元也只有兩年，所以此處所除之年當為「二年」，172號安檀、173號爰戚侯國與此同，均改。

序號	郡	封地名	名	王子	始封年	世數	免年	免原因	備注
185	廣平	南曲	劉遷	清河綱王子	昭始元六年（前81年）	5		孫嗣免	先封董池
186	涿郡	成	劉遷	中山康王子	昭元鳳五年（前76年）	11	哀建平元年（前6年）	無後	
187	巨鹿／堂陽	新市	劉吉	廣川繆王子	昭元鳳五年（前76年）	11		坐後使附落免	省
188	東海	江陽	劉仁	城陽惠王子	昭元鳳六年（前75年）	11	宣元康元年（前65年）	即日繼皇帝位	
189	河南	陽武	劉詢	孝武曾孫	昭元平元年（前74年）	7	昭元平元年（前74年）	孫嗣免	
190	濟南	朝陽	劉聖	廣陵厲王子	宣本始元年（前73年）	7		孫嗣免	省，先封周堅
191	東海	平曲	劉曾	廣陵厲王子	宣本始元年（前73年）	7		坐賊殺人免	
192	汝南／汝陽	南利	劉昌	廣陵厲王子	宣本始元年（前73年）	7	宣地節二年（前68年）	孫嗣免	
193	巨鹿	安定	劉賢	燕刺王子	宣本始元年（前73年）	10	元建昭元年（前38年）	無後	
194	信都	東襄	劉覽	廣川繆王子	宣本始二年（前72年）	4		無後	
195		宣慶	劉章	中山康王子	宣本始三年（前71年）	6	宣地節三年（前67年）	曾孫嗣免	
196	渤海	修市	劉寅	清河綱王子	宣本始四年（前70年）	4		曾孫嗣免	
197	信都	東昌	劉成	清河綱王子	宣本始四年（前70年）	4			後封東平煬王子鯉
198	清河	新鄉（信鄉）	劉豹	清河綱王子	宣本始四年（前70年）	4			先封張相如
199	信都	修故	劉福	清河綱王子	宣本始四年（前70年）	4	宣元康元年（前65年）	坐首匿群盜棄市	
200	清河	東陽	劉弘	清河綱王子	宣本始四年（前70年）	4		玄孫時免	
201	涿郡	新昌	劉慶	燕刺王子	宣本始四年（前70年）	5		孫嗣後無後	
202	魏郡	邯溝	劉偃	趙頃王子	宣地節二年（前68年）	4		曾孫免	
203	常山	樂陽	劉說	趙頃王子	宣地節二年（前68年）	4		曾孫免	
204	常山	桑中	劉廣漢	趙頃王子	宣地節二年（前68年）	4		孫免	
205	廣平	張	劉嵩	趙頃王子	宣地節二年（前68年）	4	宣神爵二年（前60年）	坐賊殺人，上書要上、下獄瘐死	
206	渤海	景成	劉雍	河間獻王子	宣地節二年（前68年）	4		曾孫免	
207	信都	平堤	劉招	河間獻王子	宣地節二年（前68年）	4		玄孫嗣免	
208	信都	樂鄉	劉佟	河間獻王子	宣地節二年（前68年）	4		玄孫嗣免	

序號	郡	侯國	侯名	封者	封年	代	成元延元年之前紀事	絕封／備註	附注
209	涿郡	高郭[8]	劉蓋	河間獻王子	宣地節二年（前68年）	4	成元延元年之前	廢，無後	
210	涿郡	鄴	劉異眾		成元延元年（前12年）	2		孫嗣免	
211	北海	樂望	劉光	膠東戴王子	宣地節四年（前66年）	2		子嗣免	
212	北海	饒	劉成	膠東戴王子	宣地節四年（前66年）	2		曾孫嗣免	
213	北海	柳泉	劉強	膠東戴王子	宣地節四年（前66年）	1		孫嗣免	
214	南陽	復陽	劉延年	長沙頃王子	宣元康元年（前65年）	1		孫嗣無後	
215	江夏	鍾武	劉度	長沙頃王子	宣元康元年（前65年）		成元延二年之前		
	江夏	鍾武	劉度次子	紹封	成元延二年（前11年）	1		曾孫嗣免	
216	南郡	高城	劉梁[9]	長沙頃王子	宣元康元年（前65年）	1		曾孫嗣免	
217	泰山	富陽	劉賜	六安夷王子	宣元康二年（前64年）	5	元建昭二年（前37年）	坐上書歸印綬免	後封東平思王子
218	豫章	海昏	劉賀	昌邑哀王子	宣元康三年（前63年）	4	宣神爵三年（前59年）	坐故行淫辟，不得置後	
	豫章	海昏	劉代宗	劉賀紹封	元初元三年（前46年）		成建始三年（前30年）		
219	廣平	曲梁	劉敬	平幹頃王子	宣元康二年（前63年）	7		孫嗣免	
220	常山	遽鄉	劉宣	真定列王子	宣元康四年（前62年）	3	宣神爵二年（前60年）	無後	省
221	常山	新利	劉償	膠東戴王子	宣神爵元年（前61年）	4	宣甘露二年（前50年）	坐上書護免	省
		戶邑侯	劉戶	更封				又上書護護免	
222	鉅鹿	樂信	劉強	廣川繆王子	宣神爵三年（前59年）	4		曾孫嗣免	
223	信都	昌成	劉元	廣川繆王子	宣神爵三年（前59年）	4	哀建平三年（前4年）	無後	
224	廣平	廣鄉	劉明	平幹頃王子	宣神爵三年（前59年）	7		曾孫嗣免	
225	廣平	成鄉	劉慶	平幹頃王子	宣神爵三年（前59年）	7	成鴻嘉三年（前18年）	無後	省
	廣平	成鄉	劉果	紹封	成元延二年（前11年）				
226	廣平	平利	劉世	平幹頃王子	宣神爵四年（前58年）	3		曾孫嗣免	

8　《漢書·王子侯表》載：高郭侯劉蓋曾孫，哀侯劉霸無子嗣，元延元年劉霸以覇弟異眾紹封爲鄴侯，《漢書·地理志》高郭仍注爲侯國，說明《漢書·地理志》侯國名目斷限不是某一時間，而是以一段時間爲據，然最終止於成帝終和二年（前7年）。

9　筆者按《漢書·王子侯表》下所載：「高城節侯梁，長沙頃王子，昭帝始元六年（前81年）六月乙卯封。」與此處有衝突，因另有一位長沙頃王子封於元康元年，故將高城侯亦記於此。

編號	郡	侯國	名	受封者身份	封年	月	國除年	國除原因	備註
227	廣平	平鄉	劉王	平幹頃王子	宣神爵四年（前58年）	3		孫嗣免	
228	平原	平纂	劉梁	平幹頃王子	宣神爵四年（前58年）	3	不久	薨，無後	省，後封東平思王子
229	廣平	成陵	劉充	平幹頃王子	宣神爵四年（前58年）	3	成鴻嘉三年（前18年）	坐弟與後母亂，共殺兄，知不舉不道，下獄瘐死	省
230	信都	西梁	劉闕兵 pi	廣川戴王子？	宣神爵四年（前58年）	3		曾孫嗣免	
231	巨鹿	歷鄉	劉必勝	廣川繆王子？	宣神爵四年（前58年）	7		曾孫嗣免	
232	廣平	陽城（台）	劉田	平幹頃王子	宣神爵四年（前58年）	7		曾孫嗣免	
233	廣平	祚陽	劉仁	平幹頃王子	宣五鳳元年（前57年）	4	元初元年（前44年）	坐擅興徭賦，削爵一級，為關內侯	省並，910戶
234	巨鹿	武陶	劉朝	廣川繆王子	宣五鳳元年（前57年）	7		曾孫嗣免	
235	涿郡	陽興	劉昌	河間孝王子	宣五鳳元年（前57年）	12	成建始二年（前31年）	坐朝私留它縣，使庶子殺人棄市	省並，後封東平思王孫寄生
236	涿郡	利鄉	劉安	中山頃王子	宣甘露元年（前53年）	3		孫嗣免	
237	常山	都鄉	劉景	趙頃王子	宣甘露二年（前52年）	7		子嗣免	
238	東海	昌慮	劉弘	魯孝王子	宣甘露四年（前50年）	閏月		孫嗣免	
239	東海	平邑	劉敞	魯孝王子	宣甘露四年（前50年）	閏月	元初元年（前48年）	坐殺人一家二人，棄市	
240	東海	山陽（鄉）	劉綰	魯孝王子	宣甘露四年（前50年）	閏月		子嗣免	
241	東海	建陵	劉遂	魯孝王子	宣甘露四年（前50年）	閏月		孫嗣免	先封僮謁
242	東海	合陽	劉平	魯孝王子	宣甘露四年（前50年）	閏月	成建始元年（前32年）	無後	
243	東海	東安	劉彊	魯孝王子	宣甘露四年（前50年）	閏月		子嗣免	
244	東海	承鄉（承縣）	劉當	魯孝王子	宣甘露四年（前50年）	閏月	成鴻嘉二年（前19年）	坐恐嚇國人，受臧五百以上免	後封楚孝王孫劉閏

序號	郡	侯國	侯名	受封者	封年	閏月	免年	免因	備註
245	東海	建陽	劉咸	魯孝王子	宣甘露四年（前50年）	11		孫嗣免	
246	琅邪	高鄉	劉休	城陽惠王子	宣甘露四年（前50年）	11		孫嗣免	
247	琅邪	玆鄉	劉弘	城陽荒王子	宣甘露四年（前50年）	11		曾孫嗣免	
248	東海	藉陽	劉顯	城陽荒王子	宣甘露四年（前50年）	11	元建昭四年（前35年）	坐恐嚇國民取財物，免	省並，600戶
249	東海	郚平	劉丘	城陽荒王子	宣甘露四年（前50年）	11		孫嗣免	
250	琅邪／柔縣	襄（柔）	劉山	城陽荒王子	宣甘露四年（前50年）	11		孫嗣，無後	
251	琅邪	箕	劉文	城陽荒王子	宣甘露四年（前50年）	11		孫嗣免	
252	琅邪	高廣	劉勳	城陽荒王子	宣甘露四年（前50年）	11		曾孫嗣免	
253	琅邪	即來	劉佼	城陽荒王子	宣甘露四年（前50年）	11		子嗣免	
254	北海	膠鄉	劉漢	高密哀王子	元初元元年（前48年）	3	成陽朔四年（前21年）	無後	省並，後封東平思王子武
255	信都	桃	劉良	廣川繆王子	元初元元年（前48年）	3		孫嗣免	
256	豫章	安平	劉習	長沙剌王子	元初元元年（前48年）	3		子嗣免	
257	桂陽	陽山	劉宗	長沙剌王子	元初元元年（前48年）	3		子嗣免	
258	琅邪	甯	劉談	城陽荒王子	元初元元年（前48年）	3	元永光二年（前42年）	坐強姦人妻，會赦免	省並
259	琅邪	昆山	劉光	城陽荒王子	元初元元年（前48年）	3		子嗣免	
260	琅邪	折泉	劉根	城陽荒王子	元初元元年（前48年）	3		子嗣免	
261	琅邪	博石	劉淵	城陽荒王子	元初元元年（前48年）	3		子嗣免	
262	菑郡	要（西）安	劉勝	城陽荒王子	元初元元年（前48年）	3		子嗣，無後	省，後封東平思王孫漢
263	琅邪	房山	劉勇	城陽荒王子	元初元元年（前48年）	3	西元8年	薨	
264	泰山	式	劉憲	城陽荒王子	元初元元年（前48年）	3	成鴻嘉元年（前20年）	無後	
	泰山	式	劉萌	憲次子紹封	成元延元年（前12年）				
265	涿郡	臨鄉	劉雲	廣陽頃王子	元初元五年（前44年）	6		子嗣免	
266	涿郡	西鄉	劉咨	廣陽頃王子	元初元五年（前44年）	6		子嗣免	
267	涿郡	陽鄉	劉發	廣陽頃王子	元初元五年（前44年）	6		子嗣免	
268	涿郡	益昌	劉嬰	廣陽頃王子	元永光三年（前41年）	3		孫嗣免	

編號	郡	鄉	人名	王子	封年	代數	廢年	廢免原因	備註
269	北海	羊石	劉回	膠東頃王子	元永光三年（前41年）	3		孫嗣免	
270	北海	石鄉	劉理	膠東頃王子	元永光三年（前41年）	3		子嗣免	
271	北海	新城	劉根	膠東頃王子	元永光三年（前41年）	3		子嗣免	
272	北海	上鄉	劉歆 xi	膠東頃王子	元永光三年（前41年）	3	荄元壽元年（前2年）	免	
273	東海	於鄉	劉定	泗水勤王子	元永光三年（前41年）	3		子嗣免	
274	東海	就鄉	劉璋	泗水勤王子	元永光三年（前41年）	3	建昭四年（前35年）		省並，後封東平思王孫思不害
275	琅邪	石山	劉玄	城陽戴王子	元永光三年（前41年）	3		子嗣免	
276	東海	都陽	劉音	城陽戴王子	元永光三年（前41年）	3		子嗣免	
277	琅邪	三封	劉嗣	城陽戴王子	元永光三年（前41年）	3		子嗣免	
278	琅邪	伊鄉[10]	劉遷	城陽戴王子	元永光三年（前41年）	3		不久薨，無後	後封東平思王孫開
279	臨淮	襄平	劉置 xin	廣陵厲王子	元永光五年（前39年）	3	西元8年	免	
280	臨淮/射陽	貰鄉	劉平	梁敬王子	元建昭元年（前38年）	1	元建昭四年（前35年）	病征自殺	省
281		樂	劉義	梁敬王子	元建昭元年（前38年）	1	元建昭四年（前35年）	坐使人殺人，髡為城旦	省
282	山陽	中鄉	劉延年	梁敬王子	元建昭元年（前38年）	1	西元8年	薨	
283	山陽	鄭	劉罷軍	梁敬王子	元建昭元年（前38年）	1		孫嗣免	
284	山陽	黃	劉順	梁敬王子	元建昭元年（前38年）	1		子嗣免	
285	山陽	平樂	劉遷	梁敬王子	元建昭元年（前38年）	1		子嗣免	
286	沛郡	菑鄉	劉就	梁敬王子	元建昭元年（前38年）	1		子嗣免	
287	沛郡	東鄉	劉方	梁敬王子	元建昭元年（前38年）	1		子嗣免	
288	沛郡	陵鄉	劉訢	梁敬王子	元建昭元年（前38年）	1	成建始二年（前31年）	坐使人傷家丞，有賞穀息過律，免	省並
289	沛郡/東武城	栗（溧）陽	劉欽	梁敬王子	元建昭元年（前38年）	1		子嗣免	

10　筆者按：《漢書·王子侯表》載：伊鄉侯國，永光三年三月封，薨，無後。同表又載：元始元年二月丙辰，侯開以東平思王孫封。此時已至平帝時，然《漢書·地理志》在琅邪郡伊鄉下記為侯國，不知何據。

序號	郡	侯國	侯	王子	始封年		紀年	坐上書歸印綬免	備註
290	沛郡	匪鄉	劉固	梁敬王子	元建昭元年（前38年）	1	成鴻嘉四年（前17年）		省並・後封東平哀王子劉褒
291	沛郡	高柴	劉發	梁敬王子	元建昭元年（前38年）	1		孫嗣免	
292	沛郡	臨都	劉未央	梁敬王子	元建昭元年（前38年）	1		子嗣免	
293	沛郡	高	劉舜	梁敬王子	元建昭元年（前38年）	1		孫嗣免	
294	齊	北鄉	劉譚	菑川孝王子	元建昭四年（前35年）	6	西元8年	免	無考
295	臨淮	蘭陵	劉宣	廣陵孝王子	元建昭五年（前34年）	12		孫嗣免	
296	臨淮	廣平	劉德	廣陵孝王子	元建昭五年（前34年）	12		子嗣免	
297	九江	博鄉	劉交	六安繆王子	元竟寧元年（前33年）	4		子嗣免	
298	巨鹿	柏鄉	劉買	趙哀王子	元竟寧元年（前33年）	4		孫嗣免	
299	巨鹿	安鄉	劉喜	趙哀王子	元竟寧元年（前33年）	4		孫嗣免	
300	齊	廣	劉便	菑川王子	元竟寧元年（前33年）	4		孫嗣免	
301	齊	平（廣）	劉服	菑川王子	元竟寧元年（前33年）	4		子嗣免	無考
302	東萊	昌鄉（陽）	劉憲	膠東頃王子	成建始二年（前31年）	1	哀元壽二年（前2年）	坐使家丞封上印綬，免	與東平煬王子之昌鄉不同
303	琅邪／慎陽	順鄉	劉共	膠東頃王子	成建始二年（前31年）	1	西元8年	免	
304	東萊	樂陽 or 陽樂	劉獲	膠東頃王子	成建始二年（前31年）	1	西元8年	免	
305	北海	平城	劉邑	膠東頃王子	成建始二年（前31年）	1		孫嗣免	
306	北海	密鄉	劉休	膠東頃王子	成建始二年（前31年）	1		孫嗣免	
307	北海	樂都	劉訢	膠東頃王子	成建始二年（前31年）	1		孫嗣免	
308		卑梁	劉郢	高密頃王子	成建始二年（前31年）	1	西元8年	免	先封廣川惠王子嬰
309	北海	膠陽	劉怤	高密頃王子	成建始二年（前31年）	1	西元8年	免	
310	琅邪	武鄉	劉慶	高密頃王子	成建始二年（前31年）	1		子嗣免	
311	北海	成鄉	劉安	高密頃王子	成建始二年（前31年）	1		子嗣免	
312	琅邪	麗（茲）	劉賜	高密頃王子	成建始二年（前31年）	1		子嗣免	與平幹王子劉慶之成鄉不同
313		寶梁	劉強	河間孝王子	成建始二年（前31年）	1	河平二年（前26年）	無後	

序號	郡	地名	王名	王子	封年	傳數	終年	結局	備註
314	沛郡	廣戚	劉勳	楚孝王子	成河平三年（前26年）	2			先封魯孝王子當
315	東海	陰平	劉回	楚孝王子	成陽朔二年（前23年）	2			
316		樂平	劉訢	淮陽憲王子	成陽朔二年（前23年）	國六	國不久	病免	
317	東海	郚鄉	劉閔	魯頃王子	成陽朔四年（前21年）	4			後封楚思王子光
318	東海	建鄉	劉慶	魯頃王子	成陽朔四年（前21年）	4	哀建平三年（前4年）	為魯王	
319	琅邪	安丘	劉常	高密頃王子	成鴻嘉元年（前20年）	1	西元8年	免	先封張說
320	山陽	栗鄉	劉獲	東平思王子	成鴻嘉元年（前20年）	4		子嗣免	先封楊憚，《漢志》在博陽
321	泰山	乘丘	劉頃	東平思王子	成鴻嘉元年（前20年）	4		子嗣免	
322	泰山	桃鄉	劉宣	東平思王子	成鴻嘉二年（前19年）	1		子嗣免	
323	東海	新陽	劉永	魯頃王子	成鴻嘉二年（前19年）	1		子嗣免	
324	東萊	陵（陽）石	劉慶	膠東共王子	成鴻嘉四年（前17年）	6	西元8年	免	
325	沛	祁鄉	劉賢	梁夷王子	成永始二年（前15年）	5		子嗣免	
326	泰山	富陽	劉萌	東平思王子	成永始三年（前14年）	3	西元9年	免	
327	山陽	曲鄉	劉鳳	梁荒王子	成永始三年（前14年）	6		子嗣免	
328	泰山	桃山	劉欽	城陽孝王子	成永始四年（前13年）	5	西元8年	免	
329	臨淮	昌陽	劉霸	泗水戾王子	成永始四年（前13年）	5	西元8年	免	
330	琅邪	臨安	劉賢	膠東共王子	成永始四年（前13年）	5	西元8年	免	
331	東萊	徐鄉	劉炔	膠東共王子	成元延元年（前12年）	2	西元8年	免	
332	齊	台鄉	劉胗	菑川孝王子	成元延二年（前11年）	1	西元9年	免	無考
333	山陽	西陽	劉並	東平思王子	成元延二年（前11年）	4	西元7年	子嗣免	
334		堂鄉	劉恢	膠東共王子	成綏和元年（前8年）	5	哀建平元年（前6年）	無後	與楚思王子獲之堂鄉異地
335	中山	安國	劉吉	趙共王子	成綏和元年（前8年）	6	西元8年	免	

336	涿郡	梁鄉[11]	劉交	趙共王子	成綏和元年（前 8 年）	6	西元 8 年	免
337		襄鄉	劉福	趙共王子	成綏和元年（前 8 年）	6		子嗣免
338		容鄉	劉強	趙共王子	成綏和元年（前 8 年）	6		子嗣免
339		緄鄉	劉固	趙共王子	成綏和元年（前 8 年）	6	西元 8 年	免
340	代	廣昌	劉賀	河間孝王子	成綏和元年（前 8 年）	6	西元 8 年	免
341		都安	劉普	河間孝王子	成綏和元年（前 8 年）	6		子嗣免
342		樂平	劉永	河間孝王子	成綏和元年（前 8 年）	6	西元 8 年	免
343		方鄉	劉常得	廣陽惠王子[12]	成綏和元年（前 8 年）	6	西元 8 年	免

資料來源：《史記》卷 21《建元以來王子侯者年表第九》；《漢書》卷 15 上、下〈王子侯表第三上、下〉；王先謙《漢書補注》相應表；吳越、徐克範《讀漢書八表》；夏燮《校漢書八表》；周振鶴《西漢政區地理》。

11　疑為良鄉，《漢書·地理志》涿郡有良鄉侯國。
12　疑為思王子。

2－D 武成時期功臣、外戚侯城統計

編號	郡國/縣	侯名	侯者	始封戶數	封國之因	始封年	月	國除之年	失國之因	備註
1	魏郡/內黃	翕	趙信	1680	匈奴相降，又擊匈奴、益封	武元光四年（前131年）	10	元朔六年（前123年）	降匈奴	先封邯鄲
2	南陽	持裝（持驀）	樂	650	匈奴都尉降	武元朔元年（前127年）	後9	武元鼎元年（前116年）	無後	
3	潁川/舞陽	親陽	月氏	680	匈奴相降	武元朔二年（前127年）	10	武元朔五年（前124年）	逃亡	
4	南陽/平氏	若陽	猛	530	匈奴相降	武元朔二年（前127年）	10	武元朔五年（前124年）	逃亡	
5	汝南	長平	衛青	3000	取朔方、河南，破右賢王、皇后弟	武元朔二年（前127年）	3	武元封五年（前106年）	薨	宣帝元康四年（前62年），賜錢五十萬復家；成永始元年以「長安公乘」為侍郎
6	南陽/武當	平陵	蘇建	1000	擊匈奴	武元朔二年（前127年）	3	武元朔六年（前123年）	戰敗、獨歸、斬、贖	分置後封范明友
7	河東/皮氏	岸（安）頭	張次公	2000	擊匈奴	武元朔二年（前127年）	5	武元狩元年（前122年）	與淮南王女姦、收財物罪	
8	渤海/高城	平津	公孫弘	373？	丞相詔所褒	武元朔三年（前126年）	11	武元封四年（前107年）	為山陽太守有罪	
9	魏	涉安	於單		匈奴太子降	武元朔三年（前126年）	4	武元朔三年（前126年）	卒、無後	
10	潁川/舞陽	昌武	趙安稽		匈奴王降、擊右賢王	武元朔四年（前125年）	7	武太初元年（前104年）	無後	省
11	上黨/襄垣	襄城	傑（無）寵	400	匈奴相國降	武元朔五年（前124年）	7	武后元二年（前87年）	祝詛上、下獄瘐死	省
12		南䚵	公孫賀		以將軍擊匈奴得王	武元朔五年（前124年）	4	武元鼎五年（前112年）	坐酎金	
	東海/下邳	葛繹侯	公孫賀		以丞相	武太初二年（前103年）		武征和二年（前91年）	有罪	

	郡/縣	侯者	食邑	功績	封年	年數	除年	原因	備註
13	渤海/高城	公孫敖	9500	擊匈奴，至右賢王庭得王	武元朔五年（前124年）	4	武元狩二年（前121年）	擊匈奴畏懦	
14	千乘/樂安昌	李蔡	2000	擊匈奴	武元朔五年（前124年）	4	武元狩五年（前121年）	以丞相侵孝景園壖地罪，自殺	以丞相侵孝景園壖神道
15	平原/龍額	韓說		擊匈奴	武元朔五年（前124年）	4	武元鼎五年（前112年）	坐酎金	
	齊郡/案（按）道	韓說		擊東越	武元封元年（前110年）		武征和二年（前91年）	有罪	
	平原/龍額	韓會（曾）			武后元年（前88年）		成鴻嘉元年（前20年）	無後	
16	千乘/隨成	趙不虞	700	擊匈奴，得王	武元朔五年（前124年）	4	武元狩三年（前120年）	為定襄都尉，匈奴敗，太守以聞非實，謾免	
17	東郡/樂昌	公孫戎奴	1100	擊匈奴，為隨行先登石山	武元朔五年（前124年）	4	武元狩二年（前121年）	為上郡太守發兵不以聞，謾	
18	齊/西涉軹安	李朔		擊匈奴，得王，虜闕氏	武元朔五年（前124年）	4	武元鼎元年（前122年）	有罪	
19	汝南/宜春	衛伉		父功，衛青之子	武元朔五年（前124年）	4	武太初元年（前104年）	矯制不害	屬入宮，完為城旦。後後封侯阬
20	魏郡/陰安	衛不疑		父功，衛青之子	武元朔五年（前124年）	4	武元鼎五年（前112年）	坐酎金	
21	東郡/發幹	衛登		父功，衛青之子	武元朔五年（前124年）	4	武元鼎五年（前112年）	坐酎金	
22	南陽/博望/雙縣	張騫		擊匈奴，知水道，使絕域	武元朔六年（前123年）	3	武元狩二年（前121年）	左擊匈奴畏懦，當斬，贖	後後封許舜
23	南陽/冠軍	霍去病		擊匈奴左右賢王，迎渾邪王	武元朔六年（前123年）	4	武元封元年（前110年）	無後	
24	琅邪/眾利/姑莫	賀（郡）賢	1100	以太守擊匈奴	武元朔六年（前123年）	5	武元狩二年（前121年）	為上合太守入戍卒財物上，計護罪	後封即軒
25	南陽/漳/舞陽[13]	王煖訾	560	以匈奴趙王降	武元狩元年（前122年）	7	武元狩二年（前121年）	無後	

13　瞭析自潁川魯陽，後屬南陽。

序號	郡/縣	侯國	人名	戶數	事由	封年	年數	免/卒年	結果	備註
26	琅邪/昌	宣冠	高不識	1100	擊匈奴	武元狩二年（前121年）	5	武元狩四年（前119年）	擊匈奴戰功不實當斬，贖	
27	南陽/魯陽	煇渠	僕多（朋）		擊匈奴、虜六王	武元狩二年（前121年）	2	武征和三年（前90年）	戰死	
28		従驃	趙破奴		擊匈奴、陸良王子，擊樓蘭	武元狩二年（前121年）	5	武元鼎五年（前112年）	坐酎金	
		泿野	趙破奴			武元封三年（前108年）		武太初二年（前103年）	被虜	
29	河東/猗氏	下麾	呼毒尼		匈奴王降	武元狩二年（前121年）	6	宣神爵三年（前59年）	將家屬屬人惡闞人惡師居，免	
30	平原	漯（濕）陰	渾（昆）邪	10000	匈奴王將十萬眾降	武元狩三年（前120年）	7	武元封五年（前106年）	無後	
31	南陽/魯陽	渾渠	雁疕		匈奴王降	武元狩三年（前120年）	7	武元鼎二年（前115年）	無後	
32	濟南	河綦	烏黎	600	匈奴右王與渾邪降	武元狩三年（前120年）	7	宣本始二年（前72年）	無後	
33	濟南	常樂	稠雕（睢）	570	匈奴大當戶與渾邪王	武元狩三年（前120年）	7	武太始二年（前96年）	無後	
34	沛郡	符離	復陸支	1600	擊匈奴	武元狩四年（前119年）	6	武太初元年（前104年）	見知子犯逆不道罪	
35	渤海/東平	杜		1300	擊匈奴	武元狩四年（前119年）	6	成河平四年（前25年）	坐非子免	
36	琅邪/姑幕	眾利	伊即軒	1100	匈奴歸義樓莫擊匈奴	武元狩四年（前119年）	6	昭始元五年（前86年）	無後	後併入諸縣，前82年封武諸邑公主
37	南陽/陽城	湘成	敞屠洛	1800	匈奴符離王降	武元狩四年（前119年）	6	武元鼎五年（前112年）	坐酎金	
38	南陽/平氏	義陽	衛山	1100	以北地都尉擊匈奴	武元狩四年（前119年）	6	武太始四年（前93年）	坐教人誣告眾利侯當時棄市，病死獄中	後封傳介子
39	南陽/陽城	散	董荼（舍）吾	1100	匈奴都尉降	武元狩四年（前119年）	6	武征和三年（前90年）	坐祝詛，下獄病死	

編號	郡國／縣	侯國／人名	食邑	封侯原因	始封年	年數	除年	國除原因	備註
40	琅邪／朱虛	臧馬／（雕）延年	870	匈奴王降	武元狩四年（前119年）	6	武元狩五年（前118年）	死後不得置，國除	
41	潁川／長社	周子南君／姬嘉	3000	周后紹封	武元鼎四年（前113年）	11	宣地節三年（前67年）	使奴殺家丞，棄市	
42	臨淮／高平	樂通／欒大	3000	以方術	武元鼎四年（前113年）	4	武元鼎五年（前112年）	罔上，腰斬	省
43	潁川／舞陽	睞／次公	790	以匈奴歸義王降	武元鼎四年（前113年）	6	武元鼎五年（前112年）	坐酎金	先封王接嘗
44	術陽／術陽	建德	3000	以南越王兄	武元鼎五年（前112年）	3	武元鼎五年（前112年）	使南海逆不道誅	
45	沛郡	龍（亢）／廣德	670	父功（擊南越），故濟北相	武元鼎五年（前112年）	3	武元封六年（前105年）	有罪	
46	潁川／郟	成安（鄉）／韓延年	1380	父功（擊南越）	武元鼎五年（前112年）	3	武元封六年（前105年）	有罪	
47	巨鹿	昆／渠復絫		屬國大且渠擊匈奴	武元鼎五年（前112年）	5	宣地節四年（前66年）	無後	
48	河東／北屈	騏／駒幾	520	兄功（擊匈奴、不單于）	武元鼎五年（前112年）	5	成陽朔二年（前23年）	無後	
49	魏郡	梁期／任破胡			武元鼎五年（前112年）	5	武太始四年（前93年）	賣馬一匹賈錢十五萬，過平，臧五百以上免	
50	平原／平原	牧丘／石慶		以丞相及先人萬石積德謹行	武元鼎五年（前112年）	9	武天漢元年（前100年）	為太常失法罔上，祠不如令，完為城旦	
51	南陽	睞／單取		南越將	武元鼎六年（前111年）	3	武后元二年（前87年）	坐祝詛上，腰斬	
52		將梁／楊僕		擊南越	武元鼎六年（前111年）	3	武元封四年（前107年）	為將軍擊朝鮮畏懦，入竹二萬個，贖完為城旦	
53	南陽	安道／揭陽定	600	以南越揭陽令降	武元鼎六年（前111年）	3	武征和四年（前89年）	殺人，棄市	後封中山靖王子
54	南陽	隨／趙光	3000	南越蒼梧王降	武元鼎六年（前111年）	4	宣本始元年（前73年）	子嗣有罪不得代	

			食邑	功	封年	代	國除年	原因	備註
55	南陽/堵陽(陽)	湘成(城)	居翁	830	南越桂林監諭居翁諭甌駱兵四十餘萬眾降	武元鼎六年(前111年)	5	宣五鳳四年(前54年)	為九真太守盜,使出賣犀、奴婢,臧百萬以上,不道誅	
56	琅邪	海常	蘇弘		捕得南越王	武元鼎六年(前111年)	7	武太初元年(前104年)	無後	
57	濟南	北(外)石	吳陽	1000	以東越衍侯佐繇王斬餘善	武元封元年(前110年)	1	武后元二年(前87年)	祝詛上,腰斬	
58	南陽	下酈	黃同	700	以故甌駱將左斬西於王功	武元封元年(前110年)	4	武后元二年(前87年)	祝詛上,腰斬	
59		繚安(縈)	劉福		擊南越	武元封元年(前110年)	5	武元封二年(前109年)	有罪免	
60	會稽	御兒	轅終古		以軍卒斬東越徇北將軍	武元封元年(前110年)	5	武太初元年(前104年)	無後	
61	臨淮	開陵	建成	2000	斬餘善	武元封元年(前110年)	後4	武征和二年(前91年)[14]	舍衛太子所幸私女子,祝詛上,腰斬	又前91年封成娩
62	河內	臨蔡	孫都	1000	得南粵相呂嘉	武元封元年(前110年)	後4	武太初元年(前104年)	擊番禺奪人虜,掠,死	
63	九江	東成(城)	居服(股)	10000	故東越繇王斬東越王餘善	武元封元年(前110年)	後4	武征和三年(前90年)	衛太子舉兵謀反,腰斬	先封淮南屬王子民
64	會稽	無錫	多軍	1000	以東越將軍降	武元封元年(前110年)	缺	武征和四年(前89年)	追反虜到弘農擅棄兵還,贖罪免	
65	南陽/築陽	涉都	嘉(宮)	2040	以父故南海守以城邑降	武元封元年(前110年)	缺	武太初二年(前103年)	無後	
66	泰山/梁父	平州	王唊	1480	朝鮮將降	武元封三年(前108年)	4	武元封四年(前107年)	無後	先封昭涉掉尾
67	渤海	荻苴	韓陶	540	以朝鮮相降	武元封三年(前108年)	4	武征和二年(前91年)	封終身,不得嗣	

14 依王先謙改為征和二年,《漢書補注》,書目文獻出版社,1995年,第249頁。

序號	郡	侯國	侯	戶數	以（功）	封年	年數	終年	結局	備註
68	齊郡	潘清	參	1000	以朝鮮尼谿相使人殺其王右渠降	武元封三年（前108年）	6	武天漢二年（前99年）	匿朝鮮亡虜、下獄病死	
69	琅邪	駫茲	稽谷姑	1900	以小月氏若（右）苴王將眾降	武元封四年（前107年）	11	武太初元年（前104年）	無後	
70		浩	王恢		捕得車師王	武元封四年（前107年）	1	武元封四年（前107年）	使酒泉矯制害當死、贖，僅三個月	
71	河東	狐讘	扜（杅）者	760	以小月氏王將眾降	武元封四年（前107年）	1	武天漢二年（前99年）	制所幸封，不得嗣	
72	河東	幾	張格		以朝鮮王子降	武元封四年（前107年）	3	武元封六年（前105年）	使朝鮮謀反	
73	南陽	涅陽	嚴	8000	以父朝鮮相相降	武元封四年（前107年）	3	武太初二年（前103年）	無後	先封呂勝？
74	東海	海西	李廣利	8000	以貳師將軍擊大宛、斬王	武太初四年（前101年）	4	武征和三年（前90年）	兵敗降	
75	齊郡	新畤	趙弟		以貳師將軍士斬郁成王	武太初四年（前101年）	4	武太始三年（前94年）	坐為大常鞫詔不實、入錢百萬贖死、完為城旦	
76	東萊	丞父	續相如	1150	斬扶樂王首虜2500人	武太始三年（前94年）	5	武征和四年（前89年）	賊殺軍吏謀人謀夷、祝詛上、腰斬	
77	臨淮	開陵	成娩		擊車師	武征和二年（前91年）	缺		孫棄、無後	
78	濟陰	秅	商丘成	2120	以大鴻臚擊反將張光	武征和二年（前91年）	7	武后元年（前87年）	為詹事侍祠孝文廟醉歌堂下、大不敬自殺	後封金日磾
79	渤海	重合	莽通	4870	以侍郎擊反者	武征和二年（前91年）	7	武后元二年（前87年）	謀反、腰斬	
80	濟南	德	景建	3735	以長安大夫擊反者	武征和二年（前91年）	7	武后元二年（前87年）	共莽通謀反、腰斬	先封高祖兄子廣
81	巨鹿	題	張富昌	858	以山陽卒得反戻太子	武征和二年（前91年）	9	武后元二年（前87年）	為人所賊殺	

編號	郡	國	侯名	戶數	始封原因	始封時間	年數	末封時間	末封原因	備註
82	河內／野王	邘	李壽	150	以新安令史得戾太子	武征和二年（前91年）	9	武后元元年（前88年）	為衛尉居守，擅出長安界，送海西侯至高橋，又使吏謀殺方士不道殺	
83	九江	當塗	魏不害	2200	捕反叛	武征和三年（前90年）	11			1
84	琅邪	蒲	蘇昌	1026	捕反叛者、定策	武征和三年（前90年）	11	成鴻嘉三年（前18年）	婢自贖為農後略以為婢	
85	清河	轑陽	江德	1120	捕反者（故越王）	武征和三年（前90年）	11	元永光四年（前40年）	使家丞上書歸印符，隨方士	
86	東萊	丞父	孫玉	1150	告反者太原白義等	武征和四年（前89年）	3	昭始元元年（前86年）	殺人，會赦免	續相如國除更封
87	沛／蘄	富民	車千秋	3000／1600	以丞相、遺詔	武征和四年（前89年）	6	宣本始三年（前71年）	為虎牙將軍擊匈奴詐增虜、獲，自殺	
88	濟陰／成武	秺	金日磾	2218	匈奴王太子、捕反叛	昭始元元年（前86年）	9	元初元四年（前45年）	無後，先封商丘成	
89		博陸	霍光	2300＋7200	兄功、捕反叛，輔幼主、宣帝，天下信	昭始元二年（前85年）	1	宣地節四年（前66年）	謀反，腰斬，族滅	
90	河內／湯陰	安陽	上官桀	2300?	善騎射、捕反叛，皇后、孫女為皇后	昭始元二年（前85年）	1	昭元鳳元年（前80年）	謀反，族滅	
91	千乘	桑樂	上官安	1500?	皇后父	昭始元五年（前82年）	6	昭元鳳元年（前80年）	謀反，族滅	
92	平原	富平	張安世	13640	車騎將軍定策	昭始元六年（前81年）	11			2
93	臨淮／徐	商利	王山（壽）	915	丞相少吏誘捕反者	昭元鳳元年（前80年）	7	宣元康元年（前65年）	為人上書系獄，坐為代郡太守幼十人罪不直，免	
94	沛郡	建平	杜延年	2360	父功、發覺謀反者	昭元鳳元年（前80年）	7			3

序號	郡	侯國	人名	戶數	事由	封年	代	終年	原因	備註
95	汝南	弋陽	任宮	915	捕殺謀反者	昭元鳳元年（前80年）	7			4
96	濟南	宣城	燕倉	700	發謀反者有功	昭元鳳元年（前80年）	7			先封菑川懿王子侯 5
97	潁川	成安	郭忠	724	以張掖屬國都尉斬黎汙王	昭元鳳三年（前78年）	2	玄孫嗣薨	無後	
98	南陽／武當	平陵	范明友	2920	家世習外國事，擊烏桓功	昭元鳳四年（前77年）	7	宣地節四年（前66年）	與諸霍子謀反滅族	
99	南陽／平氏	義陽	傅介子	759	刺樓蘭王，不煩師，有功	昭元鳳四年（前77年）	7	宣元康元年（前65年）	子爭財相告有罪，不得代	
100	汝南	宜春	王訢	680	以丞相侯	昭元鳳四年（前77年）	2			衛沆國隙更封 6
101	涿郡	安平	楊敞	5547	以丞相封	昭元鳳六年（前75年）	2	宣五鳳四年（前54年）	坐為典屬國季父鰥有罪	
102	東郡	陽平	蔡義	700	以丞相封，定策	昭元平元年（前74年）	9	宣本始四年（前70年）	病死，絕，無後	後封王禁
103	濟南	營平	趙充國	1279	以大司農安宗廟	宣本始元年（前73年）	8	成元延三年（前10年）	坐父欽詐以長安女子王君俠子為嗣免	
104	濟陰	（陽城）成陽	田延年	2453	以少府安宗廟	宣本始元年（前73年）	8	宣本始二年（前72年）	昭帝崩，方上事並急，因以盜都內錢三千萬，自殺	
105	山陽／單父	爰氏	便（史）樂成	2327	安宗廟	宣本始元年（前73年）	8	宣地節二年（前68年）	子絕	
106	泰山／肥城	平丘	王遷	1253	安宗廟	宣本始元年（前73年）	8	宣地節二年（前68年）	受諸侯王金錢財，漏泄中事，謀死	
107	濟南／於陵	昌水	田廣明	2700	絕疑、定策、安宗廟	宣本始元年（前73年）	8	宣本始四年（前70年）	為郡連將軍擊匈奴，軍不至期，當死，自殺	
108	沛郡／蕭	扶陽	韋賢	711	以人主師、丞相封	宣本始三年（前71年）	6	宣甘露二年（前52年）	為大常坐祠廟騎奪爵為關內侯	
109	陳留	長羅	常惠	2850	擊匈奴	宣本始四年（前70年）	4			7

	郡	侯國	受封者	戶數	事由	始封年	世代	除國年	除國事由	備註
110	南陽/平氏	樂成	霍山	2327	以少府與大將軍光定策功	宣地節二年（前68年）	4	宣地節二年（前68年）	無子	
111	山陽	爰戚	趙成（長年）	1530	用發覺楚國事侯、告楚、廣陵謀反	宣地節二年（前68年）	4			8
112	魏郡	平恩	許廣漢	5600	有恩于宣、皇太子外祖父	宣地節三年（前67年）	4	宣神爵元年（前61年）	薨無後	
113	臨淮/柘	高平	魏相	813	以丞相（譖殺韋賢）	宣地節三年（前67年）	6	宣甘露元年（前53年）	坐酎宗廟騎至司馬門不敬削爵一級為關內侯	國除後封達時
114	平原	平昌	王長君（無故）	600	宣帝舅	宣地節四年（前66年）	2			9
115	汝南	樂昌	王稚君（武）	600	宣帝舅	宣地節四年（前66年）	2			先封張敖子張受 10
116	汝南	陽城	劉德	640	以宗正關內侯行侍中謹重為宗室率祖功	宣地節四年（前66年）	3			11
117	南陽	鄧	蕭建世			宣地節四年（前66年）	缺	成永始元年（前16年）	坐使奴殺人減死完為城旦	
118	平原	樂陵[15]	史子長（高）	2300	以悼皇考勇子	宣地節四年（前66年）	8	成建始四年（前29年）	無後	
119	臨淮	博成	張章	3913	上書告諸霍子反	宣地節四年（前66年）	8	成建始四年（前29年）	坐尚陽邑公主與婢姦王旁，數醉罵王	薨無後
120	頴川	都成	金安上	1771	發諸霍子謀反，行謹善、退讓以自持	宣地節四年（前66年）	8	宣五鳳四年（前54年）	薨無後	
121	汝南/博陽	平通	楊惲	2500	告諸霍子反	宣地節四年（前66年）	8	宣五鳳三年（前55年）	作為光祿勳誹謗政治免	後封東平思王旦
122	千乘	高昌	董忠	790	告諸霍子反	宣地節四年（前66年）	8		坐祠宗廟乘小車奪爵百戶	13

15　清·王先謙曰：「樂陵、平原縣」，案臨淮樂陵志注侯國疑誤」，《漢書補注》，書目文獻出版社，1995年，第263頁。

序號	地	侯國	姓名	戶數	紹封	封年		終年	終因	備註	位次
123	潁川	周子南	姬延年		紹封	宣元康元年（前65年）	3	元初元五年（前44年）		位次諸侯，綏和元年晉爵為公，地滿百里	13
	潁川	周承休侯	姬延年		更封	元初元五年（前44年）	3				
124	南陽	博望	許舜	1500	兄功、有私恩	宣元康二年（前64年）	3	成河平四年（前25年）	無後	先封張騫	
125	南陽／平氏	樂成	許延壽	1500	以皇太子外祖父同產弟侍中關內侯，有舊恩	宣元康二年（前64年）	3	元永光五年（前39年）	薨		
126		將陵	史子回（魯）	2200	以宣宣帝大母家故封	宣元康二年（前64年）	3	宣神爵四年（前58年）	無後		
127	常山	平臺	史子叔（玄）	1900	以外家有親故貴封	宣元康二年（前64年）	3				13
128	山陽	邛成（郜成）	王奉光（先）	2750	宣帝皇后父	宣元康二年（前64年）	3	哀元將元年（前5年）	選舉不以實，罷廷史，大不敬免		14
129	汝南／南頓	博陽	邴吉	1330	施舊恩於宣帝	宣元康三年（前63年）	2	宣甘露元年（前53年）	坐柯宗廟不乘大車而騎至廟門有罪，奪爵為關內侯		
130	城陽	陽都	張彭祖	1600	祖恩	宣元康三年（前63年）	3	宣神爵三年（前59年）	為小妻所殺		
131	平原	合陽	梁喜	1500	告反者	宣元康四年（前62年）	4				14
132	汝南／慎	安遠	鄭吉	790	擊日逐王、破車師	宣神爵二年（前59年）	4	元永光三年（前41年）	無後		
133	汝南	歸德	賢禪	2250	以匈奴單于從兄日逐王	宣神爵二年（前59年）	4				15
134	汝南／細陽	信成	王定	500	匈奴烏桓屠耆單于子右谷蠡軍率眾降	宣五鳳二年（前56年）	9	元永光三年（前41年）	無後		
135	南陽／平氏	義陽	溫故	1500	匈奴呼連累案于率眾降	宣五鳳三年（前55年）	2	宣甘露三年（前51年）	子謀反，削爵為關內侯，食邑1000戶		

序號	郡	地名	人名	戶數	封因	封年	傳世	免/卒年	備註	編號
136	沛郡	建成	黃霸	2200	以丞相（代邴吉）	宣五鳳三年（前55年）	2			16
137	臨淮	西平	于定國	660	以丞相（代黃霸）	宣甘露三年（前51年）	5			17
138	魏郡	平恩	許嘉	缺	廣漢弟子中常侍紹封	元初元年（前48年）	缺			18
139	千乘	安平	王舜		王奉先，皇太后兄	元初元年（前48年）	3			19
140	東郡	陽平	王禁（禁）	8000	元帝皇后父	元初元年（前48年）	3			先封蔡義 20
141	沛／蕭	扶陽	韋玄成		丞相	元永光二年（前42年）	2			21
142	臨淮／僮	樂安	匡衡	647	以丞相	元建昭三年（前36年）	7	成建始四年（前29年）	坐顓地盜土，免	22
143	沛郡	義成	甘延壽	2000	斬王以下1500級	元竟寧元年（前33年）	4			23
144	汝南	安成（平）	王崇	10000	皇太后弟	成建始元年（前32年）	2			24
145	沛郡	平阿	王譚	2111	皇太后弟	成河平二年（前27年）	6			25
146	山陽	成都	王商	4000	皇太后弟	成河平二年（前27年）	6	成綏和二年（前7年）	坐山陵未成置酒歌舞，免	26
147	南陽	紅陽	王立	2100	皇太后弟	成河平二年（前27年）	6			27
148	九江	曲陽	王根	12400	皇太后弟	成河平二年（前27年）	6			28
149	臨淮	高平	王逢時	3000	皇太后弟	成河平二年（前27年）	6			29
150	汝南	安昌	張禹	1017	以丞相	成河平四年（前25年）	6	更始元年	為兵所殺	

序號	郡／地名	人名	食邑	封侯事由	始封年	年數	免／終及備註	編號
151	琅邪／東莞東海／武陽	薛宣	9010	以丞相	成鴻嘉元年（前20年）	4	成綏和二年（前7年）坐不忠孝，父子賕賂近臣	30
152	武強／武陽	史丹	1307	帝為太子是輔導有舊恩	成鴻嘉元年（前20年）	4	免	31
153	汝南安陽	王音	1600	皇太后從弟	成鴻嘉元年（前20年）	6	先封周左車	32
154	汝南／南頓博陽	丙昌			成鴻嘉元年（前20年）	6		33
155	琅邪軸望	冷褒	1800	告男子馬政謀反	成鴻嘉元年（前20年）	7		34
156	汝南／新息成陽	趙臨	2000	皇后父	成永始元年（前16年）	4	哀建平元年（前6年）坐弟昭儀絕繼嗣免、徙遼西	35
157	南陽新都	王莽	1500	以帝舅子	成永始元年（前16年）	5		36
158	南陽酇	蕭喜		蕭何玄孫之子紹封	成永始元年（前16年）	7		37
159	琅邪高陵	翟方進	500	以丞相	成永始二年（前15年）	11		38
160	千乘延鄉	李譚	1000	捕反者	成永始三年（前14年）	7		39
161	琅邪新鄉	稱忠	1000	捕反者	成永始三年（前14年）	7		40
162	渤海童鄉	鍾祖	1000	捕反者	成永始三年（前14年）	7		41
163	平原樓虛	嚳順	1000	捕反者	成永始三年（前14年）	7	先封齊悼惠王子劉將閭	42
164	河東／北屈騏	駒詩	550	紹封	成元延元年（前12年）	6		43
165	平原寵額	韓共		紹封	成元延元年（前12年）	6		44

序號	郡	封地	人名	封戶	時間		備註	編號
166	臨淮	開陵	成級	紹封	成元延元年（前12年）	6		45
167	平原	樂陵	史叔	紹封	成元延元年（前12年）	6		46
168	南陽	博望	許報子	紹封	成元延二年（前11年）	6		47
169	南陽／平氏	樂成	許恭	紹封	成元延二年（前11年）	缺		48
170	汝南	定陵	淳于長	言昌陵不可成，皇后姊子	1000	成元延三年（前10年）	2	大逆，下獄死	
171	汝南	殷紹嘉[16]	孔何齊	以殷後孔子世吉婿子	2702	成綏和元年（前8年）	2	更為宋公	49
172	上郡	宜鄉	馮參	以中山王舅	1000	成綏和元年（前8年）	2	哀建平元年姊中山太后祝詛自殺	50
173	南陽	氾鄉	何武	以大司空	1000	成綏和元年（前8年）	4		51
174	南陽	博山	孔光	以丞相	1000＋9000	成綏和二年（前7年）	3		52

資料來源：《史記》卷20〈建元以來侯者年表第八〉；《漢書》卷17〈景武昭宣元成功臣表第五〉；王先謙《漢書補注》相應表；吳越、徐克範《校漢書八表》；夏燮《讀史記十表》；錢大昕《二十四史考異》；周振鶴《西漢政區地理》，書目文獻出版社，1995年，第267頁。

16　清・王先謙曰：「（殷紹嘉侯）封在新郪縣，屬汝南，非沛也」，《漢書補注》。

附錄 3　考古所見西漢城址一覽

說明：

1 遺址按現行政區劃列出，大致按西漢刺史部：司隸部—並—豫—兗、青、
　徐—冀—揚—荊—閩粵—交趾—益—涼—朔方—幽的順序排列；

2.「規模」一欄中括弧內的資料為遺址的分佈範圍，周指周長，面指面積；

3. 本表時代確定均據調查與發掘者的推斷意見；

4. 表中資料來源編號，既表示注釋順序，又是城址編號；

5. ★表示春秋戰國延續至西漢的城市，共有 232 處。轉引自許宏《先秦城
　市考古學》，北京燕山出版社，2000 年；

6. ☆表示周長山《漢代城市研究》亦有的城址，共有 82 處；

7. 二者均統計的城址共有 31 處。

考古所見西漢城址一覽表

遺址名	推斷城名	所在地	形狀	規模東西×南北（m）	資料來源（編號）
漢城	長安☆	秦・西安	近方	東 6000、西 4900、南 7600、北 7200	1
韓家灣怡魏	長陵城☆	秦・咸陽		西 220、南 1245	2
韓家灣白廟	安陵城☆	秦・咸陽	不規則	1548×445	3
大王鄉	平陵城☆	秦・咸陽			4
西吳鄉	茂陵城☆	秦・興平			5
馬家灣鄉	陽陵	秦・高陵			6
少陵原	杜陵城☆	秦・西安	長方	2250×700	7
鐵王鄉	雲陵城☆	秦・淳化	長方	370×700	8
新豐鎮	新豐城☆	秦・臨潼	長方	600×670	9
櫟陽	櫟陽★	秦・臨潼		西殘 1420、南殘 1640（2500×1600）	10
戶縣	鐘官城[1]	秦・戶縣		600×1500	11
京師倉城	京師倉☆	秦・華陰		1120×700	12
晉城村	重泉★	秦・蒲城	長方	1150×750	13
瓦頭村	夏陽城★☆	秦・韓城	長方	1750×1500	14
聖佛峪	★	秦・富縣	不規則三角形	面 0.8 萬 m^2	15
尹家溝	高奴城★	秦・延安	近三角形	1000×900	16
米家園	★	秦・榆林	長方	大：500×600；　小：100 餘×200	17
大堡當		秦・神木	五邊形	面 28 萬 m^2，周 2200，北 540、東北 370、東南 360、南 540、西 410	18
古城村	★	秦・府谷	方	500×500	19
古城村	★	秦・丹鳳		東 1000（300×1000）	20
范村	★	晉・洪洞	長方	1300×580	21
鳳城村／曲沃古城	絳城★	晉・侯馬		大：西殘 2600、北 3100；小：東殘 600、西殘 1000、北 1100	22
郭馬		晉・侯馬	長方	外城：350×250，面 9 萬 m^{2}內城：不詳（沿用）	23
曜頭	★	晉・臨縣	不規則梯形	大：東 630、西 1800、南 1250、北 1300；小：東殘 170、西 915、南 975、北 820	24
南莊西	★	晉・臨縣		400×100	25
城東村	★	晉・臨猗		1500×1000	26

1 　上林三官之一。

鐵匠營	★	晉·臨猗		1500×1000	27
毛張	★	晉·曲沃	長方	西 600、南 540	28
廟前村	汾陰城　☆	晉·萬榮		東殘 750	29
大馬	★	晉·聞喜			30
禹王城	安邑城[2]　☆	晉·夏縣	梯形	大：1300；小：75；中：面 600 萬 m^2	31
古城莊	★	晉·襄汾		1500×1000	32
永固	★	晉·襄汾	方	334×324	33
趙康	臨汾城　☆	晉·襄汾	長方	大：東 2600、西 2700、南 1650、北 1530，面 500 萬 m^2；周 8480 小：東 770、南 700、北 660	34
葦溝—北壽	★	晉·冀城	方	800×800	35
上亳城村	★	晉·垣曲		北殘 200	36
亳城		晉·垣曲	東西兩城	北總長 1530、南殘長 880、東 890、中牆為二城合用長 600，面 120 萬 m^2	37
告城	陽城城　☆	豫·登封	長方	700×1700 ～ 1850	38
賈莊	穰城★	豫·鄧州		周 3000	39
固城村	新汲城★	豫·扶溝	不規則長方	480×800，面 40 萬 m^2	40
古城村	扶溝城★	豫·扶溝		殘 30	41
後鄭村	★	豫·扶溝			42
康北村	★	豫·鞏義	方		43
固城倉	★	豫·淮濱	長方	面 20 萬 m^2	44
期思村	★	豫·淮濱	長方	1700×400 ～ 500	45
天橋村	★	豫·潢川	橢圓	455×305，面 14 萬 m^2	46
城關	修武城★	豫·獲嘉			47
南陽屯	★	豫·獲嘉	方	500×500	48
軹城村	軹城★	豫·濟源	近方	東 1766、南 1865，面 326 萬 m^2	49
府城村	★	豫·焦作	近方	295×277，面 8 萬 m^2	50
城峪村	★	豫·林縣	長方	400×300	51
盧氏城	盧氏城★	豫·盧氏	長方	周 2300	52
王城	河南城[3]　☆	豫·洛陽	不規則方形	東殘 1000、西 3200、南殘 1000、北 2890，小城周 5720	53
宛城	宛城[4]　☆	豫·南陽	長方	2500×1600	54
古城村	★	豫·平輿	長方	1350×1500	55
古戚城	★	豫·濮陽	方	周 1520，面 14.4 萬 m^2	56

朝歌城	朝歌城★ （南部）	豫·淇縣	長方	1750×2500 或 2100×3100	57
城關鎮	雍丘城★	豫·杞縣	長方	周 4500	58
前後城村	圉城★	豫·杞縣	長方	周 4400	59
邘邰村	★	豫·沁陽		東：面 670 萬 m²，西：殘 20	60
舊城村	★	豫·清豐	方	周 3000	61
大黃灣村	安昌城★	豫·確山	長方	400×620	62
古城村	★	豫·汝州	近方	600×1000	63
黑寨溝	★	豫·汝州		84 萬 m²	64
程劉村	陽城城？★	豫·商水	方	500×500，面 25 萬 m²	65
扶蘇城	陽城城★	豫·商水	大：長方， 小：方	大：800×500， 小：250×250	66
南利城	★	豫·商水		（大小 2 城）	67
陸渾村	陸渾城★	豫·嵩高		西、北殘 150	68
文城	★	豫·遂平	不規則長方	900×2400	69
城關	吳房城★	豫·遂平	長方	北殘 550，周 3774	70
西城村	★	豫·通許	方	1000×1000	71
北舞渡	東不羹[5]★	豫·舞陽	不規則	周 5500	72
城關鎮	舞陽城★	豫·舞陽		周 6500	73
馬崗村	★	豫·舞陽		周 1227	74
東張村	懷城[6]★	豫·武陟		殘 400	75
龍城	博山城★	豫·淅川	方	東 730、西 915、南 1030、北 974	76
董城村	長平城★	豫·西華	方	面 16 萬 m²	77
女媧城	★	豫·西華	方	大：面 100 萬 m²， 小：面 16.96 萬 m²	78
西華城	★	豫·西華		面 100 萬 m²	79
蓮花寺崗	★	豫·西峽	長方	東 700、西 750、南 500、北 400	80
邪地村	★	豫·西峽	長方	750～800×400～500， 面 37.5 萬 m²	81
小河村	潁陰城★	豫·襄城		殘 200	82
沂城村	★	豫·襄城	長方	1200×1800	83
光武台	南頓城★	豫·項城		北殘 217，面 50 萬 m²	84
楚王城	成陽城★	豫·信陽	小：梯形	大：東 640、西 747、南 936、北 770，面 68 萬 m²； 小：東 500、西 325、南 524、北 530，面 20 萬 m²	85
大索城	★	豫·滎陽	長方	周 3400，面 67 萬 m²	86
河陰城	★	豫·滎陽		西殘 400，南殘 500	87
京襄城	京城★	豫·滎陽	長方	周 6300	88

5　不曾為西漢行政機構治所。

6　河內郡治。

平咷城	★	豫・滎陽	長方	700×900	89
小索城	★	豫・滎陽	長方	周 3000	90
前步村	鄢陵★	豫・鄢陵	大：長方，小：近方	大：800 ～ 998×1959；小：148×184	91
召陵村	召陵城	豫・郾城	方	大：周 6000；小：100×120	92
滑城村	緱氏城☆	豫・偃師	不規則	500 ～ 1500×2500	93
陶家村	★	豫・偃師	近橢圓	650×1200（三面臨澗，僅築南垣）	94
昆陽城	★	豫・葉縣	長方	500×2000，面 100 萬 m^2	95
古城村	新成城★	豫・伊川	長方	1680×1250	96
八里營	★	豫・禹州		周 3000，面 50 萬 m^2	97
塗店村	安陽城★	豫・正陽	長方	400×600	98
鄭州城	管城（南部近 2/3）☆	豫・鄭州	長方	周 6960，面 300 萬 m^2	99
古滎鎮	★	豫・鄭州	不規則長方	東 1860、西 2016、南 976、北 1283	100
石河村	★	豫・鄭州		殘 800	101
常廟村	★	豫・鄭州	長方	周 5000	102
李家西部村	梧城城★	魯・安丘	長方	400×300，面 12 萬 m^2	103
杞城村	淳于城★	魯・安丘	長方	1800×2000	104
嫌城	★	魯・博興	方	1100×1100	105
寨卜村	★	魯・博興	方	面 25 或 16 萬 m^2	106
古城村	營陵城[7]★	魯・昌樂	近方	1700×1600，面 280 萬 m^2	107
城湖	★	魯・成武	長方	3000×1700，面 510 萬 m^2	108
須城村	須昌城★	魯・東平	方	1500×1500	109
古城村	★	魯・費縣	近長方	東 1935、西 2170、南 1077、北 954	110
離孤城	★	魯・菏澤			111
南張村	亢父城★	魯・濟寧	方	1200×1200	112
小官莊	★	魯・莒南	長方	3000×2500	113
城關	★	魯・莒縣		南殘 700（三重垣）	114
趙泉村	★	魯・萊蕪	橢圓？	520×620	115
鄣古城村	★	魯・臨沂		500×400，面 20 萬 m^2	116
魯故城	魯城[8]☆	魯・曲阜	不規則長方	大：3700×2700，面 1000 萬 m^2 小：2500×1500	117
西斟灌村	★	魯・壽光	方	1500×1500	118
縣城北	★	魯・郯城	不規則四邊形	東 1370、西 1260、南 780、北 1260	119

7　北海郡治。

8　魯國治魯縣小城。

東滕城村	公丘城 ☆	魯・滕州	不規則方	（內城？）東 555、西 590、南 850、北 800	120
張旺鎮	★	魯・滕州	大、小：不規則長方；宮、宮東：方	大：3300×2300，736 萬 m²；小：913×700，面 60 萬 m²；宮：170×150，面 2.5 萬 m²；宮東：190×190（注 108–2）	121
王莊	東阿城 [9] ★	魯・陽谷	長方		122
城里村	傅陽城★	魯・棗莊	長方	周 3293	123
曲成村	曲成城★	魯・招遠		850×200，面 17 萬 m²	124
昌城村	昌國城★	魯・淄博	方	1250×1250	125
皇城營村	★	魯・淄博	長方	1800×2000，面 360 萬 m²	126
齊故城	臨淄城 [10] ☆	魯・淄博	長方	2000 萬 m²，大：4500×4000 小：1400×2200， 面 300 萬 m²	127
紀王城	驪城 ☆	魯・鄒城	近方	2530×2500	128
城陰城		魯・高密	長方	1950×1850	129
福山縣	牟平城☆	魯・福山	長方	200×100	130
龍山鎮	東平陵 [11] ☆	魯・章丘	方	邊 2000；面 400 萬 m²	131
上冶鎮	費城 [12]	魯・費縣		（400 餘萬 m²）	132
頭溝	★	冀・承德		220×130、面 2.86 萬 m²	133
大海陀	★	冀・赤城	長方	100×70	134
近北莊	★	冀・赤城	長方	178×60	135
李家火	★	冀・赤城	方	110×110	136
東土城	★	冀・崇禮	長方	250×165	137
紅旗營	★	冀・崇禮	方	350×350，面 12.2 萬 m²	138
太子城	★	冀・崇禮	方	200×200	139
炭灰火	★	冀・崇禮	方	200×200	140
講武城	★	冀・磁縣	近方	1100×1150	141
完城村	★	冀・大城		（625 萬 m²）	142
故城村	槀城城 ☆	冀・槀城		面 4.8 萬 m²	143
九門村	九門城★	冀・槀城		（1170×713；81.4 萬 m²）	144
大宏城	★	冀・沽源	長方	170×140	145
趙王城（大北城）	邯鄲城 [13] ☆	冀・邯鄲	長方	面 1900 萬 m² 大：3240×4880；小：面 505 萬 m²	146
伏漪城	章武城 ☆	冀・黃驊	方	520×510	147
第五窖	★	冀・懷安	長方	300×300	148

---

9 東郡都尉治。

10 齊郡治大城東北部。

11 濟南郡治。

12 東海都尉治。

13 趙國治邯鄲縣大北城。

東韓家屯	★	冀·懷安	長方	50×53	149
尖台寨	★	冀·懷安	方	1000×750；面 75 萬 m²	150
舊懷安村	★	冀·懷安	長方	170×300；面 5.1 萬 m²	151
大古城	造陽？沮陽 ★	冀·懷來	大：不規則 長方 小：方	大（西）：1500×1000 小（東）：1000×1000	152
東八里	★	冀·懷來	長方	100×50	153
麻峪口	★	冀·懷來	長方	100×50	154
古縣	★	冀·廊坊			155
柏暢城	★	冀·臨城	長方	420×600，面 25.2 萬 m²	156
臨漳縣	鄴北城☆	冀·臨漳		2400×1700	157
二道河	★	冀·隆化	近橢圓	徑 199；3.1 萬 m²	158
灤平	要陽城[14]☆	冀·灤平	不規則	東 300、西殘 90、北 133	159
東魏村	樂成[15]	冀·獻縣	方	邊 2000，面 400 萬 m²	160
古賢村	★	冀·容城		1200×1000	161
東古城	真定城[16] ★	冀·石家莊		面 300 萬 m²	162
武垣城	★	冀·肅寧	方	面 300 萬 m²；大：周 8000，小：周 1500	163
岱尹上	★	冀·圍場		面 1640m²	164
岱尹梁頂	★	冀·圍場		面 6400m²	165
半截塔	★	冀·圍場		（面 9 萬 m²）	166
城子	★	冀·圍場		（面 2.25 萬 m²）	167
棋盤山	★	冀·圍場			168
簸箕掌	★	冀·圍場		1 萬 m²	169
大興永東櫨子	★	冀·圍場		（面 9025m²）	170
富各莊	★	冀·文安		（面 6 萬 m²）	171
大董村	★	冀·文安		2000×2000	172
午汲	★	冀·武安	不規則長方	889×768 面 68.8 萬 m²	173
固鎮	★	冀·武安	長方	1500×1750	174
店子	★	冀·武安	方	500×500	175
北田村	★	冀·武安	長方	500×730	176
付家堡	★	冀·宣化		南殘 20	177
西堡		冀·陽原	長方	230×330	178
燕下都	故安城[17] ★	冀·易縣	不規則長方	8000×4000m，面 3200 萬 m² 東：4500×4000 西：3500×3700	179

14　漁陽都尉治。

15　河間國都。

16　真定國都。

17　故安縣主要使用的是戰國燕下都武陽城的東城南部。

陳家灣	★	冀‧蔚縣	長方		180
代王城	代城[18]★	冀‧蔚縣	橢圓	3400×2200	181
故城村	元氏城[19]☆	冀‧元氏		1100×1100，面 121 萬 m²	182
宋子城	宋子城★	冀‧趙縣	長方	450×400，面 18 萬 m²	183
保岱	潘城★	冀‧涿鹿	方	1400×1400	184
岔道村	★	冀‧涿鹿	方		185
朝陽寺	★	冀‧涿鹿	近方	300×350，面 10 萬 m²	186
大堡鄉	★	冀‧涿鹿	上：方、 中：長方、 下：方	上：120×120 中：360×390 下：120×120	187
皇帝城	涿鹿城★	冀‧涿鹿	不規則；方	450～500×500～540	188
吉慶堡	★	冀‧涿鹿		東殘 30	189
口前村	★	冀‧涿鹿		75×75	190
龍王塘	★	冀‧涿鹿		380×380，面 14.4 萬 m²	191
臥佛寺	★	冀‧涿鹿			192
湘廣村	★	冀‧涿鹿		北殘 15	193
小斜陽村	★	冀‧涿鹿		東殘 120	194
佐衛村	★	冀‧涿鹿		60×60	195
長溝	西鄉城 ☆	京‧房山	曲尺形	320～360×500	196
竇店 （蘆村）	良鄉城 ☆	京‧房山	長方	西 殘 830、南 1230，128 萬 m²	197
良鄉鎮	廣陽城☆	京‧房		殘 500	198
蔡莊	★	京‧房山	方	300×300	199
西釣台	東平舒 ☆	津‧靜海	方	周 2055	200
軍糧城	漂榆邑☆	津‧東郊		300×170	201
蜀崗	☆	蘇‧揚州		1900×1400	202
泗陽西北	凌城城☆	蘇‧泗陽		500×300	203
泗陽南	☆	蘇‧泗陽		1000×1300	204
洪澤南	☆	蘇‧洪澤			205
盱眙縣	東陽城☆	蘇‧盱眙		東城：東 838、西 933 西城：東 838、西 862	206
徐州市東北	☆	蘇‧徐州		（500×300）	207
小卞莊	★	皖‧鳳陽	長方	360×380	208
阮城	★	皖‧阜南	長方	1700×1000	209
曹市鄉	山桑城★	皖‧渦陽	方	600×600，面 36 萬 m²	210
下符橋	潛城★	皖‧霍山			211
艾亭鄉	★	皖‧臨泉	長方	500×1000，面 50 萬 m²	212
郭大莊	★	皖‧臨泉	長方	500×1600，面 160 萬 m²	213
李大寨	★	皖‧臨泉	長方	1000×800，面 80 萬 m²	214

18　代郡治。

19　常山郡治。

史莊	★	皖・臨泉	長方	1500×1000	215
桐陽城	★	皖・臨泉	長方	1200×800	216
土坡鄉	★	皖・臨泉	長方	殘 120×800，面 128 萬 m²	217
迎仙鄉	★	皖・臨泉	長方	1300×1500	218
長城寺	★	皖・六安	長方	400×750，面 30 萬 m²	219
西古城（白沙城）	六城[20] ★	皖・六安	長方	229×471，面 10.8 萬 m² 或 20 萬 m² 以上	220
紅城村	★	皖・蒙城	長方	周 4660，面 130 萬 m²	221
姜樓村	★	皖・蒙城	長方	長 500，寬 300，面 15 萬 m²	222
澗窪村	★	皖・壽縣		面 11.3 萬 m²（1500×750）	223
壽春城	壽春城[21] ★	皖・壽縣	長方	4250×6200，面 2600 萬 m²	224
原牆集	細陽城？★	皖・太和			225
楚王城	蕪湖城★	皖・蕪湖	長方	面近 12 萬 m²	226
呂王城	★	鄂・大悟		殘 100（500×1500）	227
大城濠	州陵城？★	鄂・洪湖	長方	500×280，面 14 萬 m²	228
作京城	☆	鄂・黃陂	亞字形	200×144，面 2.88 萬 m²	229
岳飛城	★	鄂・荊門	長方		230
女王城	★	鄂・麻城	長方	1000×1500，面 150 萬 m²	231
安居	隨城？★	鄂・隨州		（800×1000）	232
鄧城	★	鄂・襄陽	長方	700×800	233
草店坊	★	鄂・孝感	不規則長方	518×326，面 11 萬 m²	234
楚皇城	宜城城　☆	鄂・宜城	不規則長方	東 2000、西 1840、南 1500、北 1080，面 220 萬 m²	235
楚王城	☆	鄂・雲夢	不規則長方	2050×1200（漢初築中牆，沿用西部）	236
羅州城址（內城垣）		鄂・蘄春	圓角長方形	東 263、南 450、西 349、北 314，面 15 萬 m²	237
城址村	索城★	湘・常德	方	大：500×500，25 萬 m²；小：100×100	238
西湖磚廠	★	湘・漢壽			239
老屋地	★	湘・江華	長方	100×80	240
古城崗	★	湘・澧縣	長方	350×250	241
雞叫城	★	湘・澧縣	長方	500×400，20 萬 m² 或 320×400	242.
中黃村	★	湘・平江	不規則長方	東 207、西 298、南 240、北 255，面 6 萬 m²	243
義陵城	★	湘・漵浦	長方	500×350	244
鐵鋪嶺	★	湘・益陽	長方	200×300	245
魏家寨	遷陵城☆	湘・保靖	近方	75×86	246
白公城	☆	湘・慈利	方	邊 300，10 萬 m²	247

20　六安國都。

21　九江郡治壽春縣西北小城。

里耶古城		湘·龍山	長方	103～107×210	248
東城	冷道☆	湘·寧遠		東 180、西 157、南 120、北 130	249
柏家坪	舂陵城☆	湘·寧遠	長方	200×160	250
古城村	故鄡城★	浙·吉安			251
營盤里	★	贛·樟樹		4 處小城	252
築衛城	★	贛·樟樹	不規則	410×360	253
新店	冶城 22 ☆	閩·福州		東殘 287、西殘 478、北殘 310	254
崇安	王城 23 ☆	閩·福州		550×860	255
徐聞縣	徐聞城☆	粵·徐聞		85×95，周 360，面 8075m²	256
連縣	☆	粵·連縣			257
七里圩	☆	桂·興安		東 164、西 149、南 257、北 214；周 1070，面 3.8 萬 m²	258
全縣	桃陽☆	桂·全縣		300×100	259
寧谷		黔·安順		（10 餘萬 m²）	260
舊縣坪	胸忍城☆	渝·雲陽		500×1000	261
古城坪	嚴道城☆	川·滎經		主城：400×375，	262
李店鄉	成紀城☆	隴·靜寧		500×500，面 25 萬 m²	263
湟中多巴鎮	臨羌城☆	青·湟中		380×300	264
天池子		寧·鹽池	近方	東 195、南 190，西、北無存	265
古城鄉	蕭關	寧·固原	長方	800×500	266
破城子	居延城 24 ☆	內蒙·額濟納旗	方	周 1205	267
綠城子	居延城	內蒙·額濟納旗	橢圓形，南北兩壁略直	180×150	268
河拐子	臨戎城 25 ☆	內蒙·磴口	近方	東 637、西 620、南 450、北 450	269
土城子	窳渾城 26 ☆	內蒙·保爾浩特	不規則	城內最寬處 280×202，東牆較短 175	270
陶升井	三封城 27 ☆	內蒙·烏蘭布和		內　城：118×118；　外　城：740×560	271
黃羊木頭鄉	沃野城☆	內蒙·臨河		周 1000	272

22　漢初閩越國都。

23　閩越國所建「王城」。

24　張掖都尉治，李並城先生新近考證漢居延縣遺址當在綠城子，而破城子可能是路博多所築的遮鹿障，詳見〈漢居延縣城新考〉，《考古》1998 年第 5 期。

25　朔方郡舊治。

26　朔方都尉治。

27　朔方郡治。

土城子	臨河城☆	內蒙・臨河		東西殘 222、南北 520	273
增龍昌	★	內蒙・烏拉特前旗		周 1500	274
古城村	雲中城[28] ★	內蒙・托克托	不規則	周 8000	275
城梁村	雁門城☆	內蒙・東勝		東西 480	276
三道營	武要城[29]☆	內蒙・卓資	長方	西：東 570、西 690、南 480、北 580；東：晚期增築，周 2320	277
土城子	成樂城[30]☆	內蒙・和林格爾		670×655，周 2080	278
陶卜齊	武皋城[31]☆	內蒙・呼和浩特		周 2190	279
美岱古城	安陶城☆	內蒙・呼和浩特		大小兩城，（面 23.5m²）	280
塔布禿	☆	內蒙・呼和浩特		內 城：230×230； 外 城：850×900 周 3500	281
新店子	武成城	內蒙・和林格爾			282
城嘴子	桐過城	內蒙・清水河			283
霍洛柴登	增山[32]	內蒙・杭錦旗			284
納林北鎮	美稷[33]	內蒙・准格爾旗			285
瓦爾土溝	廣衍☆	內蒙・准格爾旗			286
沙巴營子	★	內蒙・奈曼旗	近方	周 1350	287
西土城子	★	內蒙・奈曼旗	近方	大：周 1419；小：60×63	288

28　雲中郡治。

29　定襄東部都尉治。

30　定襄郡治。

31　定襄中部都尉治。

32　西河北部都尉治。《新中國考古發現與研究》中認為是西河郡治有誤，因西河郡治「平定」不在杭錦旗，而在准格爾旗，「增山」則在杭錦旗。文物出版社，1984 年，第 405 頁。

33　西河屬國都尉治。

外羅城	平剛城[34] ★	內蒙・寧城	長方	1800×800，周 5200	289
冷水塘	★	內蒙・赤峰	近方	東 270、西 294、南 294、北 306	290
北山根	★	內蒙・喀喇沁旗		東殘 60、南殘 250	291
二龍湖	（漢初）☆	吉・梨樹	方	東 193、西 190、南 183、北 185	292
靉河尖	安平城[35] ☆	遼・丹東	長方	500×600	293
復興堡	臨榆城☆	遼・義縣			294
牧羊城	☆	遼・大連		156×146 ／ 90×146	295
小荒地北城	☆	遼・葫蘆島	不規則半橢圓	弧長 856	296
小荒地南城	☆	遼・葫蘆島	近方	東 225、西 210、南 240、北 220	297
葫蘆島連山	且慮城[36]	遼・葫蘆島		主城周 900，北城周 1500	298
大嶺屯	☆	遼・新金		156×154，面 2.4 萬 m²	299
大柏官屯	高顯城☆	遼・撫順			300
永陵鎮	☆	遼・新賓			301
安杖子	石城城　☆	遼・凌源	不規則長方	大：200 ～ 230×150 ～ 328；小：80 ～ 116×128，周 910	302
宮後里	★	遼・瀋陽		東殘 455、西殘 375、南殘 215	303
土城里	平壤[37] ☆	朝鮮		700×600，周 2400，面 400 萬 m²	304

資料來源：

1　王仲殊：《漢代考古學概說》，中華書局，1994 年。
2　劉慶柱、李毓芳：〈西漢諸陵調查與研究〉，《文物資料叢刊》6，1982 年。
3　陝西省文物考古研究所：〈西漢安陵調查簡報〉，《文物與考古》2002 年第 4 期。
4　劉慶柱、李毓芳：〈西漢諸陵調查與研究〉，《文物資料叢刊》6，1982 年。
5　劉慶柱、李毓芳：〈西漢諸陵調查與研究〉，《文物資料叢刊》6，1982 年。
6　中國考古學會編：《中國考古學年鑑 2003》，文物出版社，2004 年。
7　中國社會科學院考古研究所編著：《漢杜陵陵園遺址》，科學出版社，1993 年。
8　姚生民：〈漢雲陵、雲陵邑勘查記〉，《考古與文物》1982 年第 4 期。
9　林泊：〈陝西臨潼漢新豐遺址調查〉，《考古》1993 年 10 期；中國考古學會編：《中國考古學年鑑 1994》，文物出版社，1997 年。
10　陝西省文物管理委員會：〈秦都櫟陽遺址初步勘探記〉，《文物》1966 年第 1 期；中國科學院考古研究所櫟陽發掘隊：〈秦漢櫟陽城遺址的勘探與試掘〉，《考古學報》

34　右北平郡治。
35　涿郡都尉治。
36　遼西郡治。
37　樂浪郡治。

1985 年第 3 期。

11　中國考古學會編：《中國考古學年鑑 1999》，文物出版社，2001 年。詳參本年《文博》3 期。

12　陝西省考古研究所：《西漢京師倉》，文物出版社，1990 年。

13　《中國文物地圖集·陝西分冊》編輯組：〈重要古城址〉，《文博》1997 年第 3 期（陝西省文物普查專號）。

14　呼林貴：〈陝西韓城秦漢夏陽故城遺址勘察記〉，《考古與文物》1987 年 6 期。

15　姬乃軍：〈富縣發現一戰國至秦漢時期古城址〉，《中國文物報》1991 年。

16　《中國文物地圖集·陝西分冊》編輯組：〈重要古城址〉，《文博》1997 年第 3 期（陝西省文物普查專號）。

17　《中國文物地圖集·陝西分冊》編輯組：〈重要古城址〉，《文博》1997 年第 3 期（陝西省文物普查專號）。

18　中國考古學會編：《中國考古學年鑑 2000》，文物出版社，2002 年；孫周勇：〈大保當漢代聚落的考古學觀察〉，《文博》1999 年第 6 期。

19　《中國文物地圖集·陝西分冊》編輯組：〈重要古城址〉，《文博》1997 年第 3 期（陝西省文物普查專號）。

20　王子今等：〈陝西丹鳳商邑遺址〉，《考古》1989 年第 7 期；楊亞長等：〈商鞅封邑考古取得重要成果〉，《中國文物報》1997 年。

21　張德光：〈山西洪洞古城的調查〉，《考古》1963 年第 10 期。

22　李永敏整理：〈1960、1988 年鳳城古城遺址、墓葬發掘報告〉，《晉都新田》收載，山西人民出版社，1996 年。

23　中國考古學會編：《中國考古學年鑑 2001》，文物出版社，2002 年。

24　傅淑敏：〈臨縣曜頭古城址〉，《中國考古學年鑑 1994》，1997 年。

25　傅淑敏：〈臨縣南莊西城堡遺址〉，《中國考古學年鑑 1994》，1997 年。

26　中國社會科學院山西工作隊：〈晉南考古調查報告〉，《考古學集刊》第 6 集，1989 年。

27　中國社會科學院山西工作隊：〈晉南考古調查報告〉，《考古學集刊》第 6 集，1989 年。

28　北京大學考古專業山西實習組等：〈冀城曲沃考古勘察記〉，北京大學考古學叢書《考古學研究》（一）收載，文物出版社，1992 年。

29　楊富斗：〈山西萬榮縣發現古城址〉，《考古》1959 年第 4 期。

30　陶正剛：〈山西境內東周古城調查〉，《晉文化研究會座談紀要》收載，侯馬，1985 年。

31　陶正剛等：〈古魏城和禹王城調查簡報〉，《文物》1962 年 4、5 合期；中國科學院考古研究所山西工作隊：〈山西夏縣禹王城調查〉，《考古》1963 年 10 期。

32　中國社會科學院考古研究所山西工作隊：〈晉南考古調查報告〉，《考古學集刊》第 6 集，1989 年。

33　陶富海等：〈山西襄汾永固古城遺址的調查〉，《考古與文物》1990 年第 6 期。

34　山西省文物管理委員會侯馬工作站：〈山西襄汾趙康附近古城址調查〉，《考古》1963 年 10 期。

35　北京大學考古專業山西實習組等：〈冀城曲沃考古勘察記〉，北京大學考古學叢書《考古學研究》（一）收載，文物出版社，1992 年。

36　中國社會科學院考古研究所山西工作隊：〈山西垣曲古文化遺址的調查〉，《考古》1985 年 10 期。

37　中國考古學會編：《中國考古學年鑑 2001》，文物出版社，2002 年。

38　河南省文物研究所等：《登封王城崗與陽城》，文物出版社，1992 年。

39　國家文物局主編：《中國文物地圖集·河南分冊》，中國地圖出版社，1991 年。

40　周口第五文化局：〈扶溝古城初步調查〉，《中原文物》1983 年第 2 期。

41　國家文物局主編：《中國文物地圖集·河南分冊》，中國地圖出版社，1991 年。

42　國家文物局主編：《中國文物地圖集·河南分冊》，中國地圖出版社，1991 年。

43　國家文物局主編：《中國文物地圖集·河南分冊》，中國地圖出版社，1991 年。

44   國家文物局主編:《中國文物地圖集・河南分冊》,中國地圖出版社,1991 年。

45   李紹曾:〈期思古城遺址調查〉,《中原文物》1983 年特刊。

46   國家文物局主編:《中國文物地圖集・河南分冊》,中國地圖出版社,1991 年。

47   國家文物局主編:《中國文物地圖集・河南分冊》,中國地圖出版社,1991 年。

48   國家文物局主編:《中國文物地圖集・河南分冊》,中國地圖出版社,1991 年。

49   國家文物局主編:《中國文物地圖集・河南分冊》,中國地圖出版社,1991 年。

50   李德保等:〈焦作市發現一座古城〉,《文物參考資料》1958 年第 4 期;楊貴金等:
      〈焦作市府城古城遺址調查報告〉,《華夏考古》,1994 年第 1 期。

51   國家文物局主編:《中國文物地圖集・河南分冊》,中國地圖出版社,1991 年。

52   國家文物局主編:《中國文物地圖集・河南分冊》,中國地圖出版社,1991 年。

53   中國科學院考古研究所洛陽發掘隊:〈洛陽澗濱東周城址發掘報告〉,《考古學報》
      1959 年第 2 期;中國科學院考古研究所編:《洛陽發掘報告(1955～1960 年洛陽澗
      濱考古發掘資料)》,北京燕山出版社,1989 年。

54   王建中:〈南陽宛城建置考〉,《楚文化研究論集》第 4 集收載,河南人民出版社,
      1994 年。

55   馬世之:〈關於楚之別都〉,《江漢論壇》,1985 年第 2 期。

56   廖永民:〈戚城遺址調查記〉,《河南省文博通訊》1978 第 4 期。

57   張玉石等:〈淇縣朝歌故城〉,《中國考古學年鑑 1992》,1994 年;河南省文物考
      古研究所編:《河南考古四十年(1952～1992)》,河南人民出版社,1994 年;國
      家文物局主編:《中國文物地圖集・河南分冊》,中國地圖出版社,1991 年。

58   國家文物局主編:《中國文物地圖集・河南分冊》,中國地圖出版社,1991 年。

59   國家文物局主編:《中國文物地圖集・河南分冊》,中國地圖出版社,1991 年。

60   國家文物局主編:《中國文物地圖集・河南分冊》,中國地圖出版社,1991 年。

61   國家文物局主編:《中國文物地圖集・河南分冊》,中國地圖出版社,1991 年。

62   李芳芝:〈河南碻山發現春秋戰國青銅器〉,《中原文物》1992 年第 2 期;國家文
      物局主編:《中國文物地圖集・河南分冊》,中國地圖出版社,1991 年。

63   國家文物局主編:《中國文物地圖集・河南分冊》,中國地圖出版社,1991 年。

64   國家文物局主編:《中國文物地圖集・河南分冊》,中國地圖出版社,1991 年。

65   國家文物局主編:《中國文物地圖集・河南分冊》,中國地圖出版社,1991 年。

66   商水縣文物管理委員會:〈河南商水縣戰國城址調查記〉,《考古》1983 年第 9 期;
      黃盛璋:〈商水扶蘇城出土陶文及其相關問題〉,《中原文物》1988 年第 1 期。

67   國家文物局主編:《中國文物地圖集・河南分冊》,中國地圖出版社,1991 年。

68   國家文物局主編:《中國文物地圖集・河南分冊》,中國地圖出版社,1991 年。

69   國家文物局主編:《中國文物地圖集・河南分冊》,中國地圖出版社,1991 年。

70   國家文物局主編:《中國文物地圖集・河南分冊》,中國地圖出版社,1991 年。

71   國家文物局主編:《中國文物地圖集・河南分冊》,中國地圖出版社,1991 年。

72   朱幟:〈河南舞陽北舞渡古城調查〉,《考古通訊》,1958 年第 2 期。

73   國家文物局主編:《中國文物地圖集・河南分冊》,中國地圖出版社,1991 年。

74   國家文物局主編:《中國文物地圖集・河南分冊》,中國地圖出版社,1991 年。

75   國家文物局主編:《中國文物地圖集・河南分冊》,中國地圖出版社,1991 年。

76   裴明相:〈楚都丹陽試探〉,《文物》1980 年第 10 期;文碧桂:〈河南淅川下寺龍
      城與楚析邑〉,《考古》1983 年第 6 期;李玉山:〈楚都丹陽管見〉,《楚文化研
      究論文集》第 4 集收載,河南人民出版社,1994 年。

77   國家文物局主編:《中國文物地圖集・河南分冊》,中國地圖出版社,1991 年。

78   國家文物局主編:《中國文物地圖集・河南分冊》,中國地圖出版社,1991 年。

79   國家文物局主編:《中國文物地圖集・河南分冊》,中國地圖出版社,1991 年。

80   韓維周等:〈河南西峽縣及南陽市兩古城調查記〉,《考古通訊》1956 年第 2 期;
      國家文物局主編:《中國文物地圖集・河南分冊》,中國地圖出版社,1991 年。

81　國家文物局主編：《中國文物地圖集・河南分冊》，中國地圖出版社，1991 年。
82　國家文物局主編：《中國文物地圖集・河南分冊》，中國地圖出版社，1991 年。
83　國家文物局主編：《中國文物地圖集・河南分冊》，中國地圖出版社，1991 年。
84　國家文物局主編：《中國文物地圖集・河南分冊》，中國地圖出版社，1991 年。
85　歐潭生：〈信陽楚王城是楚頃襄王的臨時國都〉，《中原文物》1983 年特刊。
86　國家文物局主編：《中國文物地圖集・河南分冊》，中國地圖出版社，1991 年。
87　張松林：〈鄭州市西北郊區考古調查簡報〉，《中原文物》1986 年第 4 期。
88　於曉興：〈滎陽京襄城發現漢代金幣〉，《河南文博通訊》1980 年第 3 期。
89　國家文物局主編：《中國文物地圖集・河南分冊》，中國地圖出版社，1991 年。
90　國家文物局主編：《中國文物地圖集・河南分冊》，中國地圖出版社，1991 年。
91　劉東亞：〈河南鄢陵縣古城址的調查〉，《考古》1963 年第 4 期。
92　國家文物局主編：《中國文物地圖集・河南分冊》，中國地圖出版社，1991 年。
93　中國科學院考古研究所洛陽發掘隊：〈河南偃師「滑城」考古調查報告〉，《考古》
　　1964 年第 1 期。
94　梁曉景：〈劉國史跡考略〉，《中原文物》1985 年第 4 期。
95　國家文物局主編：《中國文物地圖集・河南分冊》，中國地圖出版社，1991 年。
96　洛陽市地方史志編纂委員會編：《洛陽市志・文物志》（第 14 卷），中州古籍出版社，
　　1995 年。
97　國家文物局主編：《中國文物地圖集・河南分冊》，中國地圖出版社，1991 年。
98　國家文物局主編：《中國文物地圖集・河南分冊》，中國地圖出版社，1991 年。
99　河南省博物館等：〈鄭州商代城遺址發掘報告〉，《文物資料叢刊》（1），1977 年。
100　秦文生：〈滎陽古城新考〉，《中原文物》1983 年特刊。
101　張松林：〈鄭州市西北郊區考古調查簡報〉，《中原文物》1986 年第 4 期；國家文
　　物局主編：《中國文物地圖集・河南分冊》，中國地圖出版社，1991 年。
102　張松林：〈鄭州市西北郊區考古調查簡報〉，《中原文物》1986 年第 4 期。
103　山東省地方誌編纂委員會：《山東省志・文物志》（第 70 卷），山東人民出版社，
　　1996 年。
104　車吉心等主編：《齊魯文化大辭典》，山東教育出版社，1989 年。
105　車吉心等主編：《齊魯文化大辭典》，山東教育出版社，1989 年。
106　車吉心等主編：《齊魯文化大辭典》，山東教育出版社，1989 年。
107　王永波等編著：《齊魯名物博覽》，人民出版社，1994 年。
108　張啟龍：〈成武發現古城址〉，《中國文物報》1987 年。
109　山東省地方誌編纂委員會：《山東省志・文物志》（第 70 卷），山東人民出版社，
　　1996 年；車吉心等主編：《齊魯文化大辭典》，山東教育出版社，1989 年。
110　山東省地方誌編纂委員會：《山東省志・文物志》（第 70 卷），山東人民出版社，
　　1996 年。
111　黃紹甲等：〈山東菏澤縣古遺址的調查〉，《考古通訊》1958 年第 3 期。
112　王永波等編著：《齊魯名物博覽》，人民出版社，1994 年。
113　山東省地方誌編纂委員會：《山東省志・文物志》（第 70 卷），山東人民出版社，
　　1996 年。
114　車吉心等主編：《齊魯文化大辭典》，山東教育出版社，1989 年。
115　山東省地方誌編纂委員會：《山東省志・文物志》（第 70 卷），山東人民出版社，
　　1996 年。
116　車吉心等主編：《齊魯文化大辭典》，山東教育出版社，1989 年。
117　山東省文物考古研究所等：《曲阜魯國故城》，齊魯書社，1982 年。
118　壽光縣博物館：〈壽光縣古遺址調查報告〉，《海岱考古》第一輯，山東大學出版社，
　　1989 年。
119　山東省地方誌編纂委員會：《山東省志・文物志》（第 70 卷），山東人民出版社，

1996 年。

120　中國科學院考古研究所山東工作隊:〈山東泗水、兗州考古調查簡報〉,《考古》
1965 年第 12 期。

121　中國科學院考古研究所山東工作隊:〈山東泗水、兗州考古調查簡報〉,《考古》
1965 年第 12 期;山東省濟寧市文物管理局:〈薛國故城勘察和墓葬發掘報告〉,《考
古學報》1991 年第 4 期;山東省文物考古研究所:〈薛故城勘探試掘獲重大成果〉,
《中國文物報》1994 年日。

122　山東省地方誌編纂委員會:《山東省志‧文物志》(第 70 卷),山東人民出版社,
1996 年。

123　山東省地方誌編纂委員會:《山東省志‧文物志》(第 70 卷),山東人民出版社,
1996 年。

124　山東省地方誌編纂委員會:《山東省志‧文物志》(第 70 卷),山東人民出版社,
1996 年。

125　徐龍國:〈昌國故城〉,《管子學刊》1990 年第 4 期。

126　張龍海:〈安平故城〉,《管子學刊》1991 年第 3 期。

127　山東省文物管理處等:〈山東臨淄齊故城試掘簡報〉,《考古》1961 年第 6 期;群力:
〈臨淄齊國故城勘探紀要〉,《文物》1972 年第 5 期。

128　中國科學院考古研究所山東工作隊:〈山東泗水、兗州考古調查簡報〉,《考古》
1965 年第 12 期。

129　中國考古學會編:《中國考古學年鑑 1992》,文物出版社,1994 年。

130　原田淑人等:〈牧羊城——南滿洲老鐵山麓漢以前遺址〉,東亞考古學會,1931 年。
轉引自周長山《漢代城市研究》(第 51 頁)。

131　中國考古學會編:《中國考古學年鑑 2002》,文物出版社,2003 年。

132　中國考古學會編:《中國考古學年鑑 2003》,文物出版社,2004 年。

133　承德地區行政公署文化局:《承德地區文物普查報告》,1978 年。

134　劉建華:〈張家口地區戰國時期古城址調查發現與研究〉,《文物春秋》,1993 第 4 期。

135　劉建華:〈張家口地區戰國時期古城址調查發現與研究〉,《文物春秋》,1993 第 4 期。

136　劉建華:〈張家口地區戰國時期古城址調查發現與研究〉,《文物春秋》,1993 第 4 期。

137　劉建華:〈張家口地區戰國時期古城址調查發現與研究〉,《文物春秋》,1993 第 4 期。

138　劉建華:〈張家口地區戰國時期古城址調查發現與研究〉,《文物春秋》,1993 第 4 期。

139　劉建華:〈張家口地區戰國時期古城址調查發現與研究〉,《文物春秋》,1993 第 4 期。

140　劉建華:〈張家口地區戰國時期古城址調查發現與研究〉,《文物春秋》,1993 第 4 期。

141　河北省文物管理委員會:〈河北磁縣講武城調查簡報〉,《考古》1959 年第 7 期。

142　廊坊地區行政公署文化局:《廊坊地區文物普查資料彙編》,1979 年。

143　石家莊地區文化局文物普查組:〈河北省石家莊地區的考古新發現〉,《文物資料叢
刊》(1),1977 年。

144　河北省地名委員會編:《河北省地名詞典》,河北科學技術出版社,1991 年。

145　劉建華:〈張家口地區戰國時期古城址調查發現與研究〉,《文物春秋》,1993 第 4 期。

146　邯鄲市文物保管所:〈河北邯鄲市區古遺址調查簡報〉,《考古》1980 年 2 期;河
北省文物管理處等:〈趙都邯鄲古城調查報告〉,《考古學集刊》第 4 集,1984 年。

147　天津市文化局考古發掘隊:〈渤海灣西岸古文化遺址調查〉,《考古》1965 年第 2 期。

148　李興盛:〈內蒙古卓資縣三道營古城調查〉,《考古》1992 年第 5 期。

149　劉建華:〈張家口地區戰國時期古城址調查發現與研究〉,《文物春秋》,1993 第 4 期。

150　劉建華:〈張家口地區戰國時期古城址調查發現與研究〉,《文物春秋》,1993 第 4 期。

151　劉建華:〈張家口地區戰國時期古城址調查發現與研究〉,《文物春秋》,1993 第 4 期。

152　安志敏:〈河北懷來大古城村古城址調查記〉,《考古通訊》,1955 年第 3 期;張
家口考古隊:〈河北懷來官廳水庫沿岸考古調查簡報〉,《考古》1988 年。

153　劉建華:〈張家口地區戰國時期古城址調查發現與研究〉,《文物春秋》,1993 第 4 期。

154　劉建華：〈張家口地區戰國時期古城址調查發現與研究〉，《文物春秋》，1993 第 4 期。

155　廊坊地區行政公署文化局：《廊坊地區文物普查資料彙編》，1979 年。

156　劉龍啟：〈河北臨城柏暢城發現戰兵器〉，《文物》1988 年第 3 期。

157　河北省文物研究所鄴城考古工作隊：〈河北臨漳鄴北城遺址勘探發掘簡報〉，《考古》1990 年第 7 期。

158　承德地區行政公署文化局：《承德地區文物普查報告》，1978 年。

159　周長山：《漢代城市研究》中「考古所見漢代城址一覽表」，人民出版社，2001 年，第 47 頁。

160　中國考古學會編：《中國考古學年鑑 2000》，文物出版社，2002 年。

161　孫繼安：〈河北容城縣南陽遺址調查〉，《考古》1993 年第 3 期。

162　河北省地名委員會編：《河北省地名詞典》，河北科學技術出版社，1991 年。

163　河北省地名委員會編：《河北省地名詞典》，河北科學技術出版社，1991 年。

164　承德地區行政公署文化局：《承德地區文物普查報告》，1978 年。

165　承德地區行政公署文化局：《承德地區文物普查報告》，1978 年。

166　承德地區行政公署文化局：《承德地區文物普查報告》，1978 年。

167　承德地區行政公署文化局：《承德地區文物普查報告》，1978 年。

168　承德地區行政公署文化局：《承德地區文物普查報告》，1978 年。

169　承德地區行政公署文化局：《承德地區文物普查報告》，1978 年。

170　承德地區行政公署文化局：《承德地區文物普查報告》，1978 年。

171　廊坊地區行政公署文化局：《廊坊地區文物普查資料彙編》，1979 年。

172　廊坊地區行政公署文化局：《廊坊地區文物普查資料彙編》，1979 年。

173　孟浩等：〈河北武安午汲古城發掘記〉，《考古通訊》1957 年第 4 期。

174　邯鄲地區文化局：《邯鄲地區文物普查資料彙編》，1978 年。

175　邯鄲地區文化局：《邯鄲地區文物普查資料彙編》，1978 年。

176　邯鄲地區文化局：《邯鄲地區文物普查資料彙編》，1978 年。

177　劉建華：〈張家口地區戰國時期古城址調查發現與研究〉，《文物春秋》，1993 第 4 期。

178　中國考古學會編：《中國考古學年鑑 1998》，文物出版社，2000 年

179　河北省文物研究所：《燕下都》，文物出版社，1996 年。

180　劉建華：〈張家口地區戰國時期古城址調查發現與研究〉，《文物春秋》，1993 第 4 期。

181　劉建華：〈張家口地區戰國時期古城址調查發現與研究〉，《文物春秋》，1993 第 4 期；蔚縣博物館：〈代王城城址調查報告〉，《文物春秋》1997 年第 3 期。

182　石家莊地區文化局文物普查組：〈河北省石家莊地區的考古新發現〉，《文物資料叢刊》（1），1977 年。

183　河北省地名委員會編：《河北省地名詞典》，河北科學技術出版社，1991 年。

184　劉建華：〈張家口地區戰國時期古城址調查發現與研究〉，《文物春秋》，1993 第 4 期。

185　劉建華：〈張家口地區戰國時期古城址調查發現與研究〉，《文物春秋》，1993 第 4 期。

186　劉建華：〈張家口地區戰國時期古城址調查發現與研究〉，《文物春秋》，1993 第 4 期。

187　劉建華：〈張家口地區戰國時期古城址調查發現與研究〉，《文物春秋》，1993 第 4 期。

188　劉建華：〈張家口地區戰國時期古城址調查發現與研究〉，《文物春秋》，1993 第 4 期。

189　劉建華：〈張家口地區戰國時期古城址調查發現與研究〉，《文物春秋》，1993 第 4 期。

190　劉建華：〈張家口地區戰國時期古城址調查發現與研究〉，《文物春秋》，1993 第 4 期。

191　劉建華：〈張家口地區戰國時期古城址調查發現與研究〉，《文物春秋》，1993 第 4 期。

192　劉建華：〈張家口地區戰國時期古城址調查發現與研究〉，《文物春秋》，1993 第 4 期。

193　劉建華：〈張家口地區戰國時期古城址調查發現與研究〉，《文物春秋》，1993 第 4 期。

194　劉建華：〈張家口地區戰國時期古城址調查發現與研究〉，《文物春秋》，1993 第 4 期。

195　劉建華：〈張家口地區戰國時期古城址調查發現與研究〉，《文物春秋》，1993 第 4 期。

196　北京市文物工作隊：〈北京市房山縣考古調查簡報〉，《考古》1963 年第 3 期；北京市文物研究所拒馬河考古隊：〈北京市竇店古城調查與試掘報告〉，《考古》1992

年第 8 期。

197　北京市文物研究所拒馬河考古隊：〈北京市竇店古城調查與試掘報告〉，《考古》
1992 年第 8 期。

198　中國考古學會編：《中國考古學年鑑 1996》，文物出版社，1998 年。

199　王漢彥：〈周口店區蔡莊古城遺址〉，《文物》1959 年第 5 期。

200　趙文剛：〈靜海縣西釣台戰國、漢代城址〉，《中國考古學年鑑 1984》，1984 年。

201　天津市歷史博物館考古部：〈天津軍糧城海口漢唐遺跡調查〉，《考古》1993 年第 2
期；中國考古學會編：《中國考古學年鑑 1994》，文物出版社，1997 年。

202　南京博物院：〈揚州古城 1978 年調查發掘簡報〉，《文物》1979 年第 9 期；紀仲慶：
〈揚州古城址變遷初探〉，《文物》1979 年第 9 期。

203　尹煥章等：〈洪澤湖周圍的考古調查〉，《考古》1964 年第 5 期。

204　尹煥章等：〈洪澤湖周圍的考古調查〉，《考古》1964 年第 5 期。

205　尹煥章等：〈洪澤湖周圍的考古調查〉，《考古》1964 年第 5 期。

206　南京博物院：〈江蘇盱眙東陽公社出土的秦權〉，《文物》1965 年第 11 期；鄒厚本：〈江
蘇盱眙東陽漢墓〉，《考古》1979 年第 5 期；尹煥章等：〈洪澤湖周圍的考古調查〉，
《考古》1964 年第 5 期；中國考古學會：《中國考古學會第五次年會論文集 1985 年》，
文物出版社，1988 年。

207　尹煥章等：〈1959 年冬徐州地區考古調查〉，《考古》1960 年第 3 期；黎忠義：〈利
國驛古代煉鐵爐的調查及清理〉，《文物》1960 年第 4 期。

208　劉和惠：《楚文化的東漸》附錄一，湖北教育出版社，1995 年；國家文物事業管理
局主編：《中國名勝詞典》，上海辭書出版社，1981 年。

209　劉和惠：《楚文化的東漸》附錄一，湖北教育出版社，1995 年；國家文物事業管理
局主編：《中國名勝詞典》，上海辭書出版社，1981 年。

210　劉和惠：《楚文化的東漸》附錄一，湖北教育出版社，1995 年。

211　李天敏：〈巨陽考〉，《安徽文博・建館三十周年特刊》，1986 年。

212　劉和惠：《楚文化的東漸》附錄一，湖北教育出版社，1995 年。

213　劉和惠：《楚文化的東漸》附錄一，湖北教育出版社，1995 年。

214　劉和惠：《楚文化的東漸》附錄一，湖北教育出版社，1995 年。

215　劉和惠：《楚文化的東漸》附錄一，湖北教育出版社，1995 年。

216　劉和惠：《楚文化的東漸》附錄一，湖北教育出版社，1995 年。

217　劉和惠：《楚文化的東漸》附錄一，湖北教育出版社，1995 年。

218　劉和惠：《楚文化的東漸》附錄一，湖北教育出版社，1995 年。

219　劉和惠：《楚文化的東漸》附錄一，湖北教育出版社，1995 年。

220　《安徽省》編輯委員會：《中華人民共和國地名詞典・安徽省》，商務印書館，
1994；胡仁宜：〈「大莫器」古官璽〉，《文物》1988 年第 2 期。

221　劉和惠：《楚文化的東漸》附錄一，湖北教育出版社，1995 年。

222　劉和惠：《楚文化的東漸》附錄一，湖北教育出版社，1995 年。

223　劉和惠：《楚文化的東漸》附錄一，湖北教育出版社，1995 年。

224　丁邦鈞：〈楚都壽春城考古調查綜述〉，《東南文化》1987 年第 1 期；丁邦鈞：〈壽
春城考古的收穫〉，《東南文化》1991 年第 2 期。

225　國家文物事業管理局主編：《中國名勝詞典》，上海辭書出版社，1981 年；李天敏：
〈巨陽考〉，《安徽文博・建館三十周年特刊》，1986 年。

226　謝小成：〈蕪湖縣「楚王城」遺址調查簡報〉，《文物研究》1994 年第 9 期。

227　孝感地區博物館：〈大悟呂王城重點調查簡報〉，《江漢考古》1985 年第 3 期；孝
感地區博物館：〈湖北大悟呂王城遺址〉，《江漢考古》1990 年第 2 期。

228　洪湖市博物館：〈湖北省洪湖市小城濠、大城濠、萬鋪塌遺址調查〉，《江漢考古》
1992 年第 4 期。

229　黃陂縣文化館：〈黃陂縣作京城遺址調查簡報〉，《江漢考古》1985 年第 4 期。

230　陳振裕：〈東周楚城的類型探析〉，《江漢考古》1992 年第 1 期。

231　湖北省文物考古研究所等：〈京九鐵路（紅安、麻城段）文物調查〉，《江漢考古》
　　　1993 年第 3 期。

232　武漢大學荊楚史地與考古研究室：〈隨州安居遺址初次調查簡報〉，《江漢考古》
　　　1984 年第 4 期。

233　徐少華：〈鄧國銅器及其歷史地理與文化〉，《華夏考古》1996 年第 1 期。

234　草店坊城聯合考古勘探隊：〈孝感市草店坊城的調查與勘探〉，《江漢考古》1990 年
　　　第 2 期；孝感地區博物館：〈湖北孝感地區兩處古城遺址調查簡報〉，《考古》1991
　　　年第 1 期。

235　湖北省文物管理委員會：〈湖北宜城「楚皇城」遺址調查〉，《考古》1965 年第 8 期；
　　　楚皇城考古發掘隊：〈湖北宜城楚皇城勘察簡報〉，《考古》1980 年第 2 期。

236　湖北省文物考古研究所等：〈1992 年雲夢楚王城發掘簡報〉，《文物》1994 年第 4 期；
　　　孝感地區博物館：〈湖北孝感地區兩處古城遺址調查簡報〉，《考古》1991 年第 1 期。

237　中國考古學會編：《中國考古學年鑑 2001》，文物出版社，2002 年。

238　曹傳松：〈湘西北楚城調查與探討——兼談有關楚史幾個問題〉，《楚文化研究論文
　　　集》第 2 集收載，荊楚書社，1990 年。

239　常德市文物事業管理處等：〈湖南漢壽縣祝家崗戰國墓發掘簡報〉，《江漢考古》
　　　1996 年第 4 期。

240　國家文物局主編：《中國文物地圖集·湖南分冊》，湖南地圖出版社，1997 年。

241　曹傳松：〈湘西北楚城調查與探討——兼談有關楚史幾個問題〉，《楚文化研究論文
　　　集》第 2 集收載，荊楚書社，1990 年；湖南省地方誌編纂委員會編：《湖南省志·
　　　文物志》（第 28 卷），湖南出版社，1995 年。

242　曹傳松：〈湘西北楚城調查與探討——兼談有關楚史幾個問題〉，《楚文化研究論文
　　　集》第 2 集收載，荊楚書社，1990 年；湖南省地方誌編纂委員會編：《湖南省志·
　　　文物志》（第 28 卷），湖南出版社，1995 年。

243　李科威：〈平江縣安定區古城址調查〉，《湖南考古輯刊》第 4 集，1987 年；國家
　　　文物局主編：《中國文物地圖集·湖南分冊》，湖南地圖出版社，1997 年。

244　高至喜：《楚文化的南漸》，湖北教育出版社，1995 年；國家文物局主編：《中國
　　　文物地圖集·湖南分冊》，湖南地圖出版社，1997 年。

245　國家文物局主編：《中國文物地圖集·湖南分冊》，湖南地圖出版社，1997 年。

246　中國考古學會編：《中國考古學年鑑 1998》，文物出版社，2000 年。

247　中國考古學會編：《中國考古學年鑑 1994》，文物出版社，1997 年。

248　中國考古學會編：《中國考古學年鑑 2003》，文物出版社，2004 年。

249　周世榮：〈長沙出土西漢印章及其有關問題研究〉，《考古》1978 年第 4 期。

250　周世榮：〈長沙出土西漢印章及其有關問題研究〉，《考古》1978 年第 4 期。

251　程亦勝：〈浙江吉安古城發現楚金幣〉，《考古》1995 年 10 期。

252　江西省文物管理委員會等：〈江西清江營盤里遺址發掘簡報〉，《考古》1962 年第 4 期。

253　江西省博物館等：〈清江築衛城遺址發掘簡報〉，《考古》1976 年第 6 期。

254　歐潭生：〈南方古城考古有重大發現〉，《中國文物報》1997 年。

255　福建省文物管理委員會：〈福建崇安城村漢城遺址試掘〉，《考古》1960 年第 10 期；
　　　福建省文物管理委員會：〈崇安城村漢城探掘簡報〉，《文物》1985 年第 11 期。

256　中國考古學會編：《中國考古學年鑑 1990》，文物出版社，1991 年。

257　周世榮：〈長沙出土西漢印章及其有關問題研究〉，《考古》1978 年第 4 期。

258　中國考古學會編：《中國考古學年鑑 1999》，文物出版社，2001 年。

259　周世榮：〈長沙出土西漢印章及其有關問題研究〉，《考古》1978 年第 4 期。

260　中國考古學會編：《中國考古學年鑑 1995》，文物出版社，1997 年。

261　中國考古學會編：《中國考古學年鑑 1999》，文物出版社，2001 年；《四川大學考
　　　古專業創建三十五周年紀念文集》，四川大學出版社，1998 年。

262　中國考古學會編：《中國考古學年鑑 1989》，文物出版社，1990 年。

263　中國考古學會編：《中國考古學年鑑 1990》，文物出版社，1991 年。

264　中國考古學會編：《中國考古學年鑑 1989》，文物出版社，1990 年。

265　中國考古學會編：《中國考古學年鑑 2000》，文物出版社，2002 年。

266　中國考古學會編：《中國考古學年鑑 1989》，文物出版社，1990 年。

267　李並成：〈漢居延縣城新考〉，《考古》1998 年第 5 期。

268　中國考古學會編：《中國考古學年鑑 1999》，文物出版社，2001 年。詳見本年《考古》第 5 期。

269　侯仁之、俞偉超：〈烏蘭布和沙漠的考古發現和地理環境的變遷〉，《考古》1973 年第 2 期；張鬱：〈漢朔方郡河外五城〉，《內蒙古文物考古》1997 年第 2 期。

270　侯仁之、俞偉超：〈烏蘭布和沙漠的考古發現和地理環境的變遷〉，《考古》1973 年第 2 期。張鬱：〈漢朔方郡河外五城〉，《內蒙古文物考古》1997 年第 2 期。

271　侯仁之、俞偉超：〈烏蘭布和沙漠的考古發現和地理環境的變遷〉，《考古》1973 年第 2 期。

272　張鬱：〈漢朔方郡河外五城〉，《內蒙古文物考古》1997 年第 2 期。

273　張鬱：〈漢朔方郡河外五城〉，《內蒙古文物考古》1997 年第 2 期。

274　唐曉峰：〈內蒙古西北部秦漢長城調查記〉，《文物》1977 年 5 期。

275　內蒙古文物工作隊等：〈內蒙古文物考古工作三十年〉，《文物考古工作三十年（1949～1979）》收載，文物出版社，1979 年；中國考古學會編：《中國考古學年鑑 2002》，文物出版社，2003 年。

276　內蒙古文物工作組：〈東勝城梁村發現漢代古城址〉，《文物參考資料》1954 年第 8 期。

277　李興盛：〈內蒙古卓資縣三道營古城調查〉，《考古》1992 年第 5 期。

278　內蒙古文物考古研究所：〈內蒙古和林格爾土城子發掘報告〉，《考古學集刊》第 6 集，1986 年。

279　內蒙古文物考古研究所：〈呼和浩特市榆林鎮陶卜齊古城發掘簡報〉，《內蒙古文物考古文集》（二），第 431 頁，1997 年。發掘者認為，由於陶卜齊古城發現的「安陶」字樣空心磚，因此該城是安陶縣城。但李興盛將陶卜齊古城定為定襄郡武泉縣城，而美岱縣二十家子古城為安陶縣城（見《考古》1992 年第 5 期）。本文從此說。

280　李興盛：〈內蒙古卓資縣三道營古城調查〉，《考古》1992 年第 5 期

281　吳榮曾：〈內蒙古呼和浩特市東郊塔布禿村古城遺址調查〉，《考古》1961 年第 4 期。

282　蓋山林：《和林格爾漢墓壁畫》，文物出版社，1978 年，轉引自中國社會科學院考古研究所編：《新中國的考古發現和研究》，文物出版社，1984 年。

283　中國考古學會編：《中國考古學年鑑 2000》，文物出版社，2002 年。

284　蓋山林等：〈內蒙古自治區文物考古工作的重大成果〉，《文物》1977 年第 5 期。

285　內蒙古自治區文物工作隊：《內蒙古文物考古工作的主要收穫》，1979 年。

286　崔璿：〈秦漢廣衍故城及其附近的墓葬〉，《文物》1977 年第 5 期。

287　李殿福：〈吉林省西南部的燕秦漢文化〉，《社會科學戰線》1978 年第 3 期。

288　李殿福：〈吉林省西南部的燕秦漢文化〉，《社會科學戰線》1978 年第 3 期。

289　馮永謙等：〈寧城縣黑城古城址調查〉，《考古》1982 年第 2 期。

290　佟柱臣：〈考古學上漢代及漢代以前的東北疆域〉，《考古學報》1956 年第 1 期。

291　內蒙古自治區昭烏達盟文物工作站：〈昭烏達盟漢代長城遺址調查報告〉，《文物》1985 年第 4 期。

292　四平地區博物館等：〈吉林省梨樹縣二龍湖古城址調查簡報〉，《考古》1988 第 6 期。

293　曹汛：〈靉河尖古城河漢安平瓦當〉，《考古》1980 年第 6 期。

294　王綿厚：〈考古學所見兩漢之際遼西郡縣的廢遷和邊塞的內徙〉，《中國考古學會第六次年會論文集》1990 年。

295　原田淑人等：〈牧羊城——南滿洲老鐵山麓漢以前遺址〉，東亞考古學會，1931 年。轉引自許宏《先秦城市考古學研究》（第 146 頁）、周長山《漢代城市研究》（第

46 頁），但二人的資料有差異，不知孰是。

296　朱永剛等：〈遼寧錦西邰集屯三座古城址考古紀略及相關問題〉，《北方文物》1997
　　　年第 2 期。

297　朱永剛等：〈遼寧錦西邰集屯三座古城址考古紀略及相關問題〉，《北方文物》1997
　　　年第 2 期。

298　王成生：〈漢且慮縣及相關陶銘考〉，《遼海文物學刊》1997 年第 2 期。

299　周長山：《漢代城市研究》中「考古所見漢代城址一覽表」，人民出版社，2001 年，
　　　第 46 頁。

300　周長山：《漢代城市研究》中「考古所見漢代城址一覽表」，人民出版社，2001 年，
　　　第 46 頁。

301　中國考古學會編：《中國考古學年鑑 1990》，文物出版社，1991 年。

302　遼寧省文物考古研究所：〈遼寧凌源安杖子古城址發掘報告〉，《考古學報》1996
　　　年第 2 期。

303　張克舉等：〈瀋陽市戰國至漢代城牆址〉，《中國考古學年鑑 1994》，1997 年。

304　原田淑人等：〈牧羊城——南滿洲老鐵山麓漢以前遺址〉，東亞考古學會，1931 年。
　　　轉引自周長山《漢代城市研究》，第 54 頁。

後　記

　　轉眼之間一個五年計劃就要過去了，原本計畫早點整理書稿，早點出版的計畫就這樣延遲了下來。如果不是今年四月份北京大學李孝聰先生的引導可能還要因為修改再拖一個五年計劃，到那時肯定就與博士學位論文的關係不是那麼密切了。

　　此時，也就想起剛進入西安建築科技大學建築學博士後流動站與合作導師劉克成先生的一次談話，劉先生說：「人的精力有限，一生中能幹好一兩件事也就不錯了。」至此，我已深有體會，在站期間因為要學習一些新的知識，撰寫出站報告等工作，沒有集中的時間處理學位論文的出版工作。去年暑期出站之後原準備整理出版的，但因之前答應了幫別人做課題也只好放下。今春搜索相關資料發現，與本人研究視野相近的成果已發表出來了，感覺非常難過！

　　提交給各位的這本小書是在我博士學位論文基礎上修改而成的。緒論僅對原文作了刪減，基本資料信息仍保持原狀；第二至第五章僅校對了個別詞句；第六章與原文有別，是去年完成的（已發表），主要原因是答辯前未能徹底完成，隨後也未能及時補充，由此遲遲未能給出版社交稿。

　　再讀文稿，感覺回到了撰寫論文之時，彷彿又聽到朱士光先生問：「最近到了哪個境界了？似乎還沒有到『為伊消得人憔悴』這個階段！」朱先生經常用王國維《人間詞話》的意境來比擬我們撰寫論文的三個階段：

獨上高樓，望盡天涯路。衣帶漸寬終不悔，為伊消得人憔悴。眾里尋他千百度，驀然回首，那人卻在燈火闌珊處。

一種意境，一種儒雅！先生從未直接追問過論文進展，即便在我博士讀完兩年之後更換了研究內容，先生仍以包容的心態讓我處於學術自覺狀態，在發現問題、研究問題、解決問題的過程中適時給予幫助，由此我認為讀博士學位不僅僅能夠完成命題作文，還要學會命題的本領，我想這應是從先生那裡學到的，讓我享用一生的收穫了！

在碩士學習階段，我總結出學生和導師的關係：導師如同父母，要伴隨你之後人生道路，父母不能夠重新選擇，導師同樣是！我的碩士生導師，陝西師範大學歷史文化學院唐亦功先生長期以來所給予的理解與支持，鼓勵與欣賞，都促使我不斷前進！怎麼能夠忘記您那份耐心，那份理解，還有校園中那片足跡……

憶及進入歷史地理學領域，尤其是堅持歷史城市地理研究則受益於該領域前輩馬正林先生的啟蒙教育，自本科、碩士到博士階段的學習總能得到馬先生的指導和幫助，或許在馬先生的眼裡我早已是他的弟子了吧！

在撰寫論文及預答辯過程中，陝西師範大學西北歷史環境與社會經濟發展研究院的侯甬堅教授、李令福研究員、張萍研究員、王社教研究員、副校長蕭正洪教授，西北大學李健超、呂卓民先生，暨南大學吳宏岐教授等諸位師長在論文題目、論文結構、研究內容及研究視野上均提出了許多建設性意見和建議，在此致以我最真誠的謝意！

在論文撰寫過程中，陝西師範大學西北環發中心劉景純博士、張力仁博士、史紅帥博士、張莉博士等諸位師友提出了寫作建議及精神鼓勵；三門峽職業技術學院李久昌博士、西安建築科技大學任雲英博士、西北大學徐象平博士、西安文理學院于鳳軍博士及本校嚴豔博士等諸位給予的無私幫助和關心更是感念至深！

另外，復旦大學鄒逸麟先生、中科院王守春先生、武漢大學徐少華、魯西奇先生（現在廈門大學任教）、西南大學藍勇先生書面評議了我的論文；暨南大學郭聲波先生百忙之中主持了我的論文答辯會，諸位先生在充分肯定的同時，也提出了諸多寶貴的意見。謹致以深深的謝忱！

在資料收集過程中，臺灣政治大學國際關係研究中心陳埤津教授、陝西師範大學西北環發中心資料室張西平女士提供了很大幫助，西安建築科技大學碩士趙毅、洪蕾同學，陝西師範大學孫建國先生協助繪製了文中部分插圖，在此表示感謝。

本書能夠順利出版最主要得力於商務印書館顏廷真先生的大力幫助，他細緻地閱讀了全部書稿，對本書結構、編排格式等提出了很多具體建議，再次表示衷心的感謝！

感謝多年來所有給予我幫助和批評的師友，是你們激勵著我不斷學習，不斷提高！

在本文寫作、修改過程中，感謝家人給予了充分的理解和支持！博士畢業時女兒肖雪小學畢業，修改完畢之時她又將高中畢業，十年光陰，相知相惜，凝聚在這薄薄紙張中！

作者謹記

2011 年 7 月 27 日

再版補記

　　今年暑期在江蘇豐縣探親期間，收到党明放先生受蘭臺出版社盧瑞琴社長委託，為《中國文化史研究論叢》大型書系組稿的郵件，拙著忝列其間，榮幸之至。

　　此次再版距離博士學位論文答辯已有十五年之久，距離初版亦近十年光景，其間因為研究對象和時段的偏移而未能繼續完善。本欲趁再版之機，利用近十幾年最新研究成果修改完善。然隨後獲悉即將面對新課題研究重擔，思量前後還是作罷。不過此次再版還是做了一些修訂，首先補充完整了初版時刪減掉的「圖表目錄」「主要參考文獻」以及第二章附表西漢諸侯王后的原有說明內容，添加了「圖1–1 西漢主要城市區域分佈」；其次，修改了表2–45中西河、上、雲中及五原郡部分城市的今址以及平周、中陽二侯國的屬地；再次，對少量語句、格式的修飾。既無大的修改，則儘量保留原貌。

　　再版書稿本希望以「權力與空間：西漢城市體系演化研究」為題，以反映了我近二十年學術思考。2006年3月，提交給朱士光、馬正林、李令福先生的論文審閱稿題目是「權力與空間：西漢城市地理研究」，幾位先生在論文結構和內容上都給了非常具體的修改意見，朱先生特別就論文題目的建議是「為穩妥起見建議去掉題目中的『權力與空間』字眼」。所以，隨後提交答辯的論文題目是「西漢城市地理專題研究」。2012年，在書稿出版過程中，商務印書館基於同行專家審閱意見，提出以「西漢城鎮體系的空間演化」為題。而我認為

「鎮」在中國歷史上出現較晚，西漢時期不存在「鎮」的概念，其次若以「城鎮」命名則存在「名」「實」不符的問題。並提出以「權力與空間——西漢城市體系的空間演化」為名，終以「西漢城市體系的空間演化」為題正式出版。近年來，我在指導研究生學習中不斷反思個人學術研究領域和研究旨趣，時而回味毛曦、徐衛民、李久昌三位先生對拙著的評議，逐漸清晰地認識到我所從事的是以歷史城市、古都為載體的政治地理學研究。這一點在我的研究生學位論文選題和個人研究中均有明確要求和導向。所以，權力與空間、中央與地方既是拙著的核心概念，也是我長期以來重點關注和研究的問題和領域。

　　書稿再版確實非常高興，何況是以繁體、精裝形式，更增加了拙著的文化意蘊。在此，向臺灣蘭臺出版社及盧瑞琴社長致以崇高敬意，對党明放及參與編輯的各位先生表達誠摯的謝意！

　　雪兒即將博士研究生畢業，再版書稿也將誕生，期待……

肖愛玲

2021 年 8 月 11 日

國家圖書館出版品預行編目資料

中國文化研究叢書. 第一輯3,西漢城市體系演化研究 / 肖愛玲著. -- 初版. -- 臺
北市 : 蘭臺出版社, 2024.06
　　冊 ; 公分. -- (中國文化研究叢書. 第一輯 ; 1)
ISBN 978-626-96643-9-9(全套 : 精裝)

1.CST: 中國文化 2.CST: 文化史 3.CST: 中國史

630　　　　　　　　　　　　　　　　　　　　112008792

中國文化研究叢書第一輯3

西漢城市體系演化研究

作　　　者：肖愛玲
總 編 纂：党明放　盧瑞琴
主　　編：沈彥伶
編　　輯：凌玉琳
美　　編：陳勁宏
校　　對：楊容容　盧瑞容　古佳雯
封面設計：陳勁宏
出　　版：蘭臺出版社
地　　址：臺北市中正區重慶南路1段121號8樓之14
電　　話：(02)2331-1675或(02)2331-1691
傳　　真：(02)2382-6225
E－MAIL：books5w@gmail.com或books5w@yahoo.com.tw
網路書店：http://5w.com.tw/
　　　　　https://www.pcstore.com.tw/yesbooks/
　　　　　https://shopee.tw/books5w
　　　　　博客來網路書店、博客思網路書店
　　　　　三民書局、金石堂書店
經　　銷：聯合發行股份有限公司
電　　話：(02) 2917-8022　　傳真：(02) 2915-7212
劃撥戶名：蘭臺出版社　　　　帳號：18995335
香港代理：香港聯合零售有限公司
電　　話：(852) 2150-2100　　傳真：(852) 2356-0735
出版日期：2024年6月 初版
定　　價：全套新臺幣18000元整（精裝，套書不零售）
ISBN：978-626-96643-9-9

近代中日關係史

一套10冊，陳鵬仁編譯　定價：12000元（精裝全套不分售）

精選二十世紀以來最重要的史料、研究叢書，從日本的觀點出發，探索這段動盪的歷史。是現今學界研究近代中日關係史不可或缺的一套經典。

第一輯
ISBN：978-986-99507-3-2

9 789869 950732 12000

第二輯
ISBN：978-626-95091-9-5

9 786269 509195 12000

中國藝術研究叢書第一輯　党明放 總編纂

從考古和人類學的角度看，各種生活內涵形成特有文化，藝術是其中之一。中國藝術博大精深是文化根源，在民族綿延數年中，因歷史悠久數量繁多且內容豐富，有大量珍貴的古籍文獻留存。今蘭臺出版社廣邀海內外各藝術領域研究專家，將藝術文獻普查、整理和研究成果，出版成《中國藝術研究叢書》，每輯十冊；擬以第一、第二輯、第三輯，陸續出版，除發揚前人文獻成果外，並期待文化藝術有所增益。

作者：
陳雪華、易存國、
柏紅秀、賀萬里、
張　耀、張文利、
李浪濤、黃　強、
劉忠國、羅加嶺

全套10冊不分售 精裝本
定價：新台幣18000元
ISBM：978-626-95091-6-4

9 786269 509164 18000

《臺灣史研究名家論集》

　　這套叢書是四十三位兩岸台灣史的權威歷史名家的著述精華，精采可期，將是臺灣史研究的一座豐功碑及里程碑，可以藏諸名山，垂範後世，開啓門徑，臺灣史的未來新方向即孕育在這套叢書中。展視書稿，披卷流連，略綴數語以説明叢刊的成書經過，及對臺灣史的一些想法，期待與焦慮。

一編 ISBN：978-986-5633-47-9

臺灣史研究名家論集（叢書）定價：28000

王志宇、汪毅夫、卓克華、
周宗賢、林仁川、林國平、
韋煙灶、徐亞湘、陳支平、
陳哲三、陳進傳、鄭喜夫、
鄧孔昭、戴文鋒

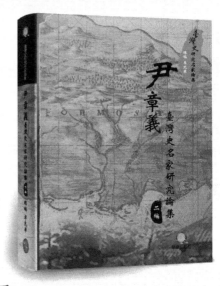

二編 ISBN：978-986-5633-70-7

臺灣史名家研究論集二編 （精裝）NT$：30000

尹章義、李乾朗、吳學明、
周翔鶴、林文龍、邱榮裕、
徐曉望、康　豹、陳小沖、
陳孔立、黃卓權、黃美英、
楊彥杰、蔡相輝、王見川

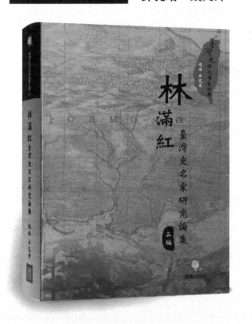

三編 ISBN:978-986-5633-70-7

尹章義、林滿紅、林翠鳳、
武之璋、孟祥瀚、洪健榮、
張崑振、張勝彥、戚嘉林、
許世融、連心豪、葉乃齊、
趙祐志、賴志彰、闞正宗

臺灣史名家研究論集二編 （精裝）NT$：30000

錢穆著作選輯最後定稿版

本版特色

1. 全書在觀點上和研究成果上已多不同於其他書局所出的同名書。
2. 對原書標點進行整理，全書加入私名號、書名號及若干引號，以顯豁文意，方便讀者閱讀。
3. 字體加大，清晰明顯，以維護讀者之視力。
4. 《經學大要》為首次出版；《中國學術思想史論叢》原八冊，新增了（九）、（十）兩冊，補入現代部份，選輯四十九本書，共新增文章二百三十餘篇，在內容上，本選輯是錢先生畢生著作最完整的版本。

ISBN:957-0422-00-9
錢穆叢書系列套書 定價:2850元
一、中國學術思想史小叢書（套書）定價:2850元

ISBN:957-0422-12-2
錢穆叢書系列套書 定價:1230元
二、孔學小叢書（套書）定價:1230元

ISBN:957-0422-17-3
錢穆叢書系列套書 定價:1780元
三、中國學術小叢書（套書）定價:1780元

ISBN:957-9154-64-3
錢穆叢書系列套書 定價:1460元
四、中國史學小叢書（套書）定價:1460元

ISBN:957-9154-62-7
錢穆叢書系列套書 定價:880元
五、中國思想史小叢書甲編（套書）定價:880元

ISBN:957-9154-63-5
錢穆叢書系列套書 定價:1860元
六、中國思想史小叢書乙編（套書）定價:1860元

ISBN:957-9154-61-9
錢穆叢書系列套書 定價:2390元
七、中國文化小叢書（套書）定價:2390元

ISBN:957-0422-11-5
八十憶雙親‧師友雜憶合刊本 定價:290元
《八十憶雙親‧師友雜憶合刊本》定價:290元

勞榦先生學術著作選集

勞榦是居延漢簡研究的先驅，他的相關考證和專題論文也開啟了此後研究的先河。漢代邊塞遺留下來的這些簡牘文書，內容十分豐富。它們直接、生動地記錄了大約從西漢中晚期至東漢初，當地軍民在軍事、法律、教育、經濟、信仰以及日常生活各方面活動的情形，為秦漢代史研究打開了一片新天地。

《勞榦先生選集1~4冊》，收錄其論著十一類一百二十四種，共分四冊出版，展現了勞榦先生畢生的研究成果，突出了論著之精華，為廣大學仁提供了研究之便利，更是對勞榦先生學術風範的繼承和發揚，意義非凡。

16開圓背精裝 全套四冊不分售
定價新臺幣 18000 元
ISBN：978-986-99137-0-6